行政法律原理与实务

（第三版）

主　　编：韩德利

副 主 编：路丽娜　陈书成　石志恒

参编人员：（以撰写章节先后为序）

韩德利　陈书成　舒东保

路丽娜　吕学军　石志恒

程杨梅　孙启河　马建军

马　毅　徐振科

法律出版社
LAW PRESS · CHINA

目　录

第一章

行政法概述

本章导读

本章主要讲解了行政法的概念、法律渊源、行政法的基本原则等内容。要求了解行政法及其相关概念，掌握行政法的渊源和基本原则，理解行政法律关系。

第一节　行政与行政权

案例导入

1994年9月，田某考入北京科技大学下属的应用科学学院物理化学系，取得本科生学籍。1996年2月29日，田某在参加电磁学课程补考过程中，随身携带写有电磁学公式的纸条，中途去厕所时，纸条掉出，被监考教师发现。监考教师虽未发现田某有偷看纸条的行为，但还是按照考场纪律，当即停止了田某的考试。北京科技大学于同年3月5日按照该校《关于严格考试管理的紧急通知》（以下简称068号通知）第3条第5项关于"夹带者，包括写在手上等作弊行为者"的规定，认定田某的行为是考试作弊，根据第1条"凡考试作弊者，一律按退学处理"的规定，决定对田某按退学处理，4月10日填发了学籍变动通知。但是，北京科技大学没有直接向田某宣布处分决定和送达变更学籍通知，也未给田某办理退学手续。田某继续在该校以在校大学生的身份参加正常学习及学校组织的活动。

1996年3月，田某的学生证丢失，未进行1995～1996学年第二学期的注册。

同年9月，北京科技大学为田某补办了学生证。其后，北京科技大学每学年均收取田某交纳的教育费，并为田某进行注册、发放大学生补助津贴，还安排田某参加了大学生毕业实习设计，并由论文指导教师领取了学校发放的毕业设计结业费。田某还以该校大学生的名义参加考试，先后取得了大学英语四级、计算机应用水平测试BASIC语言成绩合格证书。田某在该校学习的4年中，成绩全部合格，通过了毕业实习、设计及论文答辩，获得优秀毕业论文及毕业总成绩全班第九名。

然而，1998年田某在临近毕业时，被告知不具备学籍，学校拒绝颁发毕业证、学位证和办理毕业派遣手续。学生和学校双方引起争议。田某将北京科技大学告上法院。

【问题】

1. 学校处分是否有效?
2. 田某应该不应该拿到毕业证书?

本案知识点

学校对学生处分的性质。

一、行政

行政指的是一定的社会组织，对一定范围内的事务所进行的管理、控制、协调、监督等活动。行政的本质是管理，既包括对人的管理，也包括对事务的管理。依据组织性质和管理对象的不同，行政可以分为公行政和私行政。公行政是指具有行政主体资格的组织对国家事务和社会公共事务的管理，主要是指国家行政机关从事的执行管理活动，即国家行政。但是公行政除国家行政之外，还包括社会公权力组织对社会公共事务的管理活动，即非国家行政。私行政是指其他社会组织，如企业、公司、事业单位、社会团体对自身事务的管理。行政法学研究的对象是公行政，主要是国家行政，即国家行政机关进行的管理活动，包括国家行政机关进行的立法、执法和准司法活动。

（一）公行政的功能

1. 提供公共产品

公共产品，是私人产品的对称，亦称“公共财货”“公共物品”，是指能为绝大多数人共同消费或享用的产品、服务。一般由政府或社会团体提供。公共产品同时具有非竞争性和非排他性两个基本特征：一些人对这一产品的消费不会影响另一些人对它的消费，具有非竞争性；某些人对这一产品的利用，不会排斥另一些人对它的利用，具有非排他性。公共产品的范围十分广泛，从政治、法律、国防、治安、政府行政管理、大中型水利设施到城市规划、公共道路、环境治理、环境卫生、防病防疫、天气预报、科学研究以及铁路、城市公共交通设施、广播、电视、教育以及抗旱、防洪等，都属于公共产品的范围。政府提供公共产品的基本方式是服务，无论是公安、法律、政府行政管理，还是教育、卫生等都是服务。

2. 实现社会公平正义

社会公平正义，就是社会各方面的利益关系得到妥善协调，人民内部矛盾和其他社会矛盾得到正确处理，社会公平和正义得到切实维护和实现。要实现社会公平，必须做到权利公平、规则公平、分配公平、机会公平。

3. 实施管制

政府发挥着为社会和市场提供必要的法律和制度的作用。管制意味着政府以法律方式对社会发展和市场运行进行规范。管制可以是经济方面，也可以是社会方面。

市场的局限性和市场失灵使政府管制成为必要。政府针对市场失灵的现象，设计出相应的制度来约束和规范经济主体的行为，以保证整个社会经济规范有序地运行。这些管制内容主要包括：（1）公益事业政策方面的管制；（2）保护消费者权益、信息公开、保护知识产权方面的管制；（3）财税、金融政策方面的管制；（4）社会福利和社会保障制度方面的管制；（5）民商法及反不正当竞争法方面的管制；（6）产业政策和振兴科技政策方面的管制；（7）保护环境、土地及自然资源、劳动保护等方面的管制。

4. 宏观调控

政府宏观调控的主要目标是：（1）充分就业，是指非自愿失业者都能够就业；（2）稳定物价，是指一般价格水平的稳定；（3）经济持续均衡增长；（4）国际收支平衡；（5）收入公平分配，保障最低生活需要；（6）控制人口；（7）保护和改善生态环境；（8）合理配置资源。

（二）公行政的原则

现代公行政是在一些原则的指导下进行的，这些原则是：

1. 法治原则

法治的基本理念是强调平等，反对特权，注重公民权利的保障，反对政府滥用权力。由此，法治应有几个最基本的特征：第一，法治不但是一种制度化模式或社会组织模式，而且也是一种理性精神和文化意识；第二，法治作为特定社会人类的一种基本追求和向往，构成了工业化和民主化的秩序基础；第三，法治最重要的含义，就是法律在最高的、终极的意义上具有规限和裁决人们行为的力量，法律既是公民行为的最终导向，也是司法活动的唯一准绳。依法行政是法治原则的基本要求，是依法治国的一个核心内容。

2. 服务原则

政府实施行政行为，不仅是为了管制社会和公民，更是为了服务社会和全体公民。服务行政已经成为行政的主流意识。

3. 效率原则

这里的效率包含两层意思：一是政府活动的有效性；二是政府活动追求的目标是以尽可能少的投入取得尽可能大的产出。

4. 责任原则

责任原则有两层含义：一是政府的行为对社会大众负责，一个轻率的、鲁莽的、不计后果的政府注定会给社会带来灾难；二是政府对自己的行为负责，对自身的失职、失误承担相应的责任。

二、行政权

行政法属于公法范畴，行政权是行政法中的一个基本概念。行政权是公权力的一种，对行政法进行研讨学习，必须对行政权的基本知识加以了解。

（一）行政权的概念

行政权是由宪法、法律赋予或认可的，国家行政机关和社会公权力组织执行法律规范，对国家和公共事务实施行政管理的权力，是国家权力的组成部分。

1. 行政权是法律授予的

国家行政机关的行政权来源于宪法或者组织法的规定；社会公权力组织的行政权来源于单行法律的授权。我国行政法学理论把行政机关和社会公权力组织（法律、法规、规章授权组织）统称为行政主体，这些行政主体行使权力必须有法律的授权，即法无授权不可为。这也是依法行政的理论基础。

2. 行政权是执行权、管理权

执行权是指执行国家的法律和政策的权力。国家法律是指国家立法机关制定的规范性文件。但是随着行政权的不断扩张，授权立法、委任立法的出现导致行政机关获得立法权，即行政立法。因此，此处法律的外延也包括了行政立法。政策是指国家政权机关、政党组织和其他社会政治集团为了实现自己所代表的阶级、阶层的利益与意志，以权威形式标准化地规定在一定的历史时期内，应该达到的奋斗目标、遵循的行动原则、完成的明确任务、实行的工作方式、采取的一般步骤和具体措施。一般来讲，政策不具有强制性，国家政策和政党政策必须通过立法转化为国家意志——法律，才具有强制执行力。但是在法治不发达国家政策往往和法律并行，甚至高于法律而被赋予强制执行力。管理权是指对国家内政、外交事务的管理权。管理权的范畴十分广泛，包括治安、税务、外交、军事、经济、科技、文化教育、卫生、社会福利、环境保护等，几乎涉及社会生活的所有领域。

3. 行政权是公权力

公权力是人类共同体（国家、社团、国际组织等）为生产、分配和供给公共物品和公共服务，促进、维护和实现社会公平正义，而对共同体成员进行组织、指挥、管理，对共同体事务进行决策、立法和执行的权力。从主体上划分，公权力包括社会公权力、国家公权力和国际公权力三种。从性质上划分，公权力可以分为决策权（制定规则权，主要是立法权）、执行规则权（行政权）、解决争议权（司法权）三种。行政权是公权力组织执行规则的权力，是公权力的组成部分。这里的公权力组织既可以是国家行政机关，也可以是社会公权力组织，甚至可以是国际组织。但是在一国之内公权力组织主要是指国家行政机关和社会公权力组织。

另外，行政权不同于行政职权。行政权是对行政权力的抽象和概括，而行政职权通常指行政机关所承担的具体的管理事务和权限。行政权是行政职权的基础，而行政职权则是行政权的具体化。

（二）行政权的特征

与立法权、司法权相比，行政权具有以下特征：

1. 从属法律性

行政权与立法权的关系表现在：一方面，行政权受立法权的规范和制约；另一方面，行政权又极大地渗透到立法领域。行政组织的设立需依照法律的规定；行政组织的权力来源于宪法、组织法和单行法律的授予；行政权的行使方式、程序受到法律规制；行政组织和行政公务人员违法行政要依法追究法律责任。因此行政权从属于立法权，具有法定性。随着社会的日趋复杂，大量的行政管理无法完全由立法规范，委任立法发挥着越来越重要的作用。在我国主要表现为法律赋予了行政机关一定的立法权，因此行政权渗透到立法领域，致使行政立法权急速扩张。

2. 主动性和效率性

行政权和司法权都是将法律适用于具体事件的权力。但是二者有着根本的区别。第一，行政权是主动、直接对行政事务的管理，而司法权则被动地解决社会争端。因此，行政权具有主动性。第二，在效率和公正的关系上，行政权的行使追求效率第一，而司法权的行使追求公正第一。行政权与司法权的关系是：一方面，行政权受司法权的监督，法院对行使行政权的行为有权进行司法审查；另一方面，随着社会的发展，行政权也在逐渐地向司法领域渗透。

3. 广泛性

从行政权行使的客体来看，行政权具有范围上的广泛性。传统的行政权行使的范围只涉及治安、税务、外交、军事等为数有限的事务，但是现代行政权行使的范围却极为广泛，除上述事项外，还包括经济、科技、文化教育、卫生、社会福利、环境保护等，几乎涉及社会生活的所有领域。

一个人的一生可以不和立法机关打交道，可以不和司法机关打交道，但不可能不和行政机关打交道，现代社会中行政机关的行政权所能管辖的范围几乎涉及了公民从摇篮到坟墓的一生的所有事务。对于其他国家权力来说，其所涉及的客体都或多或少只局限于某一特定领域，唯独行政权涉及的客体遍及全社会，范围最为广泛。

第二节 行政法的基本问题

案例导入

王某因在禁止停车的地点停放机动车，被交通警察（以下简称交警）当场处罚款100元。王某不服，提起行政诉讼，认为交警没有权力当场对其作出100元的处罚。

对于该起案件，存在两种不同意见：一种意见认为，根据《行政处罚法》的规定，交警对个人作出当场处罚的罚款限额只能是50元，100元的罚款不可以当场作出。另一种意见认为，依照特别法优于普通法及新法优于旧法的原则，根据《道路交通安全法》的规定，交警可以当场作出100元罚款的处罚。

本案知识点

行政法的渊源和效力。

一、行政法的概念和特征

行政法是调整行政主体在行使行政权过程中所产生的社会关系以及对行政权进行规范和控制的法律规范的总称。

（一）行政法的调整对象

作为行政法调整对象的行政关系主要包括四类：

1. 行政管理关系

行政管理关系即行政机关、法律法规授权的组织等行政主体在行使行政职权的过程中，与公民法人和其他组织等行政相对人之间发生的各种关系。行政主体与行政相对人之间形成的行政管理关系，是行政关系中的主要部分。行政主体的大量行政行为，如行政许可、行政征收、行政给付、行政裁决、行政处罚、行政强制等，大部分是以行政相对人为对象实施的，从而与行政相对人之间产生行政关系。

2. 行政法制监督关系

行政法制监督关系即行政法制监督主体在对行政主体及其公务人员进行监督时发生的各种关系。所谓行政法制监督主体，是指根据宪法和法律授权，依法定方式和程序对行政职权行使者及其所实施的行政行为进行法制监督的国家权力机关、国家司法机关、监察机关等。

3. 行政救济关系

行政救济关系即行政相对人认为其合法权益受到行政主体做出的行政行为的侵犯，向行政救济主体申请救济，行政救济主体对其申请予以审查，作出向相对人提供或不提供救济的决定而发生的各种关系。所谓行政救济主体，是指法律授权其受理行政相对人申诉、控告、检举和行政复议、行政诉讼的国家机关，主要包括受理申诉、控告、检举的信访机关，受理行政复议的行政复议机关，以及受理行政诉讼的人民法院。

4. 内部行政关系

内部行政关系即行政主体内部发生的各种关系，包括上下级行政机关之间的关系，平级行政机关之间的关系，行政机关与其内设机构、派出机构之间的关系，行政机关与国家公务员之间的关系，行政机关与法律、法规授权组织之间的关系，行政机关与其委托行使某种行政职权的组织之间的关系等。

在上述四种行政关系中，行政管理关系是最基本的行政关系，行政法制监督关系和行政救济关系是由行政管理关系派生的关系，而内部行政关系则是从属于行政管理关系的一种关系，是行政管理关系中的一方当事人——行政主体单方面内部的关系。

（二）行政法的特征

1. 非法典性

行政法尚没有统一完整的实体行政法典，这是因为行政法涉及的社会领域十分广泛，内容纷繁丰富，行政关系复杂多变，因而难以制定一部全面而又完整的统一法典。行政法散见于层次不同、名目繁多、种类不一、数量可观的各类法律、行政法规、地方性法规、规章以及其他规范性文件之中。凡是涉及行政权力的规范性文件，均存在行政法规范。国内外重要的综合性行政法律主要有：《行政组织法》《国家公务员法》《行政处罚法》《行政强制法》《行政许可法》《行政程序法》《行政公开法》《行政复议法》《行政诉讼法》《国家赔偿法》等。

2. 广泛性

行政法涉及的领域十分广泛，内容十分丰富。由于现代行政权力的急剧膨胀，其活动领域已不限于外交、国防、治安、税收等领域，而是扩展到了社会生活的各个方面。这就决定了各个领域所发生的社会关系均需要行政法调整，现代行政法适用的领域更加广泛，内容也更加丰富。

3. 变动性

与其他部门法相比，行政法具有很强的变动性。社会生活和行政关系复杂多变，因而作为行政关系调节器的行政法律规范也具有较强的变动性，需要经常进行废、改、立。

4. 强制性

行政主体依法作出的行政行为，是国家意志的表现，具有公定效力，行政相对人和利害关系人不得否认。如有异议，须依法定程序提出。

二、行政法的分类

（一）行政组织法、行政行为法、行政监督法和行政救济法

这是以行政法的作用为标准进行的分类。

1. 行政组织法

这类规范又可分为两部分：一部分是有关行政机关的设置、编制、职权、职责、活动程序和方法的法律规范，其中职权、职责规范是行政组织法规范的核心，如《国务院组织法》；另一部分是有关国家行政机关与国家公务员双方在录用、培训、考核、奖惩、晋升、调动中的权利（职权）、义务（职责）关系的法律规范，如《公务员法》。

2. 行政行为法

行政行为法中最主要的是行政机关与行政相对人双方权利（职权）、义务（职责）关系的法律规范。这类规范数量最多，涉及面最广，如行政处罚法、行政许可法等。

3. 行政监督法

这类是关于监督行政权的法律规范，即监督主体对行政权进行监督的法律规范，最主要的为审计法、行政复议法等。

4. 行政救济法

这类是规定如何对违法、不当、不作为的行政行为造成的后果进行补救的法律规范，如《行政诉讼法》《行政复议法》《国家赔偿法》等。

（二）一般行政法与部门行政法

这是以行政法调整对象的范围为标准进行的分类。一般行政法是对一般的行政关系和监督行政关系加以调整的法律规范的总称，如行政组织法、国家公务员法、行政行为法、行政程序法、行政监督法、行政救济法等。一般行政法调整的行政关系和监督行政关系范围广，覆盖面大，具有更多的共性，为所有行政主体所必须遵守。部门行政法是对部门行政关系加以调整的法律规范的总称，如经济行政法、军事行政法、教育行政法、公安行政法、民政行政法、卫生行政法等。

（三）实体法和程序法

这是以行政法的性质为标准进行的分类。实体行政法是规定行政主体、行政相对人和国家监督机关在行政活动中所具有的权利、义务的法律规范。如税务机关与纳税人之间在税收法律关系中，各自的法律地位，双方的权利义务，都由实体性的税收法律、法规进行规定。程序行政法是实施实体法的程序性行政法规范的总称，主要规定行政主体在实施行政行为时所应遵循的方式、步骤、顺序、时限以及监督行政的程序等。我国行政法具有实体、程序统一性，实体法律规范、程序法律规范经常规定在同一部法律中。如行政处罚法中，既有实体性规范，也有程序性规范。

三、行政法的地位和作用

行政法与刑法、民法一样，是现代法律体系中的三大基本法律部门之一，在我国社会主义法律体系中具有极其重要的地位。行政法的作用概括起来主要表现为以下三个方面：

（一）维护社会秩序和公共利益

现代社会经济、文化的不断发展带来了越来越多的社会问题，日益要求行政机关履行发展经济、稳定社会、保护环境、控制人口、加强治安等各项职责。因此，行政机关必须通过行政立法、行政执法及行政司法等各种手段来有效地规范、约束行政相对人的行为，制止危害他人利益和公共利益的违法行为，建立和维护社会秩序与行政管理秩序，确保行政机关充分、有效地实施行政管理。

（二）监督行政主体，防止行政权力的违法和滥用

行政权力客观上存在易腐性、扩张性以及与个人权利的不对等性的特点，因而必须对其加以监督和制约。在各类监督方式中，最有效、最直接的监督就是行政法监督。行政法通过规定行政权力的范围、行使方式及法律责任等方式，可以达到有效监督行政主体，防止行政权力违法或滥用的目的。

（三）保护公民、法人或其他组织的合法权益

行政法保护公民、法人或其他组织的合法权益，主要包括两个方面的内容：一是通过赋予行政机关合法权限并监督其行使，来保障公民、法人或其他组织各项政治权利、经济权利和社会权利的实现；二是通过赋予公民、法人或其他组织对行为的监督权（如检举权、控告权），行政权行使过程中的参与权（如知情权、要求听证权），特别是对行政行为侵犯其合法权益的提起复议权、诉讼权和要求赔偿权，来保护自己的合法权益。

四、行政法的渊源

（一）行政法渊源的含义

行政法渊源是指行政法律规范的产生与存在形式，包括实质渊源与形式渊源。就法律的适用而言，通常来讲，行政法渊源是指形式渊源，即行政法律规范的载体。凡载有行政法规范的各种法律文件或其他行政法的形式均为行政法的法源。就整个行政法的法源结构而言，包括成文法源与不成文法源两大部分。成文法，也称制定法，是以成文形式出现的法律规定。一般来说，在成文法主义的大陆法系国家，成文法占据其法体系的中心地位，特别是在行政法领域，成文法的比重更大。全球行政法渊源通常还包括判例、行政惯例和行政法理。

中国是一个成文法国家，行政法的法源主要是成文法，包括宪法，法律，行政法规，地方性法规和自治条例、单行条例，部门规章和地方政府规章，法律解释，国际条约与协定。

（二）我国行政法的渊源

1. 宪法

宪法是国家的根本大法，具有最高的法律效力，是各项立法的依据。宪法中关于行政权力的取得、行使及其监督等根本性问题的规定，奠定了行政法的基础，因此，宪法是行政法的根本表现形式。

宪法中规定的行政法规范主要有：（1）国家行政权力的来源和行使权力的基本原则；（2）行政机关在国家机构中的法律地位和行政体制；（3）行政机关的设立、权限和职责；（4）公民基本权利及其保障的规定。

2. 法律

法律是指全国人民代表大会及其常务委员会制定的基本法律和非基本法律。法律中涉及行政权力的取得、行使及对其加以监督补救的规范均为行政法律规范。法律是行政法最主要的表现形式。

法律中规定的行政法规范主要有：（1）关于行政权力的设定及权限范围方面的法律，如《国务院组织法》《地方各级人民代表大会和地方各级人民政府组

织法》（以下简称《地方组织法》）等；（2）关于行政权力行使及运用方面的法律，如《行政处罚法》《治安管理处罚法》《税收征收管理法》等；（3）关于对行政权力的行使予以监督及对受侵害人予以补救的法律，如《审计法》《行政复议法》《行政诉讼法》《国家赔偿法》等。

3. 行政法规

行政法规是指国务院为领导和管理国家各项行政工作，根据宪法和法律，按照行政法规制定程序制定的政治、经济、教育、科技、文化、外事等各类法规的总称。法律关于行政权力的规定常常比较原则、抽象，因而还需要由行政机关进一步具体化。行政法规就是对法律内容具体化的一种主要形式。

4. 地方性法规

地方性法规是指省、自治区、直辖市以及设区的市和自治州的人民代表大会及其常委会根据本地实际需要，在不与宪法、法律、行政法规相抵触的前提下制定颁布的规范性法律文件。

5. 自治条例与单行条例

自治条例和单行条例是指民族自治地方的人民代表大会依照宪法、民族区域自治法和其他法律规定的权限，结合当地民族的政治、经济和文化的特点制定的规范性文件。自治条例和单行条例中有关行政法规范的也是行政法的表现形式。

6. 行政规章

行政规章分为部门规章和地方政府规章。部门规章是指国务院各部、委员会、中国人民银行、审计署和具有行政管理职能的直属机构，根据法律和国务院的行政法规、决定、命令，在本部门权限内按照法定程序制定的规范性文件的总称。地方政府规章是指省、自治区、直辖市以及设区的市和自治州的人民政府根据法律、行政法规、地方性法规所制定的普遍适用于本地区行政管理工作的规范性文件的总称。行政规章是行政管理活动的重要根据，其数量之多、适用范围之广、使用频率之高均居行政法各表现形式之首。

7. 国际条约

我国缔结或加入的国际条约（或协定），需要在国内实施的，也是我国法律的渊源。由此推论，其中涉及公共利益与个人利益关系的规定，也是行政法的渊源。并且，国际条约和协定在我国应当具有与法律同等的效力，在行政法的效力等级中居于最高等级之一。但国际条约在我国是否具有直接的拘束力呢？一般来说，条约在我国也具有直接的拘束力。例如，我国政府于1986年12月11日正式核准了《联合国国际货物销售合同公约》。为此，当时的外经贸部在《关于执行联合国国际货物销售合同公约应注意的几个问题》（〔87〕外经贸法字第22号）中指出：“我国政府既已加入公约，也就承担了执行公约的义务，因此，根据公约第一条（1）款的规定，自1988年1月1日起我各公司与上述国家（匈牙利除外）的公司达成的货物买卖合同如不另做法律选择，则合同规定事项将自动适用公约的有关规定，发生纠纷或诉讼亦须依据公约处理。”但是，在行政法规范有明文规定时，条约则需转化为国内法后，才具有拘束力。

8. 法律解释

法律解释是指人们对法律规范的含义以及所使用的概念、术语、定义所作的阐释。中国广义的法律解释分为非正式解释和正式解释两种。非正式解释，通常也称学理解释，一般是指由学者或其他个人及组织对法律规定所作的不具有法律约束力的解释。正式解释，通常也称法定解释，是指由特定的国家机关、官员或其他有解释权的人对法律作出的具有法律上约束力的解释。正式解释有时也称有权解释。根据解释的国家机关的不同，法定解释又可以作以下划分：

（1）立法解释。立法解释有广义和狭义两种理解，区别在于对于立法解释的主体即立法机关和立法解释的对象即法律的不同理解。在我国，立法解释权属于全国人大常委会。国务院、中央军委、最高人民法院、最高人民检察院和全国人大各部门委员会以及省级人大常委会可以向全国人大常委会提出法律解释的要求。全国人大常委会的法律解释同法律具有同等效力。

（2）行政解释。行政解释是指由国家行政机关对于不属于审判和检察工作中的其他法律的具体应用问题以及自己依法制定的法规进行的解释。

（3）司法解释。司法解释是国家最高司法机关对司法工作中具体应用法律问题所作的解释。司法解释分为最高人民法院的审判解释、最高人民检察院的检察解释和这两个机关联合作出的解释。审判解释和检察解释有原则性分歧时，应报请全国人大常委会解释或决定。

在法律解释中，凡涉及行政管理领域的都属于行政法规范，属于行政法的法源。

五、行政法的效力

法律效力有广义和狭义两种解释。广义的法律效力，是指法律所具有的拘束力和强制力，以及这种拘束力和强制力的范围。狭义的法律效力，则仅指法律的效力范围。行政法规范无疑与其他法律规范一样，具有拘束力和强制力。在这一点上，行政法规范并没有什么特殊性，因而，此处讨论的是行政法的效力范围和效力等级。

（一）行政法的空间效力

行政法的空间效力，是指行政法在空间上的效力范围，即关于行政法在哪些地域范围内具有法律约束力的问题。

从整体上说，行政法在我国全部领域内都具有法律效力。这里的“领域”，包括我国的领陆、领海和领空，以及延伸意义上的领域（如我国的驻外使馆，领海和领空以外的船舶和飞机）。许多中央的行政法规范也是这样规定的。例如，《治安管理处罚法》第4条规定：“在中华人民共和国领域内发生的违反治安管理行为，除法律有特别规定的外，适用本法。在中华人民共和国船舶和航空器内发生的违反治安管理行为，除法律有特别规定的外，适用本法。”但是，地方性法规、地方政府规章、自治条例、单行条例只在本行政区域内有效。

（二）行政法的时间效力

行政法的时间效力，是指行政法在什么样的时间范围内有效，即从何时起生效，至何时止失效的问题，以及行政法是否有溯及既往的效力问题。

1. 行政法的生效时间

一般来说，法律、法规和规章都是从它生效之日的零时起发生法律约束力的，但各法律、法规和规章的生效之日并不相同，有的法律、法规和规章甚至对不同内容规定了不同的生效时间。最常见的法律、法规和规章生效时间主要有以下两种情形：

第一，以规定时间为生效时间。例如，《海关对进出口集装箱和所装货物监管办法》（已失效）第16条规定：“本办法自1984年1月1日起施行。”这类法律、法规和规章从公布到生效往往都有一段时间，在该期间并不具有法律约束力。在立法上之所以要留这么一段时间，是为了使行政主体有充分的时间做好新旧制度转换的准备和衔接，也是为了使相对人了解和适应新的规定。

第二，以发布时间为生效时间。例如，《突发事件应急预案管理办法》第45条规定：“本办法自印发之日起施行。”该办法是国务院办公厅于2013年10月25日发布的，因此其生效时间也是该日。法律、法规和规章除发布时间外，还有一个批准时间或通过时间。有时通过时间或批准时间与发布时间相同，有时两者却并不相同。以发布时间为生效时间，就不能以通过或批准时间为生效时间。

2. 行政法的失效时间

行政法在时间上，只在生效后失效前才具有法律效力，因此，有必要分析行政法的失效时间。行政法的失效时间具体表现为法律、法规和规章的失效时间。法律、法规和规章自失效之日的24时起丧失法律效力，即至失效之日的24时止不再具有法律效力。法律、法规和规章的失效之日各不相同，具体有下列几种情形：

第一，因撤销而失效。《立法法》第96条规定：“法律、行政法规、地方性法规、自治条例和单行条例、规章有下列情形之一的，由有关机关依照本法第九十七条规定的权限予以改变或者撤销：（一）超越权限的；（二）下位法违反上位法规定的；（三）规章之间对同一事项的规定不一致，经裁决应当改变或者撤销一方的规定的；（四）规章的规定被认为不适当，应当予以改变或者撤销的；（五）违背法定程序的。”对被撤销的法律、法规和规章，视为自始不具有法律效力，即从来没有发生过法律效力。在撤销前，该法律、法规和规章已经实施并产生了法律效果的，应分别对待。其中，所产生法律效果有利于公民的，应当予以承认；不利于公民的，则不应承认。

第二，因废止而失效。由于颁行了新的法律、法规和规章或原有法律、法规和规章不适应新的需要，可废止原已生效的法律、法规和规章。例如，《发票管理办法》第45条规定：“本办法自发布之日起施行。财政部1986年发布的《全国发票管理暂行办法》和原国家税务局一九九一年发布的《关于对外商投资企业和外国企业发票管理的暂行规定》同时废止。”

第三，因修改而失效。经修改的法律、法规和规章，被修改部分就丧失了法律效力。修改不同于废止，废止是使整个法律、法规和规章失效，修改只是使法律、法规和规章的部分内容或条款失效，即只是使某些行政法规范失效。法律、法规或规章修改的主要形式，是通过或者批准修正案，被修改的部分自修正案生效之时起丧失法律效力。

第四，自行失效。自行失效主要有以下几种情况：其一，因所定期限届满而自行失效。为调整特定期间内的行政关系而制定的法律、法规和规章，往往规定有其法律效力的存续期间，该期间届满则自行丧失法律效力，如《一九九一年国库券条例》等。其二，因调整对象消灭而自行失效。例如，《出口工业品专厂试行办法》（国务院批准，1980年8月10日国家进出口委员会发布）和《出口农副产品生产基地试行办法》（国务院批准，1980年8月10日国家进出口委员会发布）都是适应当时情况而制定的，随着形势的发展其调整对象不复存在，于是也就自行失效了。

3. 行政法的溯及力问题

我国《立法法》第93条规定：“法律、行政法规、地方性法规、自治条例和单行条例、规章不溯及既往，但为了更好地保护公民、法人和其他组织的权利和利益而作的特别规定除外。”也就是说，行政法一般不具有溯及既往的效力，即法律、法规和规章除有明文规定者外，不论该法律、法规和规章是否有利于相对人，都只能对其实行后的行为发生法律约束力，对其施行前的行为不具有任何法律约束力。

（三）行政法的效力等级

根据《立法法》的规定，我国行政法的效力等级是：

1. 宪法具有最高的法律效力，一切法律、行政法规、地方性法规、自治条例和单行条例、规章都不得同宪法相抵触。

2. 法律的效力高于行政法规、地方性法规、规章。行政法规的效力高于地方性法规、规章。

3. 地方性法规的效力高于本级和下级地方政府规章。省、自治区的人民政府制定的规章的效力高于本行政区域内的设区的市、自治州的人民政府制定的规章。

4. 部门规章之间、部门规章与地方政府规章之间具有同等效力，在各自的权限范围内施行。

5. 同一机关制定的法律、行政法规、地方性法规、自治条例和单行条例、规章，特别规定与一般规定不一致的，适用特别规定；新的规定与旧的规定不一致的，适用新的规定。

第三节　行政法律关系

案例导入

结婚4年的妻子突患精神病，丈夫竟带着她到镇政府把婚给离了！

女方年迈的父母认为镇政府没有尽到办离婚证的审查之责，将其告上法庭。2011年10月29日，该案在市二中院开庭审理。

2011年2月26日下午，家住开县渠口镇茶香村的刘某某，从亲戚口中得到一个有些令她不知所措的消息：女儿和女婿离婚了。

说起自己的女儿，刘某某不住地叹息：早在2005年9月，女儿陈某某经人介绍，和后来的丈夫李某某相识，4个月后两人举办了婚礼。2007年6月，陈某某生下一个女儿，变故从此开始——她得了精神分裂症，生活不能自理。“我女儿有精神病，稍微看一下就能看出来，这种情况是不能离婚的。这个婚是怎么离的呢？”

5月27日，开县法院宣告陈某某为无民事行为能力人，指定其母亲刘某某为监护人。

6月初，刘某某一纸诉状把渠口镇政府告到了开县法院，要求撤销发给女儿和女婿的离婚证。

法院开庭审理时，渠口镇政府觉得有点“冤”：李某某和陈某某到镇政府办理离婚手续时，提供了双方的身份证、户口本、离婚协议等，工作人员见两人面色从容、均能正确回答问题，双方还一再声称是自愿协商离婚的，对离婚协议，以及镇政府提供的书面手续，两人在捺手印时，是在工作人员面前办理的。

工作人员还回忆，整个过程没有看到两人伤和气，也没有看出有任何欺骗、胁迫的踪影，两人的行为也很正常。所以，就给他们办理了离婚证。

开县法院审理后认为，工作人员对两人进行了询问，并审查各种材料和证明。根据法庭调查，陈某某没有发病，没有表现出精神异常。

法院表示，离婚登记一经作出，当事人就获得了和其他人结婚的权利。法院如果判决撤销"不违背法律规定"的离婚登记，将造成对离婚当事人重新结婚权的侵犯。由于李某某没有到庭，不知道他是不是已经和其他人结婚，如果盲目撤销该离婚登记，具有造成重婚的可能性。

9月7日，开县法院判决驳回陈某某的诉讼请求。

刘某某为了给女儿讨一个说法，遂委托了重庆锦扬律师事务所尹恒、傅小波律师向市二中院递交了上诉状。

10月29日，市二中院开庭审理的这起特殊的离婚行政官司，受到很多市民的关注，不少人纷纷前往旁听。

代理律师尹恒表示，陈某某有精神病，作为丈夫的李某某肯定是知道的。两人去办理离婚手续，工作人员应当认真查验相关的证件和手续。

《婚姻登记条例》明确规定了"无民事行为能力人和限制民事行为能力人"都不能办理离婚手续。所以，作为发离婚证的渠口镇政府，有责任去查证离婚双方的真实情况。"有要想和有精神病的人离婚，只能通过法院判决，而不是通过镇政府去离婚。"尹律师表示。

渠口镇政府仍表示，目前的证据表明，办离婚证的当天，看不出陈某某有精神病。

法院审理后表示，合议后再作判决。

长期从事律师工作的市人大代表段茂兵表示，根据相关法律规定，李某某明知自己的妻子有精神病，如果要想和妻子离婚，只能通过诉讼的方式，不可能通过登记离婚。

段茂兵表示，这个案子折射出我国婚姻登记信息管理上的疏漏问题。陈某某作为一个精神病人、一个无民事行为能力人，她的权利应当怎样救济？

另外，目前重庆乃至全国尚未建立婚姻登记信息的联网查询制度。本案中，如果在领取离婚证直至案件审理的这段时间，李某某已经与其他人登记结婚，那么二审法院如果撤销了陈某某与李某某的离婚登记，李某某就可能涉嫌重婚。

针对类似情况，段茂兵呼吁有关部门应尽快建立婚姻登记信息的联网查询制度，以防止不必要的麻烦。

本案知识点

行政法律关系与民事法律关系的区别。

一、行政法律关系的概念和特征

（一）行政法律关系的概念

法律是社会关系的调整器，每一个部门法都有其特定的调整对象，即调整特定的社会关系。受行政法调整的社会关系就是行政法律关系。具体而言，行政法律关系是指为行政法所调整的，具有行政法上的权利与义务的各种社会关系。简言之，行政法律关系就是受行政法调整的行政关系。但是行政法律关系不同于行政关系。第一，两者的性质不同。行政关系是一种事实关系，而行政法律关系则是一种行政法上的权利与义务关系，即法律关系。第二，两者与行政法的关系不同。行政关系是行政法的调整对象，而行政法律关系则是行政法的调整结果。第三，内容范围不同。行政关系的范围要大于行政法律关系，行政法律关系必然是行政关系，但行政关系并不必然就是行政法律关系。第四，时间先后不同。行政关系作为事实关系先于行政法律关系而存在。

行政法律关系概念可从以下几方面理解：（1）行政法律关系是受法律调整或约束的一种社会关系；（2）行政法律关系是因行政活动产生或引发的各种社会关系；（3）行政法律关系是一种行政法上的权利义务关系。

（二）行政法律关系的特征

1. 主体的恒定性与不可转化性

行政法律关系总是行政主体同行政相对人之间形成的法律关系，关系双方中必有一方是行政主体，不以行政主体为一方当事人的法律关系不可能是行政法律关系。这就是行政法律关系主体的恒定性。同时，在行政法律关系主体中，行政主体与行政相对人是不能相互转化或互换位置的。

2. 主体地位的不对等性

行政法律关系中的当事人的地位往往是不平等的。在大部分行政法律关系中，国家行政机关作为当事人一方，其地位优于对方当事人，这主要表现在以下三个方面：（1）行政法律关系的产生一般只要具有这方面职权的国家行政机关的单方意思表示就能成立，只有在个别情况下，才可能由组织或者公民的意思表示而发生；（2）某些行政法律关系的消灭也往往因国家行政机关单方面的行为即确定；(3) 国家行政机关可以依法增设或限制、剥夺对方当事人的某项权利，也可以增设或豁免对方当事人的义务，而对方当事人则没有这样的权力。行政法律关系地位的“不对等性”既不能简单地解释为行政主体的命令和行政相对人的服从，也不能简单地被理解为行政主体一方只行使权利而作为另一方当事人的行政相对人只履行义务。行政法律关系具有不平等性，实际上是为了实现双方在法律上的实质平等而对双方权利进行的不对等分配，是一种“平等下的不对等”。

3. 内容的法定性

行政法律关系的内容一般是法定的。行政法律关系当事人之间通常不能相互约定权利义务，不能自由选择权利和义务，必须依据法律享有权利和承担相应的义务。

4. 争议解决的特殊性

民事纠纷可以通过调解、仲裁、司法等途径解决，而行政争议与之不同。行政法律关系中产生的争议，一般通过行政途径解决，常见的是行政复议、行政申诉等。我国存在行政诉讼制度，但是行政诉讼受案范围有限，很多行政纠纷不属于行政诉讼的受案范围。

二、行政法律关系的分类

不同类型的行政法律关系，意味着遵循的规则有所不同。根据不同的标准，可将行政法律关系分为以下几种类型：

(一) 内部行政法律关系与外部行政法律关系

这是根据行政权力的作用范围不同作出的分类，也是行政法律关系最基本、最重要的分类。在此分类基础上，行政法体系被划分为内部行政法与外部行政法两大部分。内部行政法律关系，是指行政权力作用于行政系统之内而在行政主体与内部行政相对人之间形成的行政法律关系，如行政机关对公务员的处分。外部行政法律关系，是指行政权力作用于行政系统之外而在行政主体与外部相对人之间形成的行政法律关系，如行政处罚、行政奖励等。

内部行政法律关系与外部行政法律关系的区别在于：其一，属性不同。前者属于内部行政管理，各方主体具有行政隶属关系；后者属于国家对社会的管理，主体之间不具有行政隶属关系。其二，争议解决途径不同。前者一般由行政系统内部解决（如申诉、复核）而不诉诸司法机关，后者则可以接受包括司法救济在内的完整的纠纷解决机制的调整。

(二) 行政实体法律关系与行政程序法律关系

这是根据行政权力受调整的行政法规范是实体法规范还是程序法规范的不同

所作出的分类。行政实体法律关系，即受到行政实体法规范的调整而在行政主体与行政相对人之间所形成的实体上的权利义务关系。行政程序法律关系，即在行政主体与行政相对人之间形成的程序上的权利义务关系。

实际上，行政实体法律关系与行政程序法律关系是不可分的。因为，行政法规范是行政实体法规范与行政程序法规范的综合体，行政行为是实体行政与程序行政的统一，任何行政法律关系都是行政实体法律关系与行政程序法律关系的结合与统一。例如，《治安管理处罚法》第 78 条规定："公安机关受理报案、控告、举报、投案后，认为属于违反治安管理行为的，应当立即进行调查；认为不属于违反治安管理行为的，应当告知报案人、控告人、举报人、投案人，并说明理由。"本法条中，公安机关受理案件并进行调查属于实体法规范中所规定的法定职责（义务），而在认定不属于违法治安管理行为后，向请求人告知并说明理由则属于程序法规范中所规定的法定程序。两者分别构成了实体法和程序法的两种法律关系。可见，在一个行政法律关系产生后，将很可能引发实体法与程序法权利义务的并存，后者存在的目的正是保障实体法权利义务得以合法而有效的实现。认识程序法律关系的存在有利于探究行政主体的程序义务以及行政相对人的程序权利。这也是行政法所调整的重要对象。

（三）原生行政法律关系与派生行政法律关系

这是根据行政法律关系形成的原因不同所作的分类。原生行政法律关系，是指因行政权力行使而直接形成的行政法律关系，是最常见的一种行政法律关系，如行政处罚、行政许可。派生行政法律关系，是指因行政权力行使而引发的行政法律关系。其实际上是由原生行政法律关系派生出来的一种事后救济或保障性法律关系，如行政强制执行、行政复议、行政信访等。

（四）单一行政法律关系与复合行政法律关系

这是以行政法律关系结构的状态不同所作的分类。单一行政法律关系结构简单，通常为关系双方各为一个，权利义务仅为一对，如作为征税机关的行政主体行使征税权力，作为纳税人的行政相对人履行纳税的义务等。复合行政法律关系则结构相对复杂，需要对行政法案件进行更为细致的解析。复合行政法律关系主要存在主体复合的情形、内容复合的情形、主体与内容交叉复合的情形。

三、行政法律关系的构成要素

同其他部门法的法律关系一样，行政法律关系也是由主体、客体和内容 3 个方面的要素所构成。

（一）行政法律关系的主体

行政法律关系的主体，即行政法律关系的当事人，又可简称为行政法主体，是指行政权力的享受者和行政义务的承担者，即以行政主体为一方当事人，以行政相对人为另一方当事人，同时包括行政公务员以及行政监督主体。行政主体，是指享有国家行政权力，能以自己的名义实施行政行为，并能独立承担由此产生的法律效果的社会组织，包括国家行政机关和法律、法规授权的组织。行政相对人，则是指在行政法律关系中处于被管理地位的一方当事人，包括公民、法人、其他组织和外国人、无国籍人。

（二）行政法律关系的客体

行政法律关系的客体，是指行政法律关系主体的权利义务所指向的标的或对象，包括物质利益或精神利益。具体来说，行政法律关系的客体有：

1. 物

物是现实存在的、有价值的，能够为人们所控制支配的物质资源。根据不同的标准，物可以分为动产与不动产，流通物、限制流通物、禁止流通物，特定物与种类物，主物与从物，可分物与不可分物，原物与孳息物等。物是行政法律关系的重要客体，如行政处罚中的罚款、罚没物，行政征收征用中的被征收征用物，税收款，行政确认中的房产、滩涂等。

2. 人身

人身能成为法律关系的客体。许多行政法律关系是以相对人人身为客体的，如行政处罚、行政强制、行政奖励等。人身权是公民、法人的一项基本权利，必须由法律来调整和保护。人身所包含的两个方面：身体或肉体以及由此产生的人的人格与身份。这两个方面都能成为行政法律关系的客体。

（1）人的身体或肉体能成为行政法律关系的客体。人的身体和肉体有时也能成为行政法律关系客体。人体器官是人的身体的一部分，虽可以以物来区分它能成为行政法律关系客体，但人体器官也是人身。行政处罚中的拘留，它直接指向的就是人的身体，让人身禁锢在一地不能自由。所以说，人的身体和肉体能够成为行政法律关系客体。

（2）身份能够成为行政法律关系客体。身份是能够成为行政法律关系客体的，如在一起交通事故中，甲死亡，而又无身份证明，则由行政主体发布公告认人认领，甲的亲属来认领，由行政主体确认死者的身份，则以死者的身份为行政法律关系的客体。所以身份也能成为行政法律关系客体。

综上所述，人身是能够也应该作为行政法律关系客体存在的。只有将人身作为法律关系的客体在法律规范中加以明确规定，才能通过行政、刑事和民事等手段对任何非法侵犯公民人身权的行为进行法律制裁。

3. 行为

在行政法律关系中，作为行政法律关系客体的行为分类主要有：

（1）作为与不作为。作为的法律行为表现为在行为方式和内容上积极地作出一定的动作。不作为的法律行为表现为在行为方式上不作出一定的动作的行为。

（2）合法行为与违法行为。合法行为是行为主体依照法律规范要求的范围和内容，按法定的方式和程序实施的受法律保护的行为。违法行为则是指行为主体违反法律规范的要求所实施的危害社会的行为。

（3）行政主体的行为和行政相对人的行为。行政主体的行为是指具有行政主体资格的组织行使行政职权作出的行政行为。行政相对人的行为是指在行政法律关系中相对人作出的具有行政法意义上的行为。

只有具有法律意义的行为或受行政法规范的行为才能成为行政法律关系的客体。

4. 智力成果

智力成果即行政法律关系主体从事智力活动所取得的成果，如学术著作、专利、发明等。

（三）行政法律关系的内容

行政法律关系的内容，是指行政法律关系主体所享有的权利和承担的义务，即行政主体的权利义务和行政相对方的权利义务，以及行政法制监督主体的权利义务和被监督的行政主体及其工作人员的权利义务。

行政主体的权利和义务，通常又被称为“职权”和“职责”，主要包括正确适用法律、依法行使职权、遵守法定程序等。

行政相对人的权利与义务，与其他部分法相比则大不相同，总体来看，行政相对人的权利与行政权相对应，而其义务默认为“遵守法律”。具体而言，行政相对人享有的权利有：（1）行政救济权——对抗权力侵害（如申诉权、投诉权、诉权、复议权、赔偿权等）；（2）行政保护权——对抗权利侵害（如举报权、保护权、协助权等）；（3）行政受益权——主张权力授益（如给付权、帮助权、救助权、质询权等）；（4）行政参与权——主张权力参与（如知情权、监督权、申辩权、听证权、回避权等）等。

四、行政法律关系的变动

行政法律关系不是静止不变的，而是一个动态的过程，有其产生、变更和消灭的变动过程。

（一）行政法律关系变动的条件

行政法律关系的发生、变更和消灭，即行政法律关系的变动，必须具备一定的条件，最主要的条件包括：

1. 有法律根据，即行政法规范的存在。

2. 行政法律事实的出现。

其中，前者是变动的法律依据和前提条件，后者是变动的直接原因或具体条件和事实根据。

(二) 行政法律事实

1. 行政法律事实的含义

行政法律事实，是指行政法规范所规定的，能够引起行政法律关系的产生、变更和消灭的具体条件和事实根据。它包含以下两层含义：

第一，它能够引起法律关系的产生、变更和消灭，即能够引起法律效果，具有法律意义。

第二，它必须是行政法规范所规定的。即其完全取决于行政法规范的预先规定（由假定、处理、制裁三部分组成）。

2. 行政法律事实的种类

依据是否以主体的意志为转移，通常将其分为法律事件和法律行为两类。

(1) 法律事件。法律事件是指能够引起行政法律关系产生、变更和消灭，而不以人的主观意志为转移的客观事件，如自然灾难引发的行政救援。

(2) 法律行为。法律行为是指能引起行政法律关系的产生、变更和消灭的，行政法主体有意志的行为。可以是作为也可以是不作为，并且主要是行政主体的行为。相对人的行为往往要和行政主体的行为一起，才能引起具体法律关系的变动，行政不作为情形例外，如相对人的超速驾驶需在被行政主体发现并实施处罚后方形成行政处罚法律关系。

(三) 行政法律关系的变动形式

1. 行政法律关系的产生

行政法律关系的产生，是指因法定事由出现后，行政法律关系的主体之间按行政法规定的权利义务模式形成的必然的权利义务关系，即行政主体和相对人之间实际形成行政法上的权利义务关系，如打架斗殴被警察发现，被查处，当事人之间形成行政处罚关系。

2. 行政法律关系的变更

行政法律关系的变更，是指行政法律关系产生后，因构成该行政法律关系的要素发生局部变化而发生的变化。

(1) 行政法律关系主体的变化。行政法律关系主体发生变化包括两种情况：①主体在数量上的变化，如构成行政法律关系主体人数的增加或减少；②主体的接替，即原行政法律关系主体被更换，更换后的主体继续享有原主体的权利，承担原主体的义务。

（2）行政法律关系内容的变化。行政法律关系内容的变化，即行政法律关系主体的权利义务的变化。

（3）行政法律关系客体的变化。行政法律关系发生后，以另外一种客体替代其客体，导致行政法律关系的变更。原行政法律关系客体必须具有可替代性，才能发生行政法律关系客体的变化。

3. 行政法律关系的消灭

行政法律关系的消灭是指原行政法律关系的终止或不复存在，包括主体、客体和内容的消灭，但其核心应是主体双方原有权利义务的消灭。

（1）行政法律关系消灭的一般原因：主体双方之间因已产生的行政法律关系存在没有意义或没有必要而终止；原产生的行政法义务已履行而使其消灭；原适用的行政法律规范已被撤销而使行政法律关系消灭；行政相对人放弃权利使行政法律关系消灭。

（2）行政法律关系消灭的具体原因：行政法律关系内容即权利义务的消灭；因主体消灭使权利义务归于消灭；因客体的消灭使原权利义务也归于消灭。

第四节　行政法的基本原则

案例导入

2004 年 9 月，上海金发房地产有限公司取得了上海市人民政府的行政许可，被批准在浦东某地区建一栋大型写字楼。为此，金发房地产有限公司先期投入开发成本达 30 万元。11 月，上海市人民政府接到群众反映，经调查确实，该写字楼位置选取不尽合理，如果建成会大大影响当地居民的采光和其他方面的日常生活。为此，上海市人民政府又撤回了对金发房地产有限公司的建房许可，致使后者遭受了比较严重的经济损失。

本案知识点

行政法的基本原则。

一、行政法基本原则概述

行政法基本原则，是指导和规范行政法的立法、执法及行政争议处理的基础性法则，是贯穿于行政法具体规范之中，同时又高于行政法具体规范，体现行政法基本价值观念的准则。

基本原则可以是成文的，也可以是不成文的，在法律规范空白和出现漏洞的时候，作为共同理念可以弥补法律的不足；任何行政法律规范及其实施都不得与其相抵触。行政法基本原则的性质和功能包括：

第一，行政法的基本原则是一种“基础性规范”，是产生其他具体规则和原则的规范；

第二，行政法的基本原则是一种高度抽象的并体现行政法的基本价值观念的规范；

第三，行政法的基本原则是一种普遍性规范，它对行政关系进行整体的宏观的调整、规范；

第四，行政法的基本原则不仅指导、调整行政执法行为，而且指导和调整行政法的立法行为；

第五，行政法的基本原则不仅对行政法的立法、执法起宏观指导作用，而且在一定的场合也直接规范行政行为的实施和行政争议的处理。

行政法的基本原则包括行政合法性原则、行政合理性原则和程序正当性原则。

二、行政合法性原则

行政合法性原则，是指行政权力的设立、行使、运用必须依据法律，符合法律要求，不能与法律相抵触。行政主体必须严格遵守行政法律规范，不得享有行政法规范以外的特权。违法行政行为依法应予以追究，违法行政主体应承担相应的法律责任。行政合法性原则应当包括职权法定、依法行政、权责统一三项子原则。

（一）职权法定原则

职权法定是指行政主体所行使的职权必须有法律规定，任何机关不得超越法律的授权。职权法定的特点是：行政机关的创设具有法律依据，行政机关的权力来源于法律授权，行政机关在权限范围内行使权力符合法律的规定，越权无效。

1. 机构设置合法

行使权力必须要设立相应的国家机构，我国行使行政权的机构是国务院和地方各级人民政府及其工作部门。因此，职权法定原则的第一个要求就是依法设置行政机关。设立行政机关要有宪法和组织法的依据；进行机构改革增设新的行政机关要有最高权力机关的授权或经其批准。如《宪法》第 85 条规定：“中华人民共和国国务院，即中央人民政府，是最高国家权力机关的执行机关，是最高国家行政机关。”第 105 条规定：“地方各级人民政府是地方各级国家权力机关的执行机关，是地方各级国家行政机关。”这两条就是宪法对于国务院和地方各级人民政府的性质、地位的明确规定。个别地方政府根据管理需要，自行设立某某办公室，并对外行使管理权，是没有法律依据的，显然是违法的。

2. 行政权的取得合法

这是狭义的职权法定原则。行政机关要做到依法行政，首先必须有法律明确授予的行政职权。非经法律授权，行政职权就没有其存在的合理性，行政机关不能作出行政行为。根据我国现有法律，职权的法定渊源有三种：一是行政机关依法成立时即合法取得的权力，这是行政机关固有的权力，如《宪法》第 89 条明确规定了国务院的职权职责；二是由法律、法规或者规章特别授予；三是由有权的行政机关依照法律的规定委托的权力。

3. 越权无效

越权无效原则来源于英国，是指政府不能超越议会授予的权限，也就是说，政府必须严格按照法律规定的方式和范围进行活动，如果政府的行为确系越权，法院可依法宣告政府越权行为无效，并责令政府就其越权行为造成的损害进行赔偿。其基本含义是行政机关必须在法定权限范围内行为，一切超越法定权限的行为无效，不具有公定力、确定力、约束力和执行力。简言之，就是政府行使权力的行为必须有法律依据，否则其行为无效。我国《行政诉讼法》第 70 条第 4 项、《行政复议法》第 28 条第 1 款第 3 项第 4 目都规定了越权无效原则。至于如何认定越权，还没有相关的法律解释。一般认为，行政机关越权的表现有下列几种较为典型。一是无权限，即行政机关管理了可以由行政相对人自行解决的，或者可以由市场调节解决的事项；二是越权立法，即行政法规、行政规章侵越了只能由法律规定的事项，或者违反了上位法规定；三是事权越权，即甲机关管辖了本应由乙机关管辖的事项；四是地域越权，如本应属于甲地公安机关处理的事项，乙地公安机关却处置了；五是级别越权，即下级机关侵越了上级机关的事项。

（二）依法行政原则

依法行政原则是指行政主体依照法律的规定行使行政权，严格依照法律、法规、规章的规定实施行政管理活动；没有法律、法规、规章的规定，行政机关不得作出影响公民、法人和其他组织合法权益或者增加公民、法人和其他组织义务的决定，即行政行为合法。行政机关的任务，就是主动、持续地执行法律规范，调整各种社会关系，实现立法意图或法律规范的目的。我国《宪法》第 85 条、第 105 条明文规定，我国国家行政机关是国家权力机关的“执行机关”，即执行权力机关所制定的法律、法规和决议，因此，国家行政机关有时被称为执法机关。行政行为作为一种执法行为必须受法律的约束，并且应当在全过程中全面地接受法律的监督和制约，而不能凌驾于法律之上。如果行政主体实施行政行为违法，行政主体就必须承担相应的法律责任，从而实现行政法治。

1. 依法全面积极履行行政职能

行政机关要坚持法定职责必须为、法无授权不可为，勇于负责、敢于担当，坚决纠正不作为、乱作为，坚决克服懒政、怠政，坚决惩处失职、渎职。这是对政府依法行政的积极要求，即政府要积极作为，不能等、靠、要，更不能推诿责任。

2. 严格按照法律规定履行行政职能

行政主体必须是法定主体，即主体合法。行政主体的职权必须有法律的明确授予，即职权合法。行政主体作出行政决定必须有充足的证据支撑，即证据合法有效。行政主体必须依照法定程序作出行政行为，即程序合法。行政主体作出行政行为必须要有明确的法律依据，并正确适用法律法规。这是对政府依法行政的消极要求，即政府不违法。

3. 强化对行政权力的制约和监督

不受制约的权力是专横的，不受监督的权力是任性的。因此，必须加强对行政权的监督和制约，以促进政府依法行政。坚持决策权、执行权、监督权既相互制约又相互协调，完善各方面监督制度，确保行政机关按照法定权限和程序行使权力。加强党内监督、人大监督、民主监督、行政监督、司法监督、审计监督、社会监督、舆论监督制度建设，努力形成科学有效的权力运行制约和监督体系，增强监督合力和实效。

(三) 权责统一原则

权责统一原则，是指行政机关违法或不当行使职权，应当依法承担法律责任，实现权力和责任的统一。政府责任有两层含义：一是职责，或者是政府的义务。即政府应该做什么，如果不主动去做就是不作为，构成不作为的违法。二是法律责任，即政府违法行政应承担的法律负面评价和相应的法律后果。本处的政府责任专指第二种，即政府违法行政要承担的法律责任。政府责任法定体现了权责统一原则。行政机关依法履行经济、社会和文化事务管理职责，要由法律、法规赋予其相应的执法手段。行政机关违法或者不当行使职权，应当依法承担法律责任，实现权力和责任的统一。依法做到执法有保障、有权必有责、用权受监督、违法受追究、侵权须赔偿。

根据我国现行法律和政策文件的规定，政府责任的承担者主要是行政机关的工作人员。政府作为一个组织体是由自然人组成的，政府的决策行为、执行行为、监督行为都是由具体的人员完成的，追究责任人的责任理所应当。政府工作人员的责任主要包括：

（1）政治责任。即罢免、辞职、辞退、引咎辞职、责令辞职和党纪责任。

（2）行政责任。即公务员法规定的警告、记过、记大过、降级、撤职、开除等政务处分。

（3）刑事责任。行政机关工作人员在执行公务时如果严重违法达到犯罪程度，应当受到刑事处罚、承担刑事责任。

（4）经济责任。行政机关在执法中如果侵犯行政相对人合法权益的，应当由国家承担赔偿责任，即行政赔偿。但是在国家赔偿之后，应当责令有故意或者重大过失的工作人员或者受委托的组织、个人承担部分或者全部赔偿费用。

三、行政合理性原则

行政合理性原则，是指行政主体在选择作出何种内容的行政行为时，须权衡各种利益关系作出最佳的选择判断，以实现其实体内容的“均衡合理”，体现法的实质正义。它要求行政机关的行政行为不仅要合法而且要合理，也就是行政机关的行政行为要做到合情、合理、恰当和适度。行政合理性原则主要针对行政裁量行为而言。所谓行政裁量，是指法律赋予行政主体可以选择的权力，但这种选择也不是任意的，而应当受到一定原则的限制。行政裁量可以分为三类：决定裁量，即是否实施行政行为；选择裁量，即实施何种行政行为；程度裁量，即实施何种程度的行政行为。行政合理性原则包含公平原则、比例原则、诚实信用原则三个子原则。

（一）公平原则

公平是指平等对待相对人，不得歧视。公平原则要求行政主体在针对不同相对人实施行政行为时应根据具体情况平等而合理地适用法律，不得恣意妄为或有失公允。要求行政主体面对同等情况应当同等对待，不同情况应当区别对待，不得恣意地实施差别待遇。公平最重要的价值是保障法律面前人人平等和机会均等，避免歧视对待。我国《行政许可法》第5条明确规定了这一原则。《行政许可法》第5条第1款规定：“设定和实施行政许可，应当遵循公开、公平、公正、非歧视的原则。”第3款规定：“符合法定条件、标准的，申请人有依法取得行政许可的平等权利，行政机关不得歧视任何人。”

公平原则有三个基本要求：一是同等对待，要求行政主体在同时面对不同相对人时应当一视同仁，反对歧视；对于同等情况，应当作出相同的行政决定。二是区别对待，要求行政主体在实施行政行为时应当认真区别各相对人的具体情况，要求行政主体应当按不同情况来设定相对人的权利义务。三是要考虑相关因素，不能考虑不相关因素。关于这一要求，我国现有法律中尚无明文规定，但是在地方政府规章和规范性文件中有所体现。如《邯郸市规范行政处罚自由裁量权若干规定》第29条第4项规定，“实施行政处罚过程中是否全面考虑和衡量了违法事实、性质、情节及社会危害程度等相关因素”，邯郸市城市管理和综合行政执法局制定的《行政处罚自由裁量权基准制度（试行）》第3条规定的行使行政处罚自由裁量权，应当遵循的原则就包括“考虑相关因素。应当考虑法律明示或者默示地要求行政执法机关考虑的因素，排除不合理因素的干扰，不能考虑不相关因素”。所谓相关因素是指与案件直接有关的因素，如违法情节、危害后果、违法行为人年龄、精神状况等。所谓不相关因素是指行政相对人的背景、身份、地位等与案件处置无关的问题。

（二）比例原则

比例原则是指行政主体实施行政行为应兼顾行政目标的实现和相对人权益的保护，行政主体采取的措施和手段应当是必要、适当的；应当避免采用损害行政相对人权益的方式，如为实现行政目标可能对相对人权益造成某种不利影响时，应使这种不利影响限制在尽可能小的范围和限度内，保持二者处于适度的比例。我国法律中也有比例原则的规范。如《行政处罚法》第5条第2款规定：“设定和实施行政处罚必须以事实为依据，与违法行为的事实、性质、情节以及社会危害程度相当。”《行政强制法》第5条规定：“行政强制的设定和实施，应当适当。采用非强制手段可以达到行政管理目的的，不得设定和实施行政强制。”比例原则有三个基本要求。

1. 妥当性原则

妥当性原则或适当性原则，是指行政主体实施行政行为必须为了实现行政目的，这是对行政主体实施行政行为的一种目的上的要求。如果行政行为与行政目的相悖，根本无法达到行政目的，则违反了行政比例原则中的妥当性原则。

2. 必要性原则

必要性原则，又称最少侵害原则、不可替代原则。这是对行政主体实施行政行为的一种手段上的要求，即行政主体实施行政行为不能超越实现行政目的的必要程度，也就是说，行政主体在实施行政行为时，有多种可供选择的手段可以达到行政目的，行政主体应该尽可能采取对相对人损害最小的手段。

3. 均衡性原则

均衡性原则，又称狭义的比例原则，是指行政主体对相对人合法权益的干预不得超过所追求的行政目标的价值。这是对行政主体实施行政行为的一种利益衡平上的要求，即行政主体实施行政行为时，必须将行政行为所能够达成的利益与对相对人合法权益的侵害进行衡平，只有证明前者重于后者，才可以实施该行政行为，否则不能采取。狭义的比例原则至少有三项重要的因素需要考虑：人性尊严不可侵犯的基本准则；公益的重要性；手段的适合性程度。

综上所述，适当性原则要求手段有助于目的实现，必要性原则要求实现目的的手段是最小侵害的，而均衡性原则是通过对手段负面影响的考量，要求目的本身的适当、不过分。总之比例原则的这三项分原则分别从目的取向、法律后果、价值取向上规范行政权力与其行使之间的比例关系。三者相互联系、不可或缺，构成了比例原则的完整而丰富的内涵。

（三）诚实信用原则

诚实信用原则起源于罗马法，属于民法的基本原则，简称诚信原则，学者谓之“帝王条款”。诚实信用原则要求人们在民事活动中应当诚实、守信用，正当行使权利和履行义务。诚实信用原则是市场经济活动的一项基本道德准则，是现代法治社会的一项基本法律规则，诚实信用原则是一种具有道德内涵的法律规范。

随着法治政府建设的不断推进，诚实信用原则逐步进入我国行政法领域。2004 年国务院印发的《全面推进依法行政实施纲要》在论及依法行政的目标时规定：“政府提供的信息全面、准确、及时，制定的政策、发布的决定相对稳定，行政管理做到公开、公平、公正、便民、高效、诚信。”其在论及依法行政的基本原则和基本要求时规定：“诚实守信。行政机关公布的信息应当全面、准确、真实。非因法定事由并经法定程序，行政机关不得撤销、变更已经生效的行政决定；因国家利益、公共利益或者其他法定事由需要撤回或者变更行政决定的，应当依照法定权限和程序进行，并对行政管理相对人因此而受到的财产损失依法予以补偿。”我国《行政许可法》也有相关规定。《行政许可法》第 8 条规定：“公民、法人或者其他组织依法取得的行政许可受法律保护，行政机关不得擅自改变已经生效的行政许可。行政许可所依据的法律、法规、规章修改或者废止，或者准予行政许可所依据的客观情况发生重大变化的，为了公共利益的需要，行政机关可以依法变更或者撤回已经生效的行政许可。由此给公民、法人或者其他组织造成财产损失的，行政机关应当依法给予补偿。”

在行政法领域，诚实信用原则是指行政主体在行使行政权，进行行政管理的过程中，要诚实不欺，信守承诺。

1. 诚实守信原则

诚实守信在行政法律关系中，应当是行政主体和行政相对人都应遵循的基本要求。但是在行政法律关系中双方主体地位不对等，行政权具有优益性。因此，诚实守信主要针对行政主体的要求。

政府在制定法律、政策和作出决定、承诺前，必须充分考虑各种复杂的情形，听取多方意见，在慎重考虑的基础上作出决定。行政活动应具有真实性与确定性。行政主体的行政活动，应出于真实的目的和意图，意思表示真实、准确，真实性不只适用于行政法律行为，也应包括行政事实行为，如咨询、信息提供等。虚假、错误的行政行为造成公民合法权益损害的，行政主体负有赔偿义务。行政信息真实，是指行政机关公布的信息应当真实、准确、可信。不能提供虚假信息和材料。

2. 信赖保护原则

信赖保护原则是指行政主体对自己作出的行为或者承诺应守信用，不得随意变更，反复无常。行政相对人基于对政府的信任而作出一定的行为，此种行为所产生的正当利益应当予以保护。

信赖保护原则的成立条件：一是必须有信赖基础，即人民对政府和公权力是信任的；二是行政主体作出一定的行政行为并生效；三是行政相对人基于行政主体的先前行为和对政府的信任而实施一定的行为，二者之间有因果关系；四是相对人享有信赖利益，政府对于相对人正当的信赖利益应当予以保护。

信赖保护原则的具体要求包括：一是行政行为一经作出，非有法定事由并经法定程序不得随意撤销、废止或改变，以保护行政相对人的既得利益和合理期待。二是行政机关对行政相对人作出授益行政行为后，即使发现有违法情形，只要这种违法情形不是相对人的过错造成的，行政机关也不得撤销或改变，除非不撤销或改变此种违法行政行为会严重损害国家、社会公共利益。三是行政行为作出后，如事后据以作出该行政行为的法律、法规、规章修改或废止，或者据以作出该行政行为的客观情况发生重大变化，为了公共利益的需要，行政机关可以撤销、废止或者改变已作出的行政行为。但只有通过利益衡量，认定撤销、废止或改变已作出的行政行为所获得的利益确实大于行政相对人将因此损失的利益时，才能撤销、废止或者改变相应行政行为。四是行政机关撤销或改变违法作出的行政行为，如这种情形不是因相对人的过错造成的，要对相对人因此受到的损失予以赔偿。行政机关因公共利益需要撤销、废止或者改变其合法作出的行政行为，如这种撤销、废止或改变导致相对人的损失，要对相对人的损失予以补偿。

四、程序正当性原则

程序正当性原则，是指行政权力的运行必须符合最低限度的程序公正标准，以程序正义来促成实体公正，即程序合法。程序正当性原则来源于英美法系的自然公正和正当法律程序原则，即公权力的行使需满足三个基本公正要求：其一，任何人不能成为审理自己案件的法官；其二，任何人在受到不利对待时都有权申辩；其三，任何人都有权要求权力运行在阳光下。

(一) 公开原则

行政公开，是指行政权力运行的每一阶段和步骤都应公开。包括：行政主体基本情况公开；事先公开职权依据；事中公开决定过程；事后公开决定结论。

涉及国家秘密、个人隐私、商业秘密的不得任意公开。行政主体还必须采用相应的方式（依职权和依申请）保证公民对行政事务的查询和知晓。我国通过实施《政府信息公开条例》来推动行政公开。

（二）参与原则

参与原则是指受行政权力运行结果影响的利害关系人有权参与行政权力的运行过程，表达自己的意见，并对行政权力运行结果的形成发挥有效作用。行政参与的核心是“听取申辩”和“公平听证”。当代行政法中的行政参与的范围正在逐步扩大。

当前，在行政处罚、行政许可和行政强制法等单行法中都设置了听取申辩程序，在行政处罚、行政许可等行政立法中还设置了听证程序。

（三）回避原则

行政机关工作人员履行职责，与行政相对人或行政行为存在利害关系的，应当回避。

（四）高效便民原则

高效便民原则分为两个方面：一是行政效率原则，包括行政机关要积极履行法定职责和行政机关要遵循法定时限；二是便利当事人原则，在行政活动中不增加相对人程序负担，处处替相对人着想，方便相对人到行政机关办理相关事宜。

实训案例

案例一

2001年10月6日，吴某到厂长办公室要求分房。厂长刘某以要出去开会为由令吴某离开。吴某不从，刘某遂不耐烦，并向外推吴某。吴某在后退中无意将办公桌撞倒，打破茶杯。刘某见状大怒，向公安机关报警。公安干警赶到后，不容吴某分辩将其带到派出所。第二天，某市A区公安分局以吴某妨碍公务为由，作出对其行政拘留10日的处罚。吴某不服提请复议，市公安局维持原裁决。被处罚后，吴某仍然不服，提起行政诉讼，请求法院撤销行政处罚决定，并要求公安机关赔偿损失。

【问题】 某市A区公安分局的行为是否符合行政合法性原则的要求？受理法院应如何处理？

【分析】 A区公安分局的行为不符合行政合法性原则的要求，认定事实不清，证据不足，行政处罚过程中没有听取当事人的申辩，严重违反法定程序，应依法予以撤销原处罚决定。

案例二

某市工商局按《陆生野生动物保护实施条例》的规定，以授权书的形式授权市林业局实施对市场销售国家保护野生动物的查处。某日，某市林业局在某大酒店查获了一只准备宰杀的穿山甲，重4.4千克。遂以该酒店非法收购国家重点保护二级陆生野生动物为由，依据《野生动物保护法》第35条第1款、《陆生野生动物保护实施条例》第37条，作出三项处理决定：

1. 没收酒店非法收购的重4.4千克活穿山甲一只；
2. 没收与购买穿山甲等值的价款2380元；
3. 罚款11,900元。

某大酒店以某市林业局无权处罚、给其造成直接经济损失为由向法院提起诉讼。

【问题】 试根据行政合法性原则和行政法的渊源，某市林业局对某大酒店的行政处罚是否合法有效？

思考与练习题

1. 我国行政法渊源有哪些？
2. 行政法律关系有哪些要素？
3. 简述行政法的概念和特征。
4. 简述行政法的基本原则。

第二章

行政法主体

本章导读

本章主要介绍了行政主体、行政相对人和公务员制度，要求学生理解行政主体、行政机关、法律法规授权组织、受委托组织的概念，掌握行政主体的构成要件，明确行政职权、行政职责的相关内容，掌握公务员的概念、类型及公务员法律关系，了解公务员与行政相对人的权利与义务，运用行政法主体知识分析具体案情，解决现实生活中出现的行政法律问题。

第一节 行政主体

案例导入

为庆祝某自治州建州20周年，该州政府所在地的市政府要求市政府办公室做好有关工作。为此，市政府办公室以自己的名义发布了有关市容卫生、文明礼貌和清理、整顿秩序的通告，要求全市各行各业各单位和全市市民切实遵守执行。

【问题】 该通告行为合法吗？为什么？

本案知识点

行政主体的资格。

一、行政主体的概念

行政主体，是指享有行政权力、能以自己的名义行使行政职权并能独立承担由此产生的相应法律责任的社会组织。从这一定义可以看出，要取得行政主体资格必须具备如下条件：

（一）行政主体是社会组织

社会组织是与自然人相对应的概念，组织在一定条件下可以成为行政主体。自然人不能够成为行政主体，因为国家在行政权的分配上是以组织而不是以自然人为媒介的。只有组织才有能力管理行政事务，实现国家行政职能，才能被法律赋予行政权，代表国家实施行政行为而成为行政主体。

（二）享有行政权力

行政主体必须享有行政权，否则不是行政主体。公司、企业、社会团体等社会组织，虽然对本组织具有管理权，但是只要没被法律、法规授予行政权，就不具有行政主体资格。

（三）能以自己的名义行使行政权

这是指行为主体能够独立自主地表达自己的意志，按照自己的意志实施特定行为，即具有独立的法律人格。

（四）能够独立承担法律责任

行政主体要对其所实施的行政行为承担法律责任，而且能够独立承担法律责任，这是一个组织成为行政主体的必备条件。

二、行政主体与相关概念辨析

行政主体与一些相关概念既有联系，又有区别，因此，在明确了行政主体的内涵之后，还必须了解行政主体和这些概念的区别，以进一步明确行政主体的外延。

（一）行政主体与行政法主体

行政主体不同于行政法主体。行政法主体是指享有行政法上的权利、义务的主体，指行政法律关系的双方当事人。行政法主体范围要大于行政主体范围，不仅仅包括行政主体，还包括行政相对方和行政法制监督主体等。行政主体只是行政法主体的一种，即行政法律关系中的一方当事人。行政主体必定是行政法主体，但行政法主体不一定是行政主体。

（二）行政主体和行政机关

行政机关是最重要的行政主体，但行政主体与行政机关不能简单地等同。行政主体不仅仅包括行政机关，还包括被授权的组织。行政机关并不一定是行政主体，还可能作为行政相对人或民事主体。

（三）行政主体和国家公务员

国家的行政管理活动虽然是通过各个公务员的公务行为得以实现的，但公务员并不是行政主体。国家公务员是代表行政主体执行公务的内部工作人员，公务员不能以自己的名义行使行政权力，公务员不承担行政权行使后的法律效果，公务员是内部行政法律关系的相对人。

三、行政主体的职权和职责

（一）行政职权

行政职权是国家行政权的表现形式，是行政主体实施国家行政管理活动的权能。可以归纳为制定行政规范权、行政调查权、行政决策权、行政决定权、行政命令权、行政执行权、行政检查权、行政强制权、行政处罚权、行政司法权，还享有行政优先权和行政受益权。

（二）行政职责

行政职责是指行政主体在行使职权过程中，必须承担的法定义务。其具体内容包括积极行使行政权力、合法行使行政权力、合理行使行政权力。

四、行政机关

行政机关是按照国家宪法和有关组织法的规定而设立的，代表国家依法行使行政权，组织和管理国家行政事务的国家机关，既是国家权力机关的执行机关，也是国家机构的重要组成部分。它执行代议机关制定的法律和决定，管理国家内政、外交、军事等方面的行政事务。

行政机关不同于行政机构。行政机构是行政机关的内部组成部分，一般表现为内设机构、派出机构、办公机构和办事机构。行政机构一般不具有独立的行政主体资格，除非获得了法律、法规和规章的特别授权，才具有行政主体资格，除此之外，只能以其所在行政机关名义实施行政行为。而行政机关是一定行政机构的整体，具有行政主体资格，能独立以自己的名义进行行政活动并独立承担由此产生的法律后果。

（一）行政机关的特征

1. 行政机关依据宪法和组织法的规定设立；
2. 行政机关行使国家行政职权，管理国家事务；
3. 行政机关在组织体系上实行领导从属制，即下级服从上级；
4. 行政机关在决策体制上一般实行首长负责制；
5. 行政机关行使职能通常是主动的、经常的和不间断的；

6. 行政机关是最经常、最直接、最广泛的和个人、组织打交道的行政主体。

(二) 我国行政机关体系

1. 中央国家行政机关

根据《宪法》、《国务院组织法》和《国务院行政机构设置和编制管理条例》规定，中央行政机关包括国务院、国务院组成部门、国务院直属机构、国务院组成部门管理的国家行政机构。

(1) 国务院，即中央人民政府，是国家最高权力机关的执行机关，是国家最高行政机关，管理全国的行政事务。国务院由总理、副总理、国务委员、各部部长、各委员会主任、审计长、秘书长组成。国务院实行总理负责制，总理领导国务院的工作。副总理、国务委员协助总理工作。根据《宪法》第89条规定，国务院行使18项职权。国务院会议分为国务院全体会议和国务院常务会议。国务院全体会议由国务院全体成员组成。国务院常务会议由总理、副总理、国务委员、秘书长组成。总理召集和主持国务院全体会议和国务院常务会议。国务院工作中的重大问题，必须经国务院常务会议或者国务院全体会议讨论决定。

(2) 国务院组成部门，即各部、委员会、人民银行、审计署。国务院组成部门依法分别履行国务院基本的行政管理职能，根据法律和国务院的决定，各部、委员会可以在本部门的权限内发布命令、指示和规章。国务院各部、各委员会的设立、撤销或者合并，经总理提出，由全国人民代表大会决定；在全国人民代表大会闭会期间，由全国人民代表大会常务委员会决定。各部、各委员会实行部长、主任负责制。各部部长、各委员会主任领导本部门的工作，召集和主持部务会议或者委员会会议、委务会议，签署上报国务院的重要请示、报告和下达的命令、指示。副部长、副主任协助部长、主任工作。各部、各委员会工作中的方针、政策、计划和重大行政措施，应向国务院请示报告，由国务院决定。

(3) 国务院直属机构，主管国务院的某项专门事务，具有独立的行政管理职能，在其业务范围内，可对外发布指示、规章。国务院直属机构包括中华人民共和国海关总署、国家市场监督管理总局、国家体育总局、国家国际发展合作署、国务院参事室、国家税务总局、国家广播电视总局、国家统计局、国家医疗保障局、国家机关事务管理局。

(4) 组成部门管理的国家行政机构，或称“部委管理的国家局”(以下简称国家局)。国务院组成部门管理的国家行政机构由国务院组成部门管理，主管特定业务，行使行政管理职能。国家局是负责国家某方面工作的行政管理机关，具有相对的独立性。国家局可以根据法律和国务院的行政法规、决定、命令，在权限内拟定部门规章、指示、命令，经主管部委审议通过后，由主管部委或主管部委授权国家局对外发布。部委管理的国家局的设置与撤销由国务院决定，其负责人由国务院任免。目前，国务院部委管理的国家局包括国家信访局、国家能源局、国家烟草专卖局、国家林业和草原局、中国民用航空局、国家文物局、国家煤矿安全监察局、国家药品监督管理局、国家粮食和物资储备局、国家国防科技工业局、国家移民管理局、国家铁路局、国家邮政局、国家中医药管理局、国家外汇管理局、国家知识产权局。

2. 地方行政机关

（1）地方各级人民政府。地方各级人民政府是地方各级人民代表大会的执行机关，是地方各级国家行政机关。它们负责组织和管理本行政区域内的一切行政事务，它们实行的是双重从属制：一方面，地方各级人民政府都是司级权力机关的执行机关，对同级权力机关负责并报告工作；另一方面，它们还要对其上一级国家行政机关负责并报告工作，都是国务院统一领导下的国家行政机关，服从国务院领导。依照地方组织法的规定，地方各级人民政府分为：省、自治区、直辖市人民政府；市、直辖市的区、自治州人民政府；县、自治县、市辖区及不设区的市人民政府；乡（镇）人民政府四级。地方各级人民政府是行政主体。

（2）地方各级人民政府的职能部门。根据宪法和有关组织法的规定，县级以上地方各级人民政府可以根据工作需要和精简的原则，设立若干职能部门，承担某一方面的行政事务的组织与管理职能。地方各级人民政府职能部门的设立、增加、减少和合并，由本级人民政府决定，报上一级人民政府批准，同时报本级人大常委会备案。地方各级人民政府职能部门既受本级人民政府的统一领导，同时受上级人民政府主管部门的领导或业务指导。职能部门独立行使行政职权，以自己的名义作出决定，并能承担相应的法律后果。

（3）地方各级人民政府的派出机关。根据地方组织法的规定，县级以上的地方各级人民政府经过上一级人民政府的批准，在一定区域内可以设立一定的派出机关。我国地方人民政府的派出机关有三种类型：省、自治区人民政府经国务院批准设立的行政公署；县、自治县人民政府经省、自治区人民政府批准设立的区公所；市辖区、不设区的市人民政府经上一级人民政府批准设立的街道办事处。依据地方组织法的规定，派出机关虽不是一级人民政府，但实际上却在履行一级政府的职能，在一定的区域内行使着对所有行政事务的组织与管理权，能以自己的名义作出行政行为，并能对行为后果承担法律责任。

地方人民政府、地方人民政府的职能部门、地方人民政府的派出机关享有行政权力、能以自己的名义行使行政权、能够独立承担法律责任，都属于行政主体。

五、法律、法规授权组织

（一）法律、法规授权组织的含义

法律、法规授权的组织是指依法律、法规授权而行使特定行政职能的非国家机关组织。

1. 法律、法规授权组织指非国家机关的组织

国家机关的权力来源于宪法或者组织法的规定，不需要其他法律法规的授权，因而法律法规授权的组织，授权对象只能是非国家机关。

2. 法律、法规授权的组织行使的特定行政职权而非一般行政职权

行政机关根据宪法、组织法、其他法律的规定对国家和社会公共事务实施全面管理，属于一般行政职权的行使；而法律、法规授权组织根据单行法律或者法规、规章的授权对某一方面公共事务实施管理，属于特定行政职权的行使。

3. 法律、法规授权的组织行使的职能为具体法律、法规所授，而非行政组织法所授

1990 年公布的《铁路法》第 3 条规定："……国家铁路运输企业行使法律、行政法规授予的行政管理职能。"《行政处罚法》第 19 条规定："法律、法规授权的具有管理公共事务职能的组织可以在法定授权范围内实施行政处罚。"《行政复议法》第 15 条第 1 款第 3 项规定："对法律、法规授权的组织的具体行政行为不服，分别向直接管理该组织的地方人民政府、地方人民政府工作部门或者国务院部门申请行政复议。"而铁路法、行政复议法、行政处罚法等都不属于组织法的范畴。

（二）法律、法规授权组织的性质和地位

1. 法律、法规授权组织首先是民事主体

被授权组织不论是企事业组织还是社会团体，在没有被授予行政职权时，或者在行使被授予的行政职权外的其他职权（自身职能）时，属于民事主体，不具有行政主体资格。

2. 行使行政职权时享有行政主体地位

法律、法规授权的组织，顾名思义，该组织本身不是标准的行政主体，它有可能是行政机构，有可能是企业、事业单位，也有可能是社会团体或者是其他组织。他们在未获得法律、法规授权时（指行政职权），身份是单一的，但是一旦被法律、法规授予了一定的行政职权，就取得了双重身份，即行政主体和本身所具有的身份。当被授权的组织按照法律、法规授权的权限和权能履行职责时，它就是行政主体；当被授权的组织在履行其被授行政职权以外的自身职能时，不享有行政职权，不具有行政主体的地位。

3. 能够以自己的名义行使法律、法规所授予的行政职权，并承担相应的法律后果

法律、法规授权的组织既然是行政主体，就应当拥有与行政主体一样的法律地位，能够以自己的名义对外行使行政管理职权，并能够成为行政诉讼的被告，独立承担相应的法律后果。

（三）法律、法规授权组织的范围

1. 事业组织

事业组织是指为国家创造或改善生产条件，从事为工农业生产服务活动，不以营利为目的的单位。事业单位的主要职能是为生产服务，为改善人民文化生活服务，为增进社会福利服务。作为社会服务组织，它既不同于国家机关，也不同于政党和企业，它是通过提供精神产品和服务，满足人们发展和享受的需要。因此，事业单位的服务对象是整个社会的各个领域与方面，这一点决定了事业单位的分布领域也十分广泛。按性质和特点分类，我国事业单位可分为具有非政府公共机构性质的事业单位，如社会科学联合会、社会科学院、基础理论研究所、图书馆、博物馆、计划生育协会等；具有一定经济效益的公益性事业单位，如养老院、大专院校、中小学校、重要的医疗卫生单位、疗养院、考试管理中心等；具有生产经营性和能力的事业单位，如从事应用技术研究的科研院所、广播电视台、报纸、刊物和出版社、城市公用方面的市政管理、房产管理、园林设计等单位。我国高等教育法明确授权高校具有招生、学生管理等行政权，高校就成为法律、法规授权组织。

2. 社会团体

社会团体虽然不是行政机关，不属于行政系统，但法律、法规往往授权它们行使某些行政职能，各种行业协会有依法律、法规的授权管理本行业的某些行政事务的权力。如律师法授权律师协会对律师、律师事务所实施奖励和惩戒等行政管理权，使律师协会成为法律、法规授权组织。

3. 基层群众性自治组织

基层群众性自治组织是指城市和农村按居民、村民居住的地区设立的居民委员会和村民委员会。居委会和村委会分别根据居委会组织法和村委会组织法的授权实施一定的行政管理权。

4. 企业组织

企业组织主要是行政管理的对象，但在特定情况下，法律、法规也可授权其行使一定的行政职权。国有的公用企业、金融企业和全国性总公司往往成为法律、法规授权的对象。公用企业包括邮电、铁路运输、煤气公司和自来水公司等，它们经常被立法授权实施一部分行政职能。

5. 行政机构

行政机构不同于行政机关，其本身是作为行政机关的内部机构而存在的，不能以自己的名义独立对外行使行政权，一般不具有行政主体资格。但是由于公共管理需求的不断增多，行政事务的复杂性、专业性、技术性不断增强，为了实施有效的行政管理、维护社会秩序和公共利益，法律法规常常明确授权行政机构，可以独立对外行使某些行政职权，独立承担法律责任。于是，经过法律法规授权的行政机构就具有了行政主体资格。被授权的行政机构包括以下三种类型：依照法律、法规的授权规定而直接设立的专门行政机构，如根据《专利法》规定，专利局设立的专利复审委员会；行政机关的内部机构；政府职能部门的派出机构，如公安派出所。

六、受委托组织

行政委托是行政机关在其职权职责范围内依法将其行政职权或行政事项委托给社会组织或者个人，受委托者以委托机关的名义行使职权，实施管理行为，并由委托机关承担法律责任。受委托组织是指受行政机关委托行使特定行政管理权的组织。

（一）受委托组织的条件

我国没有专门的行政委托法，对受委托组织的条件和范围没有统一的规定。对于受委托组织的条件和范围散见于单行法律、法规中。

《行政处罚法》第21条明确规定了受委托组织必须符合三个条件：

（1）组织条件，即必须是依法成立并具有管理公共事务职能的组织，“行政机关不得委托个人实施行政处罚”；

（2）人员条件，有熟悉有关法律、法规、规章和业务并取得行政执法资格的工作人员；

（3）物质条件，需要进行技术检查或者技术鉴定的，应当有条件组织进行相应的技术检查或者技术鉴定。

《行政许可法》第24条对受委托组织也作出了规定：

（1）行政机关在其法定职权范围内，依照法律、法规、规章的规定，可以委托其他行政机关实施行政许可。委托机关应当将受委托行政机关和受委托实施行政许可的内容予以公告。

（2）委托行政机关对受委托行政机关实施行政许可的行为应当负责监督，并对该行为的后果承担法律责任。

（3）受委托行政机关在委托范围内，以委托行政机关名义实施行政许可；不得再委托其他组织或者个人实施行政许可。

（二）受委托组织的法律地位

1. 受委托组织必须在委托的职权范围内，行使行政职权，履行行政职责

受委托组织必须以委托行政机关的名义实施行政管理活动，其后果由委托行政机关承担。

2. 受委托组织应接受委托行政机关的监督和指导

如果受委托组织在行使行政权力、办理行政事务的过程中，有故意或重大过失，给相对人造成损害，委托行政机关可以按照法律规定先负责赔偿，然后行使求偿权，责令有故意或重大过失的受委托组织承担部分或全部赔偿费用。

3. 受委托组织不具有行政主体资格

受委托组织不能独立对外承担法律责任，如果受委托组织的具体行政行为引起纠纷或者争议，行政管理相对方向人民法院起诉时，委托的机关是被告。

（三）受委托组织与法律、法规授权组织的区别

1. 权力来源不同。前者的权力来源于行政机关的委托，而后者来源于法律、法规的授予。

2. 行使权力的名义不同。前者以委托的行政机关的名义行使行政管理权，而后者以自己的名义。

3. 承担责任的主体不同。前者由委托的行政机关承担法律责任，而后者由自己承担法律责任。

第二节 公务员制度

案例导入

某县公安局办公室主任王某在一次宴请自己老战友的酒席上与酒店老板李某发生争执。王某一气之下，将酒店内的一台高级进口彩电砸坏，并扬言要吊销李某的营业执照。李某在多次向王某索赔无效的情况下，以王某为县公安局干部为由，要求公安局予以赔偿。被公安局拒绝后，李某以县公安局为被告，向县人民法院提起行政诉讼，请求法院判令县公安局赔偿自己的损失。

本案知识点

公务员的双重身份。

一、公务员的概念和范围

2005年4月，我国第十届人大常委会第十五次会议通过了《公务员法》，并于2006年1月1日起施行，并于2017年9月进行了修正，2018年12月进行了修订。《公务员法》的颁布和实施，标志着我国公务员管理进入了法治轨道。根据该法的规定，公务员是指依法履行公职、纳入国家行政编制、由国家财政负担工资福利的工作人员。可见，公务员须同时具备三个要件，缺一不可：（1）依法履行公职，即从事公务活动的人员。（2）纳入国家行政编制。仅以履行公职为标准，还不能作出明确的界定。如一些国家事业单位的工作人员，他们从事的也是公务活动，但并未纳入国家行政编制序列，因而不能被认定为公务员。公务员必须是纳入国家行政编制序列的履行公职的人员。（3）由国家财政负担工资福利。也就是国家为他们提供工资、退休和福利等保障。

我国下列机关中除工勤人员以外的工作人员列入公务员范围：（1）中国共产党各级机关；（2）各级人民代表大会及其常务委员会机关；（3）各级行政机关；（4）中国人民政治协商会议各级委员会机关；（5）各级审判机关；（6）各级检察机关；（7）各民主党派和工商联的各级机关。

二、公务员的条件和法律地位

（一）公务员的条件

公务员的条件是指担任公务员应当具有的资格。应当注意的是，《公务员法》对于公务员条件的规定只是进入公务员队伍的最低要求，并不意味着符合这些条件的公民都可以进入公务员队伍。一个公民要成为公务员，除要符合《公务员法》明确规定的基本条件外，还要符合其他法律法规以及相应职位要求的资格条件，并必须通过公务员录用考试或者选举、调任等法定程序。

公务员应当具备的基本条件：（1）具有中华人民共和国国籍；（2）年满18周岁；（3）拥护中华人民共和国宪法，拥护中国共产党领导和社会主义制度；（4）具有良好的政治素质和道德品行；（5）具有正常履行职责的身体条件和心理素质；（6）具有符合职位要求的文化程度和工作能力；（7）法律规定的其他条件。

不得录用为公务员的条件：（1）因犯罪受过刑事处罚的；（2）被开除中国共产党党籍的；（3）被开除公职的；（4）被依法列为失信联合惩戒对象的；

(5) 有法律规定不得录用为公务员的其他情形的。

(二) 公务员的法律地位

1. 公务员是公民

这一身份决定了公务员首先享有自然人的法律地位。作为一名普通公民，公务员享有宪法和法律规定的各项权利，同时承担相应的义务。

2. 公务员是国家的公务员

这一身份决定了公务员享有公务员的法律地位，既要承担公务员这一身份所要承担的义务，又要享有公务员所享有的权利。

公务员的双重身份在某些特定情况下会发生冲突。在发生某种法律责任的承担时应当准确加以划分。公务员对工资待遇、考核、奖惩、晋升等不服，公务员作为一方当事人，行政机关作为另一方当事人，公务员与行政机关之间产生内部行政法律关系。公务员与行政机关发生内部行政法律关系时，一般由行政机关内部处理，不能提起行政诉讼。公务员非处于公务员地位时，可以成为行政相对人，与行政主体产生行政法律关系，对行政行为不服，可依法提起行政复议或行政诉讼。

3. 公务员的义务

公务员的义务是指法律规定的公务员必须作出一定行为或不得作出一定行为的约束和强制。公务员应当履行下列义务：(1) 忠于宪法，模范遵守、自觉维护宪法和法律，自觉接受中国共产党领导；(2) 忠于国家，维护国家的安全、荣誉和利益；(3) 忠于人民，全心全意为人民服务，接受人民监督；(4) 忠于职守，勤勉尽责，服从和执行上级依法作出的决定和命令，按照规定的权限和程序履行职责，努力提高工作质量和效率；(5) 保守国家秘密和工作秘密；(6) 带头践行社会主义核心价值观，坚守法治，遵守纪律，恪守职业道德，模范遵守社会公德、家庭美德；(7) 清正廉洁，公道正派；(8) 法律规定的其他义务。

4. 公务员的权利

公务员的权利，是指法律对公务员在履行职责、行使权力、执行公务的过程中，可以作出某种行为，要求他人为或者不为某种行为的许可和保障。公务员享有下列权利：(1) 获得履行职责应当具有的工作条件；(2) 非因法定事由、非经法定程序，不被免职、降职、辞退或者处分；(3) 获得工资报酬，享受福利、保险待遇；(4) 参加培训；(5) 对机关工作和领导人员提出批评和建议；(6) 提出申诉和控告；(7) 申请辞职；(8) 法律规定的其他权利。

三、公务员的类型、职务和职级

（一）公务员的类型

国家实行公务员职位分类制度。公务员职位类别按照公务员职位的性质、特点和管理需要，划分为综合管理类、专业技术类和行政执法类等类别。根据《公务员法》，对于具有职位特殊性，需要单独管理的，可以增设其他职位类别。各职位类别的适用范围由国家另行规定。

1. 综合管理类职位

综合管理类职位，是指机关中除行政执法类职位、专业技术类职位以外的履行综合管理以及机关内部管理等职责的职位。这类职位数量最大，是公务员职位的主体。综合管理类职位具体从事规划、咨询、决策、组织、指挥、协调、监督及机关内部管理工作。

2. 行政执法类职位

行政执法类职位，是指政府部门中直接履行监管、处罚、强制、稽查等现场执法职责的职位。其特点有：一是纯粹的执行性，只有对法律法规的执行权而无解释权，不具有研究、制定和解释法律、法规、政策的职责，这一点与综合类职位的区别尤为明显；二是现场强制性，依照法律法规现场直接对具体的管理对象进行监管处罚和稽查。行政执法类职位主要集中在公安、海关、税务、工商、质检药监、环保等政府部门，且只存在于这些政府部门中的基层单位。划分行政执法类职位，有利于基层执法公务员提供职业发展空间，激励他们安心在基层做好行政执法工作。在我国，基层一线行政执法队伍将近200万人，是社会管理与市场监管职能的直接执行者，是政府形象的窗口，是老百姓接触最多的公务员群体。设置行政执法类职位，还有利于加强对一线执法公务员队伍的管理和监督。规范执法岗位职责，严格其任职资格条件，可以更好地规范执法行为，更好地提高一线行政执法队伍的专业化水准，更好地落实执法责任追究制度。

3. 专业技术类职位

专业技术类职位，是指机关中从事专业技术工作，履行专业技术职责，为实施公共管理提供专业技术支持和技术手段保障的职位。与其他类别职位相比，有三个特征：一是具有只对专业技术本身负责的纯技术性；二是与其他职位相比具有不可替代性；三是技术权威性。这种权威性体现在技术层面上，为行政领导的决策提供参考和支持，最终的行政决策权仍属于行政领导。根据上述特征，专业技术类职位首先指的是行业的特有的技术岗位，如公安部门的法医鉴定、痕迹检验、理化检验、影像技术、声纹检验，国家安全部门的特种技术、特种翻译等职位。其次，还包括一些社会通用性专业的技术岗位，如专门从事工程技术、化验技术工作的职位。

（二）公务员的职务、职级

国家实行公务员职务与职级并行制度，根据公务员职位类别和职责设置公务员领导职务、职级序列。

1. 领导职务层次的设置

根据《公务员法》的规定，领导职务层次分为：国家级正职、国家级副职、省部级正职、省部级副职、厅局级正职、厅局级副职、县处级正职、县处级副职、乡科级正职、乡科级副职。

2. 公务员职级层次的设置

公务员职级在厅局级以下设置。

综合管理类公务员职级序列分为：一级巡视员、二级巡视员、一级调研员、二级调研员、三级调研员、四级调研员、一级主任科员、二级主任科员、三级主任科员、四级主任科员、一级科员、二级科员。

综合管理类以外其他职位类别公务员的职级序列，根据本法由国家另行规定。

公务员的领导职务、职级应当对应相应的级别。公务员领导职务、职级与级别的对应关系，由国家规定。

根据工作需要和领导职务与职级的对应关系，公务员担任的领导职务和职级可以互相转任、兼任；符合规定资格条件的，可以晋升领导职务或者职级。

公务员的级别根据所任领导职务、职级及其德才表现、工作实绩和资历确定。公务员在同一领导职务、职级上，可以按照国家规定晋升级别。

公务员的领导职务、职级与级别是确定公务员工资以及其他待遇的依据。

四、公务员的奖惩制度

（一）公务员的奖励制度

1. 公务员奖励的特点

公务员奖励具有以下特点：(1)奖励的主体是公务员所在的各类机关；(2)奖励的对象是公务员或者公务员集体；（3）奖励的条件是工作表现突出，有显著成绩和贡献，或者有其他突出事迹；（4）奖励是依法进行的，即奖励的条件、种类、程序都是法定的，都要严格按照法律规定办理；（5）坚持有错必纠。对违反法定事由和违反法定程序的奖励，予以撤销。

2. 奖励规则

对工作表现突出，有显著成绩和贡献，或者有其他突出事迹的公务员或者公务员集体，给予奖励。奖励坚持精神奖励与物质奖励相结合、以精神奖励为主的原则。公务员集体的奖励适用于按照编制序列设置的机构或者为完成专项任务组成的工作集体。

公务员或者公务员集体有下列情形之一的，给予奖励：(1) 忠于职守，积极工作，成绩显著的；(2) 遵守纪律，廉洁奉公，作风正派，办事公道，模范作用突出的；(3) 在工作中有发明创造或者提出合理化建议，取得显著经济效益或者社会效益的；(4) 为增进民族团结、维护社会稳定做出突出贡献的；(5) 爱护公共财产，节约国家资财有突出成绩的；(6) 防止或者消除事故有功，使国家和人民群众利益免受或者减少损失的；(7) 在抢险、救灾等特定环境中奋不顾身，做出贡献的；(8) 同违法违纪行为作斗争有功绩的；(9) 在对外交往中为国家争得荣誉和利益的；(10) 有其他突出功绩的。

奖励分为：嘉奖、记三等功、记二等功、记一等功、授予称号。对受奖励的公务员或者公务员集体予以表彰，并给予一次性奖金或者其他待遇。

(二) 公务员的惩戒制度

1. 公务员的纪律

公务员应当遵纪守法，不得有下列行为：(1) 散布有损宪法权威、中国共产党和国家声誉的言论，组织或者参加旨在反对宪法、中国共产党领导和国家的集会、游行、示威等活动；(2) 组织或者参加非法组织，组织或者参加罢工；(3) 挑拨、破坏民族关系，参加民族分裂活动或者组织、利用宗教活动破坏民族团结和社会稳定；(4) 不担当，不作为，玩忽职守，贻误工作；(5) 拒绝执行上级依法作出的决定和命令；(6) 对批评、申诉、控告、检举进行压制或者打击报复；(7) 弄虚作假，误导、欺骗领导和公众；(8) 贪污贿赂，利用职务之便为自己或者他人谋取私利；(9) 违反财经纪律，浪费国家资财；(10) 滥用职权，侵害公民、法人或者其他组织的合法权益；(11) 泄露国家秘密或者工作秘密；(12) 在对外交往中损害国家荣誉和利益；(13) 参与或者支持色情、吸毒、赌博、迷信等活动；(14) 违反职业道德、社会公德和家庭美德；(15) 违反有关规定参与禁止的网络传播行为或者网络活动；(16) 违反有关规定从事或者参与营利性活动，在企业或者其他营利性组织中兼任职务；(17) 旷工或者因公外出、请假期满无正当理由逾期不归；(18) 违纪违法的其他行为。

2. 公务员因违法违纪应当承担的责任

公务员因违纪违法应当承担纪律责任的，依照《公务员法》给予处分或者由监察机关依法给予政务处分；违纪违法行为情节轻微，经批评教育后改正的，可以免予处分。对同一违纪违法行为，监察机关已经作出政务处分决定的，公务员所在机关不再给予处分。

处分分为：警告、记过、记大过、降级、撤职、开除。公务员在受处分期间不得晋升职务、职级和级别，其中受记过、记大过、降级、撤职处分的，不得晋升工资档次。受处分的期间为：警告，6 个月；记过，12 个月；记大过，18 个月；降级、撤职，24 个月。受撤职处分的，按照规定降低级别。

五、公务员的回避制度

回避，是指为了防止公务员因个人利益和亲属关系等因素对公务活动产生不良影响，而在公务员所在职务、所执行公务和任职地区等方面作出一定的限制，使其避开有关亲属关系和公务的制度。

公务员的回避包括任职回避、地域回避与公务回避三种。

（一）任职回避

任职回避，指的是公务员在特定条件下不得担任某一职务的情况。公务员之间有夫妻关系、直系血亲关系、三代以内旁系血亲关系以及近姻亲关系的，不得在同一机关双方直接隶属于同一领导人员的职位或者有直接上下级领导关系的职位工作，也不得在其中一方担任领导职务的机关从事组织、人事、纪检、监察、审计和财务工作。因地域或者工作性质特殊，需要变通执行任职回避的，由省级以上公务员主管部门规定。

（二）地域回避

公务员担任乡级机关、县级机关、设区的市级机关及其有关部门主要领导职务的，应当按照有关规定实行地域回避。

1. 适用地域回避的行政机关为乡级机关、县级机关、设区的市级机关及其有关部门。

2. 适用地域回避的人员是担任上述机关和部门的主要领导职务的人员。一般包括党政正职、纪委书记、法院院长、检察院检察长、党委组织部部长、人事局局长、公安局局长等。

3. 适用地域回避的情形包括在原籍任职或在异地担任领导职务较长时间。地域回避主要规范对象为原籍任职。

（三）公务回避

公务回避，指的是公务员在特定条件下不得执行某一项工作的情况。如果公务员在执行公务时，该任务存在以下情形：（1）涉及本人利害关系；（2）或涉及其配偶、直系血亲、三代以内旁系血亲、近姻亲的利害关系；（3）涉及其他可能影响公正执行公务的情况，则公务员应当回避。

公务员有应当回避情形的，本人应当申请回避；利害关系人有权申请公务员回避。其他人员可以向机关提供公务员需要回避的情况。

机关根据公务员本人或者利害关系人的申请，经审查后作出是否回避的决定，也可以不经申请直接作出回避决定。

六、公务员的法律关系

公务员的法律关系，是指一般公民经过法定程序成为公务员，基于其所担任的职位而与国家之间构成的权利义务关系。

（一）公务员法律关系的发生

公民经过法定程序成为公务员，从而与国家发生公务员法律关系。在我国，法定形式有以下几种：

1. 考任制

考任制是指国家公务员管理机关根据统一标准，按照公开考试、择优录用的程序任用国家公务员的形式。录用担任一级主任科员以下及其他相当职级层次的公务员，采取公开考试、严格考察、平等竞争、择优录取的办法。录用公务员，应当发布招考公告。招考公告应当载明招考的职位、名额、报考资格条件、报考需要提交的申请材料以及其他报考须知事项。招录机关应当采取措施，便利公民报考。招录机关根据报考资格条件对报考申请进行审查。报考者提交的申请材料应当真实、准确。公务员录用考试采取笔试和面试等方式进行，考试内容根据公务员应当具备的基本能力和不同职位类别、不同层级机关分别设置。招录机关根据考试成绩确定考察人选，并进行报考资格复审、考察和体检。体检的项目和标准根据职位要求确定。具体办法由中央公务员主管部门会同国务院卫生健康行政部门规定。招录机关根据考试成绩、考察情况和体检结果，提出拟录用人员名单，并予以公示。公示期不少于5个工作日。新录用的公务员试用期为1年。试用期满合格的，予以任职；不合格的，取消录用。

2. 聘任制

聘任制是一种通过聘任和应聘双方签订聘约，聘请人员担任公务员职务的任免形式。机关根据工作需要，经省级以上公务员主管部门批准，可以对专业性较强的职位和辅助性职位实行聘任制。如果所列职位涉及国家秘密的，不实行聘任制。机关聘任公务员可以参照公务员考试录用的程序进行公开招聘，也可以从符合条件的人员中直接选聘。机关聘任公务员，应当按照平等自愿、协商一致的原则，签订书面的聘任合同，确定机关与所聘公务员双方的权利、义务。聘任合同经双方协商一致可以变更或者解除。聘任合同应当具备合同期限，职位及其职责要求，工资、福利、保险待遇，违约责任等条款。聘任合同期限为1～5年。聘任合同可以约定试用期，试用期为1～12个月。聘任制公务员实行协议工资制，具体办法由中央公务员主管部门规定。

3. 调任制

调任制是国家公务员交流制度的具体方式之一。国有企业、高等院校和科研院所以及其他不参照公务员法管理的事业单位中从事公务的人员，可以调入机关担任领导职务或者四级调研员以上及其他相当层次的职级。调任人选应当具备《公务员法》第13条规定的条件和拟任职位所要求的资格条件，并不得有《公务员法》第26条规定的情形。调任机关应当根据上述规定，对调任人选进行严格考察，并按照管理权限审批，必要时可以对调任人选进行考试。

（二）公务员法律关系的变更

公务员法律关系的变更是指由于发生某些事实或行为，致使公务员职务关系发生变化的情形。主要包括晋升、降职、交流、撤职、领导成员的辞职和引咎辞职五种情形。（1）晋升，是指公务员由低层职位、职级转移到高层职位、职级。（2）降职，是指公务员由高层职位、职级转移到低层职位、职级。公务员的职务、职级实行能上能下。对不适宜或者不胜任现任职务、职级的，应当进行调整。公务员在年度考核中被确定为不称职的，按照规定程序降低一个职务或者职级层次任职。（3）转任。公务员在不同职位之间转任应当具备拟任职位所要求的资格条件，在规定的编制限额和职数内进行。对省部级正职以下的领导成员应当有计划、有重点地实行跨地区、跨部门转任。对担任机关内设机构领导职务和其他工作性质特殊的公务员，应当有计划地在本机关内转任。（4）撤职，是指国家机关撤销公务员职务，但保留其公务员资格的处分形式。（5）领导成员的辞职或引咎辞职。担任领导职务的公务员，因工作变动依照法律规定需要辞去现任职务的，应当履行辞职手续。担任领导职务的公务员，因个人或者其他原因，可以自愿提出辞去领导职务。领导成员因工作严重失误、失职造成重大损失或者恶劣社会影响的，或者对重大事故负有领导责任的，应当引咎辞去领导职务。领导成员因其他原因不再适合担任现任领导职务的，或者应当引咎辞职本人不提出辞职的，应当责令其辞去领导职务。

（三）公务员法律关系的消灭

公务员法律关系的消灭是指由于发生某些事实或行为致使公务员法律关系不能继续存在。公务员法律关系的消灭主要有死亡、丧失国籍、辞退、辞职、开除、离休和退休等情况。

第三节　行政相对人

案例导入

村民朱某某因不服上饶县政府、上饶县国土资源局对第三人潘某某作出的土地行政许可一案，将县政府和国土资源局告上法院。近日，江西省上饶市中级人民法院终审判决撤销被告作出的土地行政许可决定。2003 年 2 月，上饶县郑坊镇西山村村民潘某某未经批准，在距同村村民朱某某房屋大门前 2 米处挖沟建房，两家由此发生纠纷。上饶市中院于 2003 年 10 月 28 日作出终审民事判决，责令潘某某停止侵害、恢复原状。同年 4 月，潘某某提出个人建房用地申请，经所在村委会、镇政府和上饶县国土资源局审核同意后，报上饶县政府审批。2004 年 7 月 7 日，上饶县政府向潘某某颁发了土字（2004）第 2197 号江西省建设用地许可证。朱某某对上饶县政府和上饶县国土资源局作出的该土地行政许可行为不服，于 2004 年 9 月 7 日向上饶县法院提起行政诉讼。法院经审理查明，被告上饶县政府和国土资源局在审查潘某某的土地行政许可申请时，未告知利害关系人朱某某享有的陈述、申辩的权利；在作出该行政许可决定前，亦未告知其听证的权利。上饶县法院审理认为，2004 年 7 月 1 日施行的《行政许可法》规定，行政机关对行政许可申请进行审查时，发现行政许可事项直接关系他人重大利益，应当告知该利害关系人，利害关系人有权进行陈述和申辩。在作出行政许可决定前，应当告知利害关系人享有要求听证的权利。而本案中，被告在实施行政行为时并未告知原告依法享有的相关权利，违反了法定程序。

本案知识点

行政相对人的权利。

一、行政相对人的含义

行政相对人是行政法和行政法学中一个重要和常用的概念，其基本含义就是指行政主体的行为所指向的、与行政主体相对应的一方，即行政法律关系中与行政主体相对应的另一方当事人。行政相对人具有如下特征：

（一）在行政法律关系中处于被管理地位

行政相对人尽管与行政主体同样属于行政法律关系的主体，但前者处于被管理者地位而后者具有管理身份，管理者握有行政管理职权而被管理者没有。当然，不能就此而推论行政相对人在行政法律关系中仅是义务人而不是权利人。行政相对人在行政管理权之外有很多行政法权利。例如，申请权、申诉权、批评建议权、提起行政复议、诉讼权、要求行政赔偿权等。

（二）行政相对人的身份具有相对性

所谓行政相对人只表明它在某一具体的行政法律关系中的地位，一旦脱离这一具体的行政法律关系，行政相对人的身份可能发生变化。在某一行政法律关系中是行政相对人，在另一行政法律关系中则可能成为行政主体。例如，税务机关在接受卫生机关的卫生检查时成为行政相对人，而在征税时则是行政主体。

（三）范围广泛

任何机关、组织、个人，只要属于行政管理的对象，受到行政权的影响和约束，都可成为行政相对人。

二、行政相对人的范围

依照法律法规的规定，公民、法人和其他组织能够成为行政相对人。特殊情况下，在我国的外国人、无国籍人、外国组织也可成为行政相对人。

（一）公民

公民是最主要、最常见的行政相对人。行政主体实施行政管理的绝大多数领域，都将公民纳入行政管理的对象。因此，公民是行政法律关系中最常见的主体之一。

（二）法人

法人是与自然人（公民）相对称的一个法律概念。它是具有民事权利能力与民事行为能力，依法独立享有民事权利和承担民事义务的组织。法人也是行政法律关系中的主体，可以成为行政相对人，而且是重要的行政相对人。

（三）其他组织

其他组织是由主管机关批准成立或认可，能够从事一定的经营、生产或其他活动但不具备法人资格的社会组织或经济组织。随着经济的发展，许多国家出现了一些介于公民个人和法人之间的组织形态，被称为“非法人组织”“非法人单位”“其他经济组织”等，我国行政法律制度将其称为“其他组织”。其他组织在行政管理活动中，既是行政法上的权利义务主体，也是行政法律关系中的行政相对人。

其他组织的类型主要有：（1）经国家主管部门批准或认可的从事一定生产

或经营活动的经济实体。主要有个人合伙组织、合伙型联营组织、企业法人的分支机构等。(2)经主管机关批准或认可的正处于筹备阶段的企业、事业单位和社会团体。

(四)外国人、无国籍人和外国组织

在某些特殊情况下，在我国境内依照我国法律规定享有行政法权利、承担行政法义务、参加行政诉讼时具有行政相对人同等诉讼权利与义务的外国人、无国籍人和外国组织，也可成为我国行政法的主体，也即成为行政相对人。

但是，将外国人、无国籍人和外国组织作为我国的行政相对人对待，使其具有行政相对人的权利和义务，即实行同等原则的同时，也依法实行对等原则，其大意是，如果我国公民在某国受到某方面权利限制，则该国公民在我国也要受到相应的权利限制。

三、行政相对人的法律地位

行政相对人作为行政法律关系中的一方当事人，享有一定的权利，同时也承担一定的义务。

(一)行政相对人的权利

1. 行政参与权

行政相对人享有通过合法途径参加国家行政管理活动以及参与行政程序的权利，如公民经考试程序可进入公务员队伍参与行政管理，公民有听证的权利。

2. 行政知情权

行政相对人有权通过行政公示、告知、询问等渠道了解行政机关管理活动的依据和程序等。

3. 行政监督权

行政相对人有权通过一定组织形式对行政机关和行政首长的工作进行评议，享有对行政工作的批评建议权，对不法工作人员的控告揭发权，不服具体行政行为有权申请复议或提起行政诉讼。

4. 隐私保密权

行政主体在行政活动中，非经法定程序，不得公开相对人的隐私。相对人享有对自己的隐私保密的权利，行政主体有为其保密的义务。

5. 获得保护权

行政相对人的人身和财产有权获得国家行政机关的合法、正当、平等的保护。例如，公民财物失窃报告公安机关，公安机关有义务侦查、破案。

6. 行政获益权

行政相对人可以依据法律从行政主体中获得利益。例如，公民因科技发明，有权依《国家科学技术奖励条例》获得奖励。

7. 行政求偿权

行政相对人的合法权益受到行政主体合法公务行为的影响时，获得行政补偿；受到行政主体的不法侵害时，有权获得行政赔偿。

8. 程序抵抗权

抵抗权是指当行政机关作出严重违法的无效行政行为时，行政相对人可以拒绝服从，行使抵抗权。

行政相对人在行政救济程序中享有的程序权利大致有：（1）被行政主体告知救济途径和方法的权利；（2）提出申诉、复议和诉讼的权利；（3）委托代理人的权利；（4）申请回避的权利；（5）陈述和辩论的权利；（6）上诉的权利；（7）申请执行的权利等。

（二）行政相对人的义务

1. 服从行政管理的义务

具体包括遵守行政机关制定、发布的行政法规、行政规章和其他规范性文件的义务；执行行政命令、决定的义务。

2. 协助公务执行的义务

行政相对人有义务协助行政主体及公务人员执行公务。比如，配合行政主体的调查、为执行公务提供便利条件和设施等。

3. 遵守行政程序的义务

法定的行政程序不仅行政主体应当遵守，行政相对人亦应遵守，包括法律法规规定的程序、手续、期限等。如果不遵守法定的行政程序，比如不按时纳税，不在法定期限内申请商标权的续展，不提供法定的申请材料等，还可能承担一定的法律责任。

4. 接受监督和调查的义务

行政主体为了对案件进行调查，可能会进行询问、讯问、勘验、鉴定以及抽样调查等，行政相对人对合法的调查行为应当予以配合。

实训案例

案例一

2003年9月8日，某物业管理委员会认为被告某市某区国土资源和房屋管理局不履行备案法定职责的行为违法，向某市某区人民法院提起行政诉讼。被告辩称：本案的原告不适格，物业管理委员会不是能够独立承担法律责任的组织，不是行政相对人，不具有诉讼行为能力，不具有原告主体资格。

【问题】物业管理委员会是行政相对人吗?

【分析】某市某区人民法院认为,《行政诉讼法》第2条第1款规定:“公民、法人或者其他组织认为行政机关和行政机关工作人员的行政行为侵犯其合法权益,有权依照本法向人民法院提起诉讼。”根据本案发生时实施的建设部《城市新建住宅小区管理办法》、某市人民政府《居住小区物业管理办法》的规定,居住小区物业管理委员会是由居住小区内全体业主通过业主大会选举产生,代表本物业区域内全体业主的合法权益,负责对区域内物业实施管理的组织。物业管理委员会的产生与改选均须经行政主管机关登记,有自己的组织章程和组织机构,有独立使用的办公场所,办公经费亦有相应保障,因而具有一定的民事行为能力,虽然不具备法人的资格,但是属于行政相对人中的其他组织。

案例二

甲市A区公安局交通警察李某一天在下班骑车回家途中,看到一辆小汽车违章便将车拦住,要求司机刘某出示有关证件,刘某出示证件时,李某还发现刘某属酒后驾车,于是李某拿出盖有A区公安交警大队公章的处罚单,填好后交给刘某,要求刘某接受处罚。第二天,刘某不仅未按处罚通知单到指定地点缴纳罚款,反而到甲市公安局交警大队以处罚不合理为由提出申诉。

【问题】李某是否有权对刘某进行处罚?

思考与练习题

1. 简述行政主体的概念和范围。
2. 简述公务员的权利和义务。
3. 简述行政相对人的权利和义务。

第三章

行 政 行 为

本章导读

本章主要讲解了行政行为的概念、行政行为的分类、行政行为的效力等内容。通过本章的学习，要求掌握行政行为的概念与特征、行政行为的内容、行政行为的主要类型，了解行政行为的效力概念、特点及内容，理解具体行政行为的无效、撤销与废止，学会应用本章知识分析行政行为的基本问题。

第一节　行政行为概述

案例导入

1987年9月7日晚9时许，某铁路公安局民警宋某着便服到某火车站办私事，听见一男青年（李某，20岁，某有色金属进出口公司临时工）喊，“谁要广州的车票”，即上前查问，李某称，“喊着玩呢”，宋某即连续将李某摔倒在地，李某将宋某穿着的汗衫扯掉。围观群众见二人互相扭打，即向某火车站站前联防办公室报告。值班民警史某带领联防员赶到现场，见李某嘴部出血，宋某赤裸上身，前胸部有抓痕。宋某称：“我是民警，在抓倒票的人。”史某让宋、李二人去联防办公室，宋某不愿去，提出去车站派出所。史某坚持让宋、李二人去联防办公室解决。宋某仍不愿去，联防队员王某（本案原告）等人对宋某推搡、踢打。而后，宋、李二人被带到联防办公室。联防办公室核实宋某民警身份后，由史某陪宋某到医院诊治并送其回去。与此同时，站前派出所查明李某不是票贩子，进行批评教育后让其回家。自1987年9月22日开始，某铁路公安局单方面对王某等人进行调查，并于同年11月28日发出传唤证，对王某传唤审查。12月9日某铁路公安分局作出治安管理处罚裁决，以王某“殴打该局民警”为由，根据《治安管理处罚条例》第8条和第19条的规定，给予王某行政拘留15日的处罚，并赔偿经济损失。王某不服提出申诉。1987年12月17日，某铁路公安局作出治安管理处罚申诉裁决，以王某“阻碍民警依法执行职务”为由，维持某铁路公安分局原裁决。王某仍不服，向某区人民法院提起诉讼。

本案知识点

公务行为的判断。

一、行政行为的概念

行政行为是行政法律规范调整的核心行为。行政行为这一概念最早出现于行政法发达的法国，此后被各国引用，经许多法学家的不断分析、研究和应用，逐渐成为公认的行政法学中的一个核心概念。法学界对行政行为的内涵并无完全统一的解释。本书认为行政行为是指行政主体在执行公务时依法行使行政权并产生法律效果的行为。行政行为的概念包含以下含义：

（一）行政行为是行政主体所为的行为，这是行政行为的主体要素

行政主体的根本任务是行使公共行政管理职能，而行政行为无疑是行政主体完成这一目标的基本途径。所以，行政主体必然实施行政行为，而且行政行为也只能由行政主体实施。当然，在方式上，行政主体可以以制定行政规则的方式实施，也可以通过公务员执行公务以具体的行政处理方式实施，或者委托其他组织实施。除此之外，不具备行政主体资格的其他国家机关、社会团体、企事业组织或个人所实施的行为均不可能是行政行为。

（二）行政行为是行使行政职权、执行公务的行为，这是行政行为的行为要素

行政机关可以多种身份进行活动，包括以民事主体的身份从事民事活动，如为保证办公需要招标采购办公用品；以相对人的身份参与行政活动，如接受审计部门的财务审计检查；以诉讼法律关系主体的身份参与诉讼活动，如以被告身份参与行政诉讼；以行政主体的身份进行行政管理活动，等等。判断行政机关所为的所有活动中哪些属于行政行为，关键是看该行为是否以行政职权为依据、行为内容是否为执行公务进行行政管理活动。只有以行政主体身份行使其行政职权、执行公务的行为，才是行政行为。运用行政职权进行公务活动是行政主体的生命

和价值所在，是本书的研究对象。行政主体从事行政行为以外的其他活动往往是为了保障和辅助其实施行政行为或履行相关法律义务。行政主体正是通过执行法律、法规，管理和调控国家事务和社会事务，实现国家意志，维护公共秩序，促进公共利益。

（三）行政行为是具有行政法律意义并产生相应法律效果的行为，这是行政行为的法律要素

法律效果，是指从法律上引起法律关系主体权利、义务的产生、变更或消灭。行政行为是行政主体依法履行职务的行为，它必然导致行政法律关系的建立及行政法律关系主体权利、义务的产生、变更或消灭。行政主体必须依法行政，否则行政主体就应承担相应的法律责任。把握行政行为的法律要素，有助于将行政行为与行政机关的事实行为、民事行为区别开来。行政机关的部分活动可能与职权相关，但不产生法律效果，属于事实行为，如气象局的气象资料分析预报、统计局公布统计数字、司法行政部门的法律宣传活动等，这些行为与行政法律关系主体的权利、义务无关，因而不可能产生行政法律效果，不是行政行为。

二、行政行为的特征

行政行为的特征，是指行政行为与其他法律行为（如立法行为、司法行为、民事法律行为）相比所具有的特殊性。行政行为的特征表现多样，其基本特征是行政行为的从属法律性、强制性、服务性、非营利性等。

（一）从属法律性

与立法行为相比，行政行为的显著特点是它的从属法律性。

任何行政行为均须有法律依据，没有法律的明确规定或授权，行政主体不得做出任何行政行为。行政主体的职权由法律、法规明确规定或授权，行政主体不得自设职权，不得超越职权，也不可滥用职权。这一点与对公民的要求是不同的，公民只要不做法律禁止的事情即为合法，即“法不禁止即自由”。行政机关的任务，就是主动、持续地执行法律规范，调整各种社会关系，实现立法意图或法律规范的目的。我国《宪法》第85条、第105条明文规定，我国国家行政机关是国家权力机关的“执行机关”，即执行权力机关所制定的法律、法规和决议，因此，国家行政机关有时被称为执法机关。行政行为作为一种执法行为必须受法律的约束，并且应当在全过程中全面地接受法律的监督和制约，而不能凌驾于法律之上。如果行政主体实施的行政行为违法，行政主体就必须承担相应的法律责任，从而实现行政法治。

我国宪法充分体现了这一现代行政法理念，规定行政权来源于宪法和法律，

行政机关的执法行为（行使行政权的行为）必须服从宪法和法律，受宪法和法律的监督和约束。

（二）强制性

行政行为以国家强制力为保障，带有强制性。行政行为是行政主体代表国家，以国家名义执行、贯彻法律的行为，以国家强制力作为实现的保障。根据行政的原则，行政主体行使职权、履行行政职责，必须享有相应的管理权力和管理手段。行政权的行使具有不可抗拒的法律效力，行政相对人必须服从，不能否认或抵制，即使认为行政主体行为违法，也只能在事后通过申诉或起诉等方式进行救济。行政主体行使行政权的过程中如遇到障碍，可以直接运用行政强制手段来保障行政行为的实现。

（三）服务性

行政机关不仅是管理者，还是公共利益的服务机关，是公众的服务者。我国宪法明文规定了行政机关的服务性。《宪法》第 27 条第 2 款规定：“一切国家机关和国家工作人员必须依靠人民的支持，经常保持同人民的密切联系，倾听人民的意见和建议，接受人民的监督，努力为人民服务。”第 22 条第 1 款规定：“国家发展为人民服务、为社会主义服务的文学艺术事业、新闻广播电视事业、出版发行事业、图书馆博物馆文化馆和其他文化事业，开展群众性的文化活动。”类似的实体法规范还很多。这些规定总的精神就是“人民委托行政机关管理国家行政事务，目的就是要行政机关为自己服务”，而不是为了发号施令。

（四）非营利性

民事法律关系主体之间的平等关系决定了民事法律行为以等价交易、有偿服务为原则。行政行为尽管具有服务性，却是一种通过实施法律来实现的公共服务，不同于私人服务，是无偿的，具有非营利性。这是因为行政法上行政主体的职权职责具有统一性，行政主体的职权往往又是一种必须履行的职责或义务，其职责的履行是无偿的，不能以等价、有偿为原则，行政主体实施法律所需的经费只能由国家财政负担。行政主体对良好社会秩序的提供，对社会成员从事相应职业的许可，对普通教育和环境等公共设施的营建和维护等，都是给公众提供的普遍服务，公民大众接受行政主体的服务不需要支付对价。

行政行为的无偿性是有例外的。行政主体为特定社会成员提供的特殊服务就是一种例外情形。例如，行政主体对矿产资源的分配，对污染物排放的许可，对娱乐性公共设施的提供，对高等教育的服务等情况，服务对象往往只是个别或部分社会成员。这部分行政相对人分享了比其他行政相对人更多的公共利益，就应当是有偿的。总之，行政行为以无偿为原则，有偿为例外。

三、行政行为的内容

行政行为的内容，是指某个行政行为对行政相对人的权利、义务等产生的具体影响。归纳起来，主要有以下几个方面：

（一）赋予权益或剥夺权益

赋予权益，是指赋予行政相对人法律上的权能、权利或权益。所谓权能，是指从事某种活动或行为的资格，如赋予律师资格使其获得执业的资格、颁发营业执照使其获得经营的资格等。所谓权利，是指行政相对人以相对自由的作为或不作为的方式实施某种行为，或要求他人不为某种行为以获得某种利益，如获得行政机关颁发的驾驶执照后，驾照持有人便获得了按规定驾车的自由，其他任何人非经法律规定不得干预等。所谓利益，是指基于某种权利所得到的好处或便利，如依法领取社会保障金、获得行政奖励等。

剥夺权益，是指剥夺行政相对人已有的法律上的权能、权利或利益，如吊销营业执照、收回律师资格、收回社会保障金等。剥夺权益一般是以行政相对人有违法行为为前提，是对违法行为的制裁。

（二）科以义务或免除义务

科以义务，是指行政主体使行政相对人承担某种作为或不作为义务，如税务机关的征税行为使行政相对人承担纳税义务，城市规划部门要求行政相对人停止违章建筑的施工并拆除违章建筑的决定使行政相对人承担停止施工和拆除违章建筑的义务。

免除义务，是指行政主体免除行政相对人原有的义务，如税务机关免除行政相对人的纳税义务。

（三）确定法律事实与法律地位

确定法律事实，是指行政主体依法确认对某个法律关系有重大影响的事实是否存在，如交通事故或医疗事故的鉴定意见就属于对交通事故或医疗事故的事实予以确认，确认结果将会对法律责任的分担起重要作用。

确认法律地位，是指行政主体依法对某个法律关系中的当事人的权利义务是否存在以及存在的范围加以确认，如房屋管理部门对房屋产权的确认、土地管理部门对土地所有权或使用权的确认等。

一般来说，确认法律事实是确认法律地位的基础，确认了法律事实的性质，才能明确当事人双方的权利和义务。

第二节　行政行为的分类

案例导入

某市原有甲、乙、丙、丁四家定点屠宰场，营业执照、卫生许可证、屠宰许可证等证照齐全。1997年国务院发布《生猪屠宰管理条例》，该市政府根据其中确认并颁发定点屠宰标志牌的规定发出通告，确定只给甲发放定点标志牌。据此，市工商局将乙、丙、丁三家屠宰场营业执照吊销，卫生局也将卫生许可证吊销。乙、丙、丁三家屠宰场对此不服，找到市政府，市政府称通告属于抽象行政行为，需遵守执行。三家屠宰场遂提起行政诉讼。

本案知识点

如何区分具体行政行为与抽象行政行为？

不同的行政行为有不同的法律效力、法律程序和法律后果，因此依据不同的分类标准对行政行为进行分类既是一个理论问题，又是一个重要的实践问题。

研究行政行为的不同类型具有如下几方面的意义：（1）揭示该种行政行为的某方面特征，有利于认识行政活动，掌握行政行为的内容、特征和规律。（2）为行政诉讼中对行政行为的审查提供各种标准、条件和原理。（3）为制定行政活动的法律规范提供理论指导，根据行政行为的特征和规律来分别规范不同类型的行政行为。例如，具体行政行为与抽象行政行为的分类为行政诉讼、行政复议的受案范围提供了标准。（4）为行政机关实施行政活动提供理论指导，使行政机关能够遵循相应的标准来从事行政活动。

一、行政立法行为、行政执法行为和行政司法行为

依据实施行政行为时所形成的法律关系的不同，行政行为可以分为行政立法行为、行政执法行为和行政司法行为三类。

行政立法行为，是指国家行政机关依照法定的权限和程序，制定规范性文件的活动。行政立法行为所形成的法律关系是以行政机关为一方，以不特定的行政相对人为另一方的普遍性的法律关系。其内容主要包括对行政法律规范的制定、修改和废除。

行政执法行为，是指国家行政机关或法律法规授权的组织执行或适用法律、法规和规章，使法律、法规和规章得以实现的活动。它所形成的法律关系以行政主体为一方，以特定行政相对人为另一方。行政执法行为的内容涉及行政法律规范的执行和行政措施的运用。就数量和发生频度来讲，行政执法行为是行政行为的主要构成部分。

行政司法行为，是指行政裁决等以行政机关作为第三方来裁决行政争议的活动。行政司法中的法律关系是三方法律关系，以行政机关为一方，以发生纠纷的双方当事人各为一方。

二、抽象行政行为和具体行政行为

依据行政行为实施的对方是否具有特定性，可以将行政行为分为抽象行政行为和具体行政行为。

抽象行政行为，是指行政主体制定和发布普遍性行为规范的行政行为。抽象行政行为具有下列特征：（1）对象的不特定性。抽象行政行为以抽象的、非特定的人或事为行为对象，即它针对的是一类人或事，而非特定的人或事。(2）效力的普遍性和持续性。抽象行政行为对调整范围内的人或事具有普遍、持久、反复适用的法律效力。

具体行政行为，是指行政主体针对特定的行政管理对象实施的行政行为。具体行政行为具有如下特征：（1）对象的特定性。具体行政行为以特定的人或者事为对象，即它针对的是具体的人、确定的人（一人或者多人）或者具体的、确定的事（一事或多事）。（2）空间效力的特定性。（3）时间效力的已然性。具体行政行为不具有向后的效力，它针对行为时的人或事有效，对以后将要发生的同类行为或事态没有拘束力。（4）法律效果的直接性。具体行政行为往往直接产生有关权利义务的法律效果。

抽象行政行为和具体行政行为的分类是行政法学上对行政行为的一种基本分类，也是我国行政诉讼法采用的作为确定行政诉讼受案范围的标准。

三、内部行政行为和外部行政行为

依据行政行为的效力范围的不同，行政行为可以分为内部行政行为和外部行政行为。

内部行政行为是行政主体基于行政隶属关系对隶属于自身的组织、人员和财物的各种管理行为。例如，上级公务员对下级公务员发布的命令、指示，上级行政机关对下级行政机关申请报告的审批、行政机关对公务员的奖惩、任免、提升等人事决定。

外部行政行为亦称公共行政行为，它是行政主体基于行政管辖关系对社会行政事务的一种法律管理。内部行为体现了国家的自我组织、管理，外部行政行为体现了国家对社会的公共管理。从形式上讲，内部行政行为发生在行政主体之间、行政主体与公务员之间，外部行政行为发生在行政主体与外部的行政相对人之间。辨别一个行为是内部行政行为还是外部行政行为除了上述形式要件外，还要分析其实质内容。例如，公安机关对内部工作人员的奖惩、岗位调整是内部行政行为，但其对内部工作人员违法行为而实施的治安处罚就属于外部行政行为。

综观世界各国，内部行政行为原则上不受司法审查，发生违法或不当等问题，主要依赖行政系统内部渠道进行救济。我国的《行政复议法》和《行政诉讼法》均明确规定行政相对人不服从内部行政行为不能提起行政复议和行政诉讼。

四、依职权行政行为和依申请行政行为

以是否可以由行政主体主动实施为标准，行政行为可分为依职权行政行为和依申请行政行为。

依职权行政行为，是指行政主体依据自己的职权而无须行政相对人的申请就能主动实施的行政行为，大量的行政行为属于此类，如行政征收、行政处罚、行政指导等。依申请行政行为，是指行政主体只有在行政相对人提出申请后才能实施而不能主动实施的行政行为。如行政复议以外部行政相对人申请为前提，行政给付以当事人申请为前提，商标注册、专利许可等均属此类。

行政行为的这一分类，有利于分析行政行为的实施条件。依职权行政行为不需要相对人的申请这一条件就能实施；依申请的行政行为只有具备相对人的申请才能启动，行政主体在未经申请的情况下不能主动为之。

五、要式行政行为和不要式行政行为

依据行政行为是否必须具备法定形式为标准，行政行为可分为要式行政行为和不要式行政行为。

要式行政行为，是指行政主体的意思表示必须具备法定形式才产生法律效果的行为。这里所说的法定形式是指法律、法规和规章明确的书面文字和特定意义的后果等方式。例如，《治安管理处罚法》中规定了实施治安行政处罚这种具体行政行为的方式。法定形式有利于准确地载明行政主体的意思表示，体现公共行政管理的严肃性、权威性，分清责任，促进依法行政。不要式行政行为，是指行政法规范没有规定必须具备一定形式就能生效的行政行为。例如，口头（含电话）、书面（含电报）、姿势、形态等方式，只要能够表示行为意思的方式皆可。

不要式行政行为在交通管理、铁路管理、航船管理、民航等行政管理方面以及紧急、危机情况下经常采用，但不得采取违法形式。不要式行政行为对于提高工作效率有重要意义。不要式行政行为，由行政主体依自身职权自主决定行为方式。

行政行为的这一分类，有利于促使行政主体严格依法行政，并保证行政行为的责任明确。公共行政中行政行为以要式为原则，不要式为例外。

六、授益行政行为和不利行政行为

依据行政相对人的权益受行政行为影响的状况，可以将行政行为划分为授益行政行为与不利行政行为。

授益行政行为，又称有利行政行为，是指行政主体为行政相对人设定权益或免除义务的行政行为，如行政许可、行政奖励、行政给付等。不利行政行为，又称负担行政行为，是指行政主体为行政相对人设定义务或剥夺、限制其权益的行政行为，如行政处罚、行政征收、行政强制等。需要强调的是，实践总是比理论更丰富和复杂，当一个行政行为既设定了行政相对人的权利又设定了义务时，该行政行为既是授益行政行为又是不利行政行为；当一个行政行为有两个或两个以上行政相对人时（如行政确认），对一个（或一部分）行政相对人构成授益行政行为，对另一个（或另一部分）行政相对人则构成不利行政行为。另外，判断一种行政行为是否对行政相对人有利，应该看这种行为的直接效果，而不是间接效果。

区分授益行政行为和不利行政行为，有利于分析行政行为的内容，有利于确定对行政行为变更、撤销权的限制和信赖保护原则的适用，如衡量哪些行政行为的作出需要有直接的法律依据、哪些行政行为在超越权限时依然有效而非绝对无效。有的国家行政法规定，行政主体作出授益性行政行为无须有直接的法律依据，而作出不利行政行为时则需要有明确、直接的法律依据；授益行政行为超越权限时依然有效，而不利行政行为超越权限时则当然无效。

七、羁束行政行为与裁量行政行为

依据法律是否允许行政主体结合自己的主观判断在法定范围内作出相应行政行为为标准，可以将行政行为分为羁束行政行为和裁量行政行为。

羁束行政行为，是指法律对行为条件有明确而具体的规定，行政主体只能依照法律的明确规定实施的行政行为。这种行为的特点在于行政主体对行政法规范的适用没有或少有自主选择的权力，行政主体无法参与主观意志，没有自由裁量余地。裁量行政行为，也称为自由裁量行政行为，是指法律对行为条件没有明确的规定，而只是规定了实施该行为的原则、目的、幅度、精神等，行政主体依据这些原则、目的、幅度、精神等自由裁量、实施的行政行为。裁量行政行为的存在源于法律自身的局限性，即立法者明白不可能预知所有的情形，不可能对所有的行为都作出明确、详细的规定，故有时只能规定一定的行为原则、目的、幅度和精神等，或规定一定行为的裁量幅度，从而“授权”行政主体在行为方式、范围、种类、幅度等方面的自主选择权。例如，行政处罚中赋予执法机关一定的自由裁量权，其目的是行政处罚轻重程度应当根据违法行为的事实、背景、情节、性质、社会危害性大小等予以合理判断，以确保过罚相当。

需要注意的是，上述分类是以行政行为受法律的拘束程度而言的，行政主体对事实的认定不可以自由选择，无论羁束行政行为还是裁量行政行为，行政主体均需全面调查取证然后依法做出适当的行为。

羁束行政行为与裁量行政行为的分类，对分析和评价行政行为的合法性和公正性具有一定的意义。自由裁量权不是任意裁量权，自由裁量权的行使应符合法律授予该权力的目的。行政机关在执法中对事实既要定量分析，也要定性分析，既要合法行政，也要合理行政。在法律适用上，羁束行政行为一般只存在合法性问题，要么合法要么违法，不发生适当与否的问题，而裁量行政行为不仅存在合法性问题，而且存在公正性、合理性问题。从法律救济上说，羁束行政行为接受行政复议审查和司法审查，其范围基本上不受限制，而自由裁量行政行为则相反，受较大的限制。裁量行政行为对行政主体及执法人员的业务素质、执法水平要求较高。由于行政机关自由裁量权易于引发在执法过程中较大的随意性，出现公正性、合理性问题，甚至导致“权力寻租”腐败现象等弊端，近年来，许多地方将自由裁量权按一定的标准进行“量化”“细化”，以求减少行政执法的随意性，增强公开性。

八、强制行政行为与非强制行政行为

依据行政行为是否带有命令性与强制性为标准，行政行为可分为强制行政行为和非强制行政行为。

强制行政行为，是行政机关通过实施惩罚或惩罚的威胁形成一定的强制态势和氛围，使行政相对人基于这种外在强制力量的压迫按照行政主体的意志和指令行事。强制行政行为，如行政处罚、行政征收、行政强制执行等，往往具有直接的强制力，行政相对人没有自主选择的自由，只能被动地服从，否则就会受到不利后果的影响或被处罚。行政主体与行政相对人在强制行政行为中的关系是命令与服从、强制与被强制的关系。非强制行政行为中行政相对方享有基于自身利益判断而作出是否服从的选择自由。区别于强制行政行为，非强制行政行为具有非强制性，亦不产生直接的法律效力，如行政指导、行政合同、行政奖励等行为。非强制行政行为的实现主要是以相对方心理与意识的认同为前提，通过利益诱导、道理说服以及依靠政府的威信赢得服从。在此类行政行为中，行政相对人不服从，行政主体亦不能因此给予行政处罚或其他形式的制裁。

非强制行政行为有利于政府改变传统行政中“国家至上”“权力本位”“权威主义”意识，有利于政府转变职能，改进行为方式，有利于构建廉洁、高效、服务型政府，有利于市场经济的发展和公民社会的建设。

第三节　行政行为的效力

案例导入

郭甲是运煤司机，一日运煤经过309国道某交通检查站时，执勤人员宋丙（身着交通警察制服，佩戴执勤袖章）向郭甲走过来，递给了郭甲一张处罚决定书，说：“交200块钱再走。”郭甲接过处罚决定书，见上面印的全部内容是：根据有关规定，罚款200元。决定书上印着某省某市交通大队的印章。郭甲对宋丙说：“为什么要罚我？”宋丙说：“你超载。”郭甲辩称：“我只拉半车煤，怎么就超载？”宋丙不耐烦地说：“让你交你就交，啰嗦什么。”郭甲说：“不说清楚，我就不交。”这时，宋丙又递过一张处罚决定书，并说：“就你这态度，再罚20元。”郭甲怕争辩下去，又要罚款，只好交了40元钱离去，宋丙未出具收据。

【问题】本案中的行政处罚行为哪些地方违反行政处罚法的规定？

本案知识点

行政行为的合法要件。

一、行政行为效力概述

（一）行政行为效力的界定

行政行为的效力即行政行为所发生的法律效果，是指建立与行政主体预期一致的行政法律关系，表现为一种特定的法律约束力和强制力，达到了法律授予行政权的目的，并在社会生活中发挥了行政法律规范应有的调节作用。

（二）行政行为的效力内容

行政行为的效力内容，即行政行为具有何种效力。一般认为，行政行为具有公定力、确定力、拘束力和执行力四种效力。

1. 行政行为的公定力

行政行为的公定力，是指行政行为对任何人都具有被推定为合法、有效而予以尊重的法律效力。也就是说，公定力是一种经推定或假定的法律效力。公定力是一种对世的法律效力。之所以要对具体行政行为作出这样的推定，是基于社会对行政主体的地位和作用应予以充分信任和尊重，因此，公定力表现为一种尊重义务。

2. 行政行为的确定力

行政行为的确定力，是指已经生效的行政行为对行政主体和行政相对人具有的不受任意改变的法律效力，非经法定程序不得任意变更或撤销。也有学者主张，行政行为的确定力就是公定力。

行政行为是行政主体代表国家对行政相对人实施公务管理而作的设定、变更或消灭权利义务的一种执法行为。从某种意义上讲，行政行为也是一种承诺。行政主体有义务信守并兑现自己的承诺，否则就是损害了行政相对人对这种承诺的信任，而且损害国家公务管理活动的威信。就行政主体而言，非依法定程序和理由，不得随意改变自己所作的行政行为的内容，或就同一事项重新作出行为，即“一事不再理”。这有利于使个人利益免受反复无常的行政专横或行政随意性的损害。就行政相对人而言，非依法定程序和理由，不得随意否认行政行为的内容或改变其内容，也不得请求改变行政行为。这有利于行政意志的实现和权利义务的稳定。例如，行政机关在为公民颁发许可证后，即不得随意更改许可内容或吊销许可，而持有许可证的公民，也不得随意超出许可范围从事活动。当然，行政行为的确定力也是相对的，为保障行政相对人免受一次性行政行为武断的持续危害，法律规定了撤销或变更行政行为的方式和途径，如行政复议、行政诉讼等。

3. 行政行为的拘束力

行政行为的拘束力，也称约束力。广义的拘束力可以与法律效力等同，而狭义的拘束力是确定力、执行力并列的一种法律效力内容，是指已生效的行政行为所具有的约束和限制行政主体和行政相对人行为的法律效力，否则应承担相对应的法律后果。

4. 行政行为的执行力

执行力是指行政行为一经作出，就具有使其内容得以完全实现的法律效力。它主要表现为权利主体有权要求义务主体履行义务的法律效力，包括要求义务主体自行履行所负义务的法律效力。行政行为的执行力与其他效力密切相关，是最终保障性效力。

行政行为的上述四种效力是行政法上诸多规则产生的基础。例如，对生效的行政行为一般采取不停止执行的原则，即使相对人因有异议正在申请行政复议或提起行政诉讼期间，也不能停止行政行为的执行。只有在例外的情形下，才可以暂停执行。

二、行政行为的合法要件

行政行为的合法要件，是指行政行为合法成立，发生公定力、确定力、拘束力和执行力所应具备的条件。基于行政行为效力先定的原理，行政行为一经作出就推定为合法有效，但这仅仅是法律上的一种推定，并非实质合法有效。行政行为要获得实质上的效力，产生稳定的法律效果，就必须具备一定的条件。否则，一旦被有权机关予以撤销或变更就将终止其效力。

行政行为的合法要件，包括行为主体及权限合法、内容合法适当、程序及形式合法等。

（一）主体、权限要件

主体、权限要件，即行为主体和权限合法。只有主体合法的行政行为才是合法的行政行为。主体合法要求为：第一，行政行为主体应具备行政主体资格；第二，实施行为的公职人员应具有合法的身份。同时，只有在行政主体法定权限范围之内的行为才是合法、有效的行政行为。权限要件要求行政主体必须在自己的事务管辖权、地域管辖权和级别管辖权的范围内作出行政行为，职权法定、越权无效是行政法上的实体法原则。

（二）内容要件

内容要件，即行政行为内容合法适当。行政行为的内容必须合法、适当，也就是说，行政行为必须具有事实依据，意思表示真实、完整、准确，行为具有法律依据且适用法律、法规正确。在存在自由裁量时，行政机关及其工作人员不仅要依据规范性文件规定的条件、标准、幅度和措施进行管理，而且行政行为应当满足公平、正义的要求，行政行为的目的应当符合立法本意，不得曲解立法意图或违背法律的宗旨和原则。

（三）程序、形式要件

程序、形式要件，即行为程序合法。现代程序法治原则要求行政行为应当符合法定程序，行政行为既要符合行政程序规则制度，又要符合行政程序的基本原则。作出行政行为应当具备法定的形式，尤其是要式行政行为，行政主体应严格按照法律要求的形式进行，否则就是违法、无效的行政行为。违反法定程序是行政复议和行政诉讼撤销行政行为的理由之一。

总之，只有同时具备上述要件的行政行为才是合法、有效的行政行为，才能产生稳定的法律效力。

三、行政行为的无效、撤销与废止

（一）行政行为的无效

行政行为无效的原因主要有以下几种情形：（1）行政行为实施主体不具有行政主体资格；（2）行政行为没有法律依据；（3）行政行为的内容客观上不可能实施；（4）其他重大且明显违法的情形，如行政主体受胁迫所为的行政行为，行政行为的实施将导致犯罪等。

行政行为无效的后果有：行政行为被确认无效后即自始不发生法律效力；行政相对人可不受该行为约束，自行决定不履行该行为所规定的义务，而不承担法律责任；被确认无效的行政行为没有时效的限制，有权的国家机关可在任何时候宣布其无效；行政行为被宣布无效后，行政主体因此所得到的一切利益应返还给对方，而对相对人因此所受到的损失应予以赔偿。

（二）行政行为的撤销

行政行为的撤销，是指对已经发生法律效力的行政行为，如发现其违法或不当，由有权的国家机关予以撤销，使其失去法律效力。

行政行为撤销的原因包括：（1）主要证据不足的；（2）适用法律、法规错误的；（3）违反法定程序的；（4）超越职权的；（5）滥用职权的；（6）明显不当的。

行政行为撤销的后果是指行政行为自撤销之日起失去法律效力。行政行为因行政主体或行政相对人的不同过错而有不同的责任后果。若行政行为是因行政主体的过错而被撤销的，行政主体应予以赔偿；若行政行为是因行政相对人的过错而被撤销的，行政相对人因此所受到的损失自行负责，行政相对人因此所获得的利益应当予以收回。

（三）行政行为的废止

行政行为的废止，是指已经发生法律效力的行政行为，因某种法定情形而依法宣布失去法律效力。

行政行为废止的原因主要有：法律、法规、规章或政策被修改、废止或撤销；国家形势发生重大变化；原定任务已经执行完毕。

行政行为废止的后果主要有：自废止之日起行政行为失去法律效力；因行政行为废止给相对人带来损失的，行政主体予以适当的补偿。

实训案例

案例一

刘甲于2008年3月20日晚（再过两个月，刘甲满14周岁）在市红旗大楼偷窃他人电动车一辆。3月30日被北市区公安分局抓获，北市区公安分局依照《治安管理处罚法》第23条第1项的规定，对刘甲处以10日的行政拘留处罚。刘甲不服，向市公安局申请复议。

【问题】 北市区公安分局给予刘甲的行政处罚是否合法？为什么？

【分析】 北市区公安分局对刘甲的行政处罚是违法的。《行政处罚法》第30条中规定："不满十四周岁的未成年人有违法行为的，不予处罚，责令监护人加以管教。"行政相对人有违反行政法律规范的行为，且具有行政责任能力，才能成为行政处罚的对象。不满14周岁的人有违法行为，由于其应不具有行政责任能力，不应予以处罚，但是不处罚并不意味着放任自流，而是责令其监护人严加管教，教育他以后自觉守法。《行政处罚法》第30条的规定是本着处罚与教育相结合的原则，从有利于未成年人健康成长的角度出发的。行政处罚的直接目的是制裁已经发生的违法行为，但最终目的是纠正违法行为，教育相对人自觉守法。所以在行政处罚过程中，应坚持处罚与教育相结合的原则，对有违法行为，但不具备行政责任能力的，不予处罚，加强教育；对有违法行为，且具备行政责任能力的，处罚的同时加强教育。

案例二

2000年8月，某市某县矿务局的一台铲车在过街时撞倒中学生孙某，之后，某县交警大队作出了案号为4070158的事故责任认定书，认定孙某负全部责任。孙某不服，向某市交警支队提起复议，而某市交警支队在法定的30日内并未作出复议决定。到了2002年，某市交警支队作出了复议决定，某县交警大队据此又重新作出了交通事故责任认定书，案号仍为4070158号，认定孙某负主要责任。某县交警大队在原认定行为未被撤销的情况下，就同一案件作了两份同一编号而责任不同的事故责任认定书，完全无视行政行为对自身的拘束力，该行政行为在程序上严重违法。

【问题】 结合本案谈谈对行政行为拘束力的认识。

思考与练习题

1. 什么是行政行为？
2. 简述行政行为的特征。
3. 行政行为主要有哪些类型？
4. 简述行政行为的效力。

第四章

行 政 程 序

本章导读

本章主要讲解了行政程序的概念、特征和分类，行政程序的基本制度及政府信息公开制度。通过本章的学习，要求掌握行政程序的概念与特征、行政程序的原则和意义，了解听证、告知、陈述申辩等行政程序的具体制度，掌握政府信息公开制度的含义、内容及理论基础，了解国内外政府信息公开制度的情况，理解我国政府信息公开制度的现实意义，学会应用本章知识分析行政程序方面的基本问题。

第一节　行政程序概述

案例导入

2018 年 4 月 19 日，郫县 41 岁的农妇程某和部分村民前往红光镇镇政府咨询拆迁问题，不听政府工作人员的解释与劝阻，在政府大院吵闹，扰乱政府正常工作秩序达 5 小时。郫县公安局民警接到报警后查明，程某当时编造拆迁安置费标准并在会上散布，激起了村民不满，其行为扰乱了公共秩序，遂于 4 月 20 日晚依法传唤程某至郫县公安局红光派出所。

4 月 21 日凌晨 3 时许，民警交给程某一份公安行政处罚决定书，并将程某送到拘留所，行政拘留 8 天。

从拘留所出来后，程某发现 21 日凌晨民警交给她的这份公安行政处罚决定书并没有盖章。2018 年 5 月 19 日，程某一纸诉状将郸县公安局告上法庭，请求法院判令郸县公安局对其实施行政处罚时程序违法。

法庭上，郸县公安局承认确因疏忽而未在处罚决定书上加盖公章，但"在对原告程某进行传唤时，出示了警官证和传唤证，传唤证上有原告的签名，对原告实施拘留后，已经履行了通知义务"，因此作出的处罚决定行政主体合法，认定事实清楚，程序合法，适用法律正确。

本案知识点

行政行为合法的程序要求。

一、行政程序的含义和特征

程序在一般意义上是指"事情进行的步骤，次序"，法律学意义上的程序，是指按照一定的方式、步骤、时间和顺序作出法律决定的过程。程序可以分很多种，如司法的程序、立法的程序、行政的程序等。行政程序是行政主体在行使行政职权、实施行政管理活动过程中应当遵循的方式、步骤、次序及时限的总和。本质上，行政程序是行政行为空间和时间表现形式的有机结合。

（一）法定性

行政程序的法定性，是指用于规范行政行为的行政程序一般体现为法律的明确规定。行政程序的法定性使行政程序成为控制行政行为合法、正当运作的强制力量。行政程序的法定性意味着无论是行政主体还是行政相对人，在进行行政活动时都需要遵守预定的程序，其行为的步骤和方式受法定程序的制约，违反法定程序将会招致不利的法律后果。对于行政主体来说，依法行政要求它在实施行政行为时不仅要遵循实体法，而且要遵循程序法，二者不可偏废。

（二）行政性

行政程序是行政主体运用行政权力作出行政行为的程序。与立法程序、司法程序相比，其行政性特征显著。同时，行政程序和行政诉讼程序不可混淆，行政程序是行政机关作决定的程序，而行政诉讼程序则是法院审查行政行为合法性所适用的程序。

（三）多样性

现代社会，行政权已经深入社会生活的各个角落，行政机关享有各种不同的行政职权，不同行政职权产生不同的行政行为，而行政行为的多样性决定了行政程序的多样性。虽然不同的行政程序受到一些共同原则和规律的潜在指引，不同的行政程序之间存在基本相同的内容，但行政程序的多样性依然显著。

(四) 分散性

由于行政法的调整对象——行政关系过于广泛复杂，行政法成为难以制定统一法典的部门法，这也导致行政程序分散于众多的、具有不同效力的法律文件之中。

二、行政程序的分类

(一) 行政立法程序、行政执法程序和行政司法程序

以行政程序所适用的行政职能的不同为标准，行政程序可以分为行政立法程序、行政执法程序和行政司法程序。行政程序的这种分类源于国家行政机关具有的行政立法、行政执法和行政司法的职能，这些不同类型的行政行为必然要有与其相应的行政程序。行政立法程序，是指行政机关制定行政法律规范所适用的程序。行政执法程序，是指行政机关及其工作人员依法行使行政职权，实施具体行政行为所适用的程序，如行政决定程序、行政强制程序、行政处罚程序等。从适用的频度来讲，行政执法程序是行政程序的主要构成部分。行政司法程序，是指行政机关以公断人的身份裁决行政主体与行政相对方的行政争议以及平等主体间民事争议所适用的程序，此种程序类似于人民法院处理争议案件的程序，因此也被称为“准司法程序”。

(二) 内部行政程序与外部行政程序

以行政程序的适用范围为标准，行政程序可以分为内部行政程序与外部行政程序。所谓内部行政程序，是指行政主体在实施内部行政行为时所遵循的程序，即行政机关在内部管理中所采用的程序。凡是基于上下级行政机关的领导监督关系或对等行政机关的协调关系而实施有关行为所遵循的程序都属于内部行政程序，如行政机构的设置、工作人员的调配程序、行政机关内部的监督、上下级的信息沟通及反馈程序等。所谓外部行政程序，是指行政主体在实施外部行政行为时所遵循的程序，即行政机关在对外管理中所适用的程序。行政机关与行政相对方基于行政管理关系而实施有关行为所遵循的程序，如行政强制程序、行政处罚程序等均表现为外部行政程序。外部行政程序一般与行政相对方的权利与义务密切相关。内部行政程序与外部行政程序的区分不是绝对的，它们常常紧密联系，相互交织，有时还可以互相转换。

(三) 法定程序和裁量程序

以法律是否明确规定为标准，行政程序可分为法定程序和裁量程序。所谓法定程序，是指法律已明确规定，行政机关在实施行政活动时必须严格遵守的程序。行政机关实施行政行为时，违反法定程序将导致该行为被撤销。所谓裁量程序，是指法律只是规定了行政机关实施行政管理行为应遵循的种类、方式、范

围、幅度，行政机关在实施行政行为时可以在法定范围内具体选择适用的程序。裁量程序的存在是由行政管理的多样性、客观情况的复杂性所决定的。

三、行政程序的基本原则

行政程序的基本原则，是指贯穿于所有行政程序法规范的基本准则和内在精神。行政程序的基本原则是行政法学研究的热点问题。一般来讲，行政程序的基本原则应包括下列内容。

（一）法治原则

行政程序的法治原则，是指行政程序必须贯彻法治精神，实行依法行政。依法行政是行政管理活动中必须遵守的原则，是整个行政法的原则，也是行政程序法应当遵守的基本原则。程序法治必然要求程序法定，即具体行政程序要有明确的法律依据，行政法律关系主体在作出有关行政行为或参与有关行政行为时所遵循的步骤、方式、方法、顺序、时效等程序必须由法律明文加以规定。只有行政程序法定，行政相对人才可以根据行政程序法规定的行政程序作出法律的预测，从而保证连续性、一致性和稳定性的行政秩序的建立，只有行政程序法定才能将行政程序法内涵的公正价值转化为行政行为现实。总之，行政程序法治的要求，催生了行政程序法的产生。由于现代意义上的行政法在我国起步较晚，我国尚无专门的行政程序法，但大量的行政程序制度广泛分布于各部行政法律、法规等规范性文件中。

（二）公开原则

公开原则，是指用以规范行政权的行政程序，除涉及国家机密、商业秘密或个人隐私外，应当一律向行政相对人和社会公开。行政程序公开原则要求行政程序以公开为原则，不公开为例外。行政相对人可以通过知晓行政行为的全过程来监督行政主体依法行政并维护自己的合法权益，行政相对人也只有通过知晓行政行为的全过程才能参与整个过程。整个社会通过公开的行政程序才能监督行政主体依法行使行政权力，防止行政权被滥用。公开是现代民主政治的要求。在行政程序法中确立程序原则，是现代民主政治发展的必然要求。公开原则在具体制度上通常要求行政主体的职权公开、权力依据公开、行政信息公开、行政决定公开及设立听证制度等。

（三）参与原则

行政参与是指公民、法人或其他组织根据宪法和法律规定，依照一定的法律程序，通过直接或间接方式参与行政活动以表达自身意愿和保护自身权利的活动。具体包括：在行政立法中表达自己的愿望，在行政决策中施加影响力，对行政权力的行使进行监督，对违法行政予以纠正等。行政参与权是行政相对人的一项重要程序性权利。行政参与必须是自主和自愿的，而不是被迫、非自愿或由他人以各种方式控制着的。行政参与是一种利益化行为。公民通过各种合法途径参与行政管理过程，并进而影响行政决定的作出，其主要目的是表达自己的利益愿望，并力图实现自身的利益需求，或者也可能是出于维护公共利益的需要。

参与原则要求行政相对人在行政程序上依法享有获得通知权、陈述权、申辩权、听证权等。

（四）公正、公平原则

程序公正、公平，是指行政主体行使行政权应当公正、公平，尤其是要公正、公平地行使行政自由裁量权。公正、公平原则在行政程序中可以称为程序公平原则或正当程序原则。英国提出自己不能做自己案件的法官，这是保障公正的最根本要求，所以，凡是跟自己有利害关系的决策，行政机关都应当主动回避，而不能直接介入。很多国家行政程序法设置专门制度来保障这项原则，比如审执分离，此外还有审裁分离，合议、回避等制度。我国《行政处罚法》规定行政机关作出处罚决定之前应当由两名执法人员进行调查，在调查笔录作出后必须向被调查人公开，并要求被调查人在笔录上签字以确保程序上的公正。

（五）效率原则

效率原则，是指行政程序中的各种行为方式、步骤、时限、顺序的设置都必须有助于确保基本的行政效率，在不损害行政相对人合法权益的前提下，适当提高行政效率。为了保证行政活动的高效率，行政程序的各个环节应当有时间上的约束和限制。行政效率低下不仅侵害相对人利益，也损害国家利益，所以效率是很多国家程序法的一个追求，也是我们在程序立法时要重视的一个基本原则。行政效率原则在具体制度上主要包括时效制度、简易程序和紧急处置程序、代理制度等。

四、行政程序的价值和意义

行政程序体现了对国家行政权的保障与控制之间的平衡，体现了行政权与公民权之间的平衡，体现了对民主和效率的双重保护。行政程序作为规范行政权、体现法治形式合理性的行为过程，是实现行政法治的重要前提，行政程序的完善程度是衡量一国行政法治程度的重要标志。

（一）保障和监督行政主体依法行使职权

职权法定是行政主体行政管理权的基本要求。法定的程序使行政主体的整个活动过程都有了法律依据，因此它可以保障行政主体依法行使职权。公平、公正的程序制度，可以保障和监督行政机关实体上作出公平、合法的结论。例如，行政程序公开原则要求所有的行政活动除了法律规定需要保密的事项外，都必须公开进行。这对防治腐败尤为重要，因为缺乏制约必然导致“暗箱操作”，阳光照不到的地方最易腐败。行政程序要求行政机关按照法律规定的方式、步骤、时限和顺序行使行政权力，同时赋予了当行政机关违法行使权力时，行政相对人申请救济的权利，实际上就使行政程序本身具有了控制行政权力的功能。

（二）保障相对人的合法权益和民主权利

行政程序法主要约束行政机关的行为，从而保障相对人的合法权益和民主权利。例如，行政程序公开原则可以保障行政相对人的知情权。又如，行政程序说明理由制度要求行政主体对结论作出的理由进行陈述、解释、说明，这就保障行政相对人有要求行政主体作出说明的权利。很多国家行政程序法中都规定了行政相对人参与行政程序的权利，如听证制度，这是公平参政权的具体表现，公民可以参与行政行为的作出，直接监督行政机关，行使民主权利。

（三）提高工作效率

公平公正的程序，可以极大地提高行政效率。在程序法不健全的情况下，行政机关有很多自由裁量的余地。如果没有对行政程序的控制约束，行政机关肆意作为，将对行政相对人造成极大的伤害，同时也会强化和固化行政机关的官僚主义。如果没有法定程序的严格约束，行政机关在行使权力的时候，往往倾向于给自己行使权力设置若干前置的条件。这样，程序环节就不断自我繁殖，行政权力也相对的不断繁殖，导致权力的叠加和烦琐。行政程序通过严格规定行政行为的时限，非因法定事由，行政机关延期作出决定，是违法的行为，是可以被法院撤销的，这就督促行政机关按时作出行为，从而提高了工作效率。另外，由于行政程序保障了行政相对人在行政行为过程中的参与权利，这有利于相对人积极接受行政行为，从而有利于提高行政效率。

（四）彰显公平正义

除了具有前述价值和意义外，科学、合理的行政程序自身还具有强烈的象征意义。公平、公正的程序制度往往意味着行政机关作出的实体上的结论也是公平、合法的。行政程序通过安排一种伴随时间而经过的活动过程和活动方式，使法律程序外在化，这就是程序所具有的仪式性、象征性。法律程序所具有的象征性特点从现代国家治理的角度来看，具有特别重要的功能。在一定程度上，形式上的合法性可以通过程序具有的象征性与仪式性特点化解一定的利益冲突，增强实体活动的可信性，整合社会力量，增进政府与民众、社会之间的和谐。总之，程序的象征性特点是其独特价值所在。

第二节　行政程序的基本制度

案例导入

1998年6月，章某向其所在的某市某区人民政府文化局申请经营电子游戏机的文化经营许可证。6月12日，该区文化局批准了章某经营2台电子游戏机的申请，发给章某文化经营许可证，有效期至1999年12月30日。在此期间，章某扩大经营至5台游戏机，但未交管理费。1999年12月25日，章某书面申请办理经营5台电子游戏机的文化许可证，但未获批准。2000年3月17日，该区人民政府天桥街道办事处会同天桥派出所、天桥工商所等单位联合对文化市场进行执法检查，天桥街道办事处要求章某交付经营5台电子游戏机的管理费3250元，章某当即交付500元，并开出尚欠2750元的欠单一张。后来，天桥街道办事处向区文化局请示后，以区文化局的名义作出处理决定，令其停止营业，交清所欠费用及补办营业手续后，方可继续经营。章某对此决定不服，向该区人民法院提起行政诉讼。该区人民法院受理案件，经审查核实，天桥街道办事处查处本案的负责人员王某的妻子在该区经营另一家电子游戏厅，两个电子游戏厅之间存在较为紧密的竞争关系，王某本应在查处案件过程中主动申请回避，以显示案件处理的公正性。人民法院遂以王某应该回避而没有回避违反法定程序为由撤销该行政处罚。

本案知识点

行政回避制度的适用条件。

一、表明身份制度

行政行为具有公定力、拘束力和执行力，其前提条件就是实施行政行为的主体是行政主体。换言之，行政权的行使主体必须具有法定的权限，因此，行政执法人员在代表行政主体实施行政行为时，要通过一定方式向行政相对人表明自己的身份，包括配有明显标志或者出示证件，以便行政相对人判断其是否拥有相应的权限，是否有必要予以服从。表明身份制度是行政告知的一种，其理论渊源为行政公开。我国现行的表明身份制度，多作为行政执法活动的前置性程序，因此主要表现为向相对人出示执法证件。这种制度是程序公开原则的重要组成部分，更是相对人行使参与权的一个先决条件。

二、告知制度

行政告知，是指行政主体在行使行政权的过程中，必须将行政相对人应该知晓的事项通过法定的途径和方式告诉相对人的程序制度。告知的内容主要有：(1) 告知决定。如告知受理或不受理、告知许可或不许可、告知处罚轻重或不予处罚等。(2) 告知权利。如告知相对人申辩的权利、聘请律师的权利、申诉的权利、查阅材料的权利等。(3) 告知其他事项。如告知听证会的时间和地点、告知复议的期限和有关机关等。告知制度是行政相对人知情权的体现，告知是行政主体的义务，获得告知是行政相对人的权利。

告知制度在我国的多部法律中均有明确规定。例如，《行政强制法》第 21 条规定："违法行为涉嫌犯罪应当移送司法机关的，行政机关应当将查封、扣押、冻结的财物一并移送，并书面告知当事人。"《行政许可法》第 32 条规定："行政机关对申请人提出的行政许可申请，应当根据下列情况分别作出处理：(一) 申请事项依法不需要取得行政许可的，应当及时告知申请人不受理；(二) 申请事项依法不属于本行政机关职权范围的，应当及时作出不予受理的决定，并告知申请人向有关行政机关申请；(三) 申请材料存在可以当场更正的错误的，应当允许申请人当场更正；(四) 申请材料不齐全或不符合法定形式的，应当当场或者在五日内一次告知申请人需要补正的全部内容，逾期不告知的，自收到申请材料之日起即为受理……"《行政复议法》第 17 条第 1 款规定："行政复议机关收到行政复议申请后，应当在 5 日内进行审查，对不符合本法规定的行政复议申请，决定不予受理，并书面告知申请人；对符合本法规定，但是不属于本机关受理的行政复议申请，应当告知申请人向有关行政复议机关提出。"

三、说明理由制度

说明理由制度是指行政主体在作出对行政相对人合法权益产生不利影响的行政行为时，除法律有特别规定外，必须向行政相对人说明该行政行为的事实依据、法律依据以及进行自由裁量时所考虑的相关因素。说明理由制度的意义主要是防止行政专横和权力滥用，便于司法审查和法制监督。

行政行为说明理由的内容是：一是行政行为的合法性理由。包括行政行为合法性的事实根据和法律依据。特别是要说明作出行政行为的法律依据。二是行政行为的正当性理由，包括行政行为自由裁量的事实依据和法律依据。

说明理由制度在我国的多部法律中均有明确规定。如《行政处罚法》第 44

条规定，行政机关在作出行政处罚决定之前，应当告知当事人拟作出的行政处罚内容及事实、理由、依据，并告知当事人依法享有的陈述、申辩、要求听证等权利。《行政强制法》第 18 条第 5 项规定，当场告知当事人采取行政强制措施的理由、依据以及当事人依法享有的权利、救济途径。

说明理由制度和告知制度都是行政参与原则的重要制度设计，是行政相对人和利害关系人知情权的必然要求。对于行政相对人而言获得告知和行政决定的理由是一项权利，对于行政主体而言，告知和说明理由是一项义务。但是这两种制度的侧重点不同。告知制度强调的是作出行政行为时候要将法律规定应当告诉相对人的内容必须都进行告知。说明理由制度强调的是作出行政行为时，行政主体必须将作出该行为的理由和依据告诉相对人。告知制度强调的是告知，说明理由制度侧重的是必须对行政行为给出依据。

四、陈述申辩制度

陈述申辩制度，是指行政主体在行使行政职权过程中应当充分听取行政相对人、利害关系人意见的法律制度。行政主体进行行政立法活动，或者作出行政处理决定前，必须进行全面、客观、公正的调查，这就要求广泛听取各方面、各阶层的意见，尤其是充分听取和尊重行政相对人的意见。行政行为影响到行政相对人的权益时，应该确保其有机会进行陈述和申辩。行政机关必须充分听取当事人的陈述和申辩，对当事人提出的事实、理由和证据，应当进行复核，且采用与否都应说明理由。陈述权、申辩权是行政相对人的一项重要的程序性权利，听取行政相对人的陈述和申辩是行政主体的法定义务。

我国《行政处罚法》和《行政许可法》均确立了申辩制度。《行政处罚法》第 7 条第 1 款规定："公民、法人或者其他组织对行政机关所给予的行政处罚，享有陈述权、申辩权；对行政处罚不服的，有权依法申请行政复议或者提起行政诉讼。"第 45 条规定："当事人有权进行陈述和申辩。行政机关必须充分听取当事人的意见，对当事人提出的事实、理由和证据，应当进行复核；当事人提出的事实、理由或者证据成立的，行政机关应当采纳。行政机关不得因当事人陈述、申辩而给予更重的处罚。"《行政许可法》第 7 条规定："公民、法人或者其他组织对行政机关实施行政许可，享有陈述权、申辩权；有权依法申请行政复议或者提起行政诉讼；其合法权益因行政机关违法实施行政许可受到损害的，有权依法要求赔偿。"第 36 条规定："行政机关对行政许可申请进行审查时，发现行政许可事项直接关系他人重大利益的，应当告知该利害关系人。申请人、利害关系人有权进行陈述和申辩。行政机关应当听取申请人、利害关系人的意见。"

五、听证制度

行政听证，是指行政机关作出涉及公民、法人或者其他组织利益的重大事项或者重大决定之前，充分听取公民、法人或者其他组织意见的活动。听证制度是促进行政机关依法决策、依法行政，维护公民、法人或者其他组织合法权益的一项重要制度。听证制度是现代民主政治和现代行政程序的重要支柱性制度，是国家治理体系和治理能力现代化的集中表现。

行政听证程序是指行政机关在作出重大的、影响相对人权利义务关系的决定之前，听取当事人陈述、申辩和质证，然后根据双方质证、核实的材料作出行政决定的一种程序。行政听证程序是行政程序的核心和灵魂。其目的在于弄清事实、发现真相，给予当事人表达意见的机会，以达到公开公正的处理行政案件，解决行政纠纷的目标。通过实行行政听证制度，使得行政过程的公开性、透明度得以提升，在有效保障行政相对人合法权益的同时，也能提高公民与行政执法人员的法治意识。

听证并非仅是行政法上的独特制度，作为一种听取利害关系人意见的制度，它起源于司法领域，最早可以追溯到英国普通法上自然公正原则，即“听取另一方证词”。

听证要有一定的范围，并非所有的行政行为在作出之前都需要以听证形式听取行政相对人的意见。界定听证的范围既要考量公平公正的实现，又要考量行政效率。所以，听证范围既不能过宽，也不能过窄。范围太宽会降低效率、加大行政成本。范围过窄，则无法起到监督行政行为的作用。因此，法律确定听证的范围应该适度。从各国法律规定和实际来看，行政听证的范围主要包括行政立法和重大行政决定。目前，我国行政行为中听证的范围主要包括行政立法听证、行政决策听证、重大行政决定听证。

听证应当按照法定方式和程序组织。主要内容包括：（1）听证的代表要有广泛的代表性。（2）听证的主持人要保证相对的中立，要和进行调查的行政机构相分离。目前，法律中规定，听证主持人一般都是行政机关中法制部门的人员，这种制度安排可以保证听证的相对中立。（3）听证要公开举行。（4）正式行政听证的过程主要包括通知（告知）、质辩和决定三个环节。（5）听证应当制作笔录。

六、信息公开制度

行政信息是行政主体在行使职权过程中所产生、获取、利用和保存的各种信息记录。信息公开制度是行政主体根据职权或者行政相对人的请求，将行政信息向行政相对人或者社会公开，并允许查阅、摘抄和复制的制度。

行政相对人通过预设程序从行政主体那里获取相关信息资料，有助于其参与行政程序、维护自身合法权益和公共利益。对于行政主体掌握的信息，除非法律有明确禁止，如涉及国家秘密、个人隐私或者商业秘密等，行政主体需要无条件提供。信息公开制度是公民参与国家和社会事务管理、监督行政主体依法行政的前提和条件，是公民行使宪法和法律赋予的各项民主权利的前提和条件。信息公开制度的具体内容详见本章第三节。

七、时限、时效制度

时效，是指一定的事实状态在经过一定的时间之后，便会依法发生一定法律效果的制度。任何行政行为的作出必然要经过一定的时间，但时间应有一定的限制，并且与行政活动的特点相一致。行政法律关系一般比较强调尽快安定，以利于各种利益尤其是公共利益的实现。因此，行政法上有必要设置各种时限、时效制度。行政法上的时限、时效制度，对于切实保障行政相对人的合法权益，促进行政效率的提高，及早稳定社会关系，具有重要作用。

不同的法律部门在时效的种类上存在差异。例如，民法上的时效，分为取得时效和消灭时效；刑法上的时效，分为追诉时效和行刑时效。行政法上的时效，可以分为追究时效和执行时效。所谓行政法上的追究时效，是指行政主体对违法行为人依法追究法律责任应当遵循一定的期限，如果超出这一期限，则不能再行追究。如《行政处罚法》第 36 条第 1 款规定：“违法行为在二年内未被发现的，不再给予行政处罚；涉及公民生命健康安全、金融安全且有危害后果的，上述期限延长至五年。法律另有规定的除外。”《治安管理处罚法》第 22 条规定：“违反治安管理行为在六个月内没有被公安机关发现的，不再处罚。”所谓行政法上的执行时效，是指行政处理决定作出后，如经过一定期间仍未执行，则可免予执行。如《行政强制法》第 39 条第 2 款规定：“中止执行的情形消失后，行政机关应当恢复执行。对没有明显社会危害，当事人确无能力履行，中止执行满三年未恢复执行的，行政机关不再执行。”行政主体在实施行政行为，特别是直接涉及相对人合法权益的行为时，应遵循法定的时限，如行政许可的审查期限、决定期限、送达时限、作出处罚决定的时限、执行的时限等，不得因自己的推诿塞责或过分迟延而造成相对人在时间、财产及预期利益上的损失。

八、回避制度

回避，是指与行政行为有利害关系的行政人员必须避免参与有关行政行为，以确保行政行为形式公正性的制度。回避制度是程序法上公平正义原则的必然要求。公平正义原则来源于英国普通法上的自然公正原理，这一原理要求“任何人都不得在与自己有关的案件中担任法官”。当程序活动的主持者和裁判者受到或看起来受到某种直接或间接利益的影响，或者对程序活动中的法律、事实和当事人存在偏见时，这样的裁判者对该具体程序活动来说就是不适当的，他们应当主动回避，当事人也有权提出要求他们回避的申请。

利害关系人必须回避，这已是各国普遍采用的一项法律原则。在行政程序中，同行政相对人或者行政事项有利害关系的公务员应当避免参与有关行政行为，以确保行政行为形式上的公正性。回避制度，有助于消除人们对行政主体方面“官官相护”的顾虑，有助于消除对相关行政人员能否秉公执法的疑虑，改善行政主体和行政相对人的关系，有助于避免将不相关的因素带入行政决定之中，或者将重要的因素排除在行政决定之外，为行政主体公正、合理地作出行政决定提供制度保障。我国的《行政处罚法》《行政许可法》《公务员法》等多部法律法规中都规定有回避制度。

九、行政案卷制度

行政案卷制度，是指行政行为的全过程应当有记录材料，行政决定只能以行政案卷体现的事实作为依据的行政程序制度。行政案卷是有关行政主体的行政行为所依据的事实和证据、调查或者听证记录、法律文书等案件材料的总和。行政案卷是行政行为作出过程和支持行政行为合法性的重要依据。正式的行政程序必须有案卷，这是依法行政原则的基本要求之一。案卷是整个行政行为过程的客观载体，行政决定只能以行政案卷体现的事实为根据，不得以行政案卷以外的、没有经过法定程序认定的事实为根据。行政案卷制度的意义在于，使行政决定建立在按照法定程序形成的客观事实之上，规范认定程序和认定结果的权威性，排除外界对行政决定的不当影响和干预，便于司法审查和法制监督。

“案卷”作为法律用语只出现于我国少数规范性文件中，多数文件中使用的是“笔录”一词。如我国《行政处罚法》第 64 条第 8 项中规定：“听证应当制作笔录。笔录应当交当事人或者其代理人核对无误后签字或者盖章。”《行政许可法》第 48 条第 2 款规定：“行政机关应当根据听证笔录，作出行政许可决定。”需要注意的是，笔录是案卷的重要组成部分，但案卷不限于笔录。

十、行政执法三项制度

行政执法三项制度是指行政执法公示制度、行政执法全过程记录制度、重大执法决定法制审核制度。2017 年 1 月 19 日国务院办公厅发布《关于印发推行行政执法公示制度执法全过程记录制度重大执法决定法制审核制度试点工作方案的通知》，确定在天津市、河北省、国土资源部以及呼和浩特市等 32 个地方和部门开展试点。2019年1月3日国务院办公厅发布《关于全面推行行政执法公示制度执法全过程记录制度重大执法决定法制审核制度的指导意见》，要求各地区、各部门要于2019年3月底前制定本地区、本部门全面推行“三项制度”的实施方案，并报司法部备案。

（一）行政执法公示制度

行政执法公示是指通过一定载体和方式，将本地本部门的执法主体、人员、职责、权限、依据、程序、结果、监督方式、救济途径等行政执法信息，主动向社会公开，保障行政相对人和社会公众的知情权、参与权、救济权、监督权，自觉接受社会监督。行政执法公示应当坚持公平、公正、合法、及时、准确、便民的原则。行政执法公示公开包括事前公开、事中公开和事后公开。行政执法部门按照“谁执法、谁公开”的原则，以网络平台为主要载体，以政府文件、新闻媒体、办公场所等为补充，不断拓展公开渠道方式，全面、准确、及时公开有关行政执法信息。网络平台主要包括政府和部门门户网站、行政执法信息公示平台、信用信息系统、微信、短信、智能手机应用程序等现代化信息传播手段。政府文件主要包括政府公报、信息简报、法规文件汇编等。新闻媒体主要包括新闻发布会、听证会、座谈会、报刊、广播、电视等。办公场所主要包括办事大厅、服务窗口的电子显示屏、触摸屏、信息公开栏、公共查阅室、资料索取点、咨询台等。

（二）行政执法全过程记录制度

全过程记录，是指行政执法机关及其执法人员通过文字、音像等记录方式，对执法程序启动、调查取证、审查决定、送达执行、归档管理等行政执法整个过程进行跟踪记录的活动。文字记录方式包括向当事人出具的行政执法文书、调查取证相关文书、鉴定意见、专家论证报告、听证报告、内部程序审批表、送达回证等书面记录。音像记录方式包括采用照相、录音、录像、视频监控等方式进行的记录。文字与音像记录方式可同时使用，也可分别使用。行政执法全过程记录应坚持合法、客观、公正的原则。行政执法机关及执法人员应根据行政执法行为的性质、种类、现场、阶段不同，采取合法、适当、有效的方式和手段对执法全过程实施记录。

（三）重大执法决定法制审核制度

重大行政执法决定法制审核，是指行政机关、法律法规授权的组织在作出重大行政执法决定之前，由该行政执法机关负责法制工作的机构对其合法性、适当性进行审核的活动。重大执法决定一般包括：（1）可能造成重大社会影响或引发社会风险的；（2）直接关系行政相对人或他人重大权益的；（3）需经听证程序作出行政执法决定的；（4）案件情况疑难复杂，涉及多个法律关系的；（5）法律、法规、规章规定应当进行法制审核的。重大行政执法决定进行法制审核是作出决定前的必经程序，未经审核或者审核未通过的，行政执法机关不得作出。

第三节 政府信息公开制度

案例导入

2011年10月10日，王某利向天津市和平区人民政府信息公开办公室（以下简称和平区信息公开办）提出申请，要求公开和平区金融街公司与和平区土地整理中心签订的委托拆迁协议和支付给土地整理中心的相关费用的信息。2011年10月11日，和平区信息公开办将王某利的申请转给和平区房地产管理局（以下简称和平区房管局），由和平区房管局负责答复王某利。2011年10月，和平区房管局给金融街公司发出《第三方意见征询书》，要求金融街公司予以答复。2011年10月24日，和平区房管局作出了《涉及第三方权益告知书》，告知王某利申请查询的内容涉及商业秘密，权利人未在规定期限内答复，不予公开。王某利提起行政诉讼，请求撤销该告知书，判决被告依法在15日内提供其所申请的政府信息。

天津市和平区人民法院经审理认为，和平区房管局审查王某利的政府信息公开申请后，只给金融街公司发了一份第三方意见征询书，没有对王某利申请公开的政府信息是否涉及商业秘密进行调查核实。在诉讼中，和平区房管局也未提供王某利所申请政府信息涉及商业秘密的任何证据，使法院无法判断王某利申请公开的政府信息是否涉及第三人的商业秘密。因此，和平区房管局作出的《涉及第三方权益告知书》证据不足，属明显不当。判决撤销被诉《涉及第三方权益告知书》，并要求和平区房管局在判决生效后30日内，重新作出政府信息公开答复。

一审宣判后，当事人均未上诉，一审判决发生法律效力。

本案知识点

政府信息公开的范围和方式。

一、政府信息公开的含义

（一）政府信息

界定政府信息的含义，首先要明确政府的范围。从目前世界各国的立法情况看，对政府的理解有广义和狭义之分。广义的政府既包括行政机关，也包括立法机关、军事机关、司法机关等。为了扩大政府信息公开的实施机关的范围，欧美国家多采用广义政府概念。例如，美国《信息自由法》规定的信息公开机关为联邦行政机关、军事机关、还包括联邦政府法人、独立委员会等机关；瑞典的《出版自由法》规定的信息公开实施机关既包括国家行政机关，也包括国会、法院、地方公共团体等。狭义的政府仅指行政机关。我国政府信息公开立法采用的是狭义的政府概念，仅指行政机关。我国的《政府信息公开条例》第2条规定，本条例所称政府信息，是指行政机关在履行行政管理职能过程中制作或者获取的，以一定形式记录、保存的信息。具体来讲，政府信息是指政府机关在依法履行行政管理职责或者提供公共服务过程中制作或者获得的，以纸质、胶卷、磁带、磁盘以及其他电子存储材料等载体记录和保存的内容。

（二）政府信息公开

在我国，政府信息公开，是指政府机关（含行政机关和法律、法规授权的具有管理公共事务职能的组织）将其在履行行政管理职能或者提供公共服务过程中制作或者获取的信息，通过法定形式和程序，主动向社会公众公开或依申请而向特定的个人、组织公开的法律制度。

二、国外的政府信息公开制度

政府信息公开制度最早在瑞典建立。瑞典是世界上第一个建立政府信息公开法律制度的国家。早在1766年就制定了《出版自由法》，这是世界上最早的一部新闻出版自由法，规定市民有接近公文文书的权利，以此作为防止公务员违反法律、滥用职权的手段。另外，瑞典的宪法由《政府宪章》、《王位继承法》、《出版自由法》以及《表达自由法》四部宪法性文件构成，其中三个宪法文件专门对言论自由和信息自由作出了规定。在公开程序上，《出版自由法》明确规定任何人经申请都有权免费查阅依法应当公开的官方文件，并且有关机关在审查、批准查阅官方文件的申请时不得对申请人的身份及动机进行调查，除非这种调查是必需的。在公开范围上，瑞典于1980年制定了《保密法》，该法具体列举了各种需要保密可以不向公众公开的政府文件的范围，并明确规定除此之外公众均有权要求查阅。

第二次世界大战之后，政府信息公开制度在西方各国开始普遍建立。当时的背景是，在经济危机和第二次世界大战的刺激下，西方各国政府规模不断扩大，全能型政府出现，行政权力极度膨胀，行政机关职权不断扩张，自由裁量权也随之扩大，人民对控制政府权力的呼声开始高涨。政府信息公开作为保障公民制约行政权力滥用的一项制度开始风靡全球。

美国是最早建立政府信息公开制度体系的国家，对世界上其他国家产生了深刻的影响，起到了一定的示范作用。美国最早关于信息公开的法律是1966年的《信息自由法》，其主要内容是规定民众在获得行政信息方面的权利和义务，在法定范围内，任何公民无论其目的如何，都享有获知政府信息的权利，行政机关拒绝提供文件必须说明理由，并负有举证责任。1974年的《隐私权法》是解决政府信息公开与保护私人秘密两种制度矛盾问题的法律。1976年制定的《阳光下的政府法》规定政府会议向公众公开。上述三部法律共同成为政府信息公开的法律基础。另外，美国还分别于1972年制定了《联邦咨询委员会法》，1996年通过了《电子信息自由法》。

1992年的西班牙《行政程序法》对该国信息自由制度作了非常明确的规定。1999年，日本国会审议通过了《信息公开法》，正式建立了政府信息公开制度。奥地利、德国等国也先后通过了《行政程序法》《政府信息条例》。目前，西方发达国家的信息公开制度已经非常成熟和完善。

三、我国政府信息公开制度的建设

在我国，受传统意识的影响，在某些现行的法律法规中，特别是政府部门的工作实践中，更多强调的是政府信息的保密而非公开，行政活动缺乏透明度，政府信息公开制度极不完善，公民难以获得政府信息。随着改革开放和法治国家建设的推进，政府信息公开的立法从地方到中央开始逐步展开。

2003年，广州市政府正式施行了《广州市政府信息公开规定》，这是我国第一部由地方政府制定的规范政府信息公开的政府规章，被法学界称为国内首部“阳光政府”法案。2004年，上海市人民政府颁布实施了《上海市政府信息公开规定》，上海成为中国第一个制定政府信息公开规章的省级政府。2004年3月，国务院制定了《全面推进依法行政实施纲要》，把科学民主决策、行政管理体制改革和信息的公开作为推进依法行政的重要内容。2005年1月，中共中央印发《建立健全教育、制度、监督并重的惩治和预防腐败体系实施纲要》，明确提出“健全政务公开、厂务公开、村务公开制度”，将信息公开与反腐倡廉工作结合起来。2005年3月，中共中央办公厅、国务院办公厅制定了《关于进一步推行政务公开的意见》，明确阐述了推行政务公开的必要性，并对政务公开的指导思想、基本原则、工作目标、主要任务、重点内容和形式作了较为具体的界定和说明，同时对建立健全政务公开的工作作了要求和部署。

随着政务公开规定的不断增加，我国政府信息公开的法制化建设条件逐步成熟。2008年5月1日，国务院制定的《政府信息公开条例》开始施行，这标志着我国政府信息公开制度走上了法治化的轨道。作为行政法规，《政府信息公开条例》在我国政府信息公开领域具有最高的法律位阶。该条例的出台标志着我国的政府迈向了“信息公开时代”。2019 年 4 月国务院对《政府信息公开条例》进行了修订，并且于 2019 年 5 月 15 日正式实施。本次条例修订主要包括三个方面的内容：一是坚持公开为常态，不公开为例外，明确政府信息公开的范围，不断扩大主动公开的范围。二是完善依申请公开程序，切实保障申请人及相关各方的合法权益，同时对少数申请人不当行使申请权，影响政府信息公开工作正常开展的行为作出必要规范。三是强化便民服务要求，通过加强信息化手段的运用提高政府信息公开实效，切实发挥政府信息对人民群众生产、生活和经济社会活动的服务作用。

另外，众多的部门法也体现了政府信息公开方面的内容。例如，《行政处罚法》第 5 条第 3 款规定：“对违法行为给予行政处罚的规定必须公布；未经公布的，不得作为行政处罚的依据。”《立法法》规定了行政法规、部门规章、地方政府规章在签署公布后，应及时在相应级别的政府公报和相应区域范围内发行的报纸上刊登，否则不产生对外的法律效力。《统计法》第 26 条规定，县级以上人民政府统计机构和有关部门统计调查取得的统计资料，除依法应当保密的外，应当及时公开，供社会公众查询。

四、政府信息公开制度的主要内容

（一）政府信息公开的原则

1. 公开为常态，不公开为例外的原则

这一原则要求除了下列三种情形外，政府信息必须公开：（1）依法确定为国家秘密的政府信息，法律、行政法规禁止公开的政府信息，以及公开后可能危及国家安全、公共安全、经济安全、社会稳定的政府信息，不予公开。（2）涉及商业秘密、个人隐私等公开会对第三方合法权益造成损害的政府信息，行政机关不得公开。但是，第三方同意公开或者行政机关认为不公开会对公共利益造成重大影响的，予以公开。（3）行政机关的内部事务信息，包括人事管理、后勤管理、内部工作流程等方面的信息，可以不予公开。行政机关在履行行政管理职能过程中形成的讨论记录、过程稿、磋商信函、请示报告等过程性信息以及行政执法案卷信息，可以不予公开。法律、法规、规章规定上述信息应当公开的，从其规定。

2. 公正、公平、合法、便民的原则

公正、公平原则要求行政机关对于所有公民、法人和其他组织在政府信息公开工作中要平等对待，不得歧视、不能偏私。合法原则要求行政机关要依法开展政府信息公开工作，既要依照《政府信息公开条例》的规定进行政府信息公开工作，也要依照其他法律、法规和规章的规定开展政府信息公开工作。便民原则就是在政府信息公开工作中，要求行政机关要采取便捷有效的措施，方便人民群众及时获取相关信息。

3. 准确及时原则

准确是指政府信息要正确、完整，不能是零散的、模糊的信息。及时主要是一个效率问题，要求政府信息的供给要符合法律、法规、规章规定的公开时效规定，要符合人们的合理预期。因为提供过时的信息没有任何意义。行政机关发现影响或者可能影响社会稳定、扰乱社会和经济管理秩序的虚假或者不完整信息的，应当发布准确的政府信息予以澄清。

（二）公开的主体和要求

1. 行政机关制作的政府信息，由制作该政府信息的行政机关负责公开

行政机关从公民、法人和其他组织获取的政府信息，由保存该政府信息的行政机关负责公开；行政机关获取的其他行政机关的政府信息，由制作或者最初获取该政府信息的行政机关负责公开。法律、法规对政府信息公开的权限另有规定的，从其规定。

行政机关设立的派出机构、内设机构依照法律、法规对外以自己名义履行行政管理职能的，可以由该派出机构、内设机构负责与所履行行政管理职能有关的政府信息公开工作。

两个以上行政机关共同制作的政府信息，由牵头制作的行政机关负责公开。

2. 行政机关应当建立健全政府信息公开协调机制

行政机关公开政府信息涉及其他机关的，应当与有关机关协商、确认，保证行政机关公开的政府信息准确一致。行政机关公开政府信息依照法律、行政法规和国家有关规定需要批准的，经批准予以公开。

3. 行政机关编制、公布的政府信息公开指南和政府信息公开目录应当及时更新

政府信息公开指南包括政府信息的分类、编排体系、获取方式和政府信息公开工作机构的名称、办公地址、办公时间、联系电话、传真号码、互联网联系方式等内容。政府信息公开目录包括政府信息的索引、名称、内容概述、生成日期等内容。

4. 行政机关应当建立健全政府信息公开审查机制，明确审查的程序和责任

行政机关应当依照《保守国家秘密法》以及其他法律、法规和国家有关规定对拟公开的政府信息进行审查。行政机关不能确定政府信息是否可以公开的，应当依照法律、法规和国家有关规定报有关主管部门或者保密行政管理部门确定。

（三）公开的范围

1. 总体范围

对涉及公众利益调整、需要公众广泛知晓或者需要公众参与决策的政府信息，行政机关应当主动公开。

2. 具体范围

行政机关应当主动公开本行政机关的下列政府信息：

（1）行政法规、规章和规范性文件；

（2）机关职能、机构设置、办公地址、办公时间、联系方式、负责人姓名；

（3）国民经济和社会发展规划、专项规划、区域规划及相关政策；

（4）国民经济和社会发展统计信息；

（5）办理行政许可和其他对外管理服务事项的依据、条件、程序以及办理结果；

（6）实施行政处罚、行政强制的依据、条件、程序以及本行政机关认为具有一定社会影响的行政处罚决定；

（7）财政预算、决算信息；

（8）行政事业性收费项目及其依据、标准；

（9）政府集中采购项目的目录、标准及实施情况；

（10）重大建设项目的批准和实施情况；

（11）扶贫、教育、医疗、社会保障、促进就业等方面的政策、措施及其实施情况；

（12）突发公共事件的应急预案、预警信息及应对情况；

（13）环境保护、公共卫生、安全生产、食品药品、产品质量的监督检查情况；

（14）公务员招考的职位、名额、报考条件等事项以及录用结果；

（15）法律、法规、规章和国家有关规定规定应当主动公开的其他政府信息。

设区的市级、县级人民政府及其部门还应当根据本地方的具体情况，主动公开涉及市政建设、公共服务、公益事业、土地征收、房屋征收、治安管理、社会救助等方面的政府信息；乡（镇）人民政府还应当根据本地方的具体情况，主动公开贯彻落实农业农村政策、农田水利工程建设运营、农村土地承包经营权流转、宅基地使用情况审核、土地征收、房屋征收、筹资筹劳、社会救助等方面的政府信息。

3. 特别要求

行政机关应当确定主动公开政府信息的具体内容，并按照上级行政机关的部署，不断增加主动公开的内容。除行政机关主动公开的政府信息外，公民、法人或者其他组织可以向地方各级人民政府、对外以自己名义履行行政管理职能的县级以上人民政府部门申请获取相关政府信息。

（四）公开的载体

1. 行政机关应当建立健全政府信息发布机制，将主动公开的政府信息通过政府公报、政府网站或者其他互联网政务媒体、新闻发布会以及报刊、广播、电视等途径予以公开。

2. 各级人民政府应当加强依托政府门户网站公开政府信息的工作，利用统一的政府信息公开平台集中发布主动公开的政府信息。政府信息公开平台应当具备信息检索、查阅、下载等功能。

3. 各级人民政府应当在国家档案馆、公共图书馆、政务服务场所设置政府信息查阅场所，并配备相应的设施、设备，为公民、法人和其他组织获取政府信息提供便利。行政机关可以根据需要设立公共查阅室、资料索取点、信息公告栏、电子信息屏等场所、设施，公开政府信息。行政机关应当及时向国家档案馆、公共图书馆提供主动公开的政府信息。

（五）公开的方式和要求

1. 主动公开

属于主动公开范围的政府信息，应当自该政府信息形成或者变更之日起 20 个工作日内及时公开。法律、法规对政府信息公开的期限另有规定的，从其规定。

2. 依申请公开

（1）公民、法人或者其他组织申请获取政府信息的，应当向行政机关的政府信息公开工作机构提出，并采用包括信件、数据电文在内的书面形式；采用书面形式确有困难的，申请人可以口头提出，由受理该申请的政府信息公开工作机构代为填写政府信息公开申请。政府信息公开申请内容不明确的，行政机关应当给予指导和释明，并自收到申请之日起 7 个工作日内一次性告知申请人作出补正，说明需要补正的事项和合理的补正期限。答复期限自行政机关收到补正的申请之日起计算。申请人无正当理由逾期不补正的，视为放弃申请，行政机关不再处理该政府信息公开申请。

（2）依申请公开的政府信息公开会损害第三方合法权益的，行政机关应当书面征求第三方的意见。第三方应当自收到征求意见书之日起 15 个工作日内提出意见。第三方逾期未提出意见的，由行政机关依照本条例的规定决定是否公开。第三方不同意公开且有合理理由的，行政机关不予公开。行政机关认为不公开可能对公共利益造成重大影响的，可以决定予以公开，并将决定公开的政府信息内容和理由书面告知第三方。

（3）行政机关收到政府信息公开申请，能够当场答复的，应当当场予以答复。行政机关不能当场答复的，应当自收到申请之日起20个工作日内予以答复；需要延长答复期限的，应当经政府信息公开工作机构负责人同意并告知申请人，延长的期限最长不得超过20个工作日。

（4）对政府信息公开申请，行政机关根据下列情况分别作出答复：所申请公开信息已经主动公开的，告知申请人获取该政府信息的方式、途径；所申请公开信息可以公开的，向申请人提供该政府信息，或者告知申请人获取该政府信息的方式、途径和时间；行政机关依据本条例的规定决定不予公开的，告知申请人不予公开并说明理由；经检索没有所申请公开信息的，告知申请人该政府信息不存在；所申请公开信息不属于本行政机关负责公开的，告知申请人并说明理由；能够确定负责公开该政府信息的行政机关的，告知申请人该行政机关的名称、联系方式；行政机关已就申请人提出的政府信息公开申请作出答复、申请人重复申请公开相同政府信息的，告知申请人不予重复处理；所申请公开信息属于工商、不动产登记资料等信息，有关法律、行政法规对信息的获取有特别规定的，告知申请人依照有关法律、行政法规的规定办理。

（5）申请人以政府信息公开申请的形式进行信访、投诉、举报等活动，行政机关应当告知申请人不作为政府信息公开申请处理并可以告知通过相应渠道提出。

（6）行政机关依申请提供政府信息，不收取费用。但是，申请人申请公开政府信息的数量、频次明显超过合理范围的，行政机关可以收取信息处理费。

（六）监督和责任

1. 公民、法人或者其他组织认为行政机关未按照要求主动公开政府信息或者对政府信息公开申请不依法答复处理的，可以向政府信息公开工作主管部门提出。政府信息公开工作主管部门查证属实的，应当予以督促整改或者通报批评。

2. 公民、法人或者其他组织认为行政机关在政府信息公开工作中侵犯其合法权益的，可以向上一级行政机关或者政府信息公开工作主管部门投诉、举报，也可以依法申请行政复议或者提起行政诉讼。

3. 行政机关未建立健全政府信息公开有关制度、机制的，由上一级行政机关责令改正；情节严重的，对负有责任的领导人员和直接责任人员依法给予处分。

4. 行政机关违反《政府信息公开条例》的规定，有下列情形之一的，由上一级行政机关责令改正；情节严重的，对负有责任的领导人员和直接责任人员依法给予处分；构成犯罪的，依法追究刑事责任：（1）不依法履行政府信息公开职能；（2）不及时更新公开的政府信息内容、政府信息公开指南和政府信息公开目录；（3）违反本条例规定的其他情形。

五、政府信息公开的现实意义

（一）有利于建设服务型政府

政府信息公开是构建服务型政府的一个关键环节。一般地讲，民主政治环境中政府行为应当是公开透明的，政府公开一切可以公开的信息是一种政治和法律义务。政府体制改革要求保障公民的知情权，要求政府信息公开，要求构建公开透明服务型政府。政府信息公开是建设服务型政府的基础，它能有效地保障公民的知情权，拉近政府与公众之间的距离，让公众及时地了解政府，理解行政行为的合法性和合理性，进而支持政府的工作。总之，政府信息公开制度的建立是构建公开、透明、服务型政府的有效途径之一。

（二）有利于提高行政效率

行政效率通常是指行政主体在实施行政行为时，以较小的行政资源投入来实现最佳的行政工作目标，达到资源配置的最优状态。“民可使由之，不可使知之”的传统观念之所以排斥政府信息公开，主要是考虑政府决策过程的便利，通常认为信息公开会增加行政负担，同时增加影响决策的因素。但是，信息的封闭也许会使决策的效率提高，但它会使执行的效率大大降低。因为，一方面，秘密决策会导致决策不科学、不合理，这种决策往往会成为社会的负担；另一方面，会导致公民对政府的决定产生抵触情绪，消极履行义务，带来行政复议或行政诉讼，这两种情况都会最终降低行政效率。反之，公民享有了知情权，事先对政府信息有充分的了解，就会理解和支持政府的决定，从而提高行政效率。

（三）有利于充分利用社会资源

政府是最大的信息拥有者和传播者，政府信息公开有利于政府信息资源的充分开发和利用。基于纳税人的税收形成的政府信息任由行政机关封存、废弃或者随意处置是社会资源的巨大浪费，同时，还会影响经济的发展和社会的进步。因为公民知晓政府信息后才能更好地安排工作和生活，只有充分发挥政府信息对人民群众生产、生活和经济社会活动的服务作用，才能使大量行政管理信息、市场信息、服务信息等资讯得到最大限度地开发应用，实现行政服务于公共利益的宗旨。比如，明白国家的经济政策，公民和企业才能选择正确的投资方向；知道城市的规划方案，才能对自己的生活作出更好的安排，等等。

（四）有利于建设廉洁政府

在一定意义上讲，政府是最大的信息制造者和管理者，这使掌握信息的行政人员利用信息进行“权力寻租”成为可能。路灯是最好的警察，公开是最好的

“防腐剂”。腐败的最大的特点在于其行为的秘密性，要使腐败能到有效遏制，就必须加大政府信息公开的程度，使权力运行在阳光之下，让信息公开成为政府权力的铁笼子和紧箍咒，让监督变得更加有效和及时。信息公开制度使行政机关公开信息成为一种义务，公众就可以及时了解行政机关的活动情况，对其工作人员行使职权的行为进行监督，及时发现行政机关存在的问题，这有助于建设廉洁政府。同时，推行政府信息公开也会强化政府机关工作人员依法行政的意识，督促他们严格依法办事，自觉做到廉洁从政。

实训案例

案例一

原告贾某因工作纠纷将第三人（受害者）柴某打成轻微伤，后被某公安局治安分局依据《治安管理处罚法》的规定，给予治安拘留5日的行政处罚。依据《行政处罚法》第44条、第45条规定，行政机关在作出行政处罚前应当告知当事人依法享有的权利，当事人有权进行陈述和申辩。2006年11月11日，治安分局向原告贾某履行告知程序的当天即向贾某下发了治安行政处罚决定书。贾某对此不服，向法院提起行政诉讼。

【问题】某治安分局的行为是否符合行政法定程序？受理法院应如何处理？

【分析】法院受理后，经过依法公开开庭审理，对本案行政程序进行合法性审查，某治安分局的行政处罚没有依照《行政处罚法》的规定履行告知程序，没有听取原告陈述和申辩，没有对原告的主张进行复核，其治安处罚的行为明显违反法定程序，依法判决予以撤销。

案例二

原告：某企业。

被告：扬州市某区环保局。

2004年8月11日，原告在被告处填写了由江苏省环保厅统一印制的《建设项目环境影响登记表》，在该表上，原告以拟开办的“扬州市某区源利达废油回收站”的名义申请从事食用废油脂的回收工作，并按统一格式的要求，填报了其他内容，要求该局进行环境影响审批。因扬州市环保局在2000年7月下发《关于取缔非法废油脂加工点，进一步加强废油脂管理的通知》（以下简称市环保局38号文），该通知中确定，“市区废油脂回收加工实行定点管理”“定点单位的确定由市环保局统一审核”，故被告某区环保局在接受了原告的申请后，按照上述文件的规定，未作实质性审查，将该申请上报给扬州市环保局审核。2004年9月3日，扬州市环保局在《行政审批事项内部办理传递单》上签署如下意见："扬州市区已有饮食业废油脂回收、加工企业，为便于管理，市区不宜新办类似企业，不同意办该企业。"据此，被告某区环保局于同年9月6日在《建设项目环境影响登记表》的"审批意见"一栏中签署"根据市局意见，扬州市区已有饮食业废油脂回收加工企业，为便于管理，市区不宜新办类似企业，不同意办该企业"的审批意见，并盖有某区环保局的公章，将该表退回原告。原告认为被告某区环保局不予环保行政许可，致其企业无法开办，侵犯其合法权益，遂诉至法院，请求撤销不予环保行政许可的决定，并责令被告作出许可。

【问题】

1. 被告某区环保局将原告的申请上报给市环保局并由市环保局拿出实质审查意见是否符合法定程序？

2. 本案中不给予环保行政许可的理由是否成立？

3. 被告环保局作出不给予环保行政许可的书面意见时，没有援引任何法律、法规、规章及其他规范性文件，是否合法？

思考与练习题

1. 什么是行政程序？它有哪些特征？

2. 简述行政程序的原则和意义。

3. 什么是行政听证？

4. 政府信息公开的内容包括哪些？

第五章

抽象行政行为

本章导读

本章主要讲解了行政立法、规范性法律文件的概念、分类、行政立法的程序及监督等内容。要求了解行政立法、规范性法律文件及其相关概念，掌握行政立法的程序及监督机制。

第一节 行 政 立 法

案例导入

李某等 92 人与汝州市职工互助发展基金会之间有经济纠纷，汝州市职工互助发展基金会与汝州煤焦化有限公司、汝州市寄料农村信用社之间也有经济纠纷。2001 年 3 月 7 日，汝州市人民政府召集汝州煤焦化有限公司、汝州市寄料农村信用社、汝州市职工互助发展基金会三方就存在的经济纠纷进行协调，三方在认真磋商后，最终自愿达成了协议。汝州市人民政府对三方的此次活动以会议纪要的形式予以记载。事后，李某等 92 人向法院提起行政诉讼，称汝州市人民政府对纪要中第 2 条没有按时履行负有不可推卸的责任，因其行政不作为给他们精神上造成了不应有的损害，他们的财产应在政策上、法律上得到保护。

本案知识点

抽象行政行为的类型及监督。

抽象行政行为，是指行政主体针对不特定的对象，制定、发布能反复适用的规范性文件的行为，包括行政立法行为和制定行政规范性文件的行为。

一、行政立法的概念

“行政立法”在法学上被赋予了不同的含义。有的学者从所制定的法律规范的性质来界定，认为凡是制定行政规范的行为，不论制定主体的性质如何，都属于行政立法。

有的学者认为，行政立法既应当从机关性质，又应当从所制定法律规范的性质来界定，即只有行政机关制定行政规范的活动才是行政立法。这也是自20世纪80年代末以来我国行政法学的通说。本书赞同通说，认为行政立法是指有权的行政机关根据法定权限，依照法定程序制定和发布行政法规和行政规章的活动。行政立法具有如下特征：

（一）行政立法的主体是行政机关

和一般意义的立法不同，行政立法的主体是国家行政机关，而不是国家权力机关、国家司法机关或其他组织。需要指出的是，行政立法的主体仅限于行政机关而不包括法律、法规授权的组织，法律、法规授权的组织不能进行行政立法。

（二）行政立法是依职权的行政行为

行政立法具有行政行为的一般特征，必须在行政机关的职权范围或者授权范围内进行，遵循越权无效原则，不得超出法定职权范围。

（三）行政立法须依法定程序作出

依法行政是行政法的一项重要原则，行政立法必须遵循法定程序。只有按照相关法定程序进行的立法才是有效的行政立法。

（四）行政立法针对的对象具有不特定性

行政立法主要表现为制定规范性文件，针对的对象是不特定的。其所调整的事项一般不对行政相对人的权利义务产生直接的影响，往往只是设定在某种情况下会出现某种后果，具体是否必然产生某种后果，则需要行政机关的其他具体行政行为来决定。而且，行政立法可以反复适用，其行为的效力具有持续性。

二、行政立法的分类

（一）职权性立法和授权性立法

根据行政立法权的来源或取得方式不同，可以将行政立法划分为职权性立法和授权性立法。

职权性立法，是指行政机关依据宪法和组织法所赋予的行政立法权所进行的立法活动。根据宪法和组织法的规定，国务院及其各组成部门、省、自治区、直辖市和设区的人民政府在职权范围内可以制定行政法规或规章，这些属于依职权的行政立法活动。职权性立法不得超出宪法和组织法规定的职权范围，否则即为超越职权的行为；不得与宪法、法律相抵触，同时一般也不能变通法律或法规的规定。

授权性立法，是指依据宪法和组织法以外的单行法律、法规或者最高权力机关的授权而进行的行政立法活动。根据单行法律、法规所进行的授权立法一般称为普通授权立法，根据最高国家权力机关专门的授权决议所进行的授权立法称为特别授权立法。

(二) 执行性立法和创设性立法

根据行政立法的功能，可以将行政立法划分为执行性立法和创设性立法。

执行性立法，是指行政机关为了执行或实现法律、法规的规定而进行的立法活动。执行性立法可以依职权也可以依授权而进行，但不得任意增加或减少所要执行的法律、法规的内容，不得创设新的权利义务。

创设性立法，是指行政机关为了填补法律和法规的空白而进行的立法活动。创设性立法往往会产生新的权利义务规范，因此必须要有权力机关的特别授权。创设性立法的授权界限、效力范围、效力等级等必须有特别授权法的严格规定，相应机关也必须在此限度内活动。

(三) 中央行政立法和地方行政立法

根据行政立法的主体不同，可以将行政立法分为中央行政立法和地方行政立法。

中央行政立法，是指中央国家行政机关依据职权或授权，制定和发布行政法规和规章的立法活动，包括国务院制定行政法规和国务院各部门制定部门规章。地方行政立法，是指地方国家行政机关依据职权或授权所进行的立法活动。只有一定级别的地方国家行政机关，才有权进行地方行政立法。

三、行政立法的权限

(一) 行政法规

国务院根据宪法和法律，制定行政法规。行政法规可以就下列事项作出规定：

1. 为执行法律的规定需要制定行政法规的事项；
2. 《宪法》第89条规定的国务院行政管理职权的事项。

应当由全国人民代表大会及其常务委员会制定法律的事项，国务院根据全国人民代表大会及其常务委员会的授权决定先制定的行政法规，经过实践检验，制定法律的条件成熟时，国务院应当及时提请全国人民代表大会及其常务委员会制定法律。

（二）部门规章

国务院各部、委员会、中国人民银行、审计署和具有行政管理职能的直属机构，可以根据法律和国务院的行政法规、决定、命令，在本部门的权限范围内，制定规章。

部门规章规定的事项应当属于执行法律或者国务院的行政法规、决定、命令的事项。没有法律或者国务院的行政法规、决定、命令的依据，部门规章不得设定减损公民、法人和其他组织权利或者增加其义务的规范，不得增加本部门的权力或者减少本部门的法定职责。

涉及两个以上国务院部门职权范围的事项，应当提请国务院制定行政法规或者由国务院有关部门联合制定规章。

（三）地方政府规章

省、自治区、直辖市和设区的市、自治州的人民政府，可以根据法律、行政法规和本省、自治区、直辖市的地方性法规，制定规章。

地方政府规章可以就下列事项作出规定：

1. 为执行法律、行政法规、地方性法规的规定需要制定规章的事项；

2. 属于本行政区域的具体行政管理事项。

设区的市、自治州的人民政府制定地方政府规章，限于城乡建设与管理、环境保护、历史文化保护等方面的事项。

应当制定地方性法规但条件尚不成熟的，因行政管理迫切需要，可以先制定地方政府规章。规章实施满 2 年需要继续实施规章所规定的行政措施的，应当提请本级人民代表大会或者其常务委员会制定地方性法规。

没有法律、行政法规、地方性法规的依据，地方政府规章不得设定减损公民、法人和其他组织权利或者增加其义务的规范。

四、行政立法的程序

根据《立法法》《行政法规制定程序条例》《规章制定程序条例》的规定，行政立法程序主要是指行政法规和规章的立项、起草、审查、决定与公布、解释与备案等活动。

（一）立项

1. 行政法规的立项

国务院于每年年初编制本年度的立法工作计划。国务院有关部门认为需要制定行政法规的，应当于国务院编制年度立法工作计划前，向国务院报请立项。

国务院有关部门报送的行政法规立项申请，应当说明立法项目所要解决的主要问题、依据的党的路线方针政策和决策部署，以及拟确立的主要制度。国务院法制机构应当向社会公开征集行政法规制定项目建议。国务院法制机构应当根据国家总体工作部署，对行政法规立项申请和公开征集的行政法规制定项目建议进行评估论证，突出重点，统筹兼顾，拟订国务院年度立法工作计划，报党中央、国务院批准后向社会公布。对列入国务院年度立法工作计划的行政法规项目，承担起草任务的部门应当抓紧工作，按照要求上报国务院；上报国务院前，应当与国务院法制机构沟通。

国务院法制机构应当及时跟踪了解国务院各部门落实国务院年度立法工作计划的情况，加强组织协调和督促指导。国务院年度立法工作计划在执行中可以根据实际情况予以调整。

2. 行政规章的立项

国务院部门内设机构或者其他机构认为需要制定部门规章的，应当向该部门报请立项。省、自治区、直辖市和设区的市、自治州的人民政府所属工作部门或者下级人民政府认为需要制定地方政府规章的，应当向该省、自治区、直辖市或者设区的市、自治州的人民政府报请立项。国务院部门，省、自治区、直辖市和设区的市、自治州的人民政府，可以向社会公开征集规章制定项目建议。

报送制定规章的立项申请，应当对制定规章的必要性、所要解决的主要问题、拟确立的主要制度等作出说明。国务院部门法制机构，省、自治区、直辖市和设区的市、自治州的人民政府法制机构（以下简称法制机构），应当对制定规章的立项申请和公开征集的规章制定项目建议进行评估论证，拟订本部门、本级人民政府年度规章制订工作计划，报本部门、本级人民政府批准后向社会公布。年度规章制订工作计划应当明确规章的名称、起草单位、完成时间等。

国务院部门，省、自治区、直辖市和设区的市、自治州的人民政府，应当加强对执行年度规章制订工作计划的领导。对列入年度规章制订工作计划的项目，承担起草工作的单位应当抓紧工作，按照要求上报本部门或者本级人民政府决定。

法制机构应当及时跟踪了解本部门、本级人民政府年度规章制订工作计划执行情况，加强组织协调和督促指导。

年度规章制订工作计划在执行中，可以根据实际情况予以调整，对拟增加的规章项目应当进行补充论证。

（二）起草

1. 行政法规的起草

行政法规由国务院组织起草。国务院年度立法工作计划确定行政法规由国务院的一个部门或者几个部门具体负责起草工作，也可以确定由国务院法制机构起草或者组织起草。起草行政法规，起草部门应当深入调查研究，总结实践经验，广泛听取有关机关、组织和公民的意见。涉及社会公众普遍关注的热点难点问题和经济社会发展遇到的突出矛盾，减损公民、法人和其他组织权利或者增加其义务，对社会公众有重要影响等重大利益调整事项的，应当进行论证咨询。听取意见可以采取召开座谈会、论证会、听证会等多种形式。

起草行政法规，起草部门应当将行政法规草案及其说明等向社会公布，征求意见，但是经国务院决定不公布的除外。向社会公布征求意见的期限一般不少于30日。起草专业性较强的行政法规，起草部门可以吸收相关领域的专家参与起草工作，或者委托有关专家、教学科研单位、社会组织起草。

起草行政法规，起草部门应当对涉及有关管理体制、方针政策等需要国务院决策的重大问题提出解决方案，报国务院决定。

起草部门向国务院报送的行政法规草案送审稿（以下简称行政法规送审稿），应当由起草部门主要负责人签署。

起草行政法规，涉及几个部门共同职责需要共同起草的，应当共同起草，达成一致意见后联合报送行政法规送审稿。几个部门共同起草的行政法规送审稿，应当由该几个部门主要负责人共同签署。

2. 行政规章的起草

部门规章由国务院部门组织起草，地方政府规章由省、自治区、直辖市和设区的市、自治州的人民政府组织起草。

国务院部门可以确定规章由其一个或者几个内设机构或者其他机构具体负责起草工作，也可以确定由其法制机构起草或者组织起草。

省、自治区、直辖市和设区的市、自治州的人民政府可以确定规章由其一个部门或者几个部门具体负责起草工作，也可以确定由其法制机构起草或者组织起草。

起草规章，应当深入调查研究，总结实践经验，广泛听取有关机关、组织和公民的意见。听取意见可以采取书面征求意见、座谈会、论证会、听证会等多种形式。

起草规章，除依法需要保密的外，应当将规章草案及其说明等向社会公布，征求意见。向社会公布征求意见的期限一般不少于30日。

起草专业性较强的规章，可以吸收相关领域的专家参与起草工作，或者委托有关专家、教学科研单位、社会组织起草。

起草规章，涉及社会公众普遍关注的热点难点问题和经济社会发展遇到的突出矛盾，减损公民、法人和其他组织权利或者增加其义务，对社会公众有重要影响等重大利益调整事项的，起草单位应当进行论证咨询，广泛听取有关方面的意见。

起草的规章涉及重大利益调整或者存在重大意见分歧，对公民、法人或者其他组织的权利义务有较大影响，人民群众普遍关注，需要进行听证的，起草单位应当举行听证会听取意见。起草部门规章，涉及国务院其他部门的职责或者与国务院其他部门关系紧密的，起草单位应当充分征求国务院其他部门的意见。起草地方政府规章，涉及本级人民政府其他部门的职责或者与其他部门关系紧密的，起草单位应当充分征求其他部门的意见。起草单位与其他部门有不同意见的，应当充分协商；经过充分协商不能取得一致意见的，起草单位应当在上报规章草案送审稿（以下简称规章送审稿）时说明情况和理由。

（三）审查

1. 行政法规的审查

报送国务院的行政法规送审稿，由国务院法制机构负责审查。国务院法制机构应当将行政法规送审稿或者行政法规送审稿涉及的主要问题发送国务院有关部门、地方人民政府、有关组织和专家等各方面征求意见。国务院有关部门、地方人民政府应当在规定期限内反馈书面意见，并加盖本单位或者本单位办公厅（室）印章。国务院法制机构可以将行政法规送审稿或者修改稿及其说明等向社会公布，征求意见。向社会公布征求意见的期限一般不少于30日。国务院法制机构应当就行政法规送审稿涉及的主要问题，深入基层进行实地调查研究，听取基层有关机关、组织和公民的意见。行政法规送审稿涉及重大利益调整的，国务院法制机构应当进行论证咨询，广泛听取有关方面的意见。论证咨询可以采取座谈会、论证会、听证会、委托研究等多种形式。

行政法规送审稿涉及重大利益调整或者存在重大意见分歧，对公民、法人或者其他组织的权利义务有较大影响，人民群众普遍关注的，国务院法制机构可以举行听证会，听取有关机关、组织和公民的意见。

国务院法制机构应当认真研究各方面的意见，与起草部门协商后，对行政法规送审稿进行修改，形成行政法规草案和对草案的说明。

2. 行政规章的审查

规章送审稿由法制机构负责统一审查。法制机构应当将规章送审稿或者规章送审稿涉及的主要问题发送有关机关、组织和专家征求意见。法制机构可以将规章送审稿或者修改稿及其说明等向社会公布，征求意见。向社会公布征求意见的期限一般不少于30日。

法制机构应当就规章送审稿涉及的主要问题，深入基层进行实地调查研究，听取基层有关机关、组织和公民的意见。

规章送审稿涉及重大利益调整的，法制机构应当进行论证咨询，广泛听取有关方面的意见。论证咨询可以采取座谈会、论证会、听证会、委托研究等多种形式。

规章送审稿涉及重大利益调整或者存在重大意见分歧，对公民、法人或者其他组织的权利义务有较大影响，人民群众普遍关注，起草单位在起草过程中未举行听证会的，法制机构经本部门或者本级人民政府批准，可以举行听证会。法制机构应当认真研究各方面的意见，与起草单位协商后，对规章送审稿进行修改，形成规章草案和对草案的说明。说明应当包括制定规章拟解决的主要问题、确立的主要措施以及与有关部门的协调情况等。

（四）决定与公布

1. 行政法规的决定与公布

行政法规草案由国务院常务会议审议，或者由国务院审批。

国务院常务会议审议行政法规草案时，由国务院法制机构或者起草部门作说明。国务院法制机构应当根据国务院对行政法规草案的审议意见，对行政法规草案进行修改，形成草案修改稿，报请总理签署国务院令公布施行。

签署公布行政法规的国务院令载明该行政法规的施行日期。行政法规签署公布后，及时在国务院公报和中国政府法制信息网以及在全国范围内发行的报纸上刊载。国务院法制机构应当及时汇编出版行政法规的国家正式版本。在国务院公报上刊登的行政法规文本为标准文本。

行政法规应当自公布之日起30日后施行；但是，涉及国家安全、外汇汇率、货币政策的确定以及公布后不立即施行将有碍行政法规施行的，可以自公布之日起施行。

2. 行政规章的决定与公布

部门规章应当经部务会议或者委员会会议决定。地方政府规章应当经政府常务会议或者全体会议决定。

法制机构应当根据有关会议审议意见对规章草案进行修改，形成草案修改稿，报请本部门首长或者省长、自治区主席、市长、自治州州长签署命令予以公布。

公布规章的命令应当载明该规章的制定机关、序号、规章名称、通过日期、施行日期、部门首长或者省长、自治区主席、市长、自治州州长署名以及公布日期。

部门联合规章由联合制定的部门首长共同署名公布，使用主办机关的命令序号。

部门规章签署公布后，及时在国务院公报或者部门公报和中国政府法制信息网以及在全国范围内发行的报纸上刊载。

地方政府规章签署公布后，及时在本级人民政府公报和中国政府法制信息网以及在本行政区域范围内发行的报纸上刊载。

在国务院公报或者部门公报和地方人民政府公报上刊登的规章文本为标准文本。

规章应当自公布之日起30日后施行；但是，涉及国家安全、外汇汇率、货币政策的确定以及公布后不立即施行将有碍规章施行的，可以自公布之日起施行。

（五）备案与解释

1. 行政法规的备案与解释

行政法规在公布后的30日内由国务院办公厅报全国人民代表大会常务委员会备案。

行政法规由国务院解释，行政法规的解释与行政法规具有同等效力。

2. 行政规章的备案与解释

规章应当自公布之日起30日内，由法制机构依照立法法和《法规规章备案条例》的规定向有关机关备案。

规章解释权属于规章制定机关。规章的解释同规章具有同等效力。

五、行政立法的监督

对行政立法的监督包括事前监督和事后监督。事前监督一般通过行政立法的原则和程序来实现，事后监督一般通过对行政立法进行备案与审查、改变或撤销来实现。

（一）行政立法的备案与审查

备案与审查是加强对行政立法监督的重要环节。根据《立法法》的规定，行政法规报全国人民代表大会常务委员会备案；部门规章和地方政府规章报国务院备案；地方政府规章应当同时报本级人民代表大会常务委员会备案；设区的市、自治州的人民政府制定的规章应当同时报省、自治区的人民代表大会常务委员会和人民政府备案；根据授权制定的法规应当报授权决定规定的机关备案；经济特区法规报送备案时，应当说明对法律、行政法规、地方性法规作出变通的情况。

备案的目的是加强对行政立法的审查。为了加强并明确对行政立法的监督，《立法法》对行政法规、规章的备案和审查裁决作了专门的规定：

1. 国务院、中央军委、最高人民法院、最高人民检察院和各省、自治区、直辖市人民代表大会常务委员会认为行政法规、规章同宪法、法律相抵触时，可以向全国人大常委会书面提出进行审查的要求，由常委会工作机构分送有关的专门委员会进行审查、提出意见。上述国家机关以外的国家机关、社会团体、企事业单位以及公民个人认为行政法规、规章同宪法、法律相抵触时，可以向全国人大常委会书面提出进行审查的建议，由常委会工作机构进行研究，必要时送有关的专门委员会进行审查、提出意见。

2. 全国人大专门委员会在审查中发现行政法规同宪法或法律相抵触时，可以向制定机关提出书面审查意见；也可以由法律委员会与有关专门委员会召开联合审查会议，要求制定机关到会说明情况，再向制定机关提出书面审查意见。制定机关应在两个月内提出是否修改的意见，报全国人大宪法和法律委员会和有关专门委员会。有关专门委员会审查认为制定机关不予修改的，可以向委员长会议提出书面审查意见和予以撤销的议案，由委员长会议决定是否提请常务委员会会议审议决定。

《立法法》规定了法律、法规和规章发生冲突时的裁决制度。根据《立法法》的规定，地方性法规与部门规章之间对同一事项的规定不一致，不能确定如何适用时，由国务院提出意见，国务院认为应当适用地方性法规的，应当决定在该地方适用地方性法规的规定；认为应当适用部门规章的，应当提请全国人大常委会裁决。根据授权制定的行政法规与法律规定不一致，不能确定如何适用时，由全国人大常委会裁决。行政法规之间对同一事项的新的一般规定与旧的特别规定不一致的，不能确定如何适用时，由国务院裁决。同一机关制定的新的规章与旧的规章所作特别规定不一致时，由制定机关裁决。

（二）行政立法的改变与撤销

1. 行政法规与规章不一定都是正确与适当的，对不正确或不适当的行政法规与规章，需要按法律程序予以改变或撤销

按照《立法法》的规定，行政法规与规章有下列情形之一的，由有权机关予以改变或撤销：一是超越职权的；二是下位法的规定违反上位法的规定的；三是规章之间就同一事项的规定不一致，经裁决应当改变或撤销一方的规定的；四是规章的规定被认为是不适当的，应当予以改变或撤销的；五是违反法定程序的。

2. 有权改变或撤销的机关

根据《立法法》的规定，改变或撤销行政法规和规章的权限分别是：行政法规不符合合法性要件的，由全国人大常委会撤销。部门规章不符合合法性要件的，由国务院予以改变或撤销。地方政府规章不符合合法性要件的，国务院有权予以改变或撤销，本级地方人民代表大会常务委员会也有权撤销。省、自治区的人民政府有权改变或撤销下一级人民政府制定的不适当的规章。授权机关有权撤销被授权机关制定的超越授权范围或违背授权目的的法规，必要时可以撤销授权。

3. 改变或撤销的程序

全国人大专门委员会在审查中认为行政法规同宪法或法律相抵触的，可以向制定机关提出书面审查意见；也可以由法律委员会与有关的专门委员会召开联合审查会议，要求制定机关到会说明情况，再向制定机关提出书面审查意见。全国人大宪法和法律委员会和有关的专门委员会审查认为行政法规同宪法或法律相抵触而国务院不予修改的，可以向委员长会议提出书面审查意见和予以撤销的议案，由委员长会议决定是否提请常务委员会会议审议决定。

根据《规章制定程序条例》第35条以及有关地方性法规的规定，国家机关、社会团体、企业事业组织、公民认为规章同法律、行政法规相抵触的，可以向国务院书面提出审查的建议，由国务院法制机构研究并提出处理意见，按照规定程序处理。国家机关、社会团体、企业事业组织、公民认为设区的市、自治州的人民政府规章同法律、行政法规相抵触或者违反其他上位法的规定的，也可以向本省、自治区人民政府书面提出审查的建议，由省、自治区人民政府法制机构研究并提出处理意见，按照规定程序处理。

第二节　行政规范性文件

案例导入

· 2012年1月，赵某向卫生部政务公开办公室提出了信息公开申请，要求公开《生乳》新国标制定时“食品安全国家标准审评委员会编写的会议纪要”。2010年4月，卫生部发文公布了《生乳》(GB 19301－2010)等66项新的食品安全国家标准。有关生乳收购的两项标准发生了变化。此前，我国生乳收购标准是每毫升细菌总数不超过50万个，蛋白质含量最低每百克含2.95克。但是，生乳新国标提高了每毫升的细菌总数，降低了每百克生乳中的蛋白质含量。根据2010年出台的《生乳》新国标，生乳收购中每毫升细菌总数提高到了200万个，而蛋白质最低含量下调至2.8克。

赵某要求卫生部公开会议纪要的原因，也是为了搞清“新国标是不是被企业绑架了?”他注意到，在2010年出台的新行业标准中，没有关于起草人的具体介绍，而1986年《生鲜牛乳收购标准》中，却注明了起草单位和主要起草人。1月20日，卫生部拒绝了赵某的申请。因为食安国标委是“技术机构”，其会议纪要不属于卫生部政府信息公开的范围。2月16日，赵某将卫生部诉至法院。

庭审中，卫生部的依据之一是国务院办公厅下发的《关于做好政府信息依申请公开工作的意见》（国办发〔2010〕5 号）。该意见中规定，“行政机关在日常工作中制作或者获取的内部管理信息以及处于讨论、研究或者审查中的过程性信息，一般不属于《条例》所指应公开的政府信息”。

本案知识点

行政规范性文件的效力。

一、行政规范性文件的含义

行政规范性文件，是指除政府规章以外，行政机关和法律、法规授权的组织依据法定权限和程序制定的，涉及公民、法人或者其他组织权利义务，具有普遍约束力，在一定时期内反复适用并公开发布的各类文件的总称。行政规范性文件是行政机关发布的具有法定效力的规范性文件，是行政管理活动必不可少的重要工具。一般以“通知”、“决定”、“命令”、“答复”、“纪要”、“报告”、“说明”和“函”等形式发布。

行政规范性文件和行政立法一样，原则上必须依据一定的程序来制定。不过，行政规范性文件的制定与行政立法程序存在较大的差别。而且，行政规范性文件存在的形式多种多样，尽管有《党政机关公文处理工作条例》等加以规定，但由于行政机关会面对各种复杂和意外的情况，需要及时处理，以致部分规范性文件在制定时出现了随意性，产生了形形色色的“红头文件”。

目前，我国行政法学上行政领域中的“红头文件”被称为“行政规定”。行政规定不具有法的外观。但尽管如此，在国家治理实践中却时常起着法的作用，即起着法律制度之外的“法律作用”，甚至还会起到架空或排除法律的作用。

二、行政规范性文件的权限限制

制发行政规范性文件是行政机关依法履行职能的重要方式，直接关系群众切身利益，事关政府形象。为推进依法行政、法治政府建设，切实保障群众合法权益，维护政府公信力，必须对行政规范性文件进行有效管控。

（一）严禁越权发文

1. 坚持法定职责必须为、法无授权不可为，严格按照法定权限履行职责，严禁以部门内设机构名义制发行政规范性文件。

2. 要严格落实权责清单制度，行政规范性文件不得增加法律、法规规定之外的行政权力事项或者减少法定职责；不得设定行政许可、行政处罚、行政强制等事项，增加办理行政许可事项的条件，规定出具循环证明、重复证明、无谓证明的内容。

3. 不得违法减损公民、法人和其他组织的合法权益或者增加其义务，侵犯公民人身权、财产权、人格权、劳动权、休息权等基本权利；不得超越职权规定应由市场调节、企业和社会自律、公民自我管理的事项；不得违法制定含有排除或者限制公平竞争内容的措施，违法干预或者影响市场主体正常生产经营活动，违法设置市场准入和退出条件等。

（二）严控发文数量

1. 凡法律、法规、规章和上级文件已经作出明确规定的，现行文件已有部署且仍然适用的，不得重复发文。

2. 对内容相近、能归并的尽量归并，可发可不发、没有实质性内容的一律不发，严禁照抄、照搬、照转上级文件，以文件“落实”文件。确需制定行政规范性文件的，要讲求实效，注重针对性和可操作性，并严格文字把关，确保政策措施表述严谨、文字精练、准确无误。

三、行政规范性文件的制定程序要求

（一）严格制发程序

行政规范性文件必须严格依照法定程序制发，重要的行政规范性文件要严格执行评估论证、公开征求意见、合法性审核、集体审议决定、向社会公开发布等程序。要加强制发程序管理，健全工作机制，完善工作流程，确保制发工作规范有序。

（二）认真评估论证

全面论证行政规范性文件制发的必要性、可行性和合理性，是确保行政规范性文件合法有效的重要前提。起草行政规范性文件，要对有关行政措施的预期效果和可能产生的影响进行评估，对该文件是否符合法律法规和国家政策、是否符合社会主义核心价值观、是否符合公平竞争审查要求等进行把关。对专业性、技术性较强的行政规范性文件，要组织相关领域专家进行论证。评估论证结论要在文件起草说明中写明，作为制发文件的重要依据。

（三）广泛征求意见

除依法需要保密的外，对涉及群众切身利益或者对公民、法人和其他组织权利义务有重大影响的行政规范性文件，要向社会公开征求意见。起草部门可以通过政府网站、新闻发布会以及报刊、广播、电视等便于群众知晓的方式，公布文件草案及其说明等材料，并明确提出意见的方式和期限。对涉及群众重大利益调整的，起草部门要深入调查研究，采取座谈会、论证会、实地走访等形式充分听取各方面意见，特别是利益相关方的意见。建立意见沟通协商反馈机制，对相对集中的意见建议不予采纳的，公布时要说明理由。

（四）严格审核把关

建立程序完备、权责一致、相互衔接、运行高效的行政规范性文件合法性审核机制，是做好合法性审核工作的重要保证。起草部门要及时将送审稿及有关材料报送制定机关的办公机构和负责合法性审核的部门，并保证材料的完备性和规范性。制定机关的办公机构要对起草部门是否严格依照规定的程序起草、是否进行评估论证、是否广泛征求意见等进行审核。制定机关负责合法性审核的部门要对文件的制定主体、程序、有关内容等是否符合法律、法规和规章的规定，及时进行合法性审核。未经合法性审核或者经审核不合法的，不得提交集体审议。

（五）坚持集体审议

制定行政规范性文件要实行集体研究讨论制度，防止违法决策、专断决策、“拍脑袋”决策。地方各级人民政府制定的行政规范性文件要经本级政府常务会议或者全体会议审议决定，政府部门制定的行政规范性文件要经本部门办公会议审议决定。集体审议要充分发扬民主，确保参会人员充分发表意见，集体讨论情况和决定要如实记录，不同意见要如实载明。

（六）及时公开发布

行政规范性文件经审议通过或批准后，由制定机关统一登记、统一编号、统一印发，并及时通过政府公报、政府网站、政务新媒体、报刊、广播、电视、公示栏等公开向社会发布，不得以内部文件形式印发执行，未经公布的行政规范性文件不得作为行政管理依据。对涉及群众切身利益、社会关注度高、可能影响政府形象的行政规范性文件，起草部门要做好出台时机评估工作，在文件公布后加强舆情收集，及时研判处置，主动回应关切，通过新闻发布会、媒体访谈、专家解读等方式进行解释说明，充分利用政府网站、社交媒体等加强与公众的交流和互动。县级以上各级人民政府要逐步构建权威发布、信息共享、动态更新的行政规范性文件信息平台，以大数据等技术手段实现对文件的标准化、精细化、动态化管理。

四、对行政规范性文件的监督

法律并没有直接规定规范性文件的效力。但是，正如规章的效力和行政法规、法律的效力相同一样，行政规范性文件在实践中发挥着与行政法规和法律同样的作用。由于对行政规范性文件缺乏法律上的约束，行政规范性文件、由此延伸到整个行政立法，就容易呈现出一种不受控制的状态。因而必须加强对行政规范性文件的监督管理。就对规范性法律文件进行监督的机制而言，常表现为三种方式：

（一）备案监督

2018年5月国务院办公厅发布《关于加强行政规范性文件制定和监督管理工作的通知》，对行政规范性文件制作发布、监督检查、责任追究作出专门规定。通知规定：健全行政规范性文件备案监督制度，做到有件必备、有备必审、有错必纠。制定机关要及时按照规定程序和时限报送备案，主动接受监督。

1. 省级以下地方各级人民政府制定的行政规范性文件要报上一级人民政府和本级人民代表大会常务委员会备案，地方人民政府部门制定的行政规范性文件要报本级人民政府备案，地方人民政府两个或两个以上部门联合制定的行政规范性文件由牵头部门负责报送备案。实行垂直管理的部门，下级部门制定的行政规范性文件要报上一级主管部门备案，同时抄送文件制定机关所在地的本级人民政府。

2. 地方人民政府负责备案审查的部门要加大备案监督力度，及时处理违法文件，对审查发现的问题可以采取适当方式予以通报。健全行政规范性文件动态清理工作机制，根据全面深化改革、全面依法治国要求和经济社会发展需要，以及上位法和上级文件制定、修改、废止情况，及时对本地区、本部门行政规范性文件进行清理。

3. 充分利用社会监督力量，健全公民、法人和其他组织对行政规范性文件建议审查制度。加强党委、人大、政府等系统备案工作机构的协作配合，建立备案审查衔接联动机制。探索与人民法院、人民检察院建立工作衔接机制，推动行政监督与司法监督形成合力，及时发现并纠正违法文件。

（二）复议监督

我国《行政复议法》第7条规定：“公民、法人或者其他组织认为行政机关的具体行政行为所依据的下列规定不合法，在对具体行政行为申请行政复议时，可以一并向行政复议机关提出对该规定的审查申请：（1）国务院部门的规定；（2）县级以上地方各级人民政府及其工作部门的规定；（3）乡、镇人民政府的规定。前款所列规定不含国务院部、委员会规章和地方人民政府规章。规章的审查依照法律、行政法规办理。”第26条规定：“申请人在申请行政复议时，一并提出对本法第七条所列有关规定的审查申请的，行政复议机关对该规定有权处理的，应当在三十日内依法处理；无权处理的，应当在七日内按照法定程序转送有权处理的行政机关依法处理，有权处理的行政机关应当在六十日内依法处理。处理期间，中止对具体行政行为的审查。”《行政复议法》上述条款中的“规定”就是指行政规范性文件。

（三）司法监督

我国《行政诉讼法》第53条规定："公民、法人或者其他组织认为行政行为所依据的国务院部门和地方人民政府及其部门制定的规范性文件不合法，在对行政行为提起诉讼时，可以一并请求对该规范性文件进行审查。前款规定的规范性文件不含规章。"第64条规定："人民法院在审理行政案件中，经审查认为本法第53条规定的规范性文件不合法的，不作为认定行政行为合法的依据，并向制定机关提出处理建议。"这是行政诉讼法关于行政规范性文件进行司法审查的明确规定。

实训案例

案例一

2001年2月24日《法制日报》报道，国务院发布的《水利建设基金筹集和使用管理暂行办法》规定：地方水利建设基金从政府性基金（收费、附加）中提取3%，应提取水利基金的项目包括"地方交通及公安部门的驾驶员培训费"。据此，河南省政府制定了"实施办法（54号文件）"，却去掉了"地方交通及公安部门"这个限定词。根据这一"细化"的省政府文件，安阳市审计局责令两驾校（一个为运输总公司驾驶员培训学校，另一个为物质勘探大队驾驶员培训学校）缴纳约14万元的"水利建设基金"。审计局认为，所有驾校收取的培训费，都属于水利基金的收缴范围。河南省政府的文件是对国务院文件的细化，收缴的依据应是省政府的文件。而两驾校则认为："暂行办法"是国务院颁行的行政法规，而河南省政府的文件属于地方行政规章，应严格以国务院的行政法规为依据。同时，它还认为，"54号文件"同样规定，"水利基金的来源是政府性基金"，而政府性基金是凭借国家赋予的行政权力或垄断地位收取的收入，驾校的收费则没有任何强制性，不属于政府性基金。因此，两驾校不服，先向安阳市政府申请行政复议，安阳市政府作出了维持审计局决定的裁决，两驾校遂向法院提起行政诉讼。

【问题】审计局向两驾校收取14万元水利建设基金的决定是否合法？

【分析】本案的关键是河南省政府的实施办法与国务院的《水利建设基金筹集和使用管理暂行办法》是否存在冲突，以及它们之间的效力等级关系。国务院发布的《水利建设基金筹集和使用管理暂行办法》规定，应提取地方水利建设基金的项目只包括"地方交通及公安部门的驾驶员培训费"。而河南省政府制定的实施办法却去掉了"地方交通及公安部门"这个限定词，致使按照国务院的《水利建设基金筹集和使用管理暂行办法》本不应缴纳水利建设基金的运输总公司驾驶员培训学校和物质勘探大队驾驶员培训学校，按照河南省政府的实施办法却需缴纳约14万元的“水利建设基金”。可见，两者之间是存在冲突的。国务院发布的《水利建设基金筹集和使用管理暂行办法》属于行政法规，而河南省政府的实施办法只是地方规章，地方行政规章的效力是低于行政法规的，河南省政府的实施办法与国务院的行政法规相抵触，应属无效。所以，审计局向两驾校收取14万元水利建设基金的决定是违法的。

案例二

成某是北京市某保安公司一名保安队长，他平时工作认真负责，虽年过半百，但身体也算硬朗。2011年5月，成某被公司派往北京市朝阳区某小区负责保安管理工作。2011年5月26日凌晨，成某手下的一名保安与小区地下车库管理员张某、朴某因处理停车问题发生纠纷，成某闻讯赶来劝阻。没想张某、朴某两人晚上吃饭时喝了不少酒，不仅不听劝，反而对成某推搡、厮打了一番。成某虽生气，但仍按规定向小区物业工作人员反映上述情况，没想到之前的厮打竟然引发成某潜在已久的冠心病发作，在反映情况时突然倒地不起，经抢救无效后死亡，张某、朴某也因过失致人死亡罪锒铛入狱。

父亲成某去世后，作为法定继承人的儿子小成为索要赔偿，向昌平人保局提起了工伤认定，昌平人保局作出了《认定工伤决定书》。但成某所在的保安公司不服昌平人保局对成某的工伤认定，向法院提起行政诉讼。

【问题】《认定工伤决定书》属于何种规范性文件？

思考与练习题

1. 什么是行政立法？
2. 简述行政立法的分类。
3. 简述行政立法的程序。
4. 简述行政规范性文件的种类。

第六章

具体行政行为

本章导读

本章主要介绍了行政许可、行政处罚、行政强制等具体行政行为，通过对这些具体行政行为的概念与特征、种类与形式、设定与实施等内容的学习，要求掌握这些具体行政行为的基本概念以及设定与实施的程序，理解我国相关行政法律规范，学会运用这些法律规范解决相关法律适用和诉讼救济问题。

第一节 行政许可

案例导入

某国有企业新上一个项目，计划用地 100 亩。项目获上级主管部门审核通过后，该企业向国土资源管理部门提出用地申请。半年后，企业的用地申请仍没有通过。原因是国土资源管理部门每次都会要求该企业提交新的用地申请材料。后来，该企业诉至法院。法院认为国土资源管理部门违反了《行政许可法》的有关规定，判国土资源管理部门败诉。那么，本案中国土资源管理部门有何违法之处呢？

本案知识点

行政许可程序。

一、行政许可概述

(一) 行政许可的概念

为了规范行政许可的设定和实施，保护公民、法人和其他组织的合法权益，维护公共利益和社会秩序，保障和监督行政机关有效实施行政管理，第十届全国人民代表大会常务委员会第四次会议于2003年8月27日通过《行政许可法》，自2004年7月1日起施行，2019年4月23日修改。《行政许可法》第2条规定："本法所称行政许可，是指行政机关根据公民、法人或者其他组织的申请，经依法审查，准予其从事特定活动的行为。"

(二) 行政许可的特征

1. 行政许可的内容是国家一般禁止的活动

行政许可以一般禁止为前提，以个别解禁为内容。即在国家一般禁止的前提下，对符合特定条件的行政相对人解除禁止使其享有特定的资格或权利，能够实施某项特定的行为。

政府必须对有关国计民生、人身健康、公共安全、产品质量、进出口贸易等社会事务实行宏观控制，限制和制止公民、法人和其他组织未经允许而任意进行这类生产、经营及其他各种可能导致社会失衡、失序，损害社会公共利益的活动，以保障社会公共利益，维持社会安定。另外，为了促进社会经济、文化事业，维持社会的进步和发展，国家不可能对这些特定活动和行为限制过死，必须根据社会实际和需要，以法律的形式制定出行政相对人从事这些特定活动和行为的标准和条件。凡是符合这些标准和条件的行政相对人，经过行政主体的确认，获得从事某种活动和行为的资格。因此，行政许可是一种有限设禁和解禁的行政行为。

2. 行政许可是依申请的行政行为

行政许可依行政相对人的申请而成立。一方面，没有行政相对人的申请，行政机关不能任意作出行政许可行为，变相强制行政相对人接受其决定；另一方面，行政相对人要从事某种为法律所限制和控制的活动和行为，也必须向有关行政机关递交许可申请，以取得资格的确认和批准，不得未经申请而擅自从事，提出申请是行政相对人从事该项活动和行为之前必须履行的义务。需要指出的是，行政相对人的申请虽然是行政许可得以成立的要件，但不意味着行政许可具有双方行政行为的性质，因为行政许可的申请并不必然得到行政机关的同意，行政许可仍是行政机关基于其行政职权而为的一种单方行政行为。

3. 行政许可是要式行政行为

行政许可的形式一般是许可证、执照、审批和批准等。行政许可应遵循一定的法律程序，并应以正规的文书、格式和加盖印章的形式作出。对行政相对人而言，许可文件同时也是证明文书，证明某个自然人、法人或其他组织具有某种能力或资格，因此，行政许可必须是要式行政行为。

4. 行政许可是授益性行政行为

行政许可是行政主体赋予行政相对人某种法律资格或法律权利的具体行政行为。行政许可是针对特定的人、特定的事作出的具有授益性的一种具体行政行为。

二、行政许可的种类与形式

（一）行政许可的种类

现行《行政许可法》并未从立法上对行政许可作出类型划分或种类概括，只是在行政许可程序中规定了区别于一般程序的特别程序，包括特许程序、认可程序、核准程序以及登记程序，因此，从《行政许可法》的角度来看，行政许可可以分为普通许可、特许、认可、核准以及登记。从法理的角度来看，根据不同的标准，学界将行政许可分为如下几种类型：

1. 以许可的范围为标准，分为一般许可和特殊许可

一般许可是指行政主体对凡符合法定条件的许可申请都予准许，属于无特殊限制的许可，如申请驾驶执照许可、申请营业执照等，大多数许可都属于一般许可。特殊许可是指除符合一般许可的条件外，对申请人还规定有特别限定的许可，又称“特许”，如持枪许可，只有符合《枪支管理法》规定的人才可以获得持枪许可。其他人员均不能获得此种权利。特别许可还可以发生在自然资源的开发利用许可、有限社会公共资源的配置等领域。

2. 以许可享有的程度为标准，分为排他性许可和非排他性许可

排他性许可是指某一行政许可申请人获得行政许可后，其他人均不能再获得该项行政许可，如无线电频率许可。非排他性许可是指只要具备法定条件，任何人都可以申请并获得行政许可，大部分行政许可是非排他性许可。

3. 以许可能否单独使用为标准，分为独立许可和附文件的许可

独立许可是指许可证已规定了所有许可内容，不需要其他文件作补充说明的许可。如森林采伐许可证、特种刀具购买证等。明确的许可范围、事项、时间等是独立许可的显著特点。附文件许可是指由于特殊条件的限制，需要附加文件予以说明的许可。这种许可在申请、审批或使用时，均应将附加文件附在许可证后作补充说明，如商标许可、专利许可等。

4. 以许可是否附加必须履行的义务为标准，分为权利性许可和附义务的许可

权利性许可又称无条件放弃的许可，是指申请人取得行政许可后，并不承担

作为义务，可以自由放弃被许可的权利，并且并不因此承担任何法律责任的许可，如机动车驾驶证、排污许可证等。附义务的许可也称有条件放弃的许可，指被许可人获得许可的同时，亦承担一定期限内从事该活动的义务，否则要承担一定法律责任的许可。承担法律责任的方式一般表现为丧失被许可的权利。如我国《企业法人登记管理条例》规定，企业法人领取企业法人营业执照后，满6个月尚未开展经营活动或者停止经营活动满1年的，视同歇业，登记主管部门应当收缴企业法人营业执照、企业法人营业执照副本，收缴公章，并将注销登记情况告知其开户银行。这种许可就是附义务的许可。

5. 以许可的存续时间为标准，分为永久许可和附期限许可

永久许可是指被许可人取得许可证后，只要本人不放弃或不被主管机关因法定事由撤销，将持续并永久有效的许可，如生产某种产品的许可。附期限的许可是指只在一定时间内有效，逾期将失去效力的许可。这种在使用时间上有限制的许可很多，大体分为两种情况：一种情况是用明确的使用期限加以确定，如专利许可、建设用地审批等；另一种情况是许可本身未作明确的期限规定，但许可的内容进行完毕后，即自行失去许可效力，如出境许可等。

6. 以许可的内容为标准，分为行为许可和资格许可

行为许可是指允许符合条件的申请人从事某项活动的许可，如生产经营许可，这类许可在内容上仅限于许可被许可人进行某种活动，不包含资格权能的特别证明内容，也无须对被许可人进行能力方面的考核。资格许可是指行政主体应申请人的申请，经过一定的考核发一定的证明文书，允许其享有某种资格或具有某种能力的许可，如律师资格证、驾驶执照等。

（二）行政许可的形式

行政许可的形式即行政许可的外在表现形态。《行政许可法》规定的行政许可形式主要有以下几类：

1. 许可证、执照或其他许可证书。如《道路交通安全法》第19条第2款规定，申请机动车驾驶证，应当符合国务院公安部门规定的驾驶许可条件；经考试合格后，由公安机关交通管理部门发给相应类别的机动车驾驶证。

2. 资格证、资质证或其他合格证书。如《律师法》第6条规定，取得律师资格，应当通过国家统一的法律执业资格考试。

3. 行政机关的批准文件或者证明文件。

4. 法律、法规规定的其他行政许可证件。如《野生动物保护法》第21条规定，禁止猎捕、杀害国家重点保护野生动物。因科学研究、驯养繁殖、展览或其他特殊情况，需要捕捉、捕捞国家一级保护野生动物的，必须向国务院野生动物行政主管部门申请特许捕猎证。

三、行政许可的基本原则

(一) 许可法定原则

《行政许可法》第4条规定:“设定和实施行政许可，应当依照法定的权限、范围、条件和程序。”因此，许可法定原则包括如下两个方面:

1. 行政许可的设定必须依照法定的权限、范围、条件和程序

其具体含义是:(1) 应当严格按照《行政许可法》规定的权限设定行政许可。在我国，享有行政许可设定权的行政机关只有国务院和省级人民政府，其他行政机关都无权设定行政许可。(2) 应当严格按照《行政许可法》规定的范围设定行政许可。《行政许可法》规定了各立法主体的权限范围，超出则为无效行政许可。(3) 应当严格按照《行政许可法》规定的条件设定行政许可。(4) 应当严格按照《行政许可法》和其他法律、行政法规规定的程序设定行政许可。

2. 依照法定的权限、范围、条件和程序实施行政许可

其具体含义是:(1) 实施行政许可的主体及权限应当合法;(2) 实施行政许可应当符合《行政许可法》和其他法律、行政法规和规章规定的条件;(3) 实施行政许可应当符合《行政许可法》和其他法律、行政法规和规章规定的程序。

(二) 公开、公平、公正原则

《行政许可法》第5条规定:设定和实施行政许可，应当遵循公开、公平、公正、非歧视的原则。

行政许可的公开原则，是指行政主体在设定和实施行政许可时，除涉及国家秘密、商业秘密和个人隐私外，必须向行政相对人及社会公开与行政职权有关的事项。通过行政公开，行政相对人可以有效地参与行政许可，以维护自己的合法权益;社会民众可以有效地监督行政主体依法行使行政许可权。行政许可公开的基本要求是:第一，设定行政许可的过程要公开，从设定行政许可的必要性、可行性到行政许可可能产生效果的评估，都要广泛听取意见，允许并鼓励公众参与;第二，凡是行政许可的规定都必须公布，未经公布的不得作为实施行政许可的依据;第三，行政许可的程序、结果要公开。

公平、公正，是指行政主体应平等地对待行政相对人，给予行政相对人平等的机会，使其享有平等的权利和履行相应的义务。在实施行政许可的过程中，不得区别对待，做到不偏私、不歧视，不能对相同的事项作出不同的处理或者对不同的事项作出相同的处理。

(三) 便民、高效原则

便民原则，是指行政机关在实施行政许可时，应当尽量为行政相对人提供便

利，尽可能简化手续，使用方便、快捷的途径，从而使行政许可申请人以最低的投入实现许可的目的。对此，《行政许可法》作了许多规定，例如，经国务院批准，省、自治区、直辖市人民政府根据精简、统一、效能的原则，可以决定一个行政机关行使有关行政机关的行政许可权；行政许可需要行政机关内设的多个机构办理的，该行政机关应该确定一个行政机构统一受理行政许可申请；行政许可申请可以通过信函、电报、传真、电子数据交换和电子邮件等方式提出。效率原则，是指行政许可机关不仅应当按照法定程序在规定的时限内及时办理行政许可事项，不得无故拖延，而且必须以最小的许可管制成本（用最短的时间、最少的人力、财力和物力，以及最少的损害等）来实现既定的行政管理目标，使社会效益最大化。行政许可机关在具体的许可实施过程中，应当责任到人，简化内部办事程序，避免相互推诿扯皮；严格遵守法定的时限要求，杜绝拖延和超期不办情形；对能够采取信息化手段快速处理的，应当尽量推行电子政务，加快信息交流和信息传递速度；另外，许可机关还应当与其他相关行政机关对有关许可信息实行信息共享，减少行政机关的信息搜集成本，从而提高行政机关整体行政效率。

（四）权利保障原则

权利保障原则是指在实施行政许可时要充分保障行政相对人的各项程序性权利。《行政许可法》第 7 条规定：“公民、法人或者其他组织对行政机关实施行政许可，享有陈述权、申辩权；有权依法申请行政复议或者提起行政诉讼；其合法权益因行政机关违法实施行政许可受到损害的，有权依法要求赔偿。”可见行政相对人在行政许可过程中享有五项基本权利：陈述权、申辩权、申请复议权、起诉权、要求国家赔偿权。

（五）信赖保护原则

信赖保护是诚信原则在行政法中的运用。它主要适用于对授益行政行为的撤销（或废止）方面。即公民或组织因此类行政行为而获得利益，一经撤销将会受到损害，故行政机关撤销授益行政行为时，应考虑补偿行政相对人信赖该行政行为有效存续而获得的利益（或者不予撤销）。公民、法人或者其他组织依法取得的行政许可受法律保护，行政机关不得擅自改变已经生效的行政许可。行政许可所依据的法律、法规、规章修改或者废止，或者准予行政许可所依据的客观情况发生重大变化的，为了公共利益的需要，行政机关可以依法变更或者撤回已经生效的行政许可。由此给公民、法人或者其他组织造成财产损失的，行政机关应当依法给予补偿。

（六）监督原则

监督原则，是指行政机关应当依法加强对行政机关实施行政许可和从事行政许可事项活动的监督。县级以上人民政府应当建立健全对行政机关实施行政许可的监督制度，加强对行政机关实施行政许可的监督检查。

四、行政许可的设定

行政许可的设定是指拥有行政许可设定权的主体通过制定法律规范，将某一事项纳入行政许可的范围，赋予特定行政主体行政许可的权力，同时也对相关行政主体实施行政许可的条件、程序等作出规定的立法活动。

（一）行政许可设定的范围

设定行政许可，应当遵循经济和社会发展规律，有利于发挥公民、法人或者其他组织的积极性、主动性，维护公共利益和社会秩序，促进经济、社会和生态环境协调发展。

1. 可以设定行政许可的事项

根据《行政许可法》第12条的规定，下列事项可以设定行政许可：

（1）直接涉及国家安全、公共安全、经济宏观调控、生态环境保护以及直接关系人身健康、生命财产安全等特定活动，需要按照法定条件予以批准的事项；

（2）有限自然资源的开发利用、公共资源配置以及直接关系公共利益的特定行业的市场准入等，需要赋予特定权利的事项；

（3）提供公众服务并且直接关系公共利益的职业、行业，需要确定具备特殊信誉、特殊条件或者特殊技能等资格、资质的事项；

（4）直接关系公共安全、人身健康、生命财产安全的重要设备、设施、产品、物品，需要按照技术标准、技能等资格、资质的事项；

（5）企业或者其他组织的设立等，需要确定主体资格的事项；

（6）法律、行政法规规定可以设定行政许可的其他事项。

2. 排除设定行政许可的事项

根据《行政许可法》第13条的规定，《行政许可法》第12条所列事项，通过下列方式能够予以规范的，可以不设行政许可：

（1）公民、法人或者其他组织能够自主决定的；

（2）市场竞争机制能够有效调节的；

（3）行业组织或者中介机构能够自律管理的；

（4）行政机关采用事后监督等其他行政管理方式能够解决的。

（二）行政许可的设定主体及权限

1. 全国人民代表大会及其常务委员会

全国人民代表大会及其常务委员会作为国家的最高权力机关，是设定行政许可的法定机关，可以通过制定法律的形式设定各种形式的行政许可。

2. 国务院

国务院作为国家最高行政机关，可以通过制定行政法规设定法律尚未设定的行政许可事项。必要时，国务院可以采用发布决定的方式设定行政许可。实施后，除临时性行政许可事项外，国务院应当及时提请全国人民代表大会及其常务委员会制定法律，或者自行制定行政法规。行政法规可以在法律设定的行政许可事项范围内，对实施该行政许可作出具体规定。

3. 有权地方人民代表大会及其常务委员会

省、自治区、直辖市人民代表大会及其常委会，设区的市、自治州的人民代表大会及其常委会，可以通过制定地方性法规设定法律、行政法规尚未设定的行政许可事项。地方性法规可以在法律、行政法规设定的行政许可事项范围内，对实施该行政许可作出具体规定，但不得增设行政许可。

4. 省级人民政府

对于尚未制定法律、行政法规和地方性法规的，因行政管理的需要，确需立即实施行政许可的，省、自治区、直辖市人民政府规章可以设定临时性的行政许可。临时性的行政许可实施1年需要继续实施的，应当提请本级人民代表大会及其常委会制定地方性法规。规章可以在上位法设定的行政许可事项范围内，对实施该行政许可作出具体规定。

地方性法规和省、自治区、直辖市人民政府规章，不得设立应当由国家统一确定的公民、法人或其他组织的资格、资质的许可，不得设定企业或其他组织的设立登记及其前置性行政许可。其设定的行政许可，不得限制其他地区的个人或者企业到本地区从事生产经营和提供服务，不得限制其他地区的商品进入本地区市场。

五、行政许可的实施主体

行政许可的实施，是指行政主体根据行政相对人的申请，依法对其进行审查，决定是否准予其从事某种特定活动的过程。有权实施行政许可的主体包括：

（一）行政机关

行政机关是行政许可中最重要的实施主体。具有行政许可权的行政机关可以在其法定职权范围内实施行政许可。此外，根据《行政许可法》第25条的规定："经国务院批准，省、自治区、直辖市人民政府根据精简、统一、效能的原则，可以决定一个行政机关行使有关行政机关的行政许可权。"也就是说，经过国务院批准，省、自治区、直辖市人民政府可以决定一个行政机关行使有关行政机关的行政许可权。行政许可需要行政机关内设的多个机构办理的，该行政机关应当确定一个机构统一受理行政许可申请，统一送达行政许可决定。行政许可依法由地方人民政府两个以上部门分别实施的，本级人民政府可以确定一个部门受理行政许可申请并转告有关部门分别提出意见后统一办理，或者组织有关部门联合办理、集中办理。

（二）法律、法规授权的组织

法律、法规授权的具有管理公共事务职能的组织，在法定授权范围内，以自己的名义实施行政许可。被授权实施行政许可的具有管理公共事务职能的组织应当具备下列条件：第一，该组织必须是依法成立的；第二，被授权实施的行政许可事项应当与该组织管理公共事务的职能相关联；第三，该组织应当具有熟悉与被授权实施的行政许可有关的法律、法规和专业的正式工作人员；第四，该组织应当具备实施被授权实施的行政许可所必需的技术、装备条件等；第五，该组织能对实施被授权实施的行政许可引起的法律后果独立地承担责任。

（三）受委托的行政机关

行政机关在其法定职权范围内，依照法律、法规、规章的规定，可以委托其他行政机关实施行政许可。委托机关应当将受委托行政机关和受委托实施行政许可的内容予以公告。

委托行政机关对受委托行政机关实施行政许可的行为应当负责监督，并对该行为的后果承担法律责任。

受委托行政机关在委托范围内，以委托行政机关名义实施行政许可；不得再委托其他组织或者个人实施行政许可。

六、行政许可的实施程序

（一）申请与受理

申请的要求：

1. 公民、法人或者其他组织从事特定活动，依法需要取得行政许可的，应当向行政机关提出申请。申请书需要采用格式文本的，行政机关应当向申请人提供行政许可申请书格式文本。申请书格式文本中不得包含与申请行政许可事项没有直接关系的内容。

2. 申请人可以委托代理人提出行政许可申请。但是，依法应当由申请人到行政机关办公场所提出行政许可申请的除外。

3. 行政许可申请可以通过信函、电报、电传、传真、电子数据交换和电子邮件等方式提出。

4. 申请人申请行政许可，应当如实向行政机关提交有关材料和反映真实情况，并对其申请材料实质内容的真实性负责。行政机关不得要求申请人提交与其申请的行政许可事项无关的技术资料和其他材料。

5. 行政机关应当将法律、法规、规章规定的有关行政许可的事项、依据、条件、数量、程序、期限以及需要提交的全部材料的目录和申请书示范文本等在办公场所公示。申请人要求行政机关对公示内容予以说明、解释的，行政机关应当说明、解释，提供准确、可靠的信息。

行政机关对申请人提出的行政许可申请，应当根据下列情况分别作出处理：

1. 申请事项依法不需要取得行政许可的，应当即时告知申请人不受理；

2. 申请事项依法不属于本行政机关职权范围的，应当即时作出不予受理的决定，并告知申请人向有关行政机关申请；

3. 申请材料存在可以当场更正的错误的，应当允许申请人当场更正；

4. 申请材料不齐全或者不符合法定形式的，应当当场或者在5日内一次告知申请人需要补正的全部内容，逾期不告知的，自收到申请材料之日起即为受理；

5. 申请事项属于本行政机关职权范围，申请材料齐全、符合法定形式，或者申请人按照本行政机关的要求提交全部补正申请材料的，应当受理行政许可申请；

6. 行政机关受理或者不予受理行政许可申请，应当出具加盖本行政机关专用印章和注明日期的书面凭证。

（二）审查与决定

1. 行政机关应当对申请人提交的申请材料进行审查。申请人提交的申请材料齐全、符合法定形式，行政机关能够当场作出决定的，应当当场作出书面的行政许可决定。

2. 根据法定条件和程序，需要对申请材料的实质内容进行核实的，行政机关应当指派两名以上工作人员进行核查。

3. 依法应当先经下级行政机关审查后报上级行政机关决定的行政许可，下级行政机关应当在法定期限内将初步审查意见和全部申请材料直接报送上级行政机关。上级行政机关不得要求申请人重复提供申请材料。

4. 行政机关对行政许可申请进行审查时，发现行政许可事项直接关系他人重大利益的，应当告知该利害关系人。申请人、利害关系人有权进行陈述和申辩。行政机关应当听取申请人、利害关系人的意见。

5. 行政机关对行政许可申请进行审查后，除当场作出行政许可决定的外，应当在法定期限内按照规定程序作出行政许可决定。

6. 申请人的申请符合法定条件、标准的，行政机关应当依法作出准予行政许可的书面决定。

7. 行政机关依法作出不予行政许可的书面决定的，应当说明理由，并告知申请人享有依法申请行政复议或者提起行政诉讼的权利。

8. 行政机关作出的准予行政许可决定，应当予以公开，公众有权查阅。法律、行政法规设定的行政许可，其适用范围没有地域限制的，申请人取得的行政许可在全国范围内有效。

（三）期限

1. 除可以当场作出行政许可决定的外，行政机关应当自受理行政许可申请之日起20日内作出行政许可决定。20日内不能作出决定的，经本行政机关负责人批准，可以延长10日，并应当将延长期限的理由告知申请人。但是，法律、法规另有规定的，依照其规定。

2. 行政许可采取统一办理或者联合办理、集中办理的，办理的时间不得超过45日；45日内不能办结的，经本级人民政府负责人批准，可以延长15日，并应当将延长期限的理由告知申请人。

3. 依法应当先经下级行政机关审查后报上级行政机关决定的行政许可，下级行政机关应当自其受理行政许可申请之日起20日内审查完毕。但是，法律、法规另有规定的，依照其规定。

4. 行政机关作出准予行政许可的决定，应当自作出决定之日起10日内向申请人颁发、送达行政许可证件，或者加贴标签、加盖检验、检测、检疫印章。

5. 行政机关作出行政许可决定，依法需要听证、招标、拍卖、检验、检测、检疫、鉴定和专家评审的，所需时间不计算在规定的期限内。行政机关应当将所需时间书面告知申请人。

（四）听证程序

法律、法规、规章规定实施行政许可应当听证的事项，或者行政机关认为需要听证的其他涉及公共利益的重大行政许可事项，行政机关应当向社会公告，并举行听证。

行政许可直接涉及申请人与他人之间重大利益关系的，行政机关在作出行政许可决定前，应当告知申请人、利害关系人享有要求听证的权利；申请人、利害关系人在被告知听证权利之日起5日内提出听证申请的，行政机关应当在20日内组织听证。申请人、利害关系人不承担行政机关组织听证的费用。

听证按照下列程序进行：

1. 行政机关应当于举行听证的7日前将举行听证的时间、地点通知申请人、利害关系人，必要时予以公告；

2. 听证应当公开举行；

3. 行政机关应当指定审查该行政许可申请的工作人员以外的人员为听证主

持人，申请人、利害关系人认为主持人与该行政许可事项有直接利害关系的，有权申请回避；

4. 举行听证时，审查该行政许可申请的工作人员应当提供审查意见的证据、理由，申请人、利害关系人可以提出证据，并进行申辩和质证；

5. 听证应当制作笔录，听证笔录应当交听证参加人确认无误后签字或者盖章。行政机关应当根据听证笔录，作出行政许可决定。

（五）变更与延续

被许可人要求变更行政许可事项的，应当向作出行政许可决定的行政机关提出申请；符合法定条件、标准的，行政机关应当依法办理变更手续。需要延续依法取得的行政许可的有效期的，应当在该行政许可有效期届满30日前向作出行政许可决定的行政机关提出申请（法律、法规、规章另有规定的，依照其规定）。行政机关应当根据被许可人的申请，在该行政许可有效期届满前作出是否准予延续的决定；逾期未作决定的，视为准予延续。

（六）特别规定

1. 招标、拍卖

实施有限自然资源开发利用、公共资源配置以及直接关系公共利益的特定行业的市场准入等，需要赋予特定权利事项的行政许可，行政机关应当通过招标、拍卖等公平竞争的方式作出决定。但是，法律、行政法规另有规定的，依照其规定。行政机关违反规定，不采用招标、拍卖方式，或者违反招标、拍卖程序，损害申请人合法权益的，申请人可以依法申请行政复议或者提起行政诉讼。

2. 考试、考核

赋予公民特定资格，依法应当举行国家考试的，行政机关根据考试成绩和其他法定条件作出行政许可决定；赋予法人或者其他组织特定的资格、资质的，行政机关根据申请人的专业人员构成、技术条件、经营业绩和管理水平等的考核结果作出行政许可决定。但是，法律、行政法规另有规定的，依照其规定。

公民特定资格的考试依法由行政机关或者行业组织实施，公开举行。行政机关或者行业组织应当事先公布资格考试的报名条件、报考办法、考试科目以及考试大纲。但是，不得组织强制性的资格考试的考前培训，不得指定教材或者其他助考材料。

3. 检验、检测、检疫

实施直接关系公共安全、人身健康、生命财产安全的重要设备、设施、产品、物品，需要按照技术标准、技术规范，通过检验、检测、检疫等方式进行审定事项的行政许可，应当按照技术标准、技术规范依法进行检验、检测、检疫，行政机关根据检验、检测、检疫的结果作出行政许可决定。

行政机关实施检验、检测、检疫，应当自受理申请之日起5日内指派两名以上工作人员按照技术标准、技术规范进行检验、检测、检疫。不需要对检验、检测、检疫结果作进一步技术分析即可认定设备、设施、产品、物品是否符合技术标准、技术规范的，行政机关应当当场作出行政许可决定。

行政机关根据检验、检测、检疫结果，作出不予行政许可决定的，应当书面说明不予行政许可所依据的技术标准、技术规范。

4. 登记。企业或者其他组织的设立等需要确定主体资格的，申请人提交的申请材料齐全、符合法定形式的，行政机关应当当场予以登记。需要对申请材料的实质内容进行核实的，行政机关指派两名以上工作人员进行核查。

5. 有数量限制的行政许可，两个或者两个以上申请人的申请均符合法定条件、标准的，行政机关应当根据受理行政许可申请的先后顺序作出准予行政许可的决定。但是，法律、行政法规另有规定的，依照其规定。

七、行政许可的撤销与注销

（一）行政许可撤销

行政许可撤销，是指作出行政许可决定的行政机关或者其上级行政机关，根据利害关系人的请求或者依据职权，对因不具备行政许可条件或违法取得的行政许可，不允许被许可人再从事所许可的特定活动的具体行政行为。

1. 行政许可撤销的原因

有下列情形之一的，作出行政许可决定的行政机关或者其上级行政机关，根据利害关系人的请求或者依据职权，可以撤销行政许可：

（1）行政机关工作人员滥用职权、玩忽职守作出准予行政许可决定的；

（2）超越法定职权作出准予行政许可决定的；

（3）违反法定程序作出准予行政许可决定的；

（4）对不具备申请资格或者不符合法定条件的申请人准予行政许可的；

（5）依法可以撤销行政许可的其他情形；

（6）被许可人以欺骗、贿赂等不正当手段取得行政许可的，应当予以撤销。

2. 行政许可撤销的法律后果

依照上述第（1）~（5）项的规定撤销行政许可，被许可人的合法权益受到损害的，行政机关应当依法给予赔偿。依照第（6）项的规定撤销行政许可的，被许可人基于行政许可取得的利益不受保护。

（二）行政许可注销

行政许可注销是指由于特定客观事实出现而导致行政许可失效。适用前提是特定客观事实的出现，与被许可人取得行政许可是否合法无关。可以导致行政许可被注销的情形包括：

1. 行政许可有效期届满未延续的；
2. 赋予公民特定资格的行政许可，该公民死亡或者丧失行为能力的；
3. 法人或者其他组织依法终止的；
4. 行政许可依法被撤销、撤回，或者行政许可证件依法被吊销的；
5. 因不可抗力导致行政许可事项无法实施的；
6. 法律、法规规定的应当注销行政许可的其他情形。

出现依法应当注销行政许可的情形，行政机关应当依法办理有关行政许可的注销手续，如收回颁发的行政许可证件，或者在行政许可证件上加注发还；对找不到被许可人的或者注销行政许可事项需要周知的，行政许可还应当公告注销行政许可。为保护被许可人的合法权益，规范行政机关注销行政许可的行为，行政机关注销行政许可，应当作出书面决定，告知申请人注销的理由、依据。

第二节　行 政 处 罚

案例导入

王女士因违法停车被交通队连续罚款两次，将北京朝阳交通支队劲松队告上法庭，要求取消对其的第二次行政处罚、退还罚款200元，并要求交通队就自己为此事的多次奔波表示道歉。朝阳区人民法院受理了此案。原告王女士诉称，2007年5月11日，原告基于错误认知将车停在潘家园路北侧。当天下午原告开车时发现了交通队贴在车上的违法停车处理告知单，告知违法停车时间为当日15时04分，要求原告在3日内到指定地点接受处罚。5月14日，原告到被告处领取了公安交通管理简易程序处罚决定书并缴纳了200元罚款。2007年6月25日，原告又收到北京市公安交通管理局邮寄的交通违法信息未处理告知书，告知其于2007年5月11日9时40分在与前次处罚同一地点有违反规定停车行为，并要求其接受处理。原告王女士认为自己将车停在潘家园路北侧当天在看到违法停车处理告知单前并未挪动，被告对此行为分别于上午9时和下午3时作出两次处罚，违反了一事不再罚的法律和法理，故要求撤销第二次作出的处罚，退还已交罚款200元和银行同期利息3角8分，并要求交通队就自己为此事的多次奔波表示道歉。

本案知识点

行政处罚的适用。

一、行政处罚概述

（一）行政处罚的概念和特征

为了规范行政处罚的设定和实施，保障和监督行政机关有效实施行政管理，维护公共利益和社会秩序，保护公民、法人或者其他组织的合法权益，1996 年 3 月 17 日第八届全国人民代表大会第四次会议通过《行政处罚法》，并于 1996 年 10 月 1 日正式实施。行政处罚，是指行政机关依法对违反行政管理秩序的公民、法人或者其他组织，以减损权益或者增加义务的方式予以惩戒的行为。行政处罚是行政主体进行行政管理的一项重要权力和有效手段，是作为行政相对人的公民、法人或其他组织因实施了行政违法行为而应承担的一种行政法律责任。行政处罚具有如下特征：

1. 行政处罚主体的特定性

行政处罚是行政主体实施的一种具体行政行为，但并非所有的行政主体都是行政处罚的主体，只有依法享有行政处罚权的行政主体才能进行行政处罚，才是行政处罚的主体。

2. 行政处罚对象的行为违法性

行政处罚的对象是实施了行政违法行为的公民、法人或其他组织。首先，行政处罚的对象是在外部行政管理中的行政相对人；其次，行政处罚的对象实施了违反行政管理秩序的行为且没有构成犯罪，依照行政法律规范应受处罚的行为。

3. 行政处罚内容的制裁性

行政处罚是行政处罚的主体对违反行政法规范的相对人的一种惩罚，属于行政制裁。行政处罚的制裁性表现在对相对人的人身权和财产权进行限制、剥夺或科以新的金钱给付义务等。通过对行政违法相对人的制裁，达到预防、警戒和制止行政违法的目的。

（二）行政处罚与刑罚的区别

行政处罚与刑罚都是具有强制力的制裁方式，但两者有显著区别：

1. 两种行为的权力性质不同

虽然行政处罚和刑罚都是对违法行为人的法律追究，但行政处罚权是国家行政权力的运用，而刑罚属于国家司法权力的运用。

2. 实施处罚的主体不同

行政处罚是由有外部管理权限的行政机关或法律、法规授权的组织实施；而刑罚的实施主体是国家司法机关——人民法院。

3. 实施处罚的对象不同

行政处罚的对象是违反行政法律规范的公民、法人或其他组织，当公民、法人或其他组织既违反了行政法律规范又违反了刑事法律规范的情况下，也可能对其实施两种处罚；而刑罚只能对违反刑事法律规范的犯罪分子实施，不能对只违反行政法律规范而未犯罪的人实施。

4. 作出处罚决定的程序不同

行政处罚是按照《行政处罚法》所规定的行政程序作出的；而刑罚必须根据刑事诉讼法的程序作出，这是由刑罚在法律制裁中具有最严厉的性质所决定的。

5. 处罚的种类不同

行政处罚的种类很多，既有《行政处罚法》的统一规定，又有各单行法律、法规的分散规定。而刑罚的种类统一由刑法规定，有两类十种，即五种主刑和五种附加刑。

二、行政处罚的基本原则

行政处罚的基本原则，是指由法律规定的，特定国家机关设定行政处罚、行政主体实施行政处罚时必须遵守的基本准则。它贯穿于行政处罚的整个过程，对设定、实施行政处罚提出了原则性的要求，具有普遍的指导意义。

（一）处罚法定原则

处罚法定原则是行政合法性原则在行政处罚中的具体体现。它要求行政处罚的设定、实施都必须符合法律规定，处罚必须有法律依据，必须按照法定的程序进行。处罚法定原则具体表现在：

1. 处罚主体及其职权法定

行政处罚的实施主要由行政机关实施，但有法律、法规授权的组织也可以行使某些行政处罚权。并不是所有的行政机关都有行政处罚权，只有法律、法规或者规章规定具有行政处罚权的行政机关，才可以依照法律、法规或者规章确定的违法行为和规定给予的行政处罚，实施行政处罚。

2. 行政处罚主体在实施行政处罚时必须有法定的依据

即法无明文规定不得罚。没有法定依据的，行政处罚无效。

3. 实施行政处罚必须遵守法律规定的程序

这既包括《行政处罚法》规定的程序，也包括其他行政法律关于程序的规定。《行政处罚法》是对行政机关实施行政处罚进行规范的法，在保障行政机关有效实施行政管理同时，更要在程序上进行必要的规范，防止滥施处罚。不遵守法定程序的，行政处罚无效。

（二）处罚公正、公开原则

《行政处罚法》第5条规定："行政处罚遵循公正、公开的原则。设定和实施行政处罚必须以事实为依据，与违法行为的事实、性质、情节以及社会危害程度相当。对违法行为给予行政处罚的规定必须公布；未经公布的，不得作为行政处罚的依据。"公正意味着在行政处罚时，必须查明事实，以事实为根据，以法律为准绳。行政处罚要与违法行为的事实、性质、情节及社会危害程度相适应。公开意味着在行政处罚时，既要使被处罚人知道，也要使广大人民群众知道，使行政处罚处于人民群众的监督之下，从而保障当事人的合法权益，保障行政机关依法行政。行政机关在实施具体的行政处罚时，必须公开进行。无论是适用简易程序还是普通程序，均应做到违法事实公开、证据公开、法律依据公开、具体处罚决定公开。一切均应依法进行，允许被处罚人申辩和质证，也允许广大人民群众监督。

（三）处罚与教育相结合原则

《行政处罚法》第6条规定："实施行政处罚，纠正违法行为，应当坚持处罚与教育相结合，教育公民、法人或者其他组织自觉守法。"处罚与教育相结合原则，要求行政主体在实施处罚的同时，要加强对受处罚人的法制教育，使其真正了解自己行为的违法性和应受惩罚性，促使其今后自觉守法，以达到处罚的真正目的。行政处罚的制裁性主要是通过限制和剥夺受处罚人的权利或增设行政法上的义务来实现的，但行政处罚只是一种手段，而不是目的，不能为罚而罚，一罚了之。行政主体在行政处罚的适用过程中，要教育受处罚人真正认识行为的违法性、危害性，以达到教育其自觉守法的目的。

（四）权利保障原则

权利保障原则是指在行政处罚过程中，要依法保障行政相对人的各项程序性权利，包括知情权、参与权、救济权等。《行政处罚法》第7条规定："公民、法人或者其他组织对行政机关所给予的行政处罚，享有陈述权、申辩权；对行政处罚不服的，有权依法申请行政复议或者提起行政诉讼。公民、法人或者其他组织因行政机关违法给予行政处罚受到损害的，有权依法提出赔偿要求。"

三、行政处罚的种类

根据《行政处罚法》和现行法律、法规的规定，我国目前对行政处罚的种类有以下几种：

（一）警告、通报批评

警告和通报批评同属于精神罚、声誉罚、申诫罚，是行政处罚中最轻的两种处罚方式。警告是指行政主体对违反法律规范的公民、法人或者其他组织所实施的仅仅影响其声誉的处罚。警告只具有精神惩戒作用，一般对实施轻微行政违法行为的相对人实施这种处罚。警告必须以书面形式作出，指明行为人的违法错误，并具有令其改正、纠正违法的性质，具有国家强制性。通报批评是指行政机关在一定范围内对违法行为人的违法事实予以公布，以导致其声誉和信誉造成损害，既制裁和教育违法者，又广泛教育他人的一种处罚方式。

（二）罚款、没收违法所得、没收非法财物

罚款、没收违法所得、没收非法财物都属于财产罚，是我国行政处罚实践中最常用、最有效的处罚方式。罚款是行政主体实施的要求违反行政法律规范的公民、法人或者其他组织在一定期限内缴纳一定数量货币的处罚。罚款是一种财产罚，通过减少当事人财产的方式，以达到处罚的目的。通常由法律、法规和规章规定一定的数额或者幅度。没收是将生产、保管、加工、运输、销售违禁物品或者实施其他营利性违法行为的相对人的与违法行为相关的财物收归国有的制裁。没收范围包括违法所得和非法财物。违法所得是指公民、法人及其他组织通过违法行为所获得的收益。非法财物是指违法行为人所占有的违禁品和实施违法行为的工具、物品等。

（三）暂扣许可证件、降低资质等级、吊销许可证件

暂扣许可证件、降低资质等级、吊销许可证件都属于资格罚。吊销许可证是对违法者从事某种活动的权利或享有的某种资格的取消；而暂扣许可证，则是中止行为人从事某项活动的资格，待行为人改正以后或经过一定期限以后，再发还许可证、有关证书或执照。所谓降低资质等级，是对行政相对人（违法行为人）已有的资格进行的处罚，从而达到一种限制行政相对人实施某种行为的目的。一般是指是指行政机关经过对公司、企业的检查，发现该公司、企业不再符合原定等级，而降低其资质等级的处罚方式。这种处罚方式不仅对企业的声誉有较大影响，而且会直接影响其营业活动和经济效益。

（四）限制开展生产经营活动、责令停产停业、责令关闭、限制从业

限制开展生产经营活动、责令停产停业、责令关闭、限制从业都属于行为罚，是行政机关禁止或限制违法行为人从事某种行业、职业；或者责令其在一定期限内停止营业；或者责令其永久关闭，不再允许其存在的处罚。

限制开展生产经营活动主要针对公司企业，限制一般附有期限，也有永久性的。限制从业一般针对个人，比如对于严重违法的医生可以禁止其从事与医药有关的职业。责令关闭是一种很重的行政处罚，比如人民政府对于严重污染环境的企事业单位，依法作出决定，命令其关闭。

责令停产停业，是指在停产停业期间，受处罚的当事人不得进行生产、作业或者工作，但法律资格并没有剥夺，在其符合法律、法规和规章规定的标准和要

求以后，无须重新申请许可证或者营业执照就可以继续进行生产、作业或者工作。责令停产停业实际上是限制当事人已经具有的权能，这是责令停产停业与吊销许可证或者营业执照之间的本质区别。

（五）行政拘留

行政拘留是公安机关对违反治安管理的人在短期内剥夺其人身自由的一种强制性惩罚措施。由于行政拘留是行政处罚中最严厉的一种，因而法律对其适用作了严格的规定：

第一，在适用机关上，只能由公安机关决定和执行。

第二，在适用对象上，如果行为人有下列情形之一，依法应当给予行政拘留处罚的，不执行行政拘留处罚：（1）已满 14 周岁不满 16 周岁的；（2）已满 16 周岁不满 18 周岁，初次违反治安管理的；（3）70 周岁以上的；（4）怀孕或者哺乳自己不满 1 周岁婴儿的。

第三，在适用时间上，为 1 日以上，15 日以下；有两种以上违反治安管理行为的，分别决定，合并执行。行政拘留处罚合并执行的，最长不超过 20 日。

第四，在适用程序上，必须经过传唤、讯问、取证、裁决、执行等程序。

（六）法律、行政法规规定的其他行政处罚

《行政处罚法》除以列举方式规定了上述五种行政处罚外，考虑到这五种行政处罚可能不足以处罚行政违法行为，又授权法律和行政法规这两种全国性的法律文件可以创设五种行政处罚以外的其他行政处罚。目前，由法律和行政法规新创设的行政处罚主要有通报批评、强制履行兵役、责令恢复植被、责令退还、限期拆除、限期治理、责令退回土地、驱逐出境、撤销注册商标、注销城市户口等。

四、行政处罚的设定

行政处罚设定是指有关国家机关依法在法律、法规、行政规章中创设行政处罚的活动。根据《行政处罚法》的规定，法律、行政法规、地方性法规、行政规章可以设定行政处罚，其他规范性文件不得设定行政处罚。具体法律规范的设定权限如下：

（一）法律的设定权

法律有权根据需要设定任何一种行政处罚。并且限制人身自由的行政处罚只能由法律设定。

（二）行政法规的设定权

行政法规可以设定除限制人身自由以外的行政处罚。法律对违法行为已经作出行政处罚规定，行政法规需要作出具体规定的，必须在法律规定的给予行政处罚的行为、种类和幅度的范围内规定。法律对违法行为未作出行政处罚规定，行政法规为实施法律，可以补充设定行政处罚。拟补充设定行政处罚的，应当通过听证会、论证会等形式广泛听取意见，并向制定机关作出书面说明。行政法规报送备案时，应当说明补充设定行政处罚的情况。

（三）地方性法规的设定权

地方性法规可以设定除限制人身自由、吊销营业执照以外的行政处罚。法律、行政法规对违法行为已经作出行政处罚规定，地方性法规需要作出具体规定的，必须在法律、行政法规规定的给予行政处罚的行为、种类和幅度的范围内规定。法律、行政法规对违法行为未作出行政处罚规定，地方性法规为实施法律、行政法规，可以补充设定行政处罚。拟补充设定行政处罚的，应当通过听证会、论证会等形式广泛听取意见，并向制定机关作出书面说明。地方性法规报送备案时，应当说明补充设定行政处罚的情况。

（四）规章的设定权

尚未制定法律、行政法规的，国务院部门规章对违反行政管理秩序的行为，可以设定警告、通报批评或者一定数额罚款的行政处罚。罚款的限额由国务院规定。尚未制定法律、法规的，地方政府规章对违反行政管理秩序的行为，可以设定警告、通报批评或者一定数额罚款的行政处罚。罚款的限额由省、自治区、直辖市人民代表大会常务委员会规定。

除法律、行政法规、地方性法规和规章外，其他规范性文件一律不得设定行政处罚。

五、行政处罚的实施主体

行政处罚的实施主体是指根据法定职权或行政机关的委托实施行政处罚的组织，包括国家行政机关、法律法规授权的组织以及受委托的组织。需要明确的是，行政处罚实施主体不等同于行政处罚主体，行政处罚主体是依法享有行政处罚权，并能承担相应法律后果的组织，包括国家行政机关和法律法规授权的组织，而受委托的组织是行政处罚的实施主体，但并不是行政处罚主体。据此，行政处罚的实施主体包括：

（一）行政机关

国家行政机关是最主要的行政处罚实施主体，但国家行政机关行使行政处罚权必须符合法律的要求。首先，不是所有的行政机关都有行政处罚权，只有依据法律规定或国务院授权的行政机关才有行政处罚权；其次，具有行政处罚权的行政机关只能在法定职权范围内实施行政处罚，即行政机关只能对自己主管业务内违反行政管理秩序的行为给予行政处罚。行政机关给予违法行为人以什么种类、多大幅度的处罚权限，要依法律对该机关的授权。

（二）综合执法机关

为了解决现实中行政机关权限不清、职能交叉而出现的多头处罚和滥施处罚的现象，《行政处罚法》第 18 条规定：“国家在城市管理、市场监管、生态环境、文化市场、交通运输、应急管理、农业等领域推行建立综合行政执法制度，相对集中行政处罚权。国务院或者省、自治区、直辖市人民政府可以决定一个行政机关行使有关行政机关的行政处罚权。限制人身自由的行政处罚权只能由公安机关和法律规定的其他机关行使。”将原来由几个行政机关分别行使管理权的管理领域统一由一个行政机关管理并对违法行为进行处罚，由此设立的机构就是综合执法机关，相对集中行使行政处罚权，其一般隶属县级以上地方人民政府。相对集中行使行政处罚权应遵循下列基本要求：（1）必须发生在综合管理领域，如城市管理、市场管理等领域，这些领域的行政管理权交叉现象比较突出，相对集中行使行政处罚权有利于减少冲突，降低执法成本，提高行政效率；（2）不能违背专属处罚权的权限分工，如限制人身自由的行政处罚只能由公安机关和法律规定的其他机关行使；（3）必须报经特定行政机关审批，有权进行审批的只能是国务院或省级人民政府。

（三）法律、法规授权的组织

作为行政机关行使行政处罚权的例外和补充，某些组织在法定条件下可以成为实施行政处罚的主体。能够被法律、法规授权的组织应具有一定的管理公共事务的职能。被授权组织在法定授权范围内行使行政处罚权。

（四）行政机关委托的组织

行政机关依照法律、法规或者规章的规定，可以在其法定权限内委托符合一定条件的组织实施行政处罚。行政机关不得委托其他组织或者个人实施行政处罚。委托行政机关对受委托的组织实施行政处罚的行为应当负责监督，并对该行为的后果承担法律责任。受委托组织在委托范围内，以委托行政机关名义实施行政处罚；不得再委托其他任何组织或者个人实施行政处罚。委托机关必须书面委托受委托组织实施行政处罚。委托书应当载明委托的具体事项、权限、期限等内容。委托行政机关和受委托组织应当将委托书向社会公布。

受委托组织必须符合以下条件：

1. 依法成立并具有管理公共事务职能；

2. 有熟悉有关法律、法规、规章和业务并取得行政执法资格的工作人员；

3. 需要进行技术检查或者技术鉴定的，应当有条件组织进行相应的技术检查或者技术鉴定。

六、行政处罚的管辖

行政处罚的管辖是指行政主体对违法案件实施处罚的权限分工。行政处罚的管辖包括如下几种：

（一）级别管辖

级别管辖是指不同级别的行政主体对违法行为在处罚上的权限和分工。行政处罚由县级以上地方人民政府具有行政处罚权的行政机关管辖。法律、行政法规另有规定的，从其规定。

省、自治区、直辖市根据当地实际情况，可以决定将基层管理迫切需要的县级人民政府部门的行政处罚权交由能够有效承接的乡镇人民政府、街道办事处行使，并定期组织评估。决定应当公布。承接行政处罚权的乡镇人民政府、街道办事处应当加强执法能力建设，按照规定范围、依照法定程序实施行政处罚。有关地方人民政府及其部门应当加强组织协调、业务指导、执法监督，建立健全行政处罚协调配合机制，完善评议、考核制度。

（二）地域管辖

地域管辖是不同地区的行政主体间对违法行为在行政处罚上的权限和分工。我国《行政处罚法》规定了地域管辖的原则，行政处罚由违法行为发生地的行政机关管辖。法律、行政法规、部门规章另有规定的，从其规定。

（三）职权管辖

职权管辖是指具有不同职能的行政主体之间在行政处罚上的权限和分工。行政主体的行政处罚权应与其法定的行政管理事项相一致，不能超出其法定的事务权限范围。《行政处罚法》规定，行政处罚由“有行政处罚权的行政机关管辖”，这明确了行政处罚的职能管辖。

（四）指定管辖

指定管辖是指在管辖权发生争议时，上级行政机关以决定的方式将行政处罚案件指定给下级行政机关管辖。管辖权争议包括积极争议和消极争议。我国《行政处罚法》规定，两个以上行政机关都有管辖权的，由最先立案的行政机关管辖。对管辖发生争议的，应当协商解决，协商不成的，报请共同的上一级行政机关指定管辖；也可以直接由共同的上一级行政机关指定管辖。

七、行政处罚的适用

行政处罚的适用，是指行政处罚实施主体对行政违法案件通过调查核实，具体运用行政处罚法规范，决定是否给予违法行为人处罚以及如何处罚的活动。

行政处罚实施主体在行政处罚适用过程中，应当在事实与证据的基础上，区别不同情形，依法作出不同的处罚决定。

（一）不予处罚

不予处罚，是指因有法律、法规所规定的法定事由存在，行政机关对某些形式上虽违法但实质上不应当承担违法责任的人不适用行政处罚。根据《行政处罚法》规定，如下情形不予处罚：

第一，不具有责任能力的人违法，不予处罚。包括：

1. 不满十四周岁的未成年人有违法行为的，不予行政处罚，责令监护人加以管教；

2. 精神病人、智力残疾人在不能辨认或者不能控制自己行为时有违法行为的，不予行政处罚，但应当责令其监护人严加看管和治疗。

第二，违法行为轻微并及时改正，没有造成危害后果的，不予行政处罚。

第三，初次违法且危害后果轻微并及时改正的，可以不予行政处罚。

第四，当事人有证据足以证明没有主观过错的，不予行政处罚。法律、行政法规另有规定的，从其规定。

第五，违法行为已超过追究时效的。

（二）从轻或减轻处罚

从轻处罚，是指行政机关在法定的处罚方式和处罚幅度内，对行政违法行为人在几种可能的处罚方式内选择较低的处罚方式，或者在一种处罚方式下在允许的幅度内选择幅度的较低限进行处罚。当然，从轻处罚也不是绝对要适用最轻的处罚方式，更不是一定要在幅度最低限进行处罚，行政机关要综合考虑其他违法情节，同时针对违法者的具体情况，如是否属于未成年人，是否有受他人胁迫实施违法行为的因素，违法后是否主动消除、减轻违法行为的危害后果或者配合行政机关查处违法行为，是否有立功表现，等等，作出如何从轻处罚的具体决定。减轻处罚，是指行政机关在法定的处罚方式和处罚幅度最低限以下，对违法行为人适用行政处罚。在处罚的程度上，它介于从轻处罚和免于处罚之间。具体来说，减轻处罚有两种情况：一种情况是行政机关在法定的处罚方式以下对违法者实施处罚。另一种情况是行政机关在法定的处罚幅度最低限以下实施处罚。

《行政处罚法》规定了当事人在几种情况下行政机关可以依法给予从轻处罚或者减轻处罚：

1. 当事人有下列情形之一，应当从轻或者减轻行政处罚：（1）主动消除或者减轻违法行为危害后果的；（2）受他人胁迫或者诱骗实施违法行为的；（3）主动供述行政机关尚未掌握的违法行为的；（4）配合行政机关查处违法行为有立功表现的；（5）法律、法规、规章规定其他应当从轻或者减轻行政处罚的。

2. 已满14周岁不满18周岁的未成年人有违法行为的，应当从轻或者减轻行政处罚。

3. 间歇性精神病人在精神正常时有违法行为的，应当给予行政处罚。尚未完全丧失辨认或者控制自己行为能力的精神病人、智力残疾人有违法行为的，可以从轻或者减轻行政处罚。

（三）从重处罚

从重处罚，是指行政机关在法定的处罚方式和幅度内，对行政违法行为人在数种处罚方式中选择较严厉的处罚方式或者在某一处罚方式允许的幅度内选择上限或者接近于上限进行的处罚。我国《行政处罚法》只规定了一种从重处罚情形，即发生重大传染病疫情等突发事件，为了控制、减轻和消除突发事件引起的社会危害，行政机关对违反突发事件应对措施的行为，依法快速、从重处罚。

但需要指出的是，对行政违法行为从重处罚，必须是在法律、法规规定的种类和幅度内进行，超过法定范围的从重处罚，是不允许的。

（四）特别要求

1. 行政机关实施行政处罚时，应当责令当事人改正或者限期改正违法行为。

2. 对当事人的同一个违法行为，不得给予两次以上罚款的行政处罚。

3. 违法行为构成犯罪的，行政机关必须将案件移送司法机关，依法追究刑事责任。

4. 违法行为构成犯罪，人民法院判处拘役或者有期徒刑时，行政机关已经给予当事人行政拘留的，应当依法折抵相应刑期。违法行为构成犯罪，人民法院判处罚金时，行政机关已经给予当事人罚款的，应当折抵相应罚金；行政机关尚未给予当事人罚款的，不再给予罚款。

八、行政处罚的程序

行政处罚程序，是指行政处罚主体在实施行政处罚过程中要遵循的步骤和方式的总和。

（一）简易程序

简易程序又称当场处罚程序，是指行政处罚主体针对事实清楚、情节简单、后果轻微的行政违法行为，当场作出行政处罚决定应遵循的程序。根据《行政处罚法》第 51 条的规定，适用简易程序必须符合下列三个条件：第一，违法事实确凿。这主要是指案情简单、事实清楚、证据确凿，无须进一步调查取证；第二，对该违法行为进行处罚有明确、具体的法定依据；第三，处罚较为轻微，适用于对公民给予 200 元以下，对法人或者其他组织给予 3000 元以下罚款或者警告的行政处罚的，才能适用简易程序。对公民、法人或者其他组织给予超出限额罚款或者其他种类的行政处罚，只能按一般程序办理，不能适用简易程序。

根据《行政处罚法》第52条的规定，适用简易程序应遵循以下程序：执法人员当场作出行政处罚决定的，应当向当事人出示执法证件；告知作出行政处罚决定的事实、理由和依据，并听取当事人的陈述和申辩；填写预定格式、编有号码的行政处罚决定书并当场交付当事人。行政处罚决定书应当载明当事人的违法行为，行政处罚的种类和依据、罚款数额、时间、地点，申请行政复议，提起行政诉讼的途径和期限以及行政机关名称，并由执法人员签名或者盖章；执法人员当场作出的行政处罚决定，应当报所属行政机关备案。当事人对当场作出的行政处罚决定不服的，可以依法申请行政复议或提起行政诉讼。

（二）一般程序

一般程序，又称普通程序，是行政处罚主体进行行政处罚的基本程序。除了可以适用简易程序当场作出行政处罚决定外，行政处罚主体都应当按照一般程序作出行政处罚决定。一般程序包括立案、调查取证、处罚决定的作出和处罚决定书的交付、送达等内容。行政处罚一般程序的具体内容如下：

1. 立案

立案是行政处罚主体将所发现的、应当追究法律责任的违法活动予以登记并确立为应受到调查处理的案件的活动。立案标志着行政处罚一般程序的开始。立案的来源有多种渠道，如现场发现违法行为、群众举报、受害人控告揭发、上级机关交办等。立案应在法定期限内，填写专门格式的立案报告表，并由本机关负责人批准。

2. 调查取证

调查和取证是行政机关对于立案处理的案件，为查明案情、收集证据而依法定程序进行的专门活动，是行政处罚的核心程序。调查取证应当遵循全面、客观、公正的原则。根据《行政处罚法》的规定，行政机关在调查取证时可以进行抽样取证和先行登记保存；调查时执法人员不得少于2人；执法人员应当向当事人或者有关人员出示证件；询问当事人、证人应当制作询问笔录；在必要的时候，行政机关可以对当事人本人或者与案件有关的场所进行检查，进行检查应当制作检查笔录；为取得证据而进行现场勘验的，也应当制作现场勘验笔录；与当事人有利害关系的执法人员应当回避，当事人也有权申请回避。

3. 说明理由并告知权利

作出处罚决定之前，行政处罚主体应当将拟作出的行政处罚决定的事实、理由和依据告知行政相对人，并告知相对人依法享有的权利。

4. 听取当事人的陈述和申辩

行政机关及其执法人员在作出行政处罚决定之前，不依照《行政处罚法》的规定向当事人告知给予行政处罚的事实、理由和依据，或者拒绝听取当事人的陈述、申辩，行政处罚决定不能成立；当事人放弃陈述或者申辩权利的除外。对当事人的陈述和申辩，行政机关必须认真听取，对当事人陈述和申辩中提出的事实、理由和证据应当进行复核，当事人提出的事实、理由或证据成立的，行政机关应当采纳。

5. 作出处理决定并送达当事人

调查终结，行政机关负责人应当对调查结果进行审查，根据不同情况，分别作出如下决定：

(1) 确有应受行政处罚的违法行为的，根据情节轻重及具体情况，作出行政处罚决定；

(2) 违法行为轻微，依法可以不予行政处罚的，不予行政处罚；

(3) 违法事实不能成立的，不予行政处罚；

(4) 违法行为涉嫌犯罪的，移送司法机关。

对情节复杂或者重大违法行为给予行政处罚，行政机关负责人应当集体讨论决定。

在行政机关负责人作出行政处罚的决定之前，如果存在（1）涉及重大公共利益的；（2）直接关系当事人或者第三人重大权益，经过听证程序的；（3）案件情况疑难复杂、涉及多个法律关系的；（4）法律、法规规定应当进行法制审核等情形的，应当由从事行政处罚决定法制审核的人员进行法制审核；未经法制审核或者审核未通过的，不得作出决定。

行政机关依照《行政处罚法》规定给予行政处罚，应当制作行政处罚决定书。行政处罚决定书应当载明下列事项：

(1) 当事人的姓名或者名称、地址；

(2) 违反法律、法规或者规章的事实和证据；

(3) 行政处罚的种类和依据；

(4) 行政处罚的履行方式和期限；

(5) 不服行政处罚决定，申请行政复议或者提起行政诉讼的途径和期限；

(6) 作出行政处罚决定的行政机关名称和作出决定的日期。

行政处罚决定书必须盖有作出行政处罚决定的行政机关的印章。

行政机关应当自行政处罚案件立案之日起90日内作出行政处罚决定。法律、法规、规章另有规定的，从其规定。

行政处罚决定应当在宣告后当场交付当事人；当事人不在场的，行政机关应当在7日内依照《民事诉讼法》的有关规定，将行政处罚决定书送达当事人。

(三) 听证程序

听证程序是一般程序中的一种特殊程序，是行政主体在作出行政处罚决定前，组织调查人员、案件当事人和利害关系人参加听证会，听取各方面的意见，由各方提供证据并相互质证的活动。其目的是保证行政处罚的公正、合理，能更好地保护相对人的合法权益。听证程序适用于处理案件较复杂或者较重大的违法行为，应处以较重的行政处罚的行政违法案件。《行政处罚法》第63条规定了6种情况可以适用听证程序，包括（1）较大数额罚款；（2）没收较大数额违法所得、没收较大价值非法财物；（3）降低资质等级、吊销许可证件；（4）责令停产停业、责令关闭、限制从业；（5）其他较重的行政处罚；（6）法律、法规、规章规定的其他情形。行政机关作出以上行政处罚决定之前，应当告知当事人有要求举行听证的权利；当事人要求听证的，行政机关应当组织听证。当事人不承担行政机关组织听证的费用。

听证依照以下程序组织：

1. 当事人要求听证的，应当在行政机关告知后5日内提出；

2. 行政机关应当在举行听证的7日前，通知当事人及有关人员听证的时间、地点；

3. 除涉及国家秘密、商业秘密或者个人隐私依法予以保密外，听证公开举行；

4. 听证由行政机关指定的非本案调查人员主持；当事人认为主持人与本案有直接利害关系的，有权申请回避；

5. 当事人可以亲自参加听证，也可以委托一至二人代理；

6. 当事人及其代理人无正当理由拒不出席听证或者未经许可中途退出听证的，视为放弃听证权利，行政机关终止听证；

7. 举行听证时，调查人员提出当事人违法的事实、证据和行政处罚建议，当事人进行申辩和质证；

8. 听证应当制作笔录。笔录应当交当事人或者其代理人核对无误后签字或者盖章。当事人或者其代理人拒绝签字或者盖章的，由听证主持人在笔录中注明。

听证结束后，行政机关应当根据听证笔录，依照本法的规定，作出决定。

九、行政处罚的执行

行政处罚的执行，是指行政处罚决定作出并生效后，通过受处罚相对人的自觉履行或行政主体的强制执行，以实现行政处罚决定内容的活动。

（一）总体要求

1. 行政处罚决定依法作出后，当事人应当在行政处罚决定的期限内，予以履行。

2. 当事人对行政处罚决定不服申请行政复议或者提起行政诉讼的，行政处罚不停止执行，法律另有规定的除外。

3. 作出罚款决定的行政机关应当与收缴罚款的机构分离。原则上作出行政处罚决定的行政机关及其执法人员不得自行收缴罚款。

4. 当事人应当自收到行政处罚决定书之日起15日内，到指定的银行缴纳罚款。银行应当收受罚款，并将罚款直接上缴国库。

（二）当场收缴罚款

根据罚缴相分离原则，行政执法人员一般不能自行收缴罚款。这一原则也有例外，在存在以下情况时可以当场收缴罚款：（1）适用简易程序处罚的，有下列情形之一，执法人员可以当场收缴罚款：①依法给予100元以下罚款的；②不当场收缴事后难以执行的。（2）适用简易程序和普通程序处罚的，在边远、水上、交通不便地区，当事人到指定的银行或者通过电子支付系统缴纳罚款确有困难，经当事人提出，行政机关及其执法人员可以当场收缴罚款。

行政机关及其执法人员当场收缴罚款的，必须向当事人出具省、自治区、直辖市财政部门统一制发的罚款收据；不出具财政部门统一制发的罚款收据的，当事人有权拒绝缴纳罚款。执法人员当场收缴的罚款，应当自收到罚款之日起2日内交到行政机关；在水上当场收缴的罚款，应当自抵岸之日起2日内交到行政机关；行政机关应当在2日内将罚款缴付指定的银行。

（三）执行保障

行政处罚相对人无正当理由不履行行政处罚决定的，作出行政处罚决定的行政机关可以采取以下措施：第一，当事人逾期不缴纳罚款，又未提出延期或分期缴纳的申请，或者虽然提出了申请但未获批准的，行政机关可以对当事人每日加处原罚款数额的百分之三的罚款；第二，当事人逾期不履行罚款决定，而又无任何正当理由的，行政机关可以依法将查封、扣押的财物拍卖，将拍卖款抵缴罚款，或者依法将冻结的存款划拨抵缴罚款人；第三，行政机关可以申请人民法院依法强制执行。

（四）特别规定

1. 当事人确有经济困难，需要延期或者分期缴纳罚款的，经当事人申请和行政机关批准，可以暂缓或者分期缴纳。

2. 除依法应当予以销毁的物品外，依法没收的非法财物必须按照国家规定公开拍卖或者按照国家有关规定处理。罚款、没收违法所得或者没收非法财物拍卖的款项，必须全部上缴国库，任何行政机关或者个人不得以任何形式截留、私分或者变相私分；财政部门不得以任何形式向作出行政处罚决定的行政机关返还罚款、没收的违法所得或者返还没收非法财物的拍卖款项。

3. 行政机关应当建立健全对行政处罚的监督制度。县级以上人民政府应当加强对行政处罚的监督检查。公民、法人或者其他组织对行政机关作出的行政处罚，有权申诉或者检举；行政机关应当认真审查，发现行政处罚有错误的，应当主动改正。

第三节　行 政 强 制

案例导入

王某参加其同事婚礼，席间喝醉酒并拒绝其同事送其回家。王某在回家途中，对过往的行人寻衅滋事并对往来车辆扔石块。正在执勤的巡警发现王某的行为后强行将其带至公安机关予以管束，直到第二天凌晨王某酒醒后才放其回家。

本案知识点

行政强制措施及其种类。

一、行政强制概述

（一）行政强制的概念和特征

为了规范行政强制的设定和实施，保障和监督行政机关依法履行职责，维护公共利益和社会秩序，保护公民、法人和其他组织的合法权益，2011 年 6 月 30 日第十一届全国人大常委会第二十一次会议表决通过《行政强制法》，自 2012 年 1 月 1 日起施行。行政强制，是指行政机关为了实现行政目的，根据法律赋予的强制权对相对人的人身、财产和行为采取的强制性措施。行政强制具有以下特征：

1. 行政强制的主体是行政主体。实施行政强制的主体必须是法律、法规明确规定的行政机关或法律法规授权的组织。如果没有法律、法规的明确规定，行政主体可以申请法院实施强制，但是行政强制的主体并不因此变成人民法院，行政强制也不改变其行政的性质。

2. 行政强制的对象是行政相对人的财物和人身自由。行政强制的前提是行政相对人拒不履行行政法义务，或对社会秩序及他人的人身安全和健康可能构成危害，或其本身正处于某种危险状态中，导致行政主体作出的针对其财物或人身自由的行政强制行为。

3. 行政强制的目的是为实现一定的行政目的，保障行政管理的顺利进行，保护国家、社会和他人的合法权益免受侵害。

行政强制根据不同的标准可以进行多维度的分类，如按照执行主体不同，可以分为行政主体直接强制和申请法院采取强制；根据强制对象的不同，可以分为对财产的强制、对人身的强制和对行为的强制；根据我国《行政强制法》第2条的规定，行政强制可以分为行政强制措施和行政强制执行。

（二）行政强制的原则

1. 行政强制法定原则

这一原则要求行政强制的“设定和实施”应当依照法定的“权限、范围、条件和程序”。

2. 行政强制适当原则

行政强制的设定和实施应当适当、合理，应当符合比例原则。首先，设定行政强制应当适当。立法机关设定行政强制时，应当保持谨慎的态度，在维护公共秩序和保护公民权利之间掌握平衡。其次，实施行政强制应当适当。能不实施就不实施。查封、扣押、冻结的财物价值应当适当。选择适当的强制手段：当事人不依法履行行政决定时，应当优先使用非强制手段；行政机关应当优先使用间接强制手段（代履行、执行罚），在代履行和执行罚无法实现行政目的时，才适用直接强制执行；多种强制手段都可以实现行政目的，应当选择对当事人损害最小的方式，即符合“比例原则”的要求。

3. 教育与强制相结合原则

这一原则要求经教育能达到行政管理目的的，不再实施强制。在制作行政强制决定前要催告，实施行政强制时要说理；在催告或者实施前，只要当事人愿意自动履行的，应当立即停止强制执行；行政机关申请人民法院强制执行前，应当催告当事人履行义务。

4. 禁止利用行政强制权谋取利益原则

行政机关及其工作人员不得利用行政强制权为单位或者个人谋取利益。不得使用被查封、扣押的财产；不得收取保管费；收支两条线；合理确定代履行费用。

5. 权利保障原则

公民、法人或者其他组织对行政机关实施行政强制，享有陈述权、申辩权；有权依法申请行政复议或者提起行政诉讼；因行政机关违法实施行政强制受到损害的，有权依法要求赔偿。公民、法人或者其他组织因人民法院在强制执行中有违法行为或者扩大强制执行范围受到损害的，有权依法要求赔偿。

二、行政强制措施

（一）行政强制措施的概念和特征

行政强制措施，是指行政机关在行政管理过程中，为制止违法行为、防止证据损毁、避免危害发生、控制危险扩大等情形，依法对公民的人身自由实施暂时性限制，或者对公民、法人或者其他组织的财物实施暂时性控制的行为。行政强制措施有如下特征：

1. 强制性

行政强制措施是对相对人身体、财产进行直接的且重大的限制和侵害，当行政机关实施行政强制措施时，相对人负有容忍的义务，因而具有明显的强制性。

2. 主体法定性

《行政强制法》第17条规定，行政强制措施由法律、法规规定的行政机关在法定职权范围内实施。行政强制措施权不得委托。依据《行政处罚法》的规定行使相对集中行政处罚权的行政机关，可以实施法律、法规规定的与行政处罚权有关的行政强制措施。行政强制措施应当由行政机关具备资格的行政执法人员实施，其他人员不得实施。

3. 紧急性

行政强制措施与其他行政强制行为最大的区别就在于时间上的紧急性，亦即为制止违法行为、防止证据损毁、避免危害发生、控制危险扩大等情形。

4. 侵益性

根据《行政强制法》第2条第2款的规定，行政强制措施处分的是行政相对人的人身自由和财产，是对上述权利暂时性的限制或控制，具有明显的侵益性。不过，大多行政强制措施仍有采用侵益性方式达致保护行政相对人或第三人之目的。如救助房中危难公民，有关机关多以损害公民的房屋权利进行处置，或者对酒醉人员的约束，则是以限制醉酒人员的人身自由来实现的。

（二）行政强制措施的种类

《行政强制法》第9条规定，行政强制措施的种类包括：（1）限制公民人身自由；（2）查封场所、设施或者财物；（3）扣押财物；（4）冻结存款、汇款；（5）其他行政强制措施。

在实践中，行政强制措施手段多种多样，可以分为限制人身自由，处置财物，进入住宅、场所三类。

1. 限制人身自由

根据相关法律的规定，行政机关在特定情形下可以限制行政相对人的人身自由。一是行政相对人处于醉酒、精神病发作等状态，非管制不能避免行政相对人对其本人造成危害或对他人构成威胁；二是行政相对人意欲自杀，非管制不能保护其生命；三是行政相对人存在其他严重危害公共安全或他人人身安全的情形，非管制不足以预防或救护。

我国相关立法规定了多种限制人身自由的方式，如保护性约束、立即拘留、强制扣留、强制搜查、强制隔离、强制治疗、现场管制、强行驱散等。

2. 处置财物

行政机关在实施行政强制过程中，可以对相关财物依法进行处置，涉及所有权的四项权能，即行政机关可以对相关财物依法占有、使用、收益、处分。在实践中，行政机关采取行政强制措施处置财物具体表现为对查封、扣押、冻结、使用、处分以及对财物的使用进行限制等。

3. 进入住宅、场所

当公民的生命、身体、财产有危险，非进入住宅、场所不能实施救护或不能制止危害行为时，显然有必要允许行政机关工作人员及时进入该住宅、场所采取一定措施。需要注意的是，及时进入公民住宅必须有法律明确的授权。

（三）行政强制措施的设定

1. 法律可以设定各类行政强制措施

根据《行政强制法》的规定，行政强制措施属于法律保留的事项，行政强制权原则上由全国人大或全国人大常委会制定法律设定。通俗地说，法律不禁止公民做的就是公民的自由，法律未明确、具体设定行政强制权的，行政机关就不具有该项行政职权。通过法律直接设定行政强制权，既是实现行政机关其他行政职权的有效保障，也是对公民合法权益的有力保护。

2. 行政法规可以设定部分行政强制措施

在权利义务设定方面，法律的保留并不是绝对的。除了涉及公民基本权利必须由立法机关制定法律予以调整的事项以外，许多国家的立法机关通过法律授予行政机关制定必要规则的权力。《行政强制法》第10条第2款规定：尚未制定法律，且属于国务院行政管理职权事项的，行政法规可以设定除本法第9条第1项、第4项和应当由法律规定的行政强制措施以外的其他行政强制措施。

3. 地方性法规可以设定部分行政强制措施

《行政强制法》第10条第3款规定：尚未制定法律、行政法规，且属于地方性事务的，地方性法规可以设定本法第9条第2项、第3项的行政强制措施。

4. 法律、法规以外的其他规范性文件不得设定行政强制措施

其他规范性文件一般包括两类：行政规章；行政规范性文件，主要是指由国家机关制定的不属于立法，但又具有普遍约束力、能够反复适用的文件。以上规范性文件均不得设定任何种类的行政强制。

（四）行政强制措施的实施程序

行政强制措施的实施程序是指行政机关遵循法定方式、步骤、时限和顺序等要求实施行政强制措施的连续过程。

1. 行政强制措施的一般程序

行政强制措施的一般程序，是指实施各种行政强制措施都应遵循的程序规定。《行政强制法》第18条规定，行政机关实施行政强制措施应当遵守下列规定：（1）实施前须向行政机关负责人报告并经批准；（2）由两名以上行政执法人员实施；（3）出示执法身份证件；（4）通知当事人到场；（5）当场告知当事人采取行政强制措施的理由、依据以及当事人依法享有的权利、救济途径；（6）听取当事人的陈述和申辩；（7）制作现场笔录；（8）现场笔录由当事人和行政执法人员签名或者盖章，当事人拒绝的，在笔录中予以注明；（9）当事人不到场的，邀请见证人到场，由见证人和行政执法人员在现场笔录上签名或者盖章；（10）法律、法规规定的其他程序。

情况紧急，需要当场实施行政强制措施的，行政执法人员应当在24小时内向行政机关负责人报告，并补办批准手续。行政机关负责人认为不应当采取行政强制措施的，应当立即解除。

2. 限制人身自由程序

依照法律规定实施限制公民人身自由的行政强制措施，除应当履行上述一般程序外，还应当遵守下列规定：（1）当场告知或者实施行政强制措施后立即通知当事人家属实施行政强制措施的行政机关、地点和期限；（2）在紧急情况下当场实施行政强制措施的，在返回行政机关后，立即向行政机关负责人报告并补办批准手续；（3）法律规定的其他程序。

实施限制人身自由的行政强制措施不得超过法定期限。实施行政强制措施的目的已经达到或者条件已经消失，应当立即解除。

3. 查封、扣押程序

（1）查封扣押的范围。《行政强制法》规定，查封、扣押限于涉案的场所、设施或者财物，不得查封、扣押与违法行为无关的场所、设施或者财物；不得查封、扣押公民个人及其所扶养家属的生活必需品。当事人的场所、设施或者财物已被其他国家机关依法查封的，不得重复查封。

（2）查封扣押的一般规定。行政机关决定实施查封、扣押的，应当履行本法第18条规定的程序，制作并当场交付查封、扣押决定书和清单。

查封、扣押决定书应当载明下列事项：①当事人的姓名或者名称、地址；②查封、扣押的理由、依据和期限；③查封、扣押场所、设施或者财物的名称、数量等；④申请行政复议或者提起行政诉讼的途径和期限；⑤行政机关的名称、印章和日期。查封、扣押清单一式二份，由当事人和行政机关分别保存。

(3) 查封、扣押的期限。查封、扣押的期限不得超过法定期限30日；情况复杂的，经行政主体负责人批准，可以延长（延长期限不得超过30日）。但是，法律、行政法规对期限另有规定的除外。延长查封、扣押的决定应当告知当事人，并说明理由。在法定期间行政机关应当依法作出处理决定。

4. 冻结存款程序

冻结存款、汇款应当由法律规定的行政机关实施，不得委托给其他行政机关或者组织；其他任何行政机关或者组织不得冻结存款、汇款。金融机构接到行政机关依法作出的冻结通知书后，应当立即予以冻结，不得拖延，不得在冻结前向当事人泄露信息。依照法律规定冻结存款、汇款的，作出决定的行政机关应当在3日内向当事人交付冻结决定书。自冻结存款、汇款之日起30日内，行政机关应当作出处理决定或者作出解除冻结决定；情况复杂的，经行政机关负责人批准，可以延长，但是延长期限不得超过30日。法律另有规定的除外。延长冻结的决定应当及时书面告知当事人，并说明理由。

三、行政强制执行

(一) 行政强制执行的概念和特征

行政强制执行，是指行政机关或者行政机关申请人民法院，对不履行行政决定的公民、法人或者其他组织，依法强制履行义务的行为。行政强制执行是行政相对人不履行生效具体行政行为所确定的义务，行政机关或人民法院依职权强迫其履行该义务或达到与履行义务相同状态的行为。行政强制执行具有如下特征：

1. 行政强制执行以行政相对人逾期不履行义务为前提

若行政相对人已主动履行了义务就不产生强制执行问题。只有在相对人逾期不履行具体行政行为确定的义务时，才有采取行政强制执行的可能与必要。不履行义务有两种情况：其一，继续从事已被明令禁止的行为，如已被责令停产停业，但义务人继续从事经营活动；其二，不履行必须以作为的方式积极履行的义务，如不缴纳应缴纳的税款。

2. 行政强制执行的目的是使具体行政行为确定的义务得以实现

行政强制执行实现的义务不限于行政处罚确定的义务，大量的也可能是行政征收的义务或其他有给付义务的行政处理所确定的义务。行政强制执行不为行政相对人设定新的义务，而是使已设定的义务得以实现，为其他实体的、确定义务的行政行为得以实现提供保证。当然，行政强制执行必须以行政行为确定的义务为限，如不能超出范围划拨相对人所有的存款。

3. 行政强制执行的根据是生效的行政决定或称具体行政行为

有人认为行政强制执行的根据还包括抽象的行政法律规范，但从各国立法的趋势看，倾向于仅以具体行政行为为表现载体的行政决定为依据，不以抽象的法律规定为直接依据，因为将法律规范作为行政强制执行的直接依据，容易导致行政机关滥用权力，不利于保护行政相对人的合法权利。抽象的行政法律规范所确定的义务必须经具体行政行为才能转化为强制执行的依据，实践中，行政强制执行的标的也均为具体行政行为，在《行政强制法》中称为行政决定。

4. 行政强制执行的主体是行政机关或人民法院

根据《行政诉讼法》第97条的规定，我国行政强制执行制度可以理解为以行政机关申请人民法院执行为原则、行政机关自行执行为例外，只有在法律、法规明确规定行政机关享有强制执行权时，行政机关才能自行强制执行。这是因为行政强制执行涉及相对人的人身和财产，为了保护相对人的利益，防止行政机关滥用权力，由人民法院执行更为合适。

（二）行政强制执行的种类

《行政强制法》第12条规定，行政强制执行的方式包括：

1. 加处罚款或者滞纳金；
2. 划拨存款、汇款；
3. 拍卖或者依法处理查封、扣押的场所、设施或者财物；
4. 排除妨碍、恢复原状；
5. 代履行；
6. 其他强制执行方式。

这些方式在学理上可以分为间接强制和直接强制。

1. 间接强制执行

间接强制执行是指行政主体通过间接手段迫使义务人履行其应当履行的法定义务或者达到与履行义务相同状态的行政强制措施。间接强制包括代履行和执行罚。

2. 直接强制执行

直接强制执行是指义务人逾期不履行义务时，由执行机关直接采取强制措施，迫使其履行义务或达到与义务人履行义务相同的状态。直接强制是迫使义务人履行义务或达到与履行义务相同状态的最有效的方法，虽然有利于提高行政效率，但如果滥用则会直接侵害相对人的合法权益。

（三）行政强制执行的设定

由于行政强制执行涉及公民的基本权利、义务，往往会剥夺或限制公民的人身权或财产权，所以，对行政强制职权的创设应当有严格的立法控制。《行政强制法》第13条明确规定，行政强制执行由法律设定。法律没有规定行政机关强制执行的，作出行政决定的行政机关应当申请人民法院强制执行。因此，有权设定强制执行的只有法律，其他任何规范性法律文件均不得设定行政强制执行。

(四) 行政机关实施的行政强制执行程序

行政强制执行程序是执行机关在实施行政强制执行措施时所遵循的具体方式、步骤和过程的总和。严密的程序是行政强制执行合法性的重要保障。由于我国行政强制执行可分为行政机关实施的强制执行和人民法院实施的强制执行，二者在实施程序上存在一定差别。

根据《行政强制法》第35~38条的规定，行政机关强制执行程序一般包括以下五个步骤：

1. 催告程序

催告，是指当事人不履行其义务时，行政机关通过法定形式向其发出通知，告知并催促其自觉履行，并告知其不自觉履行将产生的不利后果。催告应当以书面形式作出，催告书应载明四项内容：①履行义务的期限；②履行义务的方式；③涉及金钱给付的，应当有明确的金额和给付方式；④当事人依法享有的陈述权和申辩权。

并不是所有强制执行都要经过催告，根据《行政强制法》的规定，无须催告的例外包括两种情形：第一，行政机关依法作出金钱给付义务的行政决定，当事人逾期不履行的，行政机关可以依法加处罚款或者滞纳金。加处罚款或者滞纳金的标准应当告知当事人。第二，需要立即清除道路、河道、航道或者公共场所的遗撒物、障碍物或者污染物，当事人不能清除的，行政机关可以决定立即实施代履行；当事人不在场的，行政机关应当在事后立即通知当事人，并依法作出处理。

2. 听取当事人的陈述和申辩

当事人收到催告书后有权进行陈述和申辩。行政机关应当充分听取当事人的意见，对当事人提出的事实、理由和证据，应当进行记录、复核。当事人提出的事实、理由或者证据成立的，行政机关应当采纳。在行政强制执行决定作出前，法律赋予当事人陈述权和申辩权，既为当事人提供了一次在行政执行程序中的救济机会，也为行政机关提供了发现并更正行政决定中可能存在的错误和瑕疵的机会，有利于防止行政机关单方面作出对当事人不利的决定，以充分保护当事人的合法权益。

3. 作出行政强制执行决定

根据《行政强制法》第37条的规定，行政强制执行决定作出应当具备三个条件：第一，行政机关已经履行了催告程序；第二，催告期限届满，当事人逾期仍不履行行政决定所确定的义务；第三，当事人逾期不履行行政义务且没有正当理由。强制执行决定应当以书面形式作出，并载明五项内容：①当事人的姓名或者名称、地址；②强制执行的理由和依据；③强制执行的方式和时间；④申请行政复议或者提起行政诉讼的途径和期限；⑤行政机关的名称、印章和日期。在催告期间，对有证据证明有转移或者隐匿财物迹象的，行政机关可以作出立即强制执行决定，而无须等待催告书中载明的履行义务的期限期满。这样规定是为了防止当事人将可供执行的财产转移或隐匿导致行政机关无法强制执行，从而给国家利益、社会公共利益和他人合法权益造成更大的损害。

4. 送达催告书和行政强制执行决定书

送达是行政机关依照法定的程序和方式将催告书、行政强制执行决定书送交当事人的单方行为。送达虽然只是一种通知行为，却是行政强制执行的必经程序。如果催告书和行政强制执行决定书无法以法定途径送达当事人，行政强制执行将无法展开。

5. 强制执行

如果相对人在限定期限内仍不自动履行具体行政行为所确定的义务，则行政机关可以采取强制手段执行，执行费用由被执行人承担。

（五）金钱给付义务的执行

1. 行政机关依法作出金钱给付义务的行政决定，当事人逾期不履行的，行政机关可以依法加处罚款或者滞纳金。加处罚款或者滞纳金的标准应当告知当事人。加处罚款或者滞纳金的数额不得超出金钱给付义务的数额。

2. 行政机关实施加处罚款或者滞纳金超过 30 日，经催告当事人仍不履行的，具有行政强制执行权的行政机关可以强制执行。

3. 没有行政强制执行权的行政机关应当申请人民法院强制执行。但是，当事人在法定期限内不申请行政复议或者提起行政诉讼，经催告仍不履行的，在实施行政管理过程中已经采取查封、扣押措施的行政机关，可以将查封、扣押的财物依法拍卖抵缴罚款。

4. 划拨存款、汇款应当由法律规定的行政机关决定，并书面通知金融机构。金融机构接到行政机关依法作出划拨存款、汇款的决定后，应当立即划拨。法律规定以外的行政机关或者组织要求划拨当事人存款、汇款的，金融机构应当拒绝。

5. 划拨的存款、汇款以及拍卖和依法处理所得的款项应当上缴国库或者划入财政专户。任何行政机关或者个人不得以任何形式截留、私分或者变相私分。

（六）代履行

1. 代履行的条件

行政机关依法作出要求当事人履行排除妨碍、恢复原状等义务的行政决定，当事人逾期不履行，经催告仍不履行，其后果已经或者将危害交通安全、造成环境污染或者破坏自然资源的，行政机关可以代履行，或者委托没有利害关系的第三人代履行。

2. 代履行程序

(1) 代履行前送达决定书，代履行决定书应当载明当事人的姓名或者名称、地址，代履行的理由和依据、方式和时间、标的、费用预算以及代履行人；

(2) 代履行3日前，催告当事人履行，当事人履行的，停止代履行；

(3) 代履行时，作出决定的行政机关应当派员到场监督；

(4) 代履行完毕，行政机关到场监督的工作人员、代履行人和当事人或者见证人应当在执行文书上签名或者盖章。

代履行的费用按照成本合理确定，由当事人承担。但是，法律另有规定的除外。代履行不得采用暴力、胁迫以及其他非法方式。

3. 立即代履行

需要立即清除道路、河道、航道或者公共场所的遗洒物、障碍物或者污染物，当事人不能清除的，行政机关可以决定立即实施代履行；当事人不在场的，行政机关应当在事后立即通知当事人，并依法作出处理。

(七) 人民法院行政强制执行程序

1. 申请

行政机关的申请是人民法院强制执行的前提和第一个环节，人民法院只有在收到行政机关的执行申请后，才开始决定是否执行。行政机关申请强制执行时，必须向人民法院提交申请执行书、据以执行的行政处罚决定以及其他必须提交的材料。在申请执行书中，应说明要求强制执行的法律根据和事实根据、执行对象和执行标的等，以便接受司法机关的审查。

2. 审查

人民法院在收到行政机关的执行申请书及其他必备材料后，应从法律和事实两个方面进行审查。前者如行政处罚决定的内容是否合法，行政处罚决定是否已经产生执行力；后者如行政处罚决定据以处罚当事人的事实是否清楚等。经审查后，认为行政处罚决定正确，执行申请合法的，人民法院应立案并作出强制执行的决定，并将决定通知申请机关。如果认为确有错误或违法的，经人民法院院长批准，作出不予立案的决定，并将执行申请书退回申请机关。

3. 命令当事人限期履行

人民法院作出强制执行决定后，应向当事人发出强制执行通知书，命令当事人在一定的期限内履行处罚决定。如果当事人经过法院的告诫仍拒不履行，则由人民法院强制执行。

4. 执行

执行由人民法院负责主持，必要时可以请有关单位予以协助。执行完毕后，人民法院应将执行结果书面通知申请执行的行政机关。

（八）行政强制执行程序的特别规定

1. 中止执行

中止执行是指在程序上的暂行中断，在构成中止理由的事实消灭后，执行程序重新开始。在中止前已经执行完毕的，继续有效。人民法院执行员可以依职权主动恢复；当事人也可以提出申请，经人民法院执行员批准后恢复。《行政强制法》第39条规定，有下列情形之一的，中止执行：①当事人履行行政决定确有困难或者暂无履行能力的；②第三人对执行标的主张权利，确有理由的；③执行可能造成难以弥补的损失，且中止执行不损害公共利益的；④行政机关认为需要中止执行的其他情形。中止执行的情形消失后，行政机关应当恢复执行。对没有明显社会危害，当事人确无能力履行，中止执行满三年未恢复执行的，行政机关不再执行。

2. 终结执行

终结执行是案件执行的完全结束，当事人权利和义务完全消灭。《行政强制法》第40条规定，有下列情形之一的，终结执行：①公民死亡，无遗产可供执行，又无义务承受人的；②法人或者其他组织终止，无财产可供执行，又无义务承受人的；③执行标的灭失的；④据以执行的行政决定被撤销的；⑤行政机关认为需要终结执行的其他情形。

3. 执行回转

在执行中或者执行完毕后，据以执行的行政决定被撤销、变更，或者执行错误的，应当恢复原状或者退还财物；不能恢复原状或者退还财物的，依法给予赔偿。

4. 执行和解

《行政强制法》第42条规定：实施行政强制执行，行政机关可以在不损害公共利益和他人合法权益的情况下，与当事人达成执行协议。执行协议可以约定分阶段履行；当事人采取补救措施的，可以减免加处的罚款或者滞纳金。达成执行协议的前提是：不损害公共利益和他人合法权益。达成执行协议后的三种处理方式：分阶段履行；减免加处的罚款或者滞纳金（采取补救措施）；恢复强制执行（不履行协议）。当事人不履行执行协议的，行政机关应当恢复强制执行。

5. 禁止性规定

《行政强制法》第43条规定，行政机关不得在夜间或者法定节假日实施行政强制执行。但是，情况紧急的除外。行政机关不得对居民生活采取停止供水、供电、供热、供燃气等方式迫使当事人履行相关行政决定。这些针对行政机关的禁止性规定的目的在于确保行政强制执行的实施对于相对人的身心损害达到最小，或实现行政管理的目标不以影响当事人的基本生活为代价，是比例原则的具体体现。

第四节　其他具体行政行为

案例导入

某地税稽查局查处A公司，发现A公司支付食堂10万元用于职工免费午餐，地税局认为上述支出属于个人所得，要求企业将上述款项平均到每个职工头上计缴个人所得税。

本案问题

地税稽查局如此征税合法吗?

一、行政给付

(一) 行政给付的概念和特征

行政给付，又称行政物质帮助，它是指行政机关对公民在年老、疾病或丧失劳动能力等情况或其他特殊情况下，依照有关法律、法规的规定，赋予其一定的物质权益或者与物质有关的权益的具行政行为。行政给付具有如下特征：

1. 行政给付的主体是依法具有行政给付职权和职责的组织

行政机关和法律法规授权的组织都可以成为行政给付的主体。我国《宪法》第45条规定：中华人民共和国公民在年老、疾病或者丧失劳动能力的情况下，有从国家和社会得到帮助的权利。行政给付主体承担着保障公民的这一权利得到实现的职责。这种法定职责的履行与否，决定着行政相对人的法定权利能否得到实现和保护，同时也表明行政主体是否完成自己的法定义务。因此，行政给付是有法律授权的行政主体与特定行政相对人之间形成的行政服务法律关系，没有公共行政职权的社会组织不能成为行政给付主体。

2. 行政给付的对象是特定行政相对人

行政给付作为一种物质上的帮助行为，其对象是遇到了特殊的困难，如发生了特殊的灾害、事故、危害等，需要行政主体给予救助的行政相对人。行政给付的对象不限于中国公民，外国公民在我国遇到困难也可以获得帮助。在一定情况下，组织也可以成为行政给付的对象，如遇到灾害、事故的组织，政府可以通过给予一定的技术、资金帮助，使其重新恢复生产活动。

3. 行政给付是授益行政行为

行政给付的内容是对特定对象给予物质利益或与物质利益有关的权益。例如，对因公致残人员发放抚恤金、对就业困难人员提供免费培训等。行政给付的直接效果是相对人获得利益，因此属于授益性行政行为。行政给付的内容明显具有救助性质，这一点使行政给付区别于行政奖励、行政许可等授益行政行为。

4. 行政给付是依法实施的行政行为

行政给付的法律依据包括法律、法规、规章，也可以根据有关政策规定实施。行政给付的内容应当是具有拘束力的法律文件已经规定的利益，其他政府给予公民的好处不具备行政法意义，不属于行政给付的内容。

（二）行政给付的形式

我国没有统一的行政给付法，行政给付的内容散见于有关的法律、法规的规定之中。目前，有关行政给付的法律、法规主要有《社会保险法》《残疾人保障法》《军人抚恤优待条例》《城市居民最低生活保障条例》《农村五保供养工作条例》《自然灾害救助条例》等。综合有关法律、法规、规章和政策的规定，可以将行政给付的形式概括为以下几种：

1. 抚恤金

抚恤金是公民因公或因病致残、死亡时，由国家发给本人或家属用于维持本人或家属日常生活的费用。一般包括以下形式：（1）牺牲、病故人员抚恤金。此类抚恤金的发放对象是烈士和病故的军人、人民警察、参战民兵、民工，以及党政机关、民主党派、人民团体工作人员的家属。（2）残疾抚恤金。主要是发放给残疾军人、因公致残人员的康复、生活费用。

2. 优待

优待是给予被帮助人与物质有关的权益的物质帮助形式，表现为享受某种待遇、免费受教育、减免有关费用等。例如，根据我国《残疾人保障法》，盲人可以免费乘坐市内公共汽车、电车、地铁、渡船；服现役的义务兵家庭和抚恤补助对象在治病、交通、住房、就业、入学、入托、补助、救济、贷款、供应、邮政等方面享受优待等。

3. 安置

安置即从工作、生活、居住上予以安排，通常对复员、转业、退伍军人的安排，还包括对无家可归人的安排。例如，《退役士兵安置条例》对退役士兵退出现役后的工作、生活安置作了详细规定。《城市生活无着的流浪乞讨人员救助管理办法》第 11 条规定：对无家可归的，由其户籍所在地人民政府妥善安置。

4. 最低生活保障

最低生活保障是指国家对家庭人均收入低于当地政府公告的最低生活标准的人口给予一定现金资助，以保证该家庭成员基本生活所需的社会保障制度。凡是家庭人均收入低于当地人民政府公告的最低生活保障标准的城乡居民，均有权从当地人民政府获得最低生活保障费用。

5. 社会保险金

社会保险是一种为丧失劳动能力、暂时失去劳动岗位或因健康原因造成损失的人口提供收入或补偿的一种社会和经济制度。社会保险由政府举办，强制某一群体将其收入的一部分作为社会保险税（费）形成社会保险基金，在满足一定条件的情况下，被保险人可从基金获得社会保险金，以维持被保险人的生活或医疗费用。它是一种再分配制度，它的目标是保证物质及劳动力的再生产和社会的稳定。我国目前的社会保险项目包括养老保险、医疗保险、失业保险、工伤保险、生育保险。

6. 社会福利金

社会福利金，即用于对社会福利院、敬老院、儿童福利院、社会残疾人团体等社会福利机构的经费资助。

7. 灾害救助

灾害救助是指对遭受自然灾害或人为灾害的公民给予物质或经费的救助。如对火灾、水灾、地震灾害的公民进行安置，提供物质帮助等。2010 年 9 月 1 日起实施的《自然灾害救助条例》明确规定了遇到自然灾害时政府的救助方式、程序以及法律后果等。

（三）行政给付的原则

行政给付的内容丰富、领域广泛，行政给付的原则体现在零散规定的行政给付的法律、法规、规章中，结合行政给付的特性，行政给付的原则主要总结如下：

1. 依法给付原则

这是行政合法性原则在行政给付领域的基本要求。依法给付原则的要求：首先，行政给付必须受法律的约束，有法律的必须依据法律且不能有所偏离。从长远来看，政策不宜成为行政给付的依据。其次，行政给付应当受法律保留原则的支配，因为给付行政意味着政府动支国家财政，因而具有侵益性质，国家资金的分配，需要保证其与社会的经济文化目标相一致，所以必须由法律加以规定，以便使其可以预见，并使公民得到相应的主体权利。需要注意的是，法律保留原则并不否认行政主体的自由裁量权以及在出现紧急情况时的例外。

2. 比例原则

行政给付需要动用国家的财富和资源，而他们大部分来自行政给付相对人以外的个人和组织，因此，在制定行政给付制度、实施行政给付行为时应当坚持比例原则。行政给付必须符合预期，达到保障、维持、激励和补救的行政目的。行政给付所需财富和资源的取得和支出，应有必要性方面的考虑，要衡量付出人的损益与受益人得益之间的比例，确保使其处于合理的程度。

3. 普遍、统一原则

普遍原则是指行政给付应当坚持保障和促进优先性发展原则，公平地满足人们不同的发展需求，特别是在生存保障方面，生产、生活必需方面，以体现社会公正原则。统一原则是指行政给付的设定、实施应当始终坚持相同的标准，对所有符合条件的个人和组织统一平等实施。

4. 信赖保护原则

行政给付作为授益行政行为，存在使给付相对人信赖的法定利益，是行政法上信赖保护原则最常适用的领域。行政给付相对人往往出于对行政主体的权威性、对法的安定性的信赖而安排自己的生产、生活。信赖保护原则要求行政主体作出的行政给付行为不得随意改变和撤销，如行政行为必须改变或撤销，当行政相对人是善意或无过失时，行政主体应适用信赖保护原则，对行政相对人实施存续保护或财产保护。

二、行政征收

（一）行政征收的概念和特征

行政征收，是指行政机关或法律法规授权的组织根据国家和社会公共利益的需要，依法强制地、无偿地取得行政相对人的财产所有权的具体行政行为。行政征收具有如下特征：

1. 行政征收具有强制性

行政征收机关实施行政征收行为，实质上是履行国家赋予的征收权，这种权利具有强制他人服从的效力。因此，实施行政征收行为，不需要征得相对人的同意，甚至可以在违背相对人意志的情况下进行。征收的对象、数额及具体征收的程序，完全由行政机关依法确定，无须与相对人协商一致。行政相对人必须服从行政征收命令；否则，应承担一定的法律后果。

2. 行政征收具有无偿性

行政征收是国家凭借行政权力参与国民收入分配和再分配，取得国家财产收益的一种手段。国家为了完成其管理职能，维护其统治，必须耗用一定的物质资财，而作为凌驾于社会生产之上的管理机构的国家行政机关，其本身并不直接从事生产，创造财富。因而，只有凭借国家行政权力，通过行政征收来取得所需物质资财。行政相对人的财产一经国家征收，其所有权就转移为国家所有，成为国家财产的一部分，由国家负责分配和使用，从而保证国家财产开支的需要。行政征收必然是无偿的，是财产的单向流转，无须向被征收主体偿付报酬。

3. 行政征收具有法定性

行政征收直接指向的是行政相对人的经济利益，由于其强制性和无偿性，决定了其对相对人的权益始终都具有侵害性。因此，为了确保行政相对人的合法权益不受违法行政征收行为的侵害，行政征收必须具有法定性。行政征收的法定性体现在：第一，行政征收事项必须有法律依据，行政机关不能自主决定设置税收或其他行政事业性收费事项；第二，行政征收的主体具有法定性，只有法律明确授权的行政机关或法律法规授权的组织才可以实施行政征收；第三，行政征收应遵守法定的程序，行政主体必须按照法定的程序征收税费。

4. 行政征收具有公益性

建立行政征收制度，是为了国家的公共利益，是实现国家职能的保障。被征收的财产属于公共财产，公共财产的目的是满足公众的共同需求，因此，国家对公共财产进行再分配时，应当遵守“取之于民，用之于民”的原则。

（二）行政征收与相关概念的区别

1. 行政征收和行政征用

行政征用是指行政主体为了公共利益的需要，依照法定程序强制征用相对人财产或劳务的一种具体行政行为。行政征收与行政征用的区别在于：从法律后果来看，行政征收的结果是国家取得了被征收财产的所有权，其法律后果是财产所有权从相对人转归国家，而行政征用的后果则是行政主体取得了被征用财产的使用权，并不发生财产所有权的转移；从行为的标的来看，行政征收的标的一般仅限于财产，而行政征用的标的除财产外还可能包括劳务；从相对人能否取得补偿来看，行政征收是无偿的，行政主体只享有征收的权利，不负有补偿的义务，而征用一般应是有偿的，行政主体应当给予相对人以相应的经济补偿。

2. 行政征收和行政没收

行政征收与行政没收在表现形式及法律后果上是共同的，两者都表现为以强制方式取得相对人财产，而且都以实际取得相对人的财产所有权而告终。但是，两者之间有本质的区别。首先，两者发生的根据不同。行政征收以相对人负有行政法上的缴纳义务为前提，而没收只能以相对人违反行政法的有关规定为条件。其次，两者的法律性质不同。行政征收属于一种独立的行政行为，而没收则属于行政处罚行为的一种。再次，两者所依据的法律程序不同。行政征收依据的是征收程序，而没收依据的是行政处罚程序。最后，两者在行为的连续性上也不同。对行政征收来说，只要据以征收的事实依据存在，行政征收行为就可以一直延续下去，其行为往往具有连续性。而对没收来说，对于某一违法行为只能给予一次性没收处罚，“一事不再罚”是包括没收在内的行政处罚所必须遵循的基本原则。

3. 行政征收和公用征收

公用征收是行政主体根据社会公共利益需要，按照法律规定和程序并在给予相应补偿的情况下以强制方式取得相对人财产的行为。行政征收与公用征收同为行政主体征收相对人财产所有权的强制手段，两者的区别主要表现为：首先，行政征收是无偿的，它是国家无偿参与国民收入分配，取得财政收入的一种形式，也是国家调节经济活动的一种手段，而公用征收则是有偿的，行政主体只有在预先给予相对人以相应经济补偿的前提下才能对相对人的财产实施征收。其次，行政征收是相对固定的，行政主体一般都是按照法律预先规定的范围、标准和环节进行征收，法律的规定具有相对的稳定性，而公用征收则是非固定的，它只有在社会公共利益需要进行征收的情况下才能实施征收，因而，公用征收往往是非固定的。再次，行政征收完全依行政程序进行，只有在相对人对征收行为发生争议的情况下才有可能引起司法程序，而公用征收的程序则比行政征收的程序严格、复杂，在不少国家都必须经过行政程序和司法程序两个阶段；由行政程序批准公用征收、确定被征收的财产，由司法程序裁决财产所有权的转移及确定补偿金的数额。最后，两者的适用条件也不同。行政征收的相对人本身即负有行政法上的缴纳义务（如纳税人的纳税义务），而公用征收的相对人则不负有行政法上的缴纳义务，行政征收所指向的对象一般是动产，而公用征收的对象一般为土地、房屋等不动产，行政征收在符合法定条件下可以依法减免被征收的财产，而公用征收则无减免可言。

（三）行政征收的种类

目前，我国行政征收体制主要由税和费组成。因此，行政征收主要分为行政征税和行政收费两大类。

1. 行政征税

行政征税是国家税务机关凭借其行政权力，依法无偿取得财政收入的一种手段，是行政征收的最主要方面，它由税法调整。从我国目前的税法规定来看，税收征收包括的税种有增值税、消费税、企业所得税、个人所得税、资源税、城市维护建设税、房产税、印花税、城镇土地使用税、土地增值税、车船使用税、船舶吨税、车辆购置税、关税、耕地占用税、契税、烟叶税、环保税。税收一经征收入库，就为国家所有，不论什么税种，都处于国家整体支配之中，通过国家预算支出，统一用于社会各方面的需要。

2. 行政收费

行政收费是行政主体为满足特别的行政支出，向与特别支出存在特定关系的行政相对人收取货币的行为。行政收费主要包括：

(1) 资源费。在我国，城市土地、矿藏、水流、山岭、草原、荒地、滩涂等自然资源属于国家所有，单位和个人在开采、使用国有自然资源时必须依法向国家缴纳资源费。根据我国法律的规定，资源费的征收包括矿产资源补偿费、渔业资源费、水资源费等。

(2) 建设资金。这是为确保国家的重点建设、解决重点建设资金不足的问题而向公民、法人及其他组织实施的征收。从目前的规定来看，建设资金的征收包括公路养路费、港口建设费、机场建设费等。

(3) 排污费。排污费是国家基于环境治理的实际需要，向直接向环境排放污染物的单位和个体工商户征收的费用。征收排污费的目的主要是促使企业减少排污，保护环境，同时也为环境治理收集资金。

(4) 管理费。国家对社会的管理需要投入大量的人力、物力、财力，因此要征收相关的费用，如市场管理费、公路运输管理费、检验费等。

(四) 行政征收的方式和程序

1. 行政征收的方式

行政征收的方式包括行政征收的行为方式与计算方式。根据我国的现行法律、法规规定，行政征收的行为方式有：查账征收、查定征收、查验征收、定期定额征收以及代征、代扣、代缴等。无论采取何种征收方式，都必须使用书面形式。行政征收的计算方式，是征收额的尺度，它是行政征收的核心要素，反映了行政征收的深度。其计算方式直接关系到国家的财政收入和应征人的负担。

2. 行政征收的程序

行政征收的程序是指行政征收行为应采取何种步骤，按照何种顺序进行。我国目前尚无统一的行政征收法，因此，行政征收还没有统一的程序可以遵循。从相关法律法规的规定来看，行政征收按其实现方式的不同，可分为相对方自愿缴纳和强制征收两种。当相对方按照法律、法规规定的期限或行政主体确定的期限全部主动履行了缴纳义务时，行政征收即告结束。当相对方未能按照法律、法规的规定履行缴纳义务时，行政征收即进入强制征收阶段。为了保证强制征收的顺利实现，避免给相对方造成不应有的损害，法律应当明确规定实施强制征收的程序，以及行政主体可以采取的强制措施。目前，我国《行政强制法》对其作了原则性的规定，相关法律法规应及时加以完善。

三、行政合同

(一) 行政合同的概念和特征

行政合同又称行政契约，是指行政主体为了行使行政职能，实现特定的行政管理目标，与作为相对人的公民、法人或者其他组织，相互协商，在意思表示一致的基础上所达成的涉及双方权利和义务的协议。行政合同是现代行政法中合意、协商等行政民主精神的具体体现，作为一种有效的行政管理手段，已在我国行政管理实践中大量运用。行政合同有如下特征：

1. 行政性

行政合同是一种比较特殊的行政活动方式，具备一般具体行政行为的共同特征，受依法行政等原则的约束，具体表现在：第一，行政合同的当事人一方必须是行政主体。行政合同是行政主体行使行政职权的一种方式，没有行政主体参加则不能形成行政合同。第二，行政合同的目的是实现一定的行政职能或公共利益。行政合同是由行政主体发起的，行政合同的目的也由行政主体单方面确定，是基于实现行政职能或公共利益的考虑。第三，行政主体享有对行政合同的履行、变更或解除的行政特权。由于行政合同是为了执行公务或实现公共利益，因此，国家通过法律赋予了行政主体各种职能上的优益条件，以保证公共利益的实现。例如，行政主体享有对合同履行的监督权和指挥权；享有单方面的变更或解除合同的权力，以及在特定情况下的强制权和制裁权。第四，行政合同受行政法律规范调整，与民事合同不同，行政合同争议属于行政争议案件，属行政诉讼的受案范围。

2. 合同性

虽然行政主体在行政合同中享有某些单方面的行政特权，但行政合同的成立必须以行政主体与行政相对人的意思表示一致为前提，这就决定了行政合同依然属于合同的范畴，应当受意思自治为基础的契约自由原则的拘束，行政合同的合同性表现在：第一，行政相对人对于是否接受合同约定，是否参加某一行政合同关系，具有意思自治能力；第二，行政主体必须向相对人提供有关行政合同的所有信息，并与相对人协商，征求相对人的同意；第三，行政合同一经签订，双方当事人都必须严格履行合同中对其所约定的义务，行政主体如行使单方变更或解除权必须基于客观情势变化、不可抗力或公共利益的需要，因此给相对人造成的损失，行政主体应给予补偿。因行政主体的违法或过错给相对人造成损害的，应予赔偿。

（二）行政合同的种类

行政合同因主体、内容、形式的多样性而呈现出各种特点，目前我国尚无统一的行政合同立法，在我国行政管理实践中，比较典型的行政合同主要包括如下几类：

1. 国家科研合同

国家科研合同是指行政机关与科研机构之间就国家重大科研项目，由国家提供资助，科研机构提供科研成果签订的协议。国家科研合同不同于《合同法》

所调整的技术开发、转让等民事合同，它以公共利益为目的，往往是为了完成某项与国计民生有重大关系的科研技术项目的开发，由政府牵头参与，与科研机构签订合同，政府提供资助，科研机构完成项目开发后将成果交付政府。

2. 国家订购合同

国家订购合同是指行政机关基于国防和国民经济的需要，与相对人之间签订的订购有关物资和产品所达成的协议。国家订购合同不同于民事合同中的买卖合同，行政机关的意思表示在其中起着主导作用，相对人必须认真完成合同中所规定的具体事项，不能拒绝，但双方在费用、方式等方面可以协商。我国目前军用物资和其他有关国防物资的订购，一般都采用订购合同的形式。粮食、棉花、烟草等订购合同，是以国家提供优惠条件并保证收购，农民向国家缴纳粮食、棉花、烟草取得报酬为内容，由各级人民政府及主管部门和农民之间签订的协议。

3. 公用征收补偿合同

公用征收补偿合同是指行政主体为了社会公共利益，征用相对人的财产并给予补偿的行政合同。这类合同目前广泛运用于城市建设、交通铁路、水利设施等基础建设领域。《土地管理法》和《国有土地上房屋征收与补偿条例》对此都有明确的规定。公用征收补偿合同中，关于征收部分属于单方行政行为，即征收是行政主体的单方决定；但是行政补偿部分是行政合同的范畴，即如何补偿以及补偿数额的确定等，必须经过与相对人协商后达成一致。

4. 公共工程建设投资合同

公共工程建设投资合同是指行政机关为了公共利益的需要与建筑企业签订的建设某项公共设施达成的协议。这类合同可以有效调动相对人参与公益事业建设的积极性，弥补国家财力的不足。使发展社会公益事业由以前单纯的政府行为变成有相对人参与的社会行为。如修建国道、飞机场、大桥，大型供水、供电、供气工程等工程合同。公共工程建设投资合同是为了完成某项公共设施而签订的，行政机关为了修建宿舍与建筑企业签订的合同不是公共工程合同。

5. 国有土地使用合同

国有土地使用合同是指国家以土地所有者的身份与相对人签订的将国有土地使用权在一定期限内出让给相对人，相对人支付出让金并按合同的规定开发利用国有土地的合同。国有土地出让合同由《城市房地产管理法》《城镇国有土地使用权出让和转让暂行条例》《协议出让国有土地使用权规定》等法律、行政法规和部门规章对其进行规范。国有土地使用权出让合同由土地行政管理部门与土地使用者签订，并由土地行政管理部门对合同的履行进行监督，对使用者没有按合同的约定开发利用土地，或者改变土地用途的，有权进行纠正、处罚或者无偿收回土地使用权。

6. 国有企业承包合同

国有企业承包合同是由人民政府指定的有关部门作为发包方，实行承包经营的企业作为承包方，双方协商一致而签订的国有企业承包经营合同。有不少人将这种合同视为经济合同，但实际上这是一种行政合同。理由如下：第一，政府签订全民所有制工业企业承包合同，是为了提高企业经济效益，促进国民经济快速发展。不同于经济合同中当事人是为了自身利益而签订合同。第二，行政机关在合同履行过程中享有行政优益权。行政机关对承包方的生产经营活动享有监督权，有权按照合同的规定，对承包方的生产、经营活动进行检查、监督；承包方完不成合同任务时，应当承担违约责任，并视情节轻重追究企业经营者的行政责任和经济责任。第三，行政机关为合同的履行提供优惠条件，如价格优惠、政策优惠等，这是经济合同中当事人所无法提供的。

（三）行政合同双方的权利和义务

1. 行政主体的权利和义务

行政主体的权利包括：（1）选择合同相对一方的权利。行政机关在订立行政合同时，可根据实际情况和要求选择适当的合同相对一方。对于某些行政合同，行政相对方的组织和个人如没有法律规定的理由和依据，不能拒绝行政机关选择其为相应合同的当事人。（2）对合同履行的监督权和指挥权。行政机关在行政合同中具有双重身份，既是合同的一方，受合同的约束，同时它又代表国家行使行政管理权。在执行合同的过程中，行政机关对合同的履行不仅有监督和控制的权力，而且在某些情况下对合同的具体执行还享有指挥权。（3）单方面变更或解除合同的权利。在行政合同的履行过程中，行政机关根据国家法律、政策或计划的变更，以及公共利益的需要，有权变更或解除合同，不必取得相对方的同意。（4）对不履行或不适当履行合同义务的相对人的制裁权。如果相对人违反合同，行政机关具有制裁的权力。制裁权是行政机关保障行政合同履行的一种特权。行政机关的制裁权是一种当然的权力，不论合同中有无规定，它都可依职权行使。

行政主体的义务包括：（1）依法履行合同的义务。行政机关作为行政合同的主要一方当事人，虽然具有优越的地位，但这种优越的地位并不排除其应依法履行义务。（2）保证兑现其应给予合同相对一方当事人的优惠或照顾的义务。在行政合同中规定的优惠或照顾条件，对相对一方当事人履行合同义务极其重要，也是行政主体一方当事人吸引相对一方当事人的有利条件。因此，一旦以合同形式将其确定下来，行政机关就有义务保证其兑现，不允许随意更改或打折扣。（3）给予相对一方当事人物质损害赔偿或补偿的义务。在履行行政合同过程中，凡是因行政机关的原因引起合同的变更、解除从而使相对一方利益受到损害的，行政机关有义务根据有关规定和实际损害情况进行赔偿或补偿。（4）按照合同规定给付价金的义务。

2. 行政合同相对方的权利和义务

行政合同相对方的权利包括：（1）取得报酬权。相对人的报酬通常是在合同中规定的，也可能直接由法律、法规规定。行政合同中的报酬，通常为对相对人提供的服务或产品的价金。此外，行政合同也可能给予相对人以其他形式的报酬。（2）损害赔偿请求权和特权行为损害的补偿权。损害赔偿请求权是类似民事合同的一项权利。相对人由于行政机关的过失受到损害时，可请求人民法院判决行政机关赔偿损失。所谓特权行为损害的补偿权是指行政机关在签订合同以后，由于公共利益的需要单方面变更或终止合同的特权行为造成相对人的损害时，相对人以其损害为由提出要求行政机关予以补偿的权利。相对人由于行政机关的特权行为而造成或增加的全部负担（损害），不论具体合同中有无规定，都可请求行政机关予以补偿。（3）不可预见的困难情况的补偿权。行政合同在履行的过程中，有时可能出现当事人订约时所不能预见的情况或困难，从而使合同的履行虽然不是不可能，但已使相对人遭受极大的损失，或使履行合同极端困难，这种情况或困难称为不可预见的情况或困难。如在公共工程进行中遇到当初所不可预见的地质结构变化。相对人在履行行政合同中遇到不可预见的情况或困难时，有权请求行政机关共同承担损失，或请求行政机关予以补偿。

行政合同相对方的义务有：按照合同规定的条件和期限认真履行合同的义务；接受行政机关管理监督和指挥的义务。

实训案例

案例一

某省甲、乙、丙3名律师决定合伙出资成立“新华夏律师事务所”，于是向该省司法厅提出口头申请成立律师事务所并提供了律师事务所章程、发起人名单、简历、身份证明、律师资格证书、能够专职从事律师业务的保证书、资金证明、办公场所的使用证明、合伙协议。但被告知根据该省地方政府规章相关规定，设立合伙制律师事务所必须有1名以上律师具有硕士以上学位并且需要填写省司法厅专门设计的申请书格式文本。刚好乙为法学博士，于是3人交了50元工本费后领取了专用申请书，带回补正。次日，3人带了补正后的材料前来申请，工作人员A受理了申请，并出具了法律规定的书面凭证。后司法厅指派工作人员B对申请材料进行审查，发现申请人提供的资金证明系伪造，但其碍于与甲3人是好朋友，隐瞒了真实情况，在法定期限内作出了准予设立律师事务所的决定并颁发了律师事务所执业证书。1个月后，资金证明被司法厅发现系伪造，遂撤销了“新华夏律师事务所”的律师事务所执业证书。此间，甲、乙、丙3人已付办公场所租金2万元，装修费3万元。

【问题】 请结合《行政许可法》分析该案中有哪些行为违法。司法厅对撤销“新华夏律师事务所”的律师事务所执业证书需要赔偿吗？为什么？

【分析】 该案中的违法之处有：(1) 该省地方政府规章规定“设立合伙制律师事务所必须有一名以上律师具有硕士以上学位”的条件违法。根据《行政许可法》第14条、第15条的规定，行政许可的设定应该由法律设定，尚未制定法律的，行政法规才可以设定行政许可，尚未制定法律、行政法规的，地方性法规才可以设定行政许可，而对律师事务所的成立，已经有国家法律约束，地方法规不能再加限制条件。因为《行政许可法》中明确规定，地方性法规和省、自治区、直辖市人民政府规章，不得设定应当由国家统一确定的公民、法人或者其他组织的资格、资质的行政许可；不得设定企业或者其他组织的设立登记及其前置性行政许可。(2) 该省地方规章规定，“设立律师事务所，需要填写省司法厅专门设计的申请书格式文本，收取50元工本费违法”。因为《行政许可法》第58条明确规定：行政机关提供行政许可申请书格式文本，不得收费。(3) 司法厅对撤销“新华夏律师事务所”的律师事务所执业证书不需要赔偿。根据《行政许可法》第69条、第76条的规定，行政机关违法实施行政许可，给当事人的合法权益造成损害的，应当依照国家赔偿法的规定给予赔偿。本案中造成相对人利益损失是由于申请人提供的资金证明系伪造，而不是由于行政机关的违法行为造成的，因此是不需要赔偿的。

案例二

某县王家庄村村民王某，为建造房屋，于1998年12月20日，未经主管机关批准，在村旁河道内用马车采砂石。12月29日，县水利局发现后，责令王某停止采砂，并处以罚款500元，同时没收采砂用的马车。王某不服，于1999年1月2日向市河道主管机关申请复议，复议机关作出维持县水利局处罚决定的复议决定。王某仍不服，于2月15日向县人民法院提起行政诉讼，县法院受理了此案。在审理过程中，被告县水利局辩称：“对王某的处罚既有事实根据也有法律依据。”并声明：“省政府《关于河道管理的若干规定》第18条规定：‘未经批准或不按照河道主管机关的规定在河道管理范围内采砂、取土、淘金、弃置砂石淤泥、爆破、钻探、挖筑鱼塘等，由河道主管机关除责令其纠正违法行为、采取补救措施外，可以并处警告、罚款、没收非法所得和用于违法行为的工具……’根据此规定，给予王某罚款和没收其马车的处罚是完全正确的。”县法院经审理认为，省政府《关于河道管理的若干规定》所设定的行政处罚种类超出了国务院《河道管理条例》的规定，因此判决撤销“没收马车”的处罚决定，维持“罚款”的处罚决定。

【问题】

1. 省政府规章的行政处罚设定权是什么？

2. 该案中省政府《关于河道管理的若干规定》可否作为行政处罚的法律依据？

思考与练习题

1. 什么是行政许可？哪些主体可以设定行政许可事项？
2. 行政处罚一般程序的具体内容是什么？
3. 什么是行政强制？行政强制执行与行政强制措施有什么区别？
4. 什么是行政征收？行政征收的种类有哪些？

第七章

行政复议

本章导读

本章主要讲解了行政复议的基本原则、范围、管辖、行政复议参加人及复议程序等问题，要求学生结合行政复议法掌握行政复议的含义和特征，理解行政复议的基本原则，明确行政复议的范围、管辖和程序，了解行政复议参加人的种类及其特征，能够运用行政复议法的相关规定，分析和解决行政争议。

第一节　行政复议概述

案例导入

浦华区地方税务局收到一封群众举报信，举报浦华实业有限公司在经营过程中，不按法律规定开具发票，违反了国家税收法律规定。浦华区地方税务局接到举报后，决定对浦华实业有限公司处以10，000元罚款。该公司不服，向浦华区地方税务局的上一级行政机关申请行政复议。经审查，符合复议条件，某市地方税务局受理了复议申请。

本案知识点

行政复议的概念及特征。

一、行政复议的概念

行政复议，是指公民、法人或者其他组织认为行政主体的行政行为侵犯其合法权益，依法向具有法定权限的行政机关提出复议申请，由复议机关按照法定程序对行政行为的合法性和适当性进行审查并作出处理决定的法律制度。行政复议具有以下几个特征：

（一）行政复议是行政机关的行政行为

行政复议作为行政机关系统内部自我监督的一种重要形式，通常是上级行政机关对下级或其所属的行政机关作出的违法或者不当的具体行政行为实施的一种监督和纠错的行为。从这个意义上说，行政复议既是一种行政内救济，又是一种监督行政行为。《行政复议法》规定，除法律另有规定外，行政复议由县级以上人民政府或者由作出具体行政行为的行政机关的上一级行政机关管辖。从行政复议机关的设置上看，行政复议机关有本级人民政府，也有上级行政主管部门，还有设立的派出机关，但必须是行政机关，才能作出行政复议决定。

（二）行政复议是依申请的行政行为

行政复议只能由作为行政相对人的公民、法人或其他组织提起，行政主体不能主动提起行政复议。因此，行政复议是一种依申请而非依职权的行为，它基于行政相对人的申请而开始，以行政主体为被申请人。一般来说，无行政相对人的申请，便无行政复议活动的进行。虽然行政机关也可以复查自己的行政决定，但这与由行政相对人提出申请形式的复议请求是有区别的。作为行政相对人的公民、法人或者其他组织不主动申请，行政复议机关不能自行作出复议决定。

（三）行政复议是以行政争议为处理对象的行政行为

行政争议是指行政主体在行政管理过程中因实施行政行为而与行政相对人发生的纠纷，其争议的核心是行政行为是否合法、适当。这种争议解决不好，不仅会使公民、法人或者其他组织的合法权益受到侵害，还会影响到行政效率以及正常的行政管理秩序。行政复议作为一种解决行政争议的途径，是行政相对人维护其合法权益的一种重要救济手段或途径，原则上只处理行政争议，不解决民事争议和其他争议。行政复议机关主要对引起争议的具体行政行为进行审查，附带审查抽象行政行为中的其他规范性文件，但不审查行政法规和规章。行政相对人如认为行政法规、规章违法，只能按照《立法法》的规定，通过其他途径解决。

（四）行政复议是一种行政司法行为

行政复议实质上是一种行政行为，但从公正解决行政争议的要求出发又具有准司法性，主要表现在：（1）行政复议权与司法权的行使一样，都必须遵循“不告不理”的规则，即如果没有行政相对人依法提出复议申请，也就没有行政复议程序的开始；（2）在行政复议中，复议机关作为中立的第三方对行政机关和行政相对人之间的行政纠纷进行审查并作出裁决，其地位类似于法院在司法审判中的地位；（3）行政复议机关在复议过程中要适用严格的法定程序，带有强烈的司法程序的色彩；（4）行政复议的最终目的是解决行政争议，其内容和实质就是解决争议，而解决争议就是司法行为的功能。因而行政复议是一种行政司法行为或称为“准司法行为”。

二、行政复议的基本原则

（一）合法原则

合法原则是依法行政的基本内涵，也是对行政复议的必然要求。合法原则是指行政复议机关及其工作人员在行政复议活动中应按照法定的权限和程序，对行政相对人申请复议的具体行政行为和有关的抽象行政行为进行审查，并依法作出行政复议决定。其内容主要包括：

1. 行政复议的主体合法

行政复议机关应当是依法成立并享有行政复议权的行政机关，其对于受理的行政争议案件享有管辖权。公民、法人或者其他组织对行政机关的具体行政行为有异议，向行政复议机关申请复议，行政复议机关及其工作机构有法定的义务和责任，依法受理申请人的复议申请，并对行政机关的具体行政行为予以审查、作出决定。

2. 行政复议的依据合法

行政复议机关在审理行政复议案件时据以判断行政行为合法性与合理性的依据，不仅包括法律、行政法规、地方性法规、自治法规、规章，也包括上级行政机关依法制定和发布的具有普遍约束力的决定、命令等其他规范性文件。但无论何种规范性文件都必须是现行、有效而且合法的。

3. 行政复议的程序合法

公正的程序不仅可以使复议决定更加科学、合理，而且可以使复议当事人及社会公众感受到法律的正义，增强复议决定的权威性。[①]

行政复议不仅要求行政复议机关在行政复议活动中依据实体法规定，而且要严格按照行政法律、法规规定的程序进行，尤其在受理行政复议申请、审查具体行政行为及作出行政复议决定等各个环节，必须遵循法定的步骤、方式、顺序和时限。

① 袁明圣、罗文燕主编：《行政救济法原理》，中国政法大学出版社2004年版，第59页。

4. 行政复议内容合法

行政复议机关要依法审查行政机关作出的具体行政行为是否合法，主要包括具体行政行为认定事实是否清楚，证据是否确凿，适用依据是否正确，实施中执行的程序是否合法，作出的行政决定的内容是否适当，有没有超越职权或者滥用职权的现象，有没有不履行法定职责即不作为造成损害的情况等内容。

(二) 公正原则

所谓公正，就是指公平正直，没有偏私。合法是公正的前提，公正是复议追求的首要价值。公正是行政复议制度的生命力所在。行政复议机关履行行政复议职责，是否遵循公正原则，直接关系到人民政府的形象。由于行政复议工作是在行政系统内部运作的监督工作，在实际工作中，履行行政复议职责往往会遇到种种责难和干扰，一方面，行政机关外部的人认为行政复议容易“官官相护”；另一方面，行政机关内部的人又认为干涉了本部门必要的行政管理活动。因此，公正原则要求行政复议机关在法定幅度和范围内做到不偏不倚、不畸轻畸重。在行政复议中，公正原则主要体现在：

1. 申请人认为审理行政复议案件的工作人员与本案有利害关系，可能影响公正审理的，有权要求审理人员回避。

2. 在行政复议过程中，行政复议机关不能偏袒下级行政机关，应当公正地对待复议双方当事人，给申请人和被申请人同样陈述理由、进行质证的机会，听取他们的意见，根据案件的事实、性质、情节作出公正的复议决定。

(三) 公开原则

公开原则，是指行政复议活动应当公开进行，使当事人与社会各界充分了解相关信息，从而保障申请人切实享有和行使复议权利，同时有利于行政复议机关依法公正地作出复议决定。这一原则主要包括：

1. 公开行政资讯

一切与行政复议有关的材料，包括行政复议所依据的法律规范和所适用的具体条款，必须公开让申请人和其他行政相对人知晓。

2. 公开行政复议的过程

申请人、被申请人和第三人只有了解了行政复议的程序，才能依法行使权利，陈述案件事实，提供证据材料，进行质证辩解，积极参与行政复议程序。例如，《行政复议法》规定行政复议原则采用书面审查的办法，但是申请人提出要求或者行政复议机关认为有必要时，可以听取申请人或者第三人的意见、向有关组织和人员调查了解情况。又如，规定除涉及国家机密、商业秘密或者个人隐私的以外，申请人和第三人可以查阅被申请人的书面答复、作出行政行为的依据、证据和其他有关材料。

3. 公开行政复议的结果

行政复议的决定一经作出要及时公开并送达当事人，以避免“暗箱操作”，导致腐败。行政复议机关及其工作人员严格贯彻了公开原则，就可以消除人民群众的顾虑，使行政复议发挥有效的作用。

（四）及时原则

行政复议符合行政行为的特点，因此相比行政诉讼而言，更为注重效率。及时原则又称效率原则，是指行政复议机关应当在法定的期限内尽快完成对复议案件的审查，并作出复议决定。及时原则是为了实现行政复议的效率，其核心内容是行政复议机关必须按照《行政复议法》所规定的受理、审理、作出决定的期限执行，延长期限也必须严格按照法律规定，要有法律依据。行政复议的及时原则主要包括：

1. 受理行政复议申请要及时

《行政复议法》第17条规定，行政复议机关收到行政复议申请后，应当在5日内进行审查，并作出是否受理的决定。行政复议申请或者规范性文件的审查申请需要转送的，行政复议机关应当在7日内转送。

2. 审理行政复议案件和作出复议决定要及时

行政复议机关受理复议案件后，应抓紧调查取证、收集材料，进行审理。《行政复议法》第31条规定，行政复议机关应当自受理申请之日起60日内作出行政复议决定；但是法律规定的行政复议期限少于60日的除外。情况复杂，不能在规定期限内作出行政复议决定的，经行政复议机关的负责人批准，可以适当延长，并告知申请人和被申请人；但是延长期限最多不超过30日。

3. 敦促当事人及时履行行政复议决定

根据《行政复议法》第32条的规定，被申请人不履行或者无正当理由拖延履行行政复议决定的，行政复议机关或者有关上级行政机关应当责令其限期履行。申请人逾期不起诉又不履行行政复议决定的，或者不履行最终裁决的行政复议决定的，由行政机关强制执行，或者申请人民法院强制执行。

（五）便民原则

便民原则，是指在行政复议活动中，复议机关应当尽量给行政复议申请人即公民、法人或者其他组织提供便利条件，最大限度地节省他们的人力、物力和财力，以确保他们切实行使复议权利以维护自己的合法权益。其主要体现在：

1. 在申请的形式上，申请人既可以书面形式提出申请，也可以口头方式提出申请。有条件的行政复议机构可以接受以电子邮件形式提出的行政复议申请。

2. 在管辖上，选择管辖的形式体现了便民原则。申请人对县级以上地方各级人民政府工作部门的具体行政行为不服的，既可以向该部门的本级人民政府申请复议，也可向上一级主管部门申请复议。如果搞不清楚向哪一个行政复议机关申请行政复议，可以直接向具体行政行为发生地的县级地方人民政府提出行政复议申请，由该县级地方人民政府负责转送有管辖权的行政复议机关。

3. 在审理形式上，以书面审理为主，其他方式审理为例外的原则极大地方便了当事人，降低了行政成本。

4. 在收费上，行政复议机关受理行政复议申请，不向申请人收取任何费用，这将大大减轻申请人的经济负担，使行政复议相对于行政诉讼更加便民，更能受到人民群众的拥护。

三、行政复议的作用

（一）防止和纠正违法或者不当的具体行政行为

当前，我国已进入改革发展的关键时期。这一时期，既是经济社会发展的重要战略机遇期，也是各种社会矛盾的集中凸显期。行政复议作为一种法律救济制度，是一项行政机关内部自我纠正错误的监督机制，其目的就是防止并纠正行政机关以及行政机关的工作人员作出违法的或者不适当的具体行政行为。《行政复议法》以防止和纠正行政机关违法的和不当的行政行为为目的，在国家行政机关内部建立起自我纠错的监督机制，是国家行政管理体制改革的进一步发展与完善，对促进和监督行政机关依法行政，加强社会主义民主法制建设，具有重大的意义。

（二）保护公民、法人和其他组织的合法权益

行政法理论中有一句名言，“有权利必有救济”“无救济的权利是无保障的权利”。行政机关的行政行为如果违法或不当，必然对公民、法人及其他组织的合法权益造成侵害。对这种侵害，在法律制度上就要建立消除侵害、加以救济的机制。行政复议和行政诉讼一样，是行政相对人面对处于不对等的法律地位的行政机关所作出的行政行为寻求法律保护的一条渠道，是保障公民、法人及其他组织合法权益的重要途径。行政复议具有方便群众、快捷高效、方式灵活，不收费等特点和优势，有利于保障人民群众在行政管理过程中的知情权、参与权、救济权等民主权利，充分调动人民群众参与国家管理的积极性。行政复议作为将行政争议依法及时化解在基层，化解在初发阶段、化解在行政机关内部的重要制度，应当也可能在解决行政争议、化解社会矛盾中发挥主渠道的作用。

（三）保障和监督行政机关依法行使职权

行政机关必须按照法律的规定行使职权，坚持依法行政。对行政权的行使，应当加强监督与制约。行政机关超越权限、滥用权力、个人专断、玩忽职守等行为造成公民、法人或者其他组织的合法权益受到侵害，应当予以纠正和补救。行

政复议制度加大了上级行政机关对下级行政机关的监督，加大了人民政府对政府工作部门的监督。一方面使作出具体行政行为的行政机关依法履行职权，另一方面政府或者上级行政机关依职权来纠正下级行政机关的错误，从而保障和监督行政机关依法行使职权。通过上级机关对下级机关不适当的决定的撤销或者改变，可以促进上级机关对下级机关的监督，增强行政机关工作人员的法制观念，促进他们依法办事，减少侵害公民、法人或者其他组织的违法的或者不当的行政行为。

第二节 行政复议范围

案例导入

为了加强税收征管工作，某市税务局发出了《关于加强税收征管工作的通告》。由于该通告对个体户规定了较为严格的税收管理措施和处罚措施，引起了部分个体户的强烈不满。个体户杨某认为通告中的许多内容违反了《税收征收管理法》的原则及其具体规定。于是他联络了数十人，向该市税务局交涉，请求撤销该通告。市税务局认为，该通告是面向全市所有纳税人的规定，而自己是有权制定规范性文件的主体，通告中的规定并不违反相关的法律规定，于是对杨某等人的请求不予答复。在交涉未果之后，杨某等人向省税务局申请复议，要求撤销市税务局的通告。对于杨某等的申请，省税务局经过审查，认为不属于行政复议的受案范围，决定不予受理，并告知申请人通过其他途径解决。

本案知识点

行政复议的范围。

一、行政复议范围的含义

行政复议范围，是指法律规定的行政复议机关受理并解决行政争议案件的权限范围，即公民、法人或者其他组织认为行政机关作出的行政行为侵犯其合法权益，依法向行政复议机关请求重新审查的范围。行政复议范围的大小不仅决定了哪些行政行为可以成为行政复议的对象，而且直接关系到行政复议机关实行内部监督的范围和行政相对人的合法权益能够得到行政救济的程度。因此，行政复议范围是行政复议制度中必不可少的核心内容之一。

我国行政复议法在确立复议范围的标准时结合我国行政复议制度发展的现状，最大限度地保护行政相对人的合法权益，符合行政机关与其他国家机关在处理行政案件时进行合理分工的要求。在确立复议受案范围的方式上，采用了混合式，又称为结合式，即对行政复议范围的规定既有概括式列举，又有列举式规定。

二、可申请复议的具体行政行为

（一）对行政机关作出的行政处罚决定不服的

行政处罚是指行政主体对违反行政法律规范，但尚未构成犯罪的公民、法人、其他组织给予行政法律制裁的具体行政行为。行政处罚是一种使受处罚人承担不利法律后果的制裁行为。违法实施行政处罚会损害行政相对人的合法权益，因此行政相对人对行政处罚行为不服的可以申请行政复议。

（二）对行政机关作出的行政强制措施决定不服的

行政强制措施是指行政机关在行政管理过程中，为制止违法行为、防止证据损毁、避免危害发生、控制危险扩大等情形，依法对公民的人身自由实施暂时性限制，或者对公民、法人或者其他组织的财物实施暂时性控制的行为。行政相对人对行政强制措施决定不服的，可以申请行政复议。

行政强制除了行政强制措施外，还包括行政强制执行。行政强制执行是指行政机关或者行政机关申请人民法院，对不履行行政决定的公民、法人或者其他组织，依法强制履行义务的行为。依照我国现有的强制执行制度，行政强制执行主要由行政机关向法院申请强制执行，但是也有少数行政机关法律赋予了其强制执行的权力，如公安、海关、税务等行政机关。对于法院依照司法程序采取的强制措施，当事人可以通过司法途径寻求救济；对行政机关违法采取强制执行行为的，当事人可以通过司法途径寻求救济，也可以申请行政复议寻求救济。

（三）对行政机关作出的有关证书变更、中止、撤销的决定不服的

行政许可是指行政机关根据公民、法人或者其他组织的申请，经依法审查，准予其从事特定活动的行为。行政许可是一种赋权行为，获得许可的相对方因此取得了从事某项活动的权利或资格，而且以许可证、执照、资质证、资格证等各种各样的证书出现。不管是许可证、执照，还是资质证、资格证，都是公民、法人或者其他组织能够从事某种活动所必需的，没有这些证书，公民或组织就不能从事相应的活动。因此，法律对取得这些证书的公民、法人或者其他组织的保护也应当是相同的。除法律、法规明确规定的情形外，行政机关不得违法变更、中止、撤销公民、法人或者组织的许可证、执照、资质证或资格证。许可的变更、

中止、撤销都是对行政相对人已取得的证书或执照的变动，从而使原有权利发生变化，关系到行政相对人的合法权益能否得到维护，对其不服的有权申请复议。

（四）对行政机关作出的确权决定不服的

行政确权是行政机关对当事人之间就财产所有权或使用权的归属发生的争议予以确认裁决的行为。对行政机关作出的关于确认土地、矿藏、水流、森林、山岭、草原、荒地、滩涂、海域等自然资源的所有权或者使用权的决定不服的，行政相对人可以提出复议。我国对土地、矿藏、水流、森林、山岭、草原、荒地、滩涂、海域等自然资源的管理，往往要经过行政机关依有关法律、法规确定权属后，有关公民、法人或者其他组织才享有所有权或使用权，经合法确认的权益方受法律保护。行政主体对土地等自然资源权属的确认往往影响较大，违法或不当行使确认裁决权力，势必会造成当事人较大的损失，甚至影响到社会的稳定。根据《土地管理法》《草原法》《森林法》《渔业法》《矿产资源法》等法律的规定，对土地、矿藏等自然资源的所有权或使用权予以确认和核发证书，是县级以上各级人民政府的法定职权。公民、法人或者其他组织对各级政府关于确认土地、矿藏、水流、森林、山岭、草原、荒地、滩涂、海域等的所有权或者使用权的决定不服的，可以申请行政复议。

（五）认为行政机关侵犯合法的经营自主权的

经营自主权是公民、法人及其他经济组织依法享有的自主支配和使用其人力、物力和财力，自行组织生产、经营、供销等活动不受干涉的权利。赋予企业经营自主权是搞活企业的必要措施，保护企业的经营自主权，使企业真正成为自主经营、自负盈亏的商品生产者和经营者，是建立社会主义市场经济的内在要求，是深化经济体制改革的重要环节。行政机关侵犯经营自主权主要影响到相对方的财产权，通常表现为多种形式，如行政机关强制企业合并、变更企业名称、改变企业性质、转让知识产权等。企业的经营自主权受法律保护，行政机关干预企业的经营，侵犯企业的经营自主权，企业可以申请行政复议。

（六）认为行政机关变更或者废止农业承包合同，侵犯其合法权益的

农业承包合同是农民与所属的集体经济组织签订的有关农业生产方面的合同，双方依合同各自享有一定的权利和义务，主要包括土地承包合同、荒地承包合同、林地承包合同等。它是由村（组）集体经济组织与其内部成员或其他承包者之间通过签订承包合同的方式，确立双方在生产、经营和分配过程中的权利义务。实践中，一些基层行政机关无视法律的权威和农民的利益，随意变更、废止农业承包合同，侵犯了农民的经营自主权和财产权。承包合同当事人对行政机关行为有异议，认为侵犯自己合法权益的，有权依法申请行政复议。

(七)认为行政机关违法要求履行义务的

在我国，权利义务都是依法确定的，对于法定义务，公民、法人或者其他组织应当认真履行；不履行的，行政机关可以依法强制其履行。但是，行政机关无权要求公民、法人或者其他组织履行法定义务以外的其他义务，否则就是侵犯他们的合法权益。行政机关没有法律依据或违反法律规定设定义务，属于违法要求履行义务，通常表现为违法集资、违法征收财物、乱收费、乱摊派等。这在实质上构成了对行政相对人合法权益的侵犯，行政相对人如有异议，可以申请行政复议。

(八)认为行政机关不依法办理行政许可等事项的

在我国，法律、法规和规章中规定了大量的行政许可，涉及经济、文化、环境、卫生、资源以及公民安全和公共秩序等社会生活各个领域，依法取得许可是公民、法人或者其他组织的权利。公民、法人或者其他组织认为符合条件，申请行政机关颁发许可证、执照、资质证、资格证等证书，或者申请行政机关审批、登记有关事项，行政机关没有依法办理的，可以申请行政复议。所谓“没有依法办理”，既包括行政机关明确表示对行政相对人申请的事项不予许可，也包括行政机关在法定期限内对相对方的申请不作任何表示的不作为。

(九)认为行政机关不履行保护人身权、财产权、受教育权法定职责的

人身权利是指没有直接经济内容，与公民人身相关的权利，它包括人格权和身份权。其中人格权包括姓名权、名誉权、荣誉权、肖像权等。财产权是指有一定物质内容，直接体现为经济利益的权利，主要包括所有权及其他物权、债权和知识产权等。受教育权是指公民达到一定年龄并具备可以接受教育的智力时，通过学校或者通过其他教育设施和途径学习科学文化知识的权利。行政机关作为权力机关的执行机关，其法定职责之一就是保护公民人身权、财产权、受教育权等宪法、法律赋予公民的合法权利。行政机关没有依法履行职责，主要表现为拒绝履行或者不予答复两种情形，属于行政不作为，行政相对人均可以申请行政复议。

(十)认为行政机关不依法发放抚恤金、社会保险金或者最低生活保障费的

依法获得抚恤金、社会保险金或者最低生活保障费是公民的宪法权利，行政机关应按法定条件予以发放，而不能拒绝发放或者随意克扣。如果不能依法履行法定职责，公民有权申请行政复议。

(十一)认为行政机关的其他具体行政行为侵犯其合法权益的

行政复议法采用概括的方式作为列举式的补充，行政相对方认为以上所列情形之外的具体行政行为侵犯其合法权益的，可以申请行政复议。这为我国行政复议受案范围逐步扩大奠定了法律基础，也更加有利于全面保护公民、法人及其他组织的合法权益。

三、附带申请复议的抽象行政行为

根据《行政复议法》第 7 条的规定，公民、法人或者其他组织在对具体行政行为申请复议时，可以一并向行政复议机关提出对具体行政行为所依据的规章以下的抽象行政行为的审查申请。这一规定有以下含义：

1. 对抽象行政行为提出复议审查请求是以对具体行政行为的复议申请为前提，只有在对具体行政行为申请复议的同时才可以一并提出对有关抽象行政行为进行审查的申请，而不能单独就抽象行政行为提出复议申请。申请人在对具体行政行为提出行政复议申请时尚不知道该具体行政行为所依据的抽象行政行为的，可以在行政复议机关作出行政复议决定前向行政复议机关提出对该抽象行政行为的审查申请。

2. 可以进行复议审查的抽象行政行为的范围仅限于规章以下的抽象行政行为，主要包括：（1）国务院部门的规定；（2）县级以上地方各级人民政府及其工作部门的规定；（3）乡、镇人民政府的规定。国务院部门规章和地方人民政府规章的审查依照法律、行政法规另行办理。

四、行政复议的排除事项

我国《行政复议法》除了明确规定了属于行政复议范围的各种各类行政案件之外，还规定了行政复议机关不能受理的几类事项，具体有以下两类：

（一）不服行政机关作出的行政处分或者其他人事处理决定的

行政处分是行政机关对其工作人员作出的警告、记过、记大过、降级、撤职、开除等惩戒决定。其他人事处理决定是行政机关对工作人员作出的录用、考核、奖励、辞退、职务升降、职务任免等决定。就性质而言，行政机关所作的行政处分或者其他人事处理决定均属于内部行政行为。根据我国法律法规的规定，工作人员对所属行政机关所作的行政处分或者其他人事处理决定不服的，应当向本行政机关、上级行政机关、监察机关、人事部门提起内部申诉程序，而不能申请行政复议。

（二）不服行政机关作出的对民事纠纷的调解或者其他处理行为的

通常情况下，民事纠纷是可以通过仲裁机构或人民法院处理的。鉴于有些民事纠纷与行政管理关系密切，且专业性、技术性较强，我国法律规定了行政机关先行调解和处理民事纠纷的制度。行政机关调解、处理民事纠纷是一种居间行为，行政机关以第三人的身份为民事争议双方当事人调停、斡旋，促使当事人友好协商，达成协议，从而解决纠纷。由于行政机关的先行调解、处理行为不是争议的最终裁决程序，主要起到了过滤纠纷和提高效率的作用，因而当事人不服行政机关对民事纠纷的调解、处理行为的，只能依法向仲裁机构申请仲裁或者向人民法院提起诉讼。

第三节　行政复议主体与管辖

案例导入

金宝通旧机动车交易有限公司经工商行政管理局批准注册登记，从事二手机动车交易和二手机动车交易市场的经营活动。该公司根据商务部、公安部、国家工商总局、国家税务总局四部门联合印发的《二手车流通管理办法》的规定，向省商务厅申请办理二手机动车交易市场的备案登记，省商务厅依据该省商务厅、工商局、公安厅、国税局、地税局联合制定的《关于贯彻〈二手车流通管理办法〉的实施意见》的规定，答复不予办理备案登记。金宝通旧机动车交易有限公司因而不能取得税务发票，不能进行正常经营。该公司对省商务厅不予办理备案登记行政行为不服，向省人民政府申请行政复议，要求被申请人履行职责，办理备案登记。

本案知识点

行政复议的管辖。

一、行政复议机关与行政复议机构

行政复议机关是依照法律规定承担行政复议职能、受理复议申请、依法对被申请的行政行为进行审查并作出决定的行政机关。行政复议机关享有行政复议权，但并非所有行政机关都拥有行政复议权，如乡（镇）政府就无此权力。我国的行政复议机关主要有县级以上（含县级）各级人民政府以及依法履行行政复议职责的各级人民政府的职能部门，法律法规授权的组织不能成为行政复议机关。行政复议机关是一个独立的行政主体，能以自己的名义对外行使职权，并能以自己的名义独立承担相应的法律后果。行政复议机关具有两种功能：一是行政功能，行政复议机关与行政机关是两位一体的国家机关。行政复议机关作为行政机关，它担任组织、指挥、协调、监督等多种行政管理职能。二是准司法功能，作为行政复议机关时，它以中立第三方的身份出现，对复议纠纷双方的行政争议进行审查并作出裁判。从而使行政复议机关具有了准司法功能。

行政复议机构是行政复议机关内部设立的专门负责处理复议案件的机构，复议机构一般是复议机关内负责法制工作的机构。行政复议机构代表行政复议机关具体办理行政复议事项，但在行政法上的地位与行政复议机关相比仍存在区别，行政机构是行政机关的内设机构，不具有行政主体资格，不能独立对外行使权力，它只能以行政复议机关的名义对外行使职权，其行为后果由行政复议机关承担。在行政复议中，行政复议机构应当履行下列职责：（1）受理行政复议申请；（2）向有关组织和人员调查取证，查阅文件和资料；（3）审查申请行政复议的具体行政行为是否合法与适当，拟定行政复议决定；（4）处理或者转送对《行政复议法》第7条所列有关规定的审查申请；（5）对行政机关违反行政复议法规定的行为依照规定的权限和程序提出处理建议；（6）办理因不服行政复议决定提起行政诉讼的应诉事项；（7）依照《行政复议法》第18条的规定转送有关行政复议申请；（8）办理《行政复议法》第29条规定的行政赔偿等事项；（9）按照职责权限，督促行政复议申请的受理和行政复议决定的履行；（10）办理行政复议、行政应诉案件统计和重大行政复议决定备案事项；（11）办理或者组织办理未经行政复议直接提起行政诉讼的行政应诉事项；（12）研究行政复议工作中发现的问题，及时向有关机关提出改进建议，重大问题及时向行政机关报告；（13）法律法规规定的其他职责。

二、行政复议管辖

行政复议管辖，是指不同行政复议机关之间受理行政复议案件的权限和分工，即某一具体行政案件应由哪一个行政机关来行使行政复议权。管辖是行政复议机关复议活动发生的基础，也是其复议活动合法化的前提。

确定行政复议的管辖，通常要考虑提高行政复议工作效率和方便行政相对人参加复议等因素，科学地确定行政复议管辖机关，有利于及时、公正地处理行政争议，维护行政相对人的合法权益，促进行政机关依法行政。根据《行政复议法》的规定，行政复议管辖有以下情形：

1. 对县级以上（含县级）地方各级人民政府工作部门的具体行政行为不服的，由申请人选择，可以向该部门的本级人民政府申请复议，也可以向上一级主管部门申请复议。这是基于行政管理体制的特点确定管辖的。我国行政机关是按照层级隶属设置的，各级政府分别设立若干工作部门。对于作出具体行政行为的县级以上人民政府的工作部门来说，上一级政府部门和本级人民政府都有对行政案件的管辖权。

2. 对海关、金融、国税、外汇管理等实行垂直领导的行政机关和国家安全机关的具体行政行为不服的，向其上一级主管部门申请行政复议。《行政复议法》这样规定主要是因为：（1）海关、金融、国税、外汇管理等部门的工作性质较为特殊，专业性、技术性较强，决定了实行垂直领导的管理体制；国家安全机关的工作涉及国家安全和国家秘密；（2）为了加强国家经济宏观调控，减少地方保护主义的影响。申请人对经国务院批准实行省以下垂直领导的部门作出的具体行政行为不服的，可以选择向部门的本级人民政府或者上一级主管部门申请复议；省、自治区、直辖市另有规定的，依照省、自治区、直辖市的规定办理。

3. 对地方各级人民政府的行为不服的行政复议管辖。根据我国宪法与组织法的规定，地方上下级政府之间是领导与被领导的关系。上级人民政府领导下级人民政府的工作，有权改变或撤销下级人民政府的具体行政行为。因此，《行政复议法》规定，对地方各级人民政府的具体行政行为不服的，向上一级地方人民政府申请行政复议。

4. 对省、自治区人民政府依法设立的派出机关所属的县级地方人民政府的具体行政行为不服的，向该派出机关申请行政复议。在实践中，省、自治区人民政府设立的派出机关是指省、自治区人民政府经国务院批准设立的行政公署。行政公署虽不是一级政府，却享有独立的财政经费和人事管理权，发挥和体现了一级人民政府的功能。所以《行政复议法》规定，对省、自治区人民政府依法设立的派出机关所属的县级地方人民政府的具体行政行为不服的，向该派出机关申请行政复议。

5. 对国务院部门或者省、自治区、直辖市人民政府的具体行政行为不服的，向作出该具体行政行为的国务院部门或者省、自治区、直辖市人民政府申请行政复议。对行政复议决定不服的，可以向人民法院提起行政诉讼；也可以向国务院申请裁决，国务院依照行政复议法的规定作出最终裁决。申请人对两个以上国务院部门共同作出的具体行政行为不服的，可以向其中任何一个国务院部门提出行政复议申请，由作出具体行政行为的国务院部门共同作出行政复议决定。行政法律法规作这样的规定，主要是使国务院减少负担，摆脱繁杂的日常性的行政管理事务，更好地履行决策职责，加强国务院对于有关省、市、自治区或者国务院部门行政执法活动的监督，维护作为最高行政机关应有的权威与公信力。

申请人依照《行政复议法》第 30 条第 2 款的规定申请行政复议的，应当向省、自治区、直辖市人民政府提出行政复议申请。《行政复议法》第 30 条第 2 款规定，根据国务院或者省、自治区、直辖市人民政府对行政区划的勘定、调整或者征用土地的决定，省、自治区、直辖市人民政府确认土地、矿藏、水流、森林、山岭、草原、荒地、滩涂、海域等自然资源的所有权或者使用权的行政复议决定为最终裁决，申请人对此不服不得再提起行政诉讼。申请人如果选择申请行政复议，必须直接向省级人民政府提出申请，接受最终裁决。市级、县级人民政府在收到此类行政复议申请后，应当告知申请人向省级人民政府提出或者转送省级人民政府。

6. 对县级以上地方人民政府依法设立的派出机关的具体行政行为不服的，向设立该派出机关的人民政府申请复议。目前，在我国县级以上地方人民政府设立的派出机关有三种：一是省、自治区政府派出的行政公署（盟）；二是县、自治县政府设立的区公所；三是市辖区、不设区的市设立的街道办事处。对行政公署（盟）作出的具体行政行为不服，向派出它的省或者自治区人民政府申请复议；对区公所作出的具体行政行为不服，向派出它的县或者自治县人民政府申请复议；对街道办事处作出的具体行政行为不服，向派出它的市辖区或者不设区的市人民政府申请复议。

7. 对人民政府工作部门依法设立的派出机构依照法律、法规或规章规定，以自己的名义作出的具体行政行为不服的，向设立该派出机构的部门或者该部门的本级人民政府申请行政复议。经法律、法规和规章授权，派出机构诸如工商管理所、公安派出所、税务所等可具有行政主体资格，以自己名义行使行政职权，作出行政行为。

8. 对法律、法规授权的组织的具体行政行为不服的，分别向直接管理该组织的地方人民政府、地方人民政府工作部门或国务院部门申请行政复议。从行政法理论上讲，国家的行政权应当由行政机关和公务员行使，其他组织、个人无权对公民、法人等实施行政管理。但是，随着社会的发展，社会生活日趋复杂，国家对社会生活干预的广度还有深度都在加强，行政管理的范围也越来越大，行政机关和公务员不可能无限制地增加，为了满足现实行政管理的需要，一些法律、法规就授权一些有公共事务管理职能的组织来代行一些行政管理权。根据我国的法律规定，被授权组织本身不是行政机关，因为国家管理和社会生活的实际需要，法律、法规授予其一定的行政管理职权，该组织取得了行政管理的主体资格，可以以自己的名义行使行政管理权，以自己的名义独立承担因行使行政管理权而引起的法律后果。

9. 对两个或两个以上行政机关以共同名义作出的具体行政行为不服的，向其共同上一级行政机关申请行政复议。共同的行政行为是指两个或者两个以上的行政机关以共同的名义作出的具体行政行为。作出这个具体行政行为的主体不是一个机关，而是两个或者两个以上。出现这种情况，可能是地方政府相关部门组织联合执法；也可能是依据几个部委联合下发的文件，由地方多个部门综合执法；还有政府部门联合办公，等等。但必须注意的是，看这个具体行政行为是一个机关作出的还是两个或者两个以上机关作出的，不能只看表面形式，还要看最后作出的具体行政行为是谁的名义。有些联合检查，各部门调查讨论都是在一起，但作出决定是以自己单位的名义，对于这样的决定不服，行政管理相对人不能将几个机关都作为行政复议被申请人，只能对具体作出行政决定的机关提出行政复议。对共同行政行为不服的，应当向其共同的上一级机关申请复议。

10. 对被撤销的行政机关在撤销前所作出的具体行政行为不服的，向继续行使其职权的行政机关的上一级行政机关申请复议。《行政复议法》这一规定充分保障了公民、法人或其他组织的复议申请权。随着我国市场经济的发展，政府职能的转变，各级政府都面临着体制改革问题，政府各部门的撤销重组，个别的分立都时有发生。这种情况的发生带来了行政管理职能的变化，使一些行政机关由此丧失了主体资格，使其主体资格随着管理职能的转移而转移到其他行政机关。这种情况可能是同一政府的两个职能部门合并；也可能是一个部门被另一个部门吸收成为该机关的一个组成部分；还有的由于行政管理的需要作为一个行政部门一部分分立出来成为一个新的政府部门，等等。无论主体资格如何变化，行政机关作出的具体行政行为都是客观存在的，对于行政管理相对人来说仍然发生着法律效力，因此，行政管理相对人对此具体行政行为不服，应当获得救济的权利。

11. 转送管辖和指定管辖。转送管辖指接受行政复议申请的县级地方人民政府，对不属于自己受理范围的行政复议申请，应当在法定期限内转送有关复议机关。具体来说，就是当行政相对人不服派出机关、派出机构、被授权组织、共同行政机关、被撤销行政机关作出的具体行政行为申请复议时，可以直接向具体行政行为发生地的县级地方人民政府提出行政复议申请，该地方人民政府对属于其他行政复议机关受理的申请，应当在接到行政复议申请之日起7日内转送有关行政机关，并告知申请人。

指定管辖是指某一行政复议案件，上级行政机关或同级人民政府指定某一行政机关管辖。指定管辖往往是因为管辖发生争议，且协商不成时，由它们的上级行政机关指定管辖。

第四节　行政复议参加人

案例导入

某村村民吴某因家里人口多，住房紧张，向乡政府提出建房申请。经乡人民政府土地员刘某批准后，即开始划线动工。周围左邻申某与右邻崔某发现吴某占用了自己使月多年的宅基地，即同吴某交涉。吴某申辩说建房是按批准文件划线动工，不同意改变施工计划。申某与崔某对政府批准吴某建房的行为不服，欲申请行政复议。

本案知识点

行政复议参加人。

一、行政复议申请人

（一）行政复议申请人的含义和条件

行政复议申请人，是指认为行政机关的具体行政行为侵犯其合法权益，依法以自己名义向行政复议机关申请复议，要求对该具体行政行为进行审查并作出裁决的公民、法人或其他组织。

行政复议是一种依申请行为，没有行政复议申请人的申请，行政复议程序就不能启动。因此，《行政复议法》和《行政复议法实施条例》对于如何确定行政复议申请人的资格作了明确规定。通常情况下，行政复议申请人应当具备以下条件：

1. 申请人必须是作为行政相对人的公民、法人或其他组织

在行政管理中，行政相对人相比行使国家行政权力的行政主体而言处于被管理的地位。为保障行政相对人的合法权益，法律赋予其在受到行政机关具体行政行为侵害时行使行政复议申请权予以救济。行政主体不能作为申请人，只能作为被申请人。

2. 申请人必须是认为行政行为侵害了其合法权益的行政相对人

包含了两层意思：（1）申请人拥有其想要保护的法律利益，与被申请复议的行政行为之间有法律上的利害关系，才有必要申请复议。没有特定行政相对人声称要求保护的法律利益，而要求启动行政复议程序，是一种滥用行政复议申请权的行为，它会侵占宝贵的公共资源，挤占他人寻求行政复议救济的机会，法律对此不应予以支持。（2）申请人主观上“认为”就可以行使复议申请权，但这种主观认识需要行政复议机关审查后才能确认具体行政行为是否客观上构成侵权。

3. 申请人必须以自己的名义申请复议

申请人申请行政复议目的是保护自己的合法权益，而不是为保护他人权益。在行政复议过程中，不是以自己名义而是受他人之托、以他人名义参加行政复议的人，因为其所表达的意志不属于自己的意志，所代表的利益也不属于自己的利

益，因此不能取得行政复议申请人的法律地位。

（二）行政复议申请人资格的确认

1. 有权申请行政复议的公民死亡的，其近亲属可以申请行政复议。这里的近亲属包括配偶、父母、子女、兄弟姐妹、祖父母、外祖父母、孙子女、外孙子女，其法律地位等同于有权申请复议的公民，不属于代理人。

2. 有权申请行政复议的法人或其他组织终止，承受其权利的法人或其他组织可以申请行政复议。所谓“法人或者其他组织终止”，是指法人或者其他组织自身的消灭和变更。“消灭”是指法人或者其他组织的资格在法律上最终归于灭失和结束而不复存在，法人或者其他组织消灭后其权利包括复议申请权，应当由承受其权利的法人或者其他组织行使。“变更”是指原有意义上的法人或者其他组织虽然已经终止，但又以新的其他组织形式出现，并且与原法人或者其他组织之间在法律上具有继承关系。变更的主要形式是法人或者其他组织的分立和合并。

3. 合伙企业申请行政复议的，应当以核准登记的企业为申请人，由执行合伙事务的合伙人代表该企业参加行政复议。这是因为合伙企业是依法核准登记的企业，具有自己的名称、办公场所及内部的组织机构，这类合伙企业已经具备了法人基本特征，具有相应的以企业的名义对外承担法律责任的能力，因此可以以该企业的名义申请行政复议。同时，由于该企业在核准登记时要确定执行合伙事务的合伙人，该合伙人是合伙企业的负责人，相当于法人的法定代表人，可以对外以合伙企业的名义实施一定的行为，因此，由该合伙人作为合伙企业的代表参加行政复议，能够有效地代表、维护合伙企业的合法权益。

其他合伙组织申请行政复议的，由合伙人共同申请行政复议。这是因为非企业的其他合伙组织未经依法登记，没有法律承认的组织机构和代表人，每个合伙人在合伙组织中承担共同的责任，因此只有他们共同申请行政复议，才能更好地维护合伙组织的合法权益。从这个意义上讲，此时的申请人已经不是合伙组织，而是作为共同行政复议申请人的各合伙人。

不具备法人资格的其他组织申请行政复议的，由该组织的主要负责人代表该组织参加行政复议；没有主要负责人的，由共同推选的其他成员代表该组织参加行政复议。对这类组织，法律并没有规定其法定代表人或者主要负责人，为了便于他们申请行政复议，赋予他们自行确定代表人的权利是必要的。也就是说，如果他们在此前的日常活动中已经确立了主要负责人，则由该负责人作为复议代表人；如果他们此前并没有明确的主要负责人，也可以由他们在行政复议时共同推选代表人。

4. 股份制企业的股东大会、股东代表大会、董事会认为行政机关作出的具体行政行为侵犯企业合法权益的，可以以企业的名义申请行政复议。企业法人提出行政复议申请，一般是由其法定代表人提出，因为法定代表人是法律、法规或者组织章程确定的代表法人行使权利的自然人。实践中，可能出现法定代表人主观上不愿意或者客观上无法提出行政复议申请，导致股份制企业无法通过行政复议维护自主经营的合法权利，给企业带来损失。而在股份制企业中，股东的利益是包含在企业利益中的，企业的损失同时意味着股东的损失。为了避免这种情况的发生，从而规定了股份制企业的股东大会、股东代表大会、董事会的行政复议申请权。需要注意的是，只有在法定代表人怠于履行这项职责时，股东大会、股东代表大会、董事会才有权申请行政复议，但是只能由其中某一个主体提出一个行政复议申请，不能每个主体同时提出不同的行政复议申请。

5. 同一行政复议案件申请人超过5人的，推选1～5名代表参加行政复议。行政复议代表人实质上是一种特殊的行政复议代理人制度。行政复议代表人又不同于一般的行政复议代理人，两者的区别主要表现在两个方面：一是代表人必须享有全权委托，若受委托的权利是有限制的，则不符合行政复议代表人推举的要件。二是代表人本身就是行政复议申请人。在行政复议中适用复议代表人制度，不论复议申请人队伍如何庞大，都可由复议代表人进行复议。适用复议代表人制度不仅有助于大大简化行政复议程序，节省大量的人力、物力、财力；而且有助于行政复议机关依法全面彻底地解决纠纷，有效地保护当事人的合法权益，从而达到复议救济的目的。

二、行政复议被申请人

（一）行政复议被申请人的含义和条件

行政复议被申请人与申请人相对应，是指申请人认为实施了侵犯其合法权益的具体行政行为，并由复议机关通知参加复议的行政主体。

行政复议被申请人应具备以下条件：

1. 被申请人必须是行政主体

只有具备了行政主体资格，才能成为被申请人，以自己的名义独立承担法律后果。从这个意义上讲，被申请人包括行政机关、法律法规授权的组织。只要行政机关或者法律法规授权的组织作出的具体行政行为属于申请复议的范围，公民、法人或者其他组织依法申请复议，复议机关依法受理复议申请，作出该具体行政行为的行政机关或者法律法规授权的组织就成为被申请人。自然人不能成为行政复议的被申请人，即使具体行政行为由行政机关工作人员作出，被申请人也只能是行政机关。国家机关的工作人员及行使行政权的组织的工作人员不能成为行政复议的被申请人，这是由其法律地位决定的。公务人员的执法行为代表其所属的行政机关的意志，属于其所从属的行政机关的行政行为。即使该行政机关的工作人员有违法失职行为，也只能由有关行政机关处理，而不能通过复议来处理。

2. 被申请人必须实施了相应的行政行为

正是由于具体行政行为引发了行政争议，从而产生了行政复议的救济方式。没有实施具体行政行为，或者虽实施了具体行政行为，但与申请人的合法权益之间没有因果关系，不能成为被申请人。并不是所有的行政机关或组织随时都可以成为被申请人，而是他们实施的具体行政行为给公民、法人或其他组织的合法权益造成侵害，并被公民、法人或其他组织申请复议时才能成为被申请人。不仅如此，作为行使国家管理权的行政机关，即使其作出了具体行政行为，如果公民、法人或者其他组织认为该具体行政行为并没有侵犯其合法权益，或者即使公民、法人或者其他组织认为该具体行政行为侵犯了其合法权益，但并没有向行政复议机关提出行政复议的申请的，该行政机关也不是被申请人。只有公民、法人或者其他组织对行政主体的具体行政行为不服申请行政复议，作出该具体行政行为的行政主体才是被申请人。

3. 被申请人必须由行政复议机关通知参加复议活动

由于作出复议对象的具体行政行为是由被申请人作出的，因此，即便被申请人认为存在错误，也只需通过法定程序予以纠正即可，而无须通过申请行政复议加以解决，当然也就不存在主动参加行政复议的问题。由复议机关通知参加复议是行政复议案件发生的标志，也是某一行政机关或者组织作为被申请人的必要条件。复议机关没有通知参加复议的，不能成为被申请人。行政机关即使作出了损害申请人权益的具体行政行为，如果没有申请人提起复议申请，也不会成为被申请人。

（二）行政复议被申请人的确定

根据《行政复议法》和《行政复议法实施条例》的有关规定，行政复议被申请人的确定主要有以下几种情况：

1. 公民、法人或者其他组织对行政机关的具体行政行为不服申请复议的，作出行政行为的行政机关是被申请人。这里所说的行政机关是指行使国家行政职能，依法独立享有行使行政职权的国家机关。这是最主要的被申请人类型，包括具体行政行为的作为或不作为行政机关。作为的行政机关如作出行政拘留决定的公安机关；不作为的行政机关如应该颁发营业执照而未颁发的工商行政机关。

2. 法律、法规授权的组织作出的具体行政行为引起的行政复议，该组织是被申请人。法律、法规授权的组织虽然不是行政机关，但是按照其权力的来源，凡是由法律、法规授权的组织作出了具有具体行政行为性质的行为，该组织也是行政复议法所调整的被申请人。

3. 行政机关委托的组织作出的具体行政行为引起的行政复议，委托的行政机关是被申请人。例如，城市街道办事处受市民政局委托发放最低生活标准补助费，因街道办事处未及时发放而引起行政复议时，市民政局即应作为被申请人。

4. 两个或两个以上行政机关以共同名义作出同一具体行政行为的，共同作出具体行政行为的行政机关是共同被申请人；行政机关与法律、法规授权的组织以共同的名义作出具体行政行为的，行政机关和法律、法规授权的组织为共同被申请人，因为按照行政主体的理论，法律法规授权的组织作为行政主体，具有等同于行政主体的法律地位；行政机关与其他组织以共同名义作出具体行政行为的，行政机关为被申请人。

5. 下级行政机关依照法律、法规、规章规定，经上级行政机关批准作出具体行政行为的，批准机关为被申请人。所谓经批准的具体行政行为，就是由上级行政机关以批准方式予以确定具体的内容，同时由下级行政机关以自己的名义出具法律文书并送达给相对人的具体行政行为。在经批准的具体行政行为中，形式上存在两个行政主体，即作出批准行为的行政机关和对外出具法律文书的行政机关。

6. 对人民政府依法设立的派出机关的具体行政行为不服的，该派出机关是被申请人；行政机关设立的派出机构、内设机构或者其他组织，未经法律、法规授权，对外以自己名义作出具体行政行为的，该行政机关为被申请人。行政执法实践中，许多行政机关设立的派出机构、内设机构或者其他组织，未经法律、法规授权，以自己的名义对外作出具体行政行为，其中有些是因为工作失误，内部把关不严，将本来应当加盖机关印章的行政决定文书，加盖了派出机构、内设机构或其他组织的印章即送达当事人了；另外，也有一些行政机关，错误地认为本机关的派出机构、内设机构或其他组织可以以自己的名义作出具体行政行为。

7. 作出具体行政行为决定的行政机关被撤销的，继续行使其职权的行政机关为被申请人。如无继续行使其职权的行政机关，则由作出撤销决定的行政机关或其指定的行政机关作为被申请人。这在理论上被称为被申请人资格的承受，这种承受是法律规定的，与承受者的主观愿望无关。无论哪种情况，其判断标准都只能是在被撤销的行政机关行政职权的转移中，谁承受了这种职权，谁就要对已被撤销的行政机关已作出的具体行政行为负责，谁就是被申请人。

三、行政复议第三人

（一）行政复议第三人的含义和条件

行政复议第三人是指同申请的行政行为有利害关系，为维护自己的合法权益依申请或经复议机关通知参加复议的公民、法人或其他组织。行政复议第三人制度的设立，主要用意之一是力争通过一个行政复议案件的审理，解决与同一具体行政行为都有利害关系的多个当事人的诉求，避免不同当事人就同一具体行政行为引发若干个行政复议案件，加大审理的难度和成本。如果不允许与正在进行行政复议有利害关系的公民、法人或者其他组织参加已开始的行政复议，势必逼迫该利害关系人另行申请行政复议或者提起行政诉讼，从而可能导致就同一个问题作出的行政复议决定之间的冲突和矛盾。反之，则能防止前后两个复议决定出现互相矛盾的情况，维护行政复议的权威性。因此，第三人参加行政复议，有利于行政复议机关及时查清案件的全部事实真相，准确地把握和分析有关法律问题，正确地作出行政复议决定。这是正确开展行政复议的需要，也是保护各方当事人合法权益的需要，对促进行政复议活动的正常进行具有重要作用。

公民、法人或者其他组织作为第三人参加行政复议，应当具备以下几个条件：

1. 必须与申请复议的具体行政行为有利害关系。这是因为具体行政行为在客观上涉及和影响了第三人的权利与义务，第三人有必要通过参加行政复议进行救济。

2. 必须以维护自己的合法权益为目的，以自己的名义参加行政复议。第三人具有独立的法律地位，既不依附于申请人，也不依附于被申请人，在行政复议中享有与复议申请人或被申请人基本相同的复议权利和义务。

3. 必须在行政复议程序已经开始，但尚未结束前参加到行政复议过程中。

(二) 第三人参加复议的方式

第三人参加复议的方式主要有两种：

1. 通过申请参加复议；

2. 经复议机关通知参加复议。如果第三人拒不参加，复议机关不能强求，必须尊重第三人的权利与选择。

(三) 行政复议第三人的范围

从行政复议的实践来看，行政复议第三人主要有以下几种情形：

1. 行政处罚案件中的被处罚人或受害人。被处罚人和受害人中有一方不服行政处罚行为申请行政复议，另一方可作为第三人参加复议。

2. 行政处罚中的共同被处罚人。其中有一部分人申请行政复议，其他的被处罚人可作为第三人参加行政复议。

3. 在行政确权案件中主张权利的人。如在土地确权、专利确权案件中，被驳回请求的人申请复议，被授予权利的人或者其他被驳回请求的人，可以作为第三人参加行政复议。如在申请发明专利权的两人中其中一人被批准授予专利权，另外一人被驳回，被驳回的一人提起复议，被批准授予专利权的人可以作为第三人。

4. 两个或两个以上的行政机关基于同一事实作出相互矛盾的具体行政行为，行政相对人对其中一个具体行政行为不服申请行政复议，其他行政机关可以作为第三人参加行政复议。如村委会获得林业局审批将公路上的树木砍伐，公路局对村委会作出处罚。村委会申请行政复议，林业局是第三人。

5. 行政机关越权处罚被申请行政复议时，越权的行政机关是被申请人，被越权的行政机关作为第三人参加行政复议。

6. 行政裁决案件的一方当事人。被裁决民事纠纷中的一方当事人不服行政裁决申请行政复议的，另一方当事人可以作为第三人参加行政复议。

7. 其他与被申请的具体行政行为有利害关系的行政相对人。如某新闻出版管理机关，以某书店出售非法出版物为由，对其进行处罚，该书店不服，申请行政复议，并称所售出版物是从某正规出版社购进的，该出版社可以作为第三人。

四、行政复议代理人

行政复议代理人是指在行政复议中以被代理人的名义行使复议权利，代理他人进行复议的人。建立复议代理制度有利于协助公民、法人或者其他组织实现其权利，履行其义务，有效地维护自身的合法权益；有利于行政复议机关正确、合法、及时地审理案件，进一步查清事实，解决当事人之间的行政争议。

关于行政复议代理人，需注意行政法律法规规定的以下几种情形：

（一）法定代理

有权申请行政复议的公民为无民事行为能力人或者限制民事行为能力人的，其法定代理人可以代为申请行政复议。

（二）委托代理

申请人、第三人可以委托 1 ~ 2 名代理人代为参加行政复议。申请人、第三人委托代理人的，应当向行政复议机构提交授权委托书。授权委托书应当载明委托事项、权限和期限。以书面形式委托的好处在于有利于明确代理权限，有利于准确掌握代理人的情况，有利于行政复议机构与代理人交流。公民在特殊情况下无法书面委托的，可以口头委托。口头委托的，行政复议机构应当核实并记录在卷。实践中，落实这一要求往往需要委托人当面向行政复议机构口头委托，并由复议工作人员记录，对申请人、第三人来说，这种委托形式并不会带来太多的方便，因为他们在通常情况下是不会选择这种委托方式的。但如果他们坚持要求口头委托，行政复议机构应当依法核实，而不必劝说他们书面委托。委托代理关系成立后，申请人、第三人根据需要可以对代理权限作必要的变更、扩大或者缩小，委托人可以解除委托，代理人也可辞去委托。发生上述情况时，当事人应及时用书面形式告知行政复议机关。

第五节 行政复议程序

案例导入

某县嘉泰食品有限公司对县人民政府《关于关闭嘉泰食品有限公司的决定》有异议，向市人民政府提起行政复议申请，请求撤销县人民政府《关于关闭嘉泰食品有限公司的决定》。复议机关认为，嘉泰食品有限公司虽然是经过工商部门登记核准的豆淀粉生产企业，但是，该公司随意排放未经处理的废水、废渣，在一定范围内破坏了水体、空气质量，影响了他人正常的生产、生活秩序，甚至危及他人的身体健康，一定程度上影响了经济社会的可持续发展。根据《行政许可法》的有关规定，嘉泰食品有限公司的生产经营活动行为必须经有关环保部门环境影响评价后方可进行，县人民政府《关于关闭嘉泰食品有限公司的决定》认定事实清楚，证据确实、充分，适用法律正确，程序合法，处罚适当。根据《行政复议法》复议机关决定予以维持。

本案知识点

行政复议的程序。

一、行政复议的申请

（一）行政复议申请的条件

行政复议申请是公民、法人或其他组织认为行政主体的行政行为侵犯其合法权益，依法向行政复议机关提出请求，要求对被申请复议的行政行为进行审查并作出决定，以保护自己的合法权益的一种活动。行政复议是一种依申请行为，必然要以行政相对人申请为前提，没有行政相对人的申请，行政复议机关就不能主动复议。因此，行政复议申请是行政复议程序的首要环节。从这个意义来说，行政复议的启动权是掌握在公民、法人和其他组织手里的。充分保护行政复议申请权，对维护公民、法人或者其他组织的合法权益，引导相对人有效解决其与行政机关之间的行政争议，督促行政机关依法行政，无疑具有十分重要的意义。

申请人申请行政复议必须满足一定的条件，具体包括：

1. 申请人符合资格

申请人符合资格，即申请人是认为行政行为侵犯了其合法权益的公民、法人或其他组织。

2. 有明确的被申请人

行政相对人提起行政复议申请必须明确指出实施侵权行政行为的主体，如果被申请人不明确，复议机关不予受理，复议活动也无法进行。

3. 有具体的复议请求和事实根据

复议请求是申请人提出的主张，即向行政复议机关明确要求所要依法保护自己的具体权益和提供的具体救济。事实根据是指申请人申请行政复议的复议请求所根据的事实。具体来讲，就是要提出证明行政机关作出行政行为的材料，如行政处罚决定书、罚没款收据等。

4. 属于申请复议的范围和受理复议机关管辖

公民、法人或其他组织申请复议的案件属于行政复议机关受理的范围，不在复议范围内的案件复议机关不予受理。同时，申请复议必须向有管辖权的复议机关提出，复议机关无权受理不属于自己管辖的复议案件。

5. 法律法规规定的其他条件

如申请期限、申请方式等程序性要求。

（二）申请行政复议的期限

申请行政复议的期限是指提出复议申请的时间限制，这不仅涉及行政机关能否正确地行使其权力，而且还关系到公民、法人和其他组织能否充分地行使其行政复议申请权，保护自己的合法权益。明确申请复议的期限，有利于督促申请人及时行使复议申请权，提高行政复议的效率。行政相对人在法定期限内不提出复议申请，行政复议机关将不予受理案件。

1. 一般规定

根据《行政复议法》的规定，公民、法人或者其他组织认为具体行政行为侵犯其合法权益的，可以自知道该具体行政行为之日起60日内提出行政复议申请；但是法律规定的申请期限超过60日的除外。关于行政复议申请期限的计算，区分不同情况依法办理：（1）当场作出具体行政行为的，自具体行政行为作出之日起计算；（2）载明具体行政行为的法律文书直接送达的，自受送达人签收之日起计算；（3）载明具体行政行为的法律文书邮寄送达的，自受送达人在邮件签收单上签收之日起计算；没有邮件签收单的，自受送达人在送达回执上签名之日起计算；（4）具体行政行为依法通过公告形式告知受送达人的，自公告规定的期限届满之日起计算；（5）行政机关作出具体行政行为时未告知公民、法人或者其他组织，事后补充告知的，自该公民、法人或者其他组织收到行政机关补充告知的通知之日起计算；（6）被申请人能够证明公民、法人或者其他组织知道具体行政行为的，自证据材料证明其知道具体行政行为之日起计算。行政机关作出具体行政行为，依法应当向有关公民、法人或者其他组织送达法律文书而未送达的，视为该公民、法人或者其他组织不知道该具体行政行为。

2. 期限延长

《行政复议法》还对复议申请期限的延长作了规定，因不可抗力或者其他正当理由耽误法定申请期限的，申请期限自障碍消除之日起继续计算。可以适当延期的情况有两类：一是因不可抗力的发生耽误了法定申请期限，不可抗力是指不能预见、不能避免并不能克服的客观情况，如地震、水灾、战争等；二是其他一些正当理由耽误了法定申请期限的，如法人处于合并或者改组阶段，复议申请人病重等。也就是说，在不可抗力或者其他正当理由出现时，申请复议期限处于中止状态，因此当这些障碍消除后，申请复议期限继续计算，而不是重新计算。

3. 特别规定

对于行政机关未履行法定职责的，如行政机关没有依法颁发许可证、执照、资质证、资格证等证书或者不予审批、登记；没有依法履行保护人身权利、财产权利、受教育权利的法定职责；没有依法发放抚恤金、社会保险金或者最低生活保障费等情况，行政复议申请期限按下列规定计算：（1）有履行期限规定的，自履行期限届满之日起计算；（2）没有履行期限规定的，自行政机关收到申请满60日起计算。公民、法人或者其他组织在紧急情况下请求行政机关履行保护人身权、财产权的法定职责，行政机关不履行的，行政复议申请期限不受以上规定的限制。

（三）复议申请的形式

1. 书面申请

书面申请是指申请人以向行政复议机关递交行政复议申请书的形式来表达其申请行政复议的意愿。以书面形式申请行政复议，既能够全面、准确、详尽地表达申请人的行政复议请求、申请行政复议的主要事实、理由等，也有利于复议机关准确地了解有关情况，把握案件的关键所在，及时地进行审查和判断。

申请人书面申请复议的，可以采取当面递交、邮寄或者传真等方式提出行政复议申请。有条件的行政复议机构可以接受以电子邮件形式提出的行政复议申请。在书面申请时，要求书面提出的行政复议申请书具备必要的内容，符合一定的规范要求，有利于申请人全面、准确、详尽地表达其复议请求和目的，阐明申请行政复议的事由和依据，也有利于行政复议机关及时、准确地了解情况，对行政复议申请及时进行审查并作出相应的处理。申请人应当在行政复议申请书中载明下列事项：

（1）申请人的基本情况，包括公民的姓名、性别、年龄、身份证号码、工作单位、住所、邮政编码；法人或者其他组织的名称、住所、邮政编码和法定代表人或者主要负责人的姓名、职务；申请人如果有委托代理人的，还应当写明委托代理人的基本情况，包括委托代理人的姓名、工作单位、住所、联系方式等内容。此外，申请人还可以写明通信地址、电话等联系方式，以便复议机关和申请人联系，有利于案件的审理和调查，维护申请人权利。因此，申请人应当保证所填联系方式的真实性和有效性。

（2）被申请人的名称。应当写正式名称，不能随意使用简称或者不完全的名称，以保证认定被申请人的准确性。

（3）行政复议请求、申请行政复议的主要事实和理由。行政复议请求，是指申请人通过申请行政复议希望达到的目的，主要包括：申请撤销或变更具体行政行为；申请确认具体行政行为违法；申请行政机关履行法定职责；申请行政赔偿。申请行政复议的主要事实和理由，应紧紧围绕行政复议请求，主要写明：被申请人作出具体行政行为的时间、地点、事实和法律依据；与复议要求相应的事实和法律依据；申请复议的法律依据；其他相关材料。

（4）申请人的签名或者盖章。申请人是法人或者其他组织的，除了盖申请人公章外，还需法定代表人或者主要负责人签名或者盖章。

（5）申请行政复议的日期。

2. 口头申请

口头申请，是指行政管理相对人以口头言语的形式向行政机关提出申请，以表达其申请行政复议的意愿和要求。口头申请的形式充分体现了行政复议方便群众、快捷高效、方式灵活的特点，更加有利于公民、法人或者其他组织行使复议申请权以维护自身的合法权益。

采用口头方式申请行政复议，一般是由申请人亲自到行政复议机关所在地向行政复议机关提出申请。申请人口头申请复议的，行政复议机关应当当场记录申请人的基本情况、行政复议请求、申请行政复议的主要事实、理由和时间，将行政复议申请笔录交申请人核对或者向申请人宣读，并由申请人签字确认。笔录中有更改、涂抹的地方，也应该由申请人在相应的位置签字确认。这有利于申请人及时更正口头申请中的错误，也有利于督促行政复议机构的工作人员正确记录口头申请，保证申请人诉求的正确表达。

应当注意的是，在特殊情况下，申请人除提交申请书外，还应当提供相关的证明材料。这些证明材料是证明复议案件案情事实所必需的证据材料，是申请人要求复议机关保护其合法权益的重要依据，也是复议活动向前发展的大致方向，直接影响申请人复议请求的实现。申请人只有提供这些证明材料，才能使行政复议机关高效、快捷解决行政争议，有效维护申请人的合法权益。申请人应当提供证明材料的情形有以下几种：（1）认为被申请人不履行法定职责的，提供曾经要求被申请人履行法定职责而被申请人未履行的证明材料。例如，申请人申请复议要求公安机关履行治安管理的法定职责，必须提供证据证明自己曾经向公安机关报案或者举报，而公安机关未予理睬。（2）申请行政复议时一并提出行政赔偿请求的，提供受具体行政行为侵害而造成损害的证明材料。（3）法律、法规规定需要申请人提供证据材料的其他情形。除此之外，任何规范性文件都不能规定申请人的举证义务，加重申请人的负担。

二、行政复议的受理

行政复议的受理，是指行政管理相对人提出行政复议申请后，行政复议机关经审查认为符合行政复议的条件而决定予以立案并进行审理的活动。申请人提出的行政复议申请，不论是口头的还是书面的，都应当形式规范、内容清楚，这样行政复议机关才能及时进行审查，并决定是否受理，这有利于提高行政复议效率。行政复议机关在收到行政复议申请后，应在5日内予以审查，根据不同情况作出决定：

1. 决定予以受理。受理的前提是复议申请必须符合下列条件：（1）有明确的被申请人和符合规定的申请人；（2）申请人与具体行政行为有利害关系；（3）有具体的行政复议请求和理由；（4）在法定期限内提出；（5）属于《行政复议法》规定的行政复议范围；（6）属于收到行政复议申请的行政复议机关的管辖范围；（7）其他行政复议机关尚未受理同一行政复议申请，人民法院尚未受理同一主体就同一事实提起的行政诉讼。

2. 对不符合条件的行政复议申请，决定不予受理。

3. 对符合条件但不属于本行政机关受理的行政复议申请，应当告知申请人向有关行政机关提出。接受行政复议申请的县级地方人民政府，对属于其他行政复议机关受理的行政复议申请，应当自接到该行政复议申请之日起7日内，转送有关行政复议机关，并告知申请人。

4. 行政复议申请材料不齐全或者表述不清楚的，行政复议机构可以自收到该行政复议申请之日起5日内书面通知申请人补正。补正通知应当载明需要补正的事项和合理的补正期限。无正当理由逾期不补正的，视为申请人放弃行政复议申请。补正申请材料所用时间不计入行政复议审理期限。

5. 申请人就同一事项向两个或两个以上有权受理的行政机关申请复议的，由最先收到行政复议申请的行政机关受理；同时收到行政复议申请的，由收到行政复议申请的行政机关在10日内协商确定；协商不成的，由其共同上一级行政机关在10日内指定受理机关。协商确定或者指定受理机关所用时间不计入行政复议审理期限。这样既有利于行政复议机关及时受理申请人的行政复议申请，提高行政复议的效率，又可以避免不同行政复议机关重复受理，有利于节省行政复议资源，确保法律统一适用。

6. 上级行政机关认为行政复议机关不予受理行政复议申请的理由不成立的，可以先行督促其受理；经督促仍不受理的，应当责令其限期受理，必要时也可以直接受理；认为行政复议申请不符合法定受理条件的，应当告知申请人。这里的上级行政机关包括与行政复议机关存在行政上或者业务上的领导或者指导关系的行政机关，可以是上一级行政机关，也可以是上两级或者三级行政机关，不论是哪一级，只要是行政复议机关的上级行政机关都有权根据行政复议申请人的申诉或者主动检查、监督下级行政机关依法受理行政复议申请或者直接对被申请行政复议的具体行政行为进行审理。

三、行政复议的审理

（一）审理前的准备

审理前的准备包括行政复议人员的确定、发送申请书、接受书面答复、收集证据材料等一系列准备工作。根据《行政复议法》第23条的规定，行政复议机关负责法制工作的机构应当自行政复议申请受理之日起7日内，将行政复议申请书副本或者行政复议申请笔录复印件发送被申请人。被申请人应当自收到申请书副本或者申请笔录复印件之日起10日内，提出书面答复，并提交当初作出具体行政行为的证据、依据和其他有关材料。

申请人、第三人可以查阅被申请人提出的书面答复、作出具体行政行为的证据、依据和其他有关材料，除涉及国家秘密、商业秘密或者个人隐私外，行政复议机关不得拒绝。行政复议机关应当为申请人、第三人查阅有关材料提供必要条件。

（二）审理方式

1. 书面审理方式

行政复议作为一项准司法行为，采取何种审理方式，应当与行政复议本身的特点相符合，既要符合行政效率原则，也应当在程序上体现公开、公正、参与的特点，增强行政复议的公正性，提高行政复议的权威。根据《行政复议法》及《行政复议法实施条例》的规定，我国行政复议的审理方式遵循以书面审查为主的方式。书面审查是指行政复议机关仅对申请人、被申请人提供的书面材料进行审查并作出决定的一种审理方式。对于一些事实清楚、争议不大的行政复议案件，实行书面审理的方式，申请人、被申请人、证人等无须当面对质，行政复议机构通过对各方提交的书面材料进行审查，可以判断具体行政行为是否合法、适当，并作出行政复议决定，这有利于提高行政复议案件的办理效率。行政复议机构审理行政复议案件，应当由2名以上行政复议人员参加。

2. 非正式听证方式

行政复议以书面审查为主，但也不排除其他审理形式。随着实践的发展，行政复议案件越来越复杂，有时仅凭书面审理，无法查清案件事实，而且审理程序不透明，容易给申请人以“暗箱操作”“官官相护”的错觉，不利于行政争议的彻底解决。创新行政复议的审理方式，借鉴行政争议解决制度的基本程序，有利于提高行政复议办案质量和效率。

申请人提出要求或者行政复议机关负责法制工作的机构认为有必要时，可以实地向有关组织和人员调查情况，核实证据，听取申请人、被申请人和第三人的意见。行政复议人员向有关组织和人员调查取证时，可以查阅、复制、调取有关文件和资料，向有关人员进行询问。调查取证时，行政复议人员不得少于2人，并应当向当事人或者有关人员出示证件。被调查单位和人员应当配合行政复议人员的工作，不得拒绝或者阻挠。实践中，对以下情形，行政复议机关应当进行调查取证，核实有关证据：（1）涉及国家利益、公共利益或者他人合法利益的事实需要认定的；（2）涉及依职权追加当事人，中止或者终止行政复议等程序性事项的；（3）申请人或者第三人提供了证据或者依据的线索，但是无法自行收集而申请行政复议机构收集的；（4）当事人应当提供原件或者原物而无法提供的；（5）为了查明事实，确有必要调取其他证据材料的。

3. 听证方式

申请人提出要求或者行政复议机构认为必要时，可以采取听证的方式审理。听证的基本含义是指行政机关作出决定时，要提前通知并听取利益受到影响的当事人的意见。听证最初仅适用于司法领域，逐步发展到适用于执法和立法领域。通常情况下，对于重大、复杂的行政复议案件，可以实行听证审理。所谓重大、复杂案件，一般包括：（1）涉及人数众多或者群体利益的案件；（2）具有涉外因素的案件，如涉及外国人或者港、澳、台的案件；（3）社会影响较大的案件，如当事人对立情绪激烈、可能影响社会稳定的案件；（4）案件事实和法律关系复杂的案件。行政复议听证审理方式的启动，可以有两种方式：一是申请人提出要求；二是行政复议机构认为必要时。因此，实行听证审理也是申请人的权利，对此，行政复议机关应当通过适当的方式告知申请人。

四、行政复议审理中的各项制度

(一) 行政复议申请的撤回制度

行政复议申请的撤回，是指申请人在复议决定作出前要求撤回行政复议申请，经复议机关同意，终止审理的制度。这是公民、法人或者其他组织行使行政复议权的一种方式，任何单位和个人都不得妨碍申请人行使这一权利，同时也不能强迫申请人撤回行政复议申请。在申请撤回行政复议申请时，申请人要向行政复议机关说明理由，行政复议机关则要对申请人的要求和相应的理由进行审查，并根据具体情况决定准予或者不准予撤回行政复议申请。

通常情况下，具备以下四个条件的，应当决定准予撤回申请：(1) 提出撤回行政复议申请要求的必须是申请行政复议的公民、法人或者其他组织，包括申请人特别授权的委托代理人。行政复议申请人是无民事行为能力或者限制民事行为能力的公民的，撤回行政复议申请的要求由该公民的法定代理人提出。除上述情况外，其他人包括行政复议第三人都无权要求撤回行政复议申请。(2) 提出撤回行政复议申请必须完全出于自愿。(3) 提出撤回行政复议申请必须符合法律的规定，不得影响和损害国家、集体和他人的合法权益，也不得规避法律、法规规定的责任或义务。(4) 提出撤回行政复议申请的时间必须是在行政复议决定作出以前。

一般认为有下列情况之一的不应准予撤回复议申请：(1) 申请人撤回申请系受被申请人胁迫或者欺骗的；(2) 行政复议案件涉及第三人合法权益处置，第三人不同意撤回行政复议申请的；(3) 行政复议机构认为撤回申请可能掩盖原具体行政行为错误或者会对公共利益造成损害的；(4) 申请人不能说明撤回申请的理由。一般来说，由于申请行政复议是当事人的权利，申请人有权进行处分，当然也可以放弃，所以，对于申请人撤回行政复议的请求，只要不属于上述不能撤回的四种情形的，都应当允许申请人撤回行政复议申请。

申请人在行政复议决定作出前自愿撤回行政复议申请的，经行政复议机关同意，可以撤回。行政复议机关准许申请人撤回行政复议申请的，行政复议活动终结，继续审理已无必要，应当向申请人发出行政复议终止通知书。行政复议机关不准撤回行政复议申请，也应当作出书面决定，并通知申请人。申请人撤回行政复议申请的，不得再以同一事实和理由提出行政复议申请。如果没有王当理由，行政复议机关可以不予受理。但是，如果申请人撤回行政复议申请是违背本人真实意思表示的，比如受到行政机关的胁迫或者欺骗而撤回的，对于其再次提出的行政复议申请，行政复议机关应当予以受理。

（二）行政复议的和解制度

行政复议和解是申请人、被申请人在行政复议过程中自愿达成和解，行政复议机关经审查准许后，对行政复议案件不再继续审理。行政复议和解是适应新形势下行政复议发展实践的需要，是对行政复议审理方式上的创新，是具有中国特色的化解矛盾纠纷的有效途径，对于促进社会和谐有积极作用。从实践效果来看，行政复议和解符合我国“和为贵”的文化传统，有利于缓和申请人与行政机关的对立情绪，促使行政争议的柔性解决，注重法律效果与社会效果相结合，达到息诉止纷、稳定社会的良好效果。

公民、法人或者其他组织对行政机关行使法律、法规规定的自由裁量权作出的具体行政行为不服申请行政复议，申请人与被申请人在行政复议决定作出前自愿达成和解的，应当向行政复议机构提交书面和解协议；和解内容不损害社会公共利益和他人合法权益的，行政复议机构应当准许。

（三）行政行为不停止执行制度

根据《行政复议法》第21条的规定，行政复议期间具体行政行为不停止执行；但是，有下列情形之一的，可以停止执行：

1. 被申请人认为需要停止执行的；

2. 行政复议机关认为需要停止执行的；

3. 申请人申请停止执行，行政复议机关认为其要求合理，决定停止执行的；

4. 法律规定其他停止执行的。

（四）行政复议中止制度

行政复议中止，是指行政复议过程中出现法定情形后，行政复议机关暂停有关行政复议案件的审理，待有关影响行政复议案件正常审理的情形消除后，再继续审理行政复议案件。根据《行政复议法实施条例》第41条的规定，行政复议期间有下列情形之一，影响行政复议案件审理的，行政复议中止：

1. 作为申请人的自然人死亡，其近亲属尚未确定是否参加行政复议的；

2. 作为申请人的自然人丧失参加行政复议的能力，尚未确定法定代理人参加行政复议的；

3. 作为申请人的法人或者其他组织终止，尚未确定权利义务承受人的；

4. 作为申请人的自然人下落不明或者被宣告失踪的；

5. 申请人、被申请人因不可抗力，不能参加行政复议的；

6. 案件涉及法律适用问题，需要有权机关作出解释或者确认的；

7. 案件审理需要以其他案件的审理结果为依据，而其他案件尚未审结的；

8. 其他需要中止行政复议的情形。

行政复议中止的原因消除后，应当及时恢复行政复议案件的审理。行政复议机构中止、恢复行政复议案件的审理，应当告知有关当事人。

（五）行政复议终止制度

行政复议终止，是指行政复议过程中出现法定情形后，行政复议机关不再继续审理有关行政复议案件，从而终结行政复议的活动。行政复议终止的，行政复议机关无须对具体行政行为是否合法和适当进行实质性审理，也不需要作出行政复议决定，而是要制发行政复议终止通知书，告知有关当事人行政复议活动已经终结。根据《行政复议法实施条例》第42条的规定，行政复议期间有下列情形之一的，行政复议终止：

1. 申请人要求撤回行政复议申请，行政复议机构准予撤回的；

2. 作为申请人的自然人死亡，没有近亲属或者其近亲属放弃行政复议权利的；

3. 作为行政复议的法人或者其他组织终止，其权利义务的承受人放弃行政复议权利的；

4. 申请人与被申请人依照本条例第40条的规定，经行政复议机构准许达成和解的；

5. 申请人对行政拘留或者限制人身自由的行政强制措施不服申请复议后，因申请人同一违法行为涉嫌犯罪，该行政拘留或者限制人身自由的行政强制措施变更为刑事拘留的；

6. 作为申请人的自然人死亡，满60日其近亲属尚未确定是否参加行政复议的；作为申请人的自然人丧失参加行政复议的能力，满60日尚未确定法定代理人参加行政复议的；作为申请人的法人或者其他组织终止，满60日尚未确定权利义务承受人的。

（六）行政复议中的调解制度

在行政复议中，行政复议机关可以按照自愿、合法的原则进行调解，调解适用的情形主要有两种：（1）公民、法人或者其他组织对行政机关行使法律、法规规定的自由裁量权作出的具体行政行为不服申请复议的；（2）当事人之间的行政赔偿或者行政补偿纠纷。当事人经调解达成协议的，行政复议机关应当制作行政复议调解书。调解书应当载明行政复议请求、事实、理由和调解结果，并加盖复议机关印章。行政复议书经双方当事人签字，即具有法律效力。调解未达成协议或者调解书生效前一方反悔的，行政复议机关应当及时作出行政复议决定。

五、行政复议的决定

（一）对行政规定和行政依据的审查

根据《行政复议法》第26条的规定，申请人在申请行政复议时一并提出对本法第7条所列有关规定的审查申请，行政复议机关对该规定有权处理的，应当在30日内依法处理；无权处理的，应当在7日内按法定程序转送有权处理的行政机关依法处理，有权处理的行政机关应当在60日内依法处理。处理期间，中止对具体行政行为的审查。

根据《行政复议法》第27条的规定，行政复议机关在对被申请人作出的具体行政行为进行审查时，认为其依据不合法，本机关有权处理的，应当在30日内依法处理；无权处理的，应当在7日内按照法定程序转送有权处理的国家机关依法处理。处理期间，中止对具体行政行为的审查。

（二）对具体行政行为的复议决定

行政复议决定，是指行政复议机关对行政复议案件进行审理后，依据法律和事实，就有关具体行政行为是否合法、适当所作出的裁判。行政复议机关负责法制工作的机构应当对被申请人作出的具体行政行为进行审查，提出意见，经行政复议机关的负责人同意或者集体讨论通过后，针对不同的情况作出不同的复议决定。行政复议机关在申请人的行政复议请求范围内，不得作出对申请人更为不利的行政复议决定。

1. 维持决定

行政复议机关对具体行政行为进行审查后，认为其认定事实清楚，证据确凿，适用依据正确，程序合法，内容适当的，应当作出维持决定，从而否定了申请人的指控，肯定被审查的具体行政行为是合法、适当的。

2. 履行职责决定

行政复议机关经过审查，认定被申请人未履行法律、法规所规定的职责，应当决定其在一定期限内履行其法定职责。“不履行法定职责”是一种不作为的行为，是被申请人主观上不肯履行或者疏于履行法定职责的行为。具体而言，被申请人拒绝履行法定职责，通常表现为失职行为，如民政部门没有按照规定向申请人发放抚恤金；被申请人拖延履行法定职责，则通常表现为滥用职权的行为，如某些行政机关不按照法律、法规规定的期限履行职责，或者对某些特别紧急的事项不及时办理，造成行政管理相对人权益的损害。需要注意的是，行政主体负有法定职责，但是由于客观条件的限制、意外事件以及不可抗力，导致行政主体由于非主观的原因而不能及时履行法定职责，便不能认定为不履行法定职责。行政复议机关作出履行决定还必须有现实意义，即对行政相对人而言，被申请人继续履行职责对其还是有意义的，如申请许可证等行为。在有些情况下，让被申请人继续履行职责已毫无意义，此时便不应作出履行决定。如公民人权受到危害时请求公安机关予以保护，而公安机关没有进行保护，公民的人身权由于没有得到及时保护已经受到伤害的情况下，再决定公安机关继续履行其保护人身权的职责已无意义，而应作出其他决定，如确认违法决定等。

3. 撤销、变更和确认违法决定

具体行政行为有下列情形之一的，决定撤销、变更或者确认该具体行政行为违法；决定撤销或者确认该具体行政行为违法的，可以责令被申请人在一定期限内重新作出具体行政行为：

（1）主要事实不清、证据不足的；

（2）适用依据错误的；

（3）违反法定程序的；

（4）超越或者滥用职权的；

（5）具体行政行为明显不当的。

被申请人不依法提出书面答复、提交当初作出具体行政行为的证据、依据和其他有关材料的，视为该具体行政行为没有证据、依据，决定撤销该具体行政行为。

4. 驳回行政复议申请决定

有下列情形之一的，行政复议机关应当决定驳回行政复议申请：（1）申请人认为行政机关不履行法定职责申请行政复议，行政复议机关受理后发现该行政机关没有相应法定职责或者在受理前已经履行法定职责的；（2）受理行政复议申请后，发现该行政复议申请不符合《行政复议法》和《行政复议法实施条例》规定的受理条件的。

上级行政机关认为行政复议机关驳回行政复议申请的理由不成立的，应当责令其恢复审理。

5. 责令被申请人赔偿的决定

公民、法人或者其他组织在申请行政复议时可以一并提出行政赔偿请求，行政复议机关对符合国家赔偿法的有关规定应当予以赔偿的，在决定撤销、变更具体行政行为或者确认具体行政行为违法时，应当同时决定被申请人依法给予赔偿。申请人在申请行政复议时没有提出行政赔偿请求，行政复议机关在依法决定撤销、变更罚款，撤销违法集资、没收财物、征收财物、摊派费用以及对财产的查封、扣押、冻结等具体行政行为时，应当同时责令被申请人返还财产，解除对财产的查封、扣押、冻结措施，或者赔偿相应的价款。

（三）行政复议决定的期限

行政复议决定的期限，是指行政复议机关受理复议申请、进行复议审查以及作出复议决定的全过程所需的时限。根据《行政复议法》第31条的规定，行政复议机关应当自受理申请之日起60日内作出行政复议决定；但是法律规定的行政复议期限少于60日的除外。情况复杂，不能在规定期限内作出行政复议决定的，经行政复议机关的负责人批准，可以适当延长，并告知申请人和被申请人；但是延长期限最多不超过30日。

行政复议机关作出行政复议决定，应当制作行政复议决定书，并加盖印章。行政复议决定书一经送达，即发生法律效力。

六、行政复议决定的执行

行政复议决定书是行政复议机关对具体行政行为进行审查之后作出的结论性的书面裁决形式。行政复议机关在申请人的行政复议请求范围内，不得作出对申请人更为不利的行政复议决定。双方当事人均受行政复议决定书的制约，应当自觉履行决定书的内容，否则就要承担相应的法律后果。

根据《行政复议法》第32条的规定，被申请人应当履行行政复议决定。被申请人不履行或者无正当理由拖延履行行政复议决定的，行政复议机关或者有关上级机关应当责令其限期履行。

根据《行政复议法》第33条的规定，申请人逾期不起诉又不履行行政复议决定的，或者不履行最终裁决的行政复议决定的，按照下列规定分别处理：（1）维持具体行政行为的行政复议决定，由作出具体行政行为的行政机关依法强制执行，或者申请人民法院强制执行；（2）变更具体行政行为的行政复议决定，由行政复议机关依法强制执行，或者申请人民法院强制执行。

实训案例

案例一

2017年11月28日，××市国土资源局对孟某某作出×国土罚决字〔2017〕023-1号《××市国土资源局行政处罚决定书》，以孟某某在未取得合法用地手续的情况下擅自占用土地建奶牛场为由，决定对其进行处罚。

孟某某不服上述行政处罚决定，向××市人民政府申请行政复议。2017年12月15日，被告××市人民政府决定受理原告孟某某提起的请求撤销××市国土资源局所作×国土罚决字〔2017〕023-1号《××市国土资源局行政处罚决定书》的行政复议申请。

2017年12月19日，××市国土资源局作出×国土资撤〔2017〕002号《××市国土资源局行政处罚撤销决定书》，根据《行政处罚法》第54条第2款的规定，决定撤销其所作出的×国土罚决字〔2017〕023-1号《××市国土资源局行政处罚决定书》。

2018年3月6日，被告××市人民政府针对申请人孟某某作出×政（复终通）字〔2017〕59号《××市人民政府行政复议终止通知书》，内容如下：行政复议期间，经审理发现，被申请人2017年11月28日作出×国土罚决字〔2017〕023－1号行政处罚决定书后，于2017年10月24日作出×国土资撤〔2017〕1号行政处罚撤销决定书，2017年12月22日作出×国土罚决字〔2017〕023－2号行政处罚决定，对原处罚决定进行了变更。终止行政复议。原告孟某某不服被告所作终止行政复议通知，诉至法院。

原告诉求：被告于2018年3月6日作出的×政（复终通）字〔2017〕59号《××市人民政府行政复议终止通知书》认定事实错误，适用法律错误，严重违法，对此不服提起诉讼。根据行政复议法、行政复议法实施条例的规定，被告作出的被诉行政行为没有法律依据，依法应予撤销。

答辩意见：答辩人所作×政（复终通）字〔2017〕59号《××市人民政府行政复议终止通知书》认定事实清楚，适用法律正确，依法应当予以维持。023－1号和023－2号两个行政处罚决定是同一个处罚程序中的两个文书，该两个行政处罚决定对原告的处罚内容没有发生变化，023－1号行政处罚决定并未对原告产生任何影响，且答辩人对023－2号处罚决定进行了审理并作出了复议决定。综上，请求依法驳回原告起诉。

在行政复议期间被申请人改变具体行政行为，不影响行政复议案件的审理。本案中，被告××市人民政府以被申请人对原处罚决定进行了变更为由终止行政复议，没有法律依据。被告××市人民政府在不具备行政复议终止条件的情况下作出被诉《终止行政复议通知书》，属认定事实不清，适用法律错误。2019年4月21日法院判决，撤销被告××市人民政府作出的×政（复终通）字〔2017〕59号《××市人民政府行政复议终止通知书》。

案例二

王某，男，45岁，系A省A市A区居民。王某于2012年4月30日在A市市立医院做骨外科手术失败，实施手术者为张某。张某获得执业医师资格，但未进行医师注册。王某多次要求A市市立医院及张某进行人身损害赔偿未果。王某向A市卫生局请求认定张某诊疗行为为非法行医。A市卫生局给予书面答复，认为张某拿到执业医师资格证书较晚，未能及时注册是因为证件制作、上报验印有一个过程，因此不能认定张某的诊疗行为系非法行医。

王某不服向A省卫生厅提出行政复议申请，以张某没有医师执业证书、不能单独实施医疗手术为由，请求撤销A市卫生局作出的不能认定张某诊疗行为为非法行医的答复。A省卫生厅接到王某的行政复议申请以后，经过审查，受理了此案，向王某寄发了受理通知书，同时向A市卫生局寄发了提出答复通知书，要求A市卫生局在接到通知书之日起10日内提交书面答辩，并提交当初作出具体行政行为的证据、依据。A市卫生局向A省卫生厅提交了书面答复意见及相关证据材料，认为张某实施手术有上级医师台下指导，不属于单独执业。

A省卫生厅经过书面审理，作出行政复议决定，撤销A市卫生局作出的不能认定张某诊疗行为为非法行医的答复。

【问题】

1. 请列出本案中各个主体的法律地位。
2. 以代理人王某的身份为其撰写一份行政复议申请书。
3. A市卫生局若不服行政复议决定，有何救济途径？

思考与练习题

1. 如何理解行政复议的概念？
2. 行政复议的基本原则有哪些？其内涵是什么？
3. 公民、法人或者其他组织可以对哪些事项申请行政复议？
4. 公民、法人或者其他组织不能申请行政复议的事项有哪些？
5. 申请人申请行政复议的条件是什么？
6. 行政复议的管辖种类有哪些？
7. 行政复议的参加人有哪些？
8. 行政复议机关对具体行政行为审查后可以作出哪些复议决定？
9. 行政复议机关适用调解的情形有哪些？

第八章

行政诉讼概述

本章导读

行政诉讼作为一项重要的法律制度，是为公民、法人或者其他组织在可能被行政机关或者法律法规授权的组织所作出的具体行政行为侵犯其合法权益的情况下，提供的法律上的救济手段和途径，主要解决行政机关或者法律法规授权的组织作出的具体行政行为的合法性问题。行政诉讼需要遵循人民法院独立行使审判权原则，以事实为根据、以法律为准绳原则，当事人诉讼法律地位平等原则，使用本民族语言文字进行诉讼原则，辩论原则，人民检察院对行政诉讼进行法律监督的原则以及人民法院对具体行政行为进行合法性审查原则。行政诉讼案件的审判需要遵循的基本制度包括合议制度、回避制度、审判公开制度和两审终审制度。另外，学习行政诉讼还要知道行政复议和行政诉讼的联系及区别。行政诉讼的概念、行政诉讼法的基本原则以及行政诉讼与行政复议的联系与区别是本章的重点问题。

第一节　行政诉讼的基本问题

案例导入

原告何某某系第三人华中科技大学武昌分校（以下简称武昌分校）2003 级通信工程专业的本科毕业生。武昌分校是独立的事业法人单位，无学士学位授予资格。根据国家对民办高校学士学位授予的相关规定和双方协议约定，被告华中科技大学同意对武昌分校符合学士学位条件的本科毕业生授予学士学位，并在协议附件载明《华中科技大学武昌分校授予本科毕业生学士学位实施细则》。其中第2条规定，“凡具有我校学籍的本科毕业生，符合本《实施细则》中授予条件者，均可向华中科技大学学位评定委员会申请授予学士学位”，第3条规定“……达到下述水平和要求，经学术评定委员会审核通过者，可授予学士学位……（三）通过全国大学英语四级统考”。2006年12月，华中科技大学作出《关于武昌分校、文华学院申请学士学位的规定》，规定通过全国大学外语四级考试是非外国语专业学生申请学士学位的必备条件之一。

2007年6月30日，何某某获得武昌分校颁发的《普通高等学校毕业证书》，由于其本科学习期间未通过全国英语四级考试，武昌分校根据上述《实施细则》，未向华中科技大学推荐其申请学士学位。8月26日，何某某向华中科技大学和武昌分校提出授予工学学士学位的申请。2008年5月21日，武昌分校作出书面答复，因何某某没有通过全国大学英语四级考试，不符合授予条件，华中科技大学不能授予其学士学位。

湖北省武汉市洪山区人民法院于2008年12月18日作出（2008）洪行初字第81号行政判决，驳回原告何某某要求被告华中科技大学为其颁发工学学士学位的诉讼请求。湖北省武汉市中级人民法院于2009年5月31日作出（2009）武行终字第61号行政判决，驳回上诉，维持原判。

裁判要点

1. 具有学位授予权的高等学校，有权对学位申请人提出的学位授予申请进行审查并决定是否授予其学位。申请人对高等学校不授予其学位的决定不服提起行政诉讼的，人民法院应当依法受理。

2. 高等学校依照《学位条例暂行实施办法》的有关规定，在学术自治范围内制定的授予学位的学术水平标准，以及据此标准作出的是否授予学位的决定，人民法院应予支持。

本案问题

本案是否属于行政案件？如何理解行政诉讼？

一、行政诉讼的概念与特征

（一）行政诉讼的概念

行政诉讼是指公民、法人或者其他组织，认为行政机关及其工作人员的行政行为侵犯其合法权益，依法向人民法院提起诉讼，人民法院对被诉行政行为的合法性进行审查并依法作出裁决的制度。行政诉讼的根本目的是通过司法权对行政权的监督，确保行政机关依法行政，保障相对人的合法权益。

（二）行政诉讼的特征

1. 行政诉讼的原告是作为行政相对人的公民、法人或其他组织，即合法权益受到侵犯的行政相对人

特殊情况下，某一行政机关处于行政相对人地位时，也可以作为原告。行政诉讼是因行政实体法律关系当事人之间的争议引起的。行政实体法律关系当事人处于不平等的地位，作为行政主体的国家行政机关有权对行政相对人发布行政命令，采取行政强制措施和实施行政制裁，因此，行政主体在行政诉讼中没有做原告的必要。而行政相对人在行政实体法律关系中处于被管理的地位，当合法权益受到侵犯时，法律就赋予他们以行政诉讼的起诉权。值得注意的是，行政机关及法律法规授权的组织不能作原告，是指他们在行政实体法律关系中处于管理者的地位时而言的，如果他们处于被管理的地位即成为行政相对人时，是完全可以作原告的。

2. 行政诉讼的被告是行使行政职权，作出被诉行政行为的国家行政机关或法律法规授权的组织

行政主体依法享有行政职权，也有义务接受司法监督。行政主体作被告，有两点需要明确：

（1）行政机关和法律、法规授权的组织实施的行为表现为两种情况：一种是通过行政决定、命令，以行政主体的名义实施的；另一种是行政机关和法律法规授权组织的工作人员或行政机关委托的组织、个人在没有行政主体决定命令的情况下自己实施的对于行政相对人权利义务发生影响的职务行为，无论属于上述哪一种情况，相对人提起诉讼都只能以作为行政主体的行政机关或法律法规授权的组织为被告，而不能以公务员或行政机关委托的组织、个人为被告。

（2）行政机关或法律、法规授权的组织只有在行使行政职权并与行政相对人发生争议时，才能成为行政诉讼的被告。

3. 行政诉讼争议的对象是行政机关针对行政相对人就特定事项所作出的行政行为

行政诉讼的内容是解决行政争议，行政争议的存在是行政诉讼的前提，行政

诉讼的整个过程都是围绕解决行政争议进行的。行政争议的起因是被告作出的行政行为，是行政主体同提起诉讼的公民、法人或其他组织发生了行政法上的权利义务关系，至于公民、法人或其他组织所起诉的行政行为是否合法，要由人民法院审查确认和判断。对于合法的行政行为，即使原告认为造成了对他的权益的不利影响，人民法院也应予以维持；只有对侵犯了原告合法权益的违法的行政行为，人民法院才予以撤销，给予原告以相应的救济。

二、行政诉讼的性质

行政诉讼是对行政行为的一种法律监督制度，对于相对人而言，行政诉讼是一种行政法律救济制度；在国家制度的层面上，行政诉讼与民事诉讼、刑事诉讼一样，同属司法中的诉讼制度。

（一）行政诉讼是一种司法审查制度

在行政法制监督体系中，行政诉讼是一项不可缺少的事后法律监督制度，是国家法律监督制度的重要组成部分，其功能主要是监督行政机关以及法律、法规授权的组织依法行使职权。人民法院通过对行政案件的审理，发现被诉的行政行为违反法律规定或认定事实不清，可以运用国家司法权，撤销违法行政行为，或责成行政机关重新作出行政行为。在诉讼过程中，人民法院发现被诉行政行为有关的人和事违法或有其他瑕疵，还可以向行政机关提出司法建议，要求行政机关予以纠正。这种在国家制度中设计的国家司法权对行政权实行制约和监督的机制，目的在于通过最终的司法决断，保障行政机关依法进行行政管理，实现司法审查的终极目的。

（二）行政诉讼是一种行政法律救济制度

作为行政相对人，他们有义务遵守国家的法律、法规，有义务服从行政机关合法的管理。但法律制度的设计者总是遵循这样的原则：有义务就有权利，有权利就应有救济。行政诉讼就是旨在监督行政机关依法行政的同时保护相对人的合法权益，在相对人合法权益受到或可能受到行政行为侵犯时，为相对人提供及时有效的救济。

（三）行政诉讼是国家诉讼制度的一部分

行政诉讼是解决行政机关与相对人行政纠纷的一种制度。在由法院解决纠纷这个意义上，行政诉讼与民事诉讼、刑事诉讼一样，是构成我国完整的诉讼制度的一个组成部分。一个国家解决行政纠纷的制度常常是多种多样的，我国现行法律法规规定了行政调解制度、行政复议制度等，但这些都是属于行政系统内部的争议解决机制，行政诉讼作为一种司法制度，其处在行政系统之外，程序更严格，更具权威性。不仅如此，行政诉讼还常常将行政处理、行政复议决定作为直接审查的对象。

三、行政诉讼的功能

现代行政法自产生以来，其作为法律所具有的特殊功能的核心内涵始终在发生着变化。授权作用（使行政权的行使获得合宪的依据）、保权作用（保护行政主体有效地行使行政权）、限权作用（限制行政主体滥用行政权）、维权作用（保障和维护公民权利）等功能理论相互交替，不同程度地影响着各国行政法制建设的实践。由于各国社会政治、经济、文化、风俗习惯等具体国情的不同，行政诉讼的功能在不同的国家甚至于在同一国家的不同时期都各有不同的具体表现。但从各国实行行政诉讼制度的综合情况来看，行政诉讼的功能可以概括为以下几个主要方面：

（一）解决行政纠纷功能

这是行政诉讼最基本的功能，解决纠纷可选择以下途径：协商、调解、复议、诉讼，由于行政行为的可妥协性很小，协商与调解在解决行政争议时没有太大的用武之地，复议和诉讼就成为解决行政纠纷的常用手段。

（二）权利保障救济功能

保护公民、法人和其他组织的合法权益，是现代民主宪政制度对国家行政机关的基本要求之一。行政诉讼能够排除不法行政行为侵害，恢复或弥补公民、法人或其他组织的合法权益。尽管在实际生活中，不法行政行为给公民、法人或其他组织的合法权益所造成的损害也可以通过民事、刑事等救济手段在不同程度上予以恢复或弥补，但在各种救济手段中，行政诉讼具有其他救济手段所无法替代的重要作用。

（三）权力监督制约功能

行政机关可能有不守法的时候，行政系统内部有不能自我约束的时候。因此，行政权力的行使必须受到外部的监督。司法审查是法院监督行政机关遵守法律的有力工具，没有司法审查，行政法治等于一句空话，个人的权利就缺乏保障。

让行政机关自行判断自己行为的是非，显然违反了“任何人不能做自己的法官”的原则。而行政诉讼制度，恰恰作为一种外部的监督和制约机制，具有普遍性、经常性、程序严格性、公正性等优点。行政诉讼恰恰提供了这样一种保护公民合法权益的救济制度，公民认为行政机关行使职权的行政行为侵犯其合法权益可以依据行政诉讼法向法院提起诉讼，法院通过对行政行为的合法性审查，对行政行为进行广泛的、经常的监督，保护公民的合法权益。这就是行政诉讼的权力监督制约功能。

（四）实现公正，维护社会安定功能

现代社会，一方面是高度整体化的社会，任何个人或小集团都不能脱离社会整体利益去追求单纯的个人利益或小集团利益；另一方面又是民主文明、统筹兼顾各方面利益的社会，片面地强调社会整体利益而忽视个人利益或局部利益，也不利于社会的稳定与和谐。因此，国家必须对社会整体、局部及个人之间的利益进行适当的调节，以平衡不同的社会主体之间的利益关系。尤其要平衡为了整体利益或公共利益而受到损害或损失的人与其他社会成员之间的利益关系，使他们受损的合法权益能得到适当的恢复或弥补，从而维护社会公正。行政诉讼正好可以做到这一点。

（五）推进民主法治建设功能

实行民主与法治，建设法治国家，是现代国家的共同发展要求。民主与法治精神体现在国家生活上，就是要求在国家政治、文化等一切领域都必须在法律面前一律平等和依法办事，不允许有任何特权。实行行政诉讼制度，可以把国家行政机关及其工作人员都纳入守法的行列，打破专制制度下所享有的法律之上的特权，贯彻法律面前人人平等和严格依法办事原则，培养人们的民主法治观念，行政诉讼使人们在价值取向上从属于民主法治，它的不断发展和完善，必将使民主法治思想更深入人心，建立在民主法治基础上的社会文明必将得到极大的提高。

四、行政诉讼法律关系

（一）行政诉讼法律关系的概念

行政诉讼法律关系，是指由行政诉讼法所调整的，以行政诉讼主体诉讼权利义务为内容的一种社会关系。

1. 行政诉讼法律关系是在行政诉讼法调整之下的行政诉讼主体之间的社会关系

这种社会关系，既包括人民法院同行政诉讼当事人或行政诉讼参与人之间的关系，也包括行政诉讼当事人或行政诉讼参与人与人民法院之间的关系。

2. 行政诉讼法律关系以行政诉讼主体的诉讼权利和义务为内容

行政诉讼法律关系并不是以诉讼行为与诉讼行为产生的后果为内容，而是以诉讼主体的诉讼权利和义务为内容的。无论是作为诉讼主导和指挥者的法院，还是诉讼当事人，他们进行起诉、受理、答辩、开庭、审理、裁判这些诉讼行为，以及其间各方的诉讼权利与诉讼义务的展开，均为一种诉讼程序上的权利和义务，而诉讼行为与诉讼行为导致的后果是法院裁判中对实体权利的确定。

（二）行政诉讼法律关系的要素

行政诉讼法律关系与其他法律关系相同，都由主体、内容和客体三要素构成。

1. 行政诉讼法律关系主体

行政诉讼法律关系主体，就是行政诉讼权利义务承担者，即在行政诉讼法律关系中享有诉讼权利、承担诉讼义务的人。在行政诉讼法律关系中，凡是参加行政诉讼活动的组织和个人，都是行政诉讼法律关系主体。

诉讼主体是参加行政诉讼活动的主体，他们的诉讼行为能够引起行政诉讼法律关系的产生、变化和发展。其他行政诉讼法律关系主体的行为不能够直接引起行政诉讼法律关系的发生、变化和发展。诉讼主体是指人民法院、原告、被告、共同诉讼人、第三人。其他诉讼法律关系主体指诉讼代理人、证人、鉴定人、翻译人员。

人民法院是行政诉讼法律关系中必不可少的当事人一方，当事人实施诉讼行为后，还必须有人民法院的受理、审理、执行等审判活动，行政诉讼法律关系方能发生、变化和消灭。

行政诉讼参加人中的当事人，也是行政法律关系中的当事人，同被诉行政行为有直接利害关系，受行政裁判所约束。当事人的诉讼行为能引起行政诉讼法律关系的产生、变化和消灭。诉讼代理人以当事人名义活动，同本案诉讼标的并无直接的利害关系，但诉讼代理人的诉讼行为，后果由当事人承担。在行政诉讼活动中，诉讼代理人地位同当事人地位相当，因此，诉讼代理人列入行政诉讼参加人中。其他诉讼参与人虽然也是行政诉讼法律关系的主体，但他们同行政案件无直接利害关系，不能直接引起行政诉讼法律关系的产生、变更和消灭。

2. 行政诉讼法律关系内容

行政诉讼法律关系内容，是指由行政诉讼法所确定的各个行政诉讼法律关系主体在一定条件下所享有的诉讼权利和所承担的诉讼义务。

同一诉讼法律关系在行政诉讼法律关系中，原告和被告的具体诉讼权利和诉讼义务有所不同，这是由行政审判的特点所决定，但原告、被告之间的法律地位是平等的。主体的诉讼权利和诉讼义务也不相同。人民法院享有行政诉讼审判权，因而享有案件受理权、调查取证权、审理权、裁判权、排除诉讼障碍的司法强制权、对裁判的执行权。人民法院负有维护国家法律尊严，合法、及时、公正地审理案件，保护当事人和一切诉讼参与人的诉讼权利，接受法律监督等诉讼义务。

当事人诉讼权利有：原告享有起诉权；原告、共同诉讼人、第三人享有提出诉讼请求权，被告享有答辩权；委托诉讼代理权；使用本民族语言文字权；辩论权；申请回避权；经审判长许可向证人、鉴定人、勘验人发问权；查阅并申请补正庭审笔录权；经法院许可，查阅本案庭审材料和请求复制本案庭审材料与法律文书权；原告有申请停止行政行为权，被告有停止执行行政行为权；原告有申请撤诉权，被告有改变其所作的行政行为权；上诉权；申请执行权。当事人负有不得滥诉、服从法庭指挥、遵守诉讼秩序、履行生效裁判等义务。证人、鉴定人、翻译人员也有相应的诉讼权利和诉讼义务。如有如实作证、翻译、鉴定和服从法律以及遵守法庭秩序的义务，但也有诉讼权利，如鉴定人员有权了解鉴定所需材料。

3. 行政诉讼法律关系客体

行政诉讼法律关系客体是行政诉讼权利和行政诉讼义务所指向的案件事实和被诉行政行为。

人民法院同当事人之间、当事人之间诉讼权利和诉讼义务所指向的对象是案件事实和所争议的行政行为。在有限的司法变更判决中，客体是所指向的行政法律上的权利义务关系。人民法院同其他诉讼参与人之间、诉讼参与人之间诉讼权利和诉讼义务指向的案件事实是行政诉讼法律关系客体。但翻译人员同人民法院以及一切诉讼参与人之间诉讼权利义务指向的法律行为本身是行政诉讼法律关系客体。

第二节　行政诉讼的基本原则

案例导入

2003 年 10 月 15 日，A 县政府根据《发展 A 县经济的实施规划》，以红头文件形式作出了一项《关于对 A 县几家工业企业进行调整的措施》的决定，其中决定将属于集体所有制的 A 县机床附件厂与属于国有企业的 A 县机械厂合并为 A 县机械总厂。A 县机床附件厂不服县政府的这一决定，认为合并决定未征得他们的同意，侵犯了企业的经营自主权，遂向 A 县法院提起行政诉讼，A 县政府有关领导得知这一情况后立即告诉县法院，这一合并决定是为了改革和发展 A 县经济，解决县机械厂的经济困难作出的，县机床附件厂应当顾全大局，服从县政府的决定，同时，县政府要求县法院应与县政府态度一致，维持县政府的改革措施，对县机床附件厂的起诉不予受理。

本案问题

县法院是否有权受理此案？县法院是否必须服从县政府的意见？如何理解人民法院独立行使审判权原则？

一、行政诉讼基本原则的概念

行政诉讼基本原则，是指反映行政诉讼基本特点和一般规律，贯穿于行政诉讼活动整个过程或者主要过程，指导行政诉讼法律关系主体诉讼行为的重要准则。行政诉讼的基本原则源于行政诉讼法的规则和学者根据案例和法理进行的理论概括。

二、行政诉讼基本原则的内容

行政诉讼的基本原则包括九项：

（一）人民法院依法独立行使审判权原则

该原则包括以下含义：

1. 只有人民法院才有权对行政案件进行审判。行政审判权是国家权力的重要组成部分，只能由我国人民法院代表国家行使，任何外国政府和机关不能干涉；人民法院有权依照法定程序确定自己对行政案件的管辖权，其他国家机关、社会团体或个人都不得干涉。

2. 人民法院依法独立审判，不受外界的任何非法影响。人民法院作为一个整体，在行使行政审判权时，独立于行政机关、社会团体和个人。

3. 每一个法院在对具体的行政案件行使审判权时，其审判活动是独立的，不受非法干预。各人民法院对自己所作的判决和裁定负责。

4. 人民法院设立行政审判庭对行政案件进行审理。在具体的办案过程中非依法定程序不受来自法院内部和外部的各种影响。当然，对于重大复杂的行政案件，如果合议庭经公开审判不能作出决定的，应当通过法定程序提交审判委员会讨论决定。

人民法院独立行使审判权，是我国民事诉讼、刑事诉讼和行政诉讼共有的一项极为重要的原则。这项原则的贯彻实施不仅关系到国家权力的相互制约和监督功能的发挥，而且关系到国家审判机关的权威。特别是行政诉讼的被告是行政主体，如果法院和法官的独立性差，就不可能真正公正地审理和裁判案件。但如何使法院能够真正独立行使审判权，是我国诉讼制度改革与完善的一项重要课题。

（二）以事实为根据，以法律为准绳原则

人民法院审理各类案件应以事实为根据，以法律为准绳。这就要求法院审理行政案件应当建立在客观事实的基础上，正确适用法律规范，对行政行为的合法性进行判断。为保障贯彻这一原则，法院在审理案件过程中，应在独立审判的前提下，进一步改革证据规则，坚持对证据的质证，坚持直接言词原则，加强对证人的法律保护和约束，同时加强立法机关对法律的解释，提高法官对法律法规内容、立法目的及效力层级的理解和法律适用的水平，确保审判的公正。

（三）当事人诉讼法律地位平等原则

当事人在行政诉讼中的法律地位是平等的，没有高低贵贱之分，也没有领导与被领导关系，共同处于人民法院的裁判之下。当事人有平等的诉讼权利，同时平等地承担诉讼义务，法院应当切实保障当事人之间平等地行使权利、履行义务，尤其是保障原告的合法权益。但是这并不意味着原告、被告诉讼权利和义务完全对等。这是由行政诉讼制度的特点决定的，毕竟，行政诉讼是对行政机关行使职权的一种审查。因此，行政主体不具有起诉权，也无反诉权，只有应诉并承担举证责任的义务。地位平等只意味着平等地享有法律规定的权利和承担法律规定的义务。

（四）使用本民族语言文字进行诉讼原则

各民族公民都有使用本民族语言、文字进行行政诉讼的权利。在少数民族聚居或者多民族共同居住的地区，人民法院应当用当地民族通用的语言、文字进行审理和发布法律文书。人民法院应当对不通晓当地民族通用语言、文字的诉讼参与人提供翻译。

（五）辩论原则

辩论权是当事人基本的诉讼权利，原告、被告、共同诉讼人和第三人都享有辩论权，审判人员应当发挥其指挥职能，确保当事人充分行使辩论权。在行政诉讼中，当事人有权针对案件事实的有无、证据的真伪，适用法律、法规的正确与否诸方面相互进行辩论。辩论可以是口头形式也可以是书面形式。辩论原则贯穿于行政案件的全过程，主要是法庭辩论阶段，但不限于此，在第一审程序、第二审程序、审判监督程序和执行程序中都有进行辩论的权利。

（六）合议、回避、公开审判和两审终审原则

合议原则是指人民法院对行政案件的审理，由审判员或审判员与陪审员依照法定人数和组织形式组成合议庭进行。《行政诉讼法》第68条明确规定：“人民法院审理行政案件，由审判员组成合议庭，或者由审判员、陪审员组成合议庭。合议庭的成员，应当是三人以上的单数。”

在行政诉讼中，回避原则是指承办行政案件的审判人员和其他有关人员遇有不宜参加审理的情形时，应当经过法定程序退出行政诉讼活动。回避适用于审判人员、书记员、勘验人员、鉴定人和翻译人员等。

公开审判是我国宪法确定的一项基本原则。在行政诉讼中，公开审判原则是指人民法院审理行政案件，除法律规定的特殊情况外，一律公开进行。《行政诉讼法》第54条规定："人民法院公开审理行政案件，但涉及国家秘密、个人隐私和法律另有规定的除外。涉及商业秘密的案件，当事人申请不公开审理的，可以不公开审理。"

在行政诉讼中，两审终审原则是指行政案件经过两级人民法院的审理即告终结。根据《行政诉讼法》的规定，当事人对第一审行政判决、裁定不服的，可以向上一级人民法院提起上诉，启动第二审程序。第二审人民法院的判决、裁定是终局判决、裁定，对此，当事人不得再提起上诉。

（七）人民检察院对行政诉讼进行法律监督的原则

根据我国《宪法》和《行政诉讼法》的规定，人民检察院有权对行政诉讼实行法律监督。人民检察院对行政诉讼实行法律监督是为了保障行政诉讼活动依法进行，这也是我国人民检察院国家法律监督职能的体现。人民检察院对行政诉讼活动的监督体现在审判活动的各个环节中，是一种全面的法律监督。人民检察院对人民法院已经发生法律效力的判决、裁定，发现违反法律、法规规定的，有权按照审判监督程序提出抗诉。抗诉是人民检察院实行法律监督的主要形式，但在我国行政诉讼法中，却只规定了抗诉的方式，未对其他方式作出明确规定。理论上认为人民检察院还可以在特定情况下采取支持起诉、参加诉讼以及提起诉讼的方式。

（八）行政行为合法性审查原则

人民法院有权并应当对行政行为的合法性进行审查。行政行为合法性的要求包括：（1）主体、权限合法。只有主体合法的行政行为才是合法的行政行为。第一，行政行为主体应具备行政主体资格；第二，实施行为的公职人员应具有合法的身份；第三，只有在行政主体法定权限范围之内的行为才是合法、有效的行政行为。（2）行政行为内容合法。行政行为具有事实依据，意思表示真实、完整、准确，行为具有法律依据且适用法律、法规正确。（3）行为程序合法。法治原则要求行政行为应当符合法定程序，行政行为既要符合行政程序规则制度，又要符合行政程序的基本原则。违反法定程序是行政复议和行政诉讼撤销行政行为的理由之一。（4）作出行政行为应当具备法定的形式，尤其是要式行政行为，行政主体应严格按照法律要求的形式进行，否则就是违法的行政行为。

人民法院审查行政行为，原则上是进行合法性审查而非合理性审查，其原因有二：（1）行政权和审判权是两种不同的国家权力，行政权的行使需要广泛运用法律赋予的自由裁量权，行政机关因长期处理行政事务而具有专门经验，能审时度势作出恰如其分的决定，因此法院在审理行政案件时不应代行行政机关的自由裁量权。（2）行政诉讼的目的，一是保护公民、法人或其他组织的合法权益；二是监督行政机关依法行使行政职权。两者都与行政行为的合法性密切相关，法院只有通过司法审查确认行政行为是否合法，并作出相应的裁决，才能达到行政诉讼的目的。

合法性审查的例外。由于行政机关在行使职权时，具有较大的自由裁量权，因而其在法定幅度内作出的裁决是合法的，但可能是不适当的、不合理的。所以在个别领域司法权可以对行政行为的合理性进行审查裁判。具体而言，对于行政处罚明显不当，或者其他行政行为涉及对款额的确定、认定确有错误的，人民法院可以判决变更。

（九）诉讼权利保障原则

诉讼权是公民的基本权利，也是公民维护自己合法权益的最后一道屏障。任何人、任何单位都不得为行政相对人起诉、应诉、上诉、提起再审设置非法障碍。人民法院应当保障公民、法人和其他组织的起诉权利，对应当受理的行政案件依法受理。行政机关及其工作人员不得干预、阻碍人民法院受理行政案件。

三、行政诉讼基本原则的作用

行政诉讼的基本原则对立法、执法和司法均有重要的指导作用。

（一）保证法律的公正实施

行政诉讼基本原则的作用，首先在于保证行政诉讼能够公正进行。行政诉讼是以国家行政机关为一方当事人（被告）的诉讼，而人民法院与行政机关同为国家机关，因此，人民法院能否公正审理案件，取决于其是否坚持行政诉讼的基本原则。只有法院坚持独立审判、公开审判，坚持当事人法律地位平等、辩论、检察监督等基本原则，人民法院的审判活动才能做到公正，行政诉讼的功能才能全面彻底地发挥出来。

（二）指导行政诉讼行为

行政诉讼法律关系主体在诉讼中的法律地位不同，对于国家法律的认知和理解也各异。为此，各方主体只有以行政诉讼基本原则规范其行为，才能实现行政诉讼法保护公民、法人和其他组织的合法权益，维护和监督行政机关依法行使职权的立法目的。

（三）弥补具体法律规定的遗漏

法律是人们对社会客观规律的认识和反映。人们对规律的认识是一个不断深化的过程，具体法律对规律的反映不可能尽善尽美，总会存在这样、那样的遗漏。在行政诉讼中，弥补这一遗漏的重要方法之一，是法官对行政诉讼基本原则的运用并据此作出符合立法意图的裁判；重要方法之二，是将司法实践中发现的立法不足反馈至立法机关，从而推动法律的修改和完善。但是，法律的修改非常复杂，需要一定的时间，在法律没有正式修改之前，运用行政诉讼法的基本原则弥补遗漏不失为最佳选择。

第三节 行政诉讼与行政复议

案例导入

司机田某驾车行至某县某镇时，遇到一妇女冯某请求搭车，田某表示同意。当日夜晚，田某驾驶的汽车被该县公安局巡逻人员拦住。因搭车妇女冯某过去有卖淫行为被该县公安局查获，县公安局便认定，田某与冯某晚上同车行进，其行为构成了嫖娼、卖淫，故对田某处以罚款5000元，对冯某处以罚款500元，田某不服，向市公安局申请行政复议，市公安局裁决维持县公安局的处罚裁决，田某仍不服，于是向法院提起诉讼。

本案问题

如何认识行政复议和行政诉讼的关系？哪些案件属于复议前置？哪些案件当事人具有选择权？

一、行政诉讼与行政复议的联系

行政复议与行政诉讼都是法律救济和权力监督制度。两者都对行政主体的行政行为进行监督，纠正违法和不当。行政复议和行政诉讼都属于救济行为，都具有事后性和依申请的性质，即它们都是事后的一种监督手段。行政复议与行政诉讼的联系主要体现为：

（一）产生的基础相同

都是基于行政争议的存在，用以解决争议的法律制度。

（二）目的和作用相同

都是为了防止和纠正违法不当的行政行为，保护公民、法人和其他组织的合法权益，监督行政机关依法行政。

(三) 审查的对象基本相同

行政复议与行政诉讼都以行政争议为处理对象，都要对行政行为是否合法进行审查，只是复议机关作为行政机关，审查范围要宽一些，可以同时审查行政行为的合理性。

(四) 启动条件相同

都是一种依申请启动的活动。两种程序的启动，都有赖于相对人的申请。

二、行政诉讼与行政复议的区别

行政复议与行政诉讼虽有诸多共同点，但毕竟是解决行政争议的两种不同方式，相互间存在明显区别，这主要体现在：

(一) 性质不同

行政复议机关的复议行为属于行政行为，它是一种行政机关内部的层级监督制度，对相对人来说，这是一种行政救济的手段；而人民法院审理行政案件的活动属于司法活动，是人民法院对行政机关的监督活动，是人民法院行使司法权对行政行为的司法审查，对行政相对人来说这是一种诉讼救济的手段。前者受行政程序法即行政复议法调整，后者则受诉讼法即行政诉讼法支配。

(二) 处理机关不同

行政复议与行政诉讼的处理机关是不同的，前者是行政机关，后者是人民法院，即司法机关。

(三) 审查标准不同

行政复议与行政诉讼都以行政行为为审查对象，但其审查标准是不同的。行政复议对行政行为是否合法与适当进行审查；行政诉讼原则上只对行政行为是否合法进行审查，对不适当的行政行为不予审查。此外，行政复议法对复议的申请范围作了扩大的规定，公民、法人或其他组织的合法权益受到更全面的保护。

(四) 审理程序不同

行政复议是行政机关内部的上级对下级的层级监督制度，是高层级的行政权对低层级行政权的监督，所以监督是全面的，不仅限于对行政行为合法性的审查，还包括对行政行为合理性的审查。甚至不仅包括对行政行为的审查，而且在对行政行为审查的同时，还可以审查作为行政行为的依据的规章以下的行政规范性文件。行政复议一般实行书面复议制度，也就是说，复议机关在审理复议案件时，仅就行政案件的书面材料进行审查，不传唤申请人、被申请人、证人或其他复议参加人到庭，这样可以节省时间、人力和费用；而行政诉讼一般不实行书面审理制度，当事人双方必须到庭，相互答辩。行政复议实行一级复议制，也就是说对复议机关的复议决定，一般不得再请求复议；而行政诉讼实行两审终审制，当事人对一审裁判不服的，可依法向上一级人民法院提起上诉。

（五）法律效力不同

行政复议一般没有最终的法律效力，相对人对复议不服，还可以提起行政诉讼；只有在法律规定复议裁决为终局裁决的情况下，复议才具有最终的法律效力，相对人不能再提起行政诉讼。只有全国人大及其常委会制定的法律才有权规定哪些案件的行政复议有终局裁决权。行政机关自己制定的行政法规和行政规章，不能为自己设定终局裁决权。地方法规也无权规定行政复议的终局裁决权。行政诉讼则具有最终的法律效力，无论有没有经过行政复议的案件，一经行政诉讼，诉讼的裁判结果就是有最终效力的结果，不能再由行政机关复议。行政诉讼的终审判决具有最终的法律效力，当事人必须遵行。

三、行政复议与行政诉讼的衔接

（一）自由选择型

行政诉讼与行政复议由行政相对人自行选择，既可以先选择行政复议，若不服还可以再提起行政诉讼，也可以不经复议直接提起诉讼，但选择诉讼后不能回到复议。我国多数法律、法规作出如此规定。

（二）复议前置型

行政复议为行政诉讼的必经前置程序。即相对人不服行政行为向法院起诉前必须先向复议机关提起行政复议，否则，不得向法院起诉。如《反垄断法》《税收征收管理法》的规定。

（三）复议终局型

行政复议决定为终局裁决，行政相对人即使对复议决定不服，也不得提起行政诉讼，即复议排斥诉讼。应当注意的是，只有最高权力机关制定的法律规定行政复议为最终裁决的，方可有效排斥行政诉讼，如《行政复议法》第 30 条第 2 款的规定。

实训案例

案例一

原告太原市某有限公司在山西省太原市某区××街道拥有自己的房屋，房屋性质为商业用房。2018 年 6 月，被告太原市某区政府作出《太原市某区政府关于××街棚户区（危旧房）改造工程的房屋征收决定》，原告太原市某有限公司位于太原市某区××号的房屋处于征收范围内。原告太原市某有限公司认为，被告某区人民政府作出的征收决定不符合公共利益的目的，且程序违法，特请求人民法院依法判令：确认被告某区政府作出的《某区政府关于××街棚户区（危旧房）改造工程的房屋征收决定》违法并予以撤销。

山西省某市中级人民法院经过公开开庭审理，认为太原市某区人民政府作出的房屋征收决定严重违法，故依照《行政诉讼法》第74条第1款第1项之规定，判决确认被告太原市某区人民政府作出的×政房征决字〔2018〕×号《太原市某区人民政府关于××街棚户区（危旧房）改造工程的房屋征收决定》违法。

【分析】 程序正当原则是行政机关依法行政的基本要求，程序上的公正与实体上的公正同等重要。《国有土地上房屋征收与补偿条例》对人民政府作出房屋征收决定规定了严格的程序，其目的就在于以严格的程序限制来更好地保障被征收人的利益。

《国有土地上房屋征收与补偿条例》第9~12条、第15条都规定了政府作出房屋征收决定时需要履行的法定程序，其中包括组织有关部门对征收补偿方案进行科学论证、广泛征求社会公众意见、及时公布征求意见情况和根据公众意见修改情况、社会稳定风险评估、涉及被征收人数量较多的还需经政府常务会议讨论决定、作出征收决定前征收补偿费用足额到位、专户存储、专款专用，等等。政府在实施房屋征收时，应当严格依法履行上述法定程序，否则，其房屋征收决定将面临被人民法院确认违法或撤销的境地。

本案中，被告太原市某区人民政府并没有提供相关证据，证明其作出的征收决定符合法律规定，因此，法院依法认定被告未履行作出征收决定的法定程序，属程序上存在重大瑕疵，应当依法予以撤销。但考虑到如果撤销该房屋征收决定，会给社会公共利益造成重大损害，故法院确认被告某区政府作出的房屋征收决定违法。

案例二

1994年3月，某乡政府为解决乡机关干部及附近群众的饮水困难，作出了《关于筹集资金安装自来水管道的决定》。其主要内容是：乡政府所在地的每个企事业单位交纳500元，所有工作人员交纳50元，乡政府所在地的两村每户交纳30元，作为安装自来水管道的建设资金。乡政府的文件用书面和广播传达到每家每户。个体工商户蒋某在外地做生意，不知道乡政府的决定。同年9月1日他从外地回到家乡，第二天乡政府派人送去一份限其在10日内交纳30元集资款的书面通知书。蒋不愿交纳，乡政府说不如数交纳集资款，将处以罚款。蒋不服，认为这是违法要求履行义务，于同年12月3日向县人民法院起诉，请求法院撤销乡政府让他交30元集资款的决定。

【问题】 法院是否受理蒋某的起诉？

思考与练习题

1. 简述行政诉讼的基本原则。
2. 简述行政诉讼法律关系的主体。
3. 简述行政诉讼中回避的原因和适用对象。
4. 试述人民法院对行政行为合法性进行审查的原则。

第九章

行政诉讼的受案范围与管辖

本章导读

本章主要讲解了行政诉讼受案范围与管辖的概念、确立方式与标准。通过本章的学习，应掌握现行法对行政诉讼应受理的各类案件和不予受理的各类事项的规定，了解行政诉讼级别管辖、地域管辖、指定管辖、裁定管辖概念及其具体内容，了解管辖权的转移和移送管辖的法律规定。

第一节　行政诉讼的受案范围

案例导入

2013 年 11 月 19 日，重庆某村举行村民委员会选举，由乡政府负责指导、监督村民的选举活动。但村民彭某认为选举活动程序违法，没有严格按照《重庆市村民委员会选举办法》规定进行，选举结果无效。于 2015 年 1 月 5 日向法院提起行政诉讼，要求确认乡政府指导村民选举程序违法，并确认选举结果无效。

对本案乡政府指导村民选举委员会进行选举是否可诉，存在不同意见：

第一种意见认为，根据《行政诉讼法》第 2 条的规定，公民、法人或者其他组织提起行政诉讼的首要条件，必须是其认为行政主体作出了侵犯其合法权益的“具体行政行为”。村民彭某认为乡政府指导选举程序违法，侵犯其选举权。因此，本案的指导选举行为具有可诉性。

第二种意见认为，根据《村民委员会组织法》第5条的规定，乡镇人民政府与村委会的工作关系是指导、支持和帮助的关系，乡镇政府对村委会无直接领导权，村委会对乡镇政府负有协助工作的义务。乡政府只是指导村民选举委员会的选举活动，而没有作出具体的行政决定。同时，根据最高人民法院《关于执行〈中华人民共和国行政诉讼法〉若干问题的解释》的规定，“不具有强制力的行政指导行为”不在行政诉讼范围之内。因此，本案具有不可诉性。

本案问题

人民法院能否受理该诉讼？

一、行政诉讼受案范围的含义

行政诉讼受案范围，也称法院的主管范围，是指人民法院受理行政案件的范围，即法律规定的，法院受理一定范围内行政案件的权限。

各国基于不同的政治、经济、文化、法律条件以及历史等原因，行政诉讼受案范围有不同的规定。受案范围不仅是法院对哪些行政案件可以受理的问题，还具有更深层次的意义：

1. 受案范围是法院对行政机关的行政活动实施司法审查的权限范围。法院可以受理哪些行政案件，即意味着其能对行政机关特定范围的行政活动具有审查的权限。

2. 受案范围是公民、法人和其他组织的合法权益能受到司法救济的范围。

3. 受案范围的确定决定着法院与权力机关、行政机关在处理行政案件上的分工与权限。

4. 受案范围是法院正确、及时履行职责和对当事人正确有效行使诉权的重要保障。

二、我国确立受案范围的方式

受案范围需要运用一定的方式才能得到明确的表达，确立方式越科学，受案范围的划定就越准确、清晰。有些国家以判例来确立受案范围，如英、美等国；有些国家则主要以制定法来明确规定，比如大多数大陆法系国家。以制定法来明确规定受案范围表现概括式、列举式和混合式等不同的方式。概括式是由统一的行政诉讼法典对受案范围作原则性、概括性的规定。其特点是简单、全面，不致发生遗漏，但可能出现规定过于宽泛，不易具体掌握的情况。列举式分为肯定列举和否定列举两种。肯定列举是由行政诉讼法和其他单项法律、法规对属于行政诉讼受案范围的行政案件逐一列举，凡列举的都属于受案范围；否定列举是对不属于行政诉讼受案范围的事项逐一列举，凡列举的都被排除在行政诉讼的受案范围外，其特点是具体、细致、明确、易于掌握却烦琐，难以列举全面。混合式将上述两种方法混合使用，兼具其优缺点。

我国行政诉讼法在确定受案范围时采用的是混合式的立法方法，具体体现为：

1. 以概括的方式确立行政诉讼受案范围。《行政诉讼法》第 2 条第 1 款规定："公民、法人或者其他组织认为行政机关和行政机关工作人员的行政行为侵犯其合法权益，有权依照本法向人民法院提起诉讼。"这是关于公民、法人、其他组织可以起诉的范围的规定，同时也是人民法院受案范围的一个概括规定。

2. 以肯定列举的方式列出应当受理的一系列具体行政案件。例如，《行政诉讼法》第 12 条第 1 款具体列举的应当受理的 12 类行政案件。

3. 以否定列举的方式对不属于行政诉讼受案范围的事项作出排除规定。例如，《行政诉讼法》第 13 条规定的 4 类不予受理的事项：国防、外交等国家行为；行政法规、规章或者行政机关制定、发布的具有普遍约束力的决定、命令；行政机关对行政机关工作人员的奖惩、任免等决定；法律规定由行政机关最终裁决的行政行为。

三、人民法院受理的行政案件

（一）对受案范围的正面举例

《行政诉讼法》第 12 条具体列出了人民法院受理的一系列由行政行为引起的行政案件。

1. 行政处罚案件

行政处罚案件，即对行政拘留、暂扣或者吊销许可证和执照、责令停产停业、没收违法所得、没收非法财物、罚款、警告等行政处罚不服而起诉的案件。行政处罚是指行政机关或者法律、法规授权的组织依法对违反行政管理秩序的行政相对人实施的处罚。我国《行政处罚法》对行政处罚的设定、种类、处罚机关、处罚程序作出了明确规定，其他相关法律、法规和规章对行政处罚也有实体规定。本项规定了六种处罚种类，但是行政处罚不限于这六种，其他法律、法规还可以规定新的处罚种类。认为行政机关违反实体规定和程序规定实施行政处罚的，都可以向人民法院起诉。

2. 行政强制案件

行政强制案件，即对限制人身自由或者对财产的查封、扣押、冻结等行政强制措施和行政强制执行不服而起诉的案件。行政强制是指行政机关为了实现行政目的，根据法律赋予的强制权对相对人的人身、财产和行为采取的强制性措施。包括行政强制措施和行政强制执行两类。行政强制措施，是指行政机关在行政管理过程中，为制止违法行为、防止证据损毁、避免危害发生、控制危险扩大等情形，依法对公民的人身自由实施暂时性限制，或者对公民、法人或者其他组织的财物实施暂时性控制的行为。行政强制措施包括限制公民人身自由，查封场所、设施或者财物，扣押财物，冻结存款、汇款，其他行政强制措施五种。行政强制执行，是指行政机关或者行政机关申请人民法院，对不履行行政决定的公民、法人或者其他组织，依法强制履行义务的行为。行政强制执行包括加处罚款或者滞纳金，划拨存款、汇款，拍卖或者依法处理查封、扣押的场所、设施或者财物，排除妨碍、恢复原状，代履行，其他强制执行方式六种具体执行方式。我国行政强制法对行政强制的设定、种类、实施机关、实施程序都作出了明确规定。认为行政机关违反行政强制法的规定实施行政强制的，可以向人民法院起诉。需要注意的是，本项的行政强制执行仅指行政机关的行政强制执行，不包括人民法院的非诉强制执行。

3. 行政许可案件

行政许可案件，即申请行政许可，行政机关拒绝或者在法定期限内不予答复，或者对行政机关作出的有关行政许可的其他决定不服而起诉的案件。行政许可，是指行政机关根据公民、法人或其他组织的申请，经依法审查，准予其从事特定活动的行为。我国行政许可法对行政许可的设定、实施机关、实施程序、期限作出了明确规定。公民、法人或者其他组织申请行政许可，行政机关拒绝或在法定期间内不予答复，或者对行政机关作出的有关行政许可的准予、变更、延续、撤销、撤回、注销等决定不服的，可以向人民法院起诉。

4. 关于自然资源的行政确认案件

关于自然资源的行政确认案件，即对行政机关作出的关于确认土地、矿藏、水流、森林、山岭、草原、荒地、滩涂、海域等自然资源的所有权或者使用权的决定不服而起诉的案件。根据我国土地管理法、矿产资源法、水法、森林法、草原法、渔业法、海域使用管理法等法律的规定，县级以上各级人民政府对土地、矿藏、水流、森林、山岭、草原、荒地、滩涂、海域等自然资源的所有权或者使用权予以确认和核发相关证书。这里的确认既包括颁发确认所有权和使用权证书，也包括所有权或使用权发生争议，由行政机关作出的裁决。需要注意的是，根据我国行政复议法的规定，公民、法人或者其他组织认为行政机关的具体行政行为侵犯其已经依法取得的土地、矿藏、水流、森林、山岭、草原、荒地、滩涂、海域等自然资源的所有权或者使用权的，应当先申请行政复议；对行政复议决定不服的，可以依法向人民法院提起行政诉讼。根据国务院或者省、自治区、直辖市人民政府对行政区划的勘定、调整或者征用土地的决定，省、自治区、直辖市人民政府确认土地、矿藏、水流、森林、山岭、草原、荒地、滩涂、海域等自然资源的所有权或者使用权的行政复议决定为最终裁决，不得向人民法院起诉。

5. 行政征收、行政征用及补偿案件

行政征收是指行政机关为了公共利益的需要，依法将行政相对人的财产收归国有的行政行为。如为了公共利益需要将土地、房屋收归国有的行为。行政征用是指行政机关为了公共利益的需要，依照法定程序强制征用相对人财产或劳务的一种行政行为。无论是行政征收还是行政征用都需要给予行政相对人一定的补偿。如果行政相对人对征收、征用决定不服，或者对补偿决定不服，除法律规定复议终局的外，都可以提起诉讼。需要注意的是，一般意义的行政征收还包括征税和行政收费，但是本项所规定的征收不包括征税和行政收费。对于征税和行政收费不服的，可以依照相关规定起诉。

6. 对不履行法定职责不服的案件

对不履行法定职责不服的案件，即因申请行政机关履行保护人身权、财产权等合法权益的法定职责，行政机关拒绝履行或者不予答复而起诉的案件。保护公民的人身权、财产权等合法权利是我国行政机关的法定职责。如果公民的人身权、财产权和其他合法权益受到侵害时，行政机关不依法履行保护职责，属于行政不作为，公民可以向人民法院起诉，要求行政机关履行职责。

7. 认为侵犯经营自主权或者农村土地承包经营权、农村土地经营权的案件

所谓经营自主权，是指企业和个体经营者依法所拥有的调配使用自己的人力、物力、财力，自行组织生产经营的权利。只要行政机关侵犯了企业或者个体经营者的经营自主权，相对人便可以提起行政诉讼。农村土地承包经营权，是指农村土地承包人对其依法承包的土地享有占有、使用、收益和一定处分的权利。农村土地承包经营一般采用承包合同的方式约定双方的权利和义务，双方当事人之间发生的争议属于民事争议，可以申请仲裁或者提起民事诉讼。如果乡镇政府或者县级以上地方农村部门干涉农村土地承包，变更、解除承包合同，或者强迫、阻碍承包方进行土地承包经营权流转的，可以提起行政诉讼。农村土地经营权是从农村土地承包经营权分离出的一项权能，就是承包户将其承包土地流转出去，由其他组织或个人经营，其他组织或个人取得土地经营权。

8. 认为行政机关滥用行政权力排除或者限制竞争的案件

公平竞争权是指经营者在市场竞争过程中，依法所享有的要求其他经营者及相关主体进行公平竞争，以保障和实现经营者合法竞争利益的权利。我国反垄断法专章规定了行政机关不得滥用行政权力排除、限制竞争。如规定行政机关和法

律、法规授权的具有管理公共事务职能的组织不得滥用行政权力，实施下列行为，妨碍商品在地区之间的自由流通：对外地商品设定歧视性收费项目、实行歧视性收费标准，或者规定歧视性价格；对外地商品规定与本地同类商品不同的技术要求、检验标准，或者对外地商品采取重复检验、重复认证等歧视性技术措施，限制外地商品进入本地市场；采取专门针对外地商品的行政许可，限制外地商品进入本地市场；设置关卡或者采取其他手段，阻碍外地商品进入或者本地商品运出；妨碍商品在地区之间自由流通的其他行为。我国反不正当竞争法也规定政府及其所属部门不得滥用行政权力，限定他人购买其指定的经营者的商品，限制其他经营者正当的经营活动。政府及其所属部门不得滥用行政权力，限制外地商品进入本地市场，或者本地商品流向外地市场。行政机关违反了反垄断法、反不正当竞争法的相关规定，经营者可以向人民法院提起诉讼。

9. 认为行政机关违法要求履行义务的案件

行政机关向企业、个人乱集资、乱收费、乱摊派这种“三乱”现象曾经非常严重，随着依法行政的推进，虽然有所遏制，但是还大量存在，必须依法治理。行政机关要求公民、法人和其他组织履行义务必须依法进行，否则就是违法行政。本项所规定的违法要求履行义务，不仅是指“三乱”问题，还包括违法摊派劳务、违法要求协助公务等行为。对于此类行为，行政相对人当然可以起诉。

10. 认为行政机关没有依法支付抚恤金、最低生活保障待遇或者社会保险待遇的案件

抚恤金是指公民因公、因病致残或死亡后，由民政部门发放给其本人或亲属的生活费用。主要包括伤残抚恤金和死亡抚恤金两种。伤残抚恤金，发放对象为革命伤残军人、因公致残的职工等；工人、职员因工负伤被确定为残废时，完全丧失劳动力不能工作退职后，饮食起居需人扶助者，发给因工残废抚恤费，至死亡时止。完全丧失劳动能力不能工作退职后，饮食起居不需人扶助者，发给因工残废抚恤费，至恢复劳动力或死亡时止。死亡抚恤金，发放对象是革命烈士、因公牺牲人的家属。公民认为符合条件应当发给抚恤金，行政机关没有发给的，可以起诉。

最低生活保障是指国家对家庭人均收入低于当地政府公告的最低生活标准的人口给予一定现金资助，以保证该家庭成员基本生活所需的社会保障制度。最低生活保障线就是贫困线。对达到贫困线的人口给予相应补助，一般按月发放。

社会保险是指公民在年老、疾病、工伤、失业、生育等情况下，由国家和社会提供的物质帮助。按照我国社会保险法的规定，我国的社会保险包括基本养老

保险、基本医疗保险、工伤保险、失业保险、生育保险等。社会保险机构不按照规定支付社会保险待遇的，相对人可以起诉。根据社会保险法的规定，用人单位或者个人认为社会保险经办机构不依法办理社会保险登记、核定社会保险费、支付社会保险待遇、办理社会保险转移接续手续或者侵害其他社会保险权益的行为，可以依法申请行政复议或者提起行政诉讼。

本项规定的不依法支付抚恤金、最低生活保障待遇或者社会保险待遇，是指不支付、不按时支付、不足额支付抚恤金、最低生活保障待遇或者社会保险待遇。

11. 行政合同案件

行政合同案件，即认为行政机关不依法履行、未按照约定履行或者违法变更、解除政府特许经营协议、土地房屋征收补偿协议等协议而起诉的案件。行政合同又称行政契约，是指行政主体为了行使行政职能，实现特定的行政管理目标，与作为相对人的公民、法人或者其他组织，相互协商，在意思表示一致的基础上所达成的涉及双方权利和义务的协议。行政合同是现代行政法中合意、协商等行政民主精神的具体体现，作为一种有效的行政管理手段，已在我国行政管理实践中大量运用。行政合同包括国家科研合同、国家订购合同、公用征收补偿合同、公共工程建设投资合同、国有土地使用合同、国有企业承包合同等。本项只针对政府特许经营协议、土地房屋征收补偿协议两类行政合同，而且只有行政机关违反合同，即不依法履行、未按照约定履行或者违法变更、解除合同时，才允许提起行政诉讼。因为如果相对人一方违反行政合同，行政机关一方可以用其他方法解决，如解除特许经营等方式。

12. 认为行政机关侵犯其他人身权、财产权等合法权益的案件

本项是兜底性规定。因为公民的人身权、财产权极其广泛，除了以上11项外，还有其他人身权、财产权不可能一一列举。另外，除人身权、财产权之外，公民的其他合法权益受到侵犯的，也可以起诉。

13. 人民法院受理法律、法规规定可以提起诉讼的其他行政案件

这是补足性条款，防止发生法律漏洞而设置。

（二）对行政规范性文件的附带审查

我国《行政诉讼法》第53条第1款规定：“公民、法人或者其他组织认为行政行为所依据的国务院部门和地方人民政府及其部门制定的规范性文件不合法，在对行政行为提起诉讼时，可以一并请求对该规范性文件进行审查。”这是关于对行政规范性文件可以附带审查的规定。

根据本条规定要注意把握两点：一是审查范围仅限于国务院部门和地方人民政府及其部门制定的规范性文件，不包括行政法规和行政规章。二是审查是附带

性的，只能在对行政行为起诉时一并提出，而不能直接针对规范性文件单一提出审查要求。

四、人民法院不予受理的事项

（一）行政诉讼法的规定

1. 国家行为

国家行为是指国务院、中央军事委员会、国防部、外交部等根据宪法和法律的授权，以国家的名义实施的有关国防和外交事务的行为，以及经宪法和法律授权的国家机关宣布紧急状态等行为。国家行为涉及国家的整体利益和重大利益，往往是中央政府协调各种冲突，对国家重大利益和整体利益作出选择和安排的行为。国家行为强调的不是法律问题，而是国家的政治的、整体的利益问题，具有较强的政治性。所以国家行为不得诉。

2. 抽象行政行为

抽象行政行为是指行政机关制定行政法规、行政规章和行政规范性文件的行为。其中，制定行政法规、行政规章的行为，根据《立法法》的规定，由相关机关监督，不属于司法监督范畴。行政规范性文件，不得单独对其提起诉讼，但是根据《行政诉讼法》第53条的规定，可以提起附带性审查。

3. 内部行政行为

行政机关对行政机关工作人员的奖惩、任免行为，属于行政机关的内部人事管理行为，学理上称为内部行政行为，不同于针对行政相对人的外部行政行为，不得对其提起行政诉讼。

4. 法律规定由行政机关最终裁决的行政行为

第一，这里的法律，仅指全国人大及其常委会制定的法律文件，不包括法规和规章。第二，现阶段我国只有《行政复议法》《出入境管理法》《集会游行示威法》等几部法律规定了行政复议终局。第三，行政机关终局裁决排除法院的司法审查，不符合法治原则，应当逐步减少其适用范围。

（二）司法解释的规定

1. 公安、国家安全等机关依照《刑事诉讼法》的明确授权实施的行为。

2. 调解行为以及法律规定的仲裁行为。

3. 行政指导行为。

4. 驳回当事人对行政行为提起申诉的重复处理行为。

5. 行政机关作出的不产生外部法律效力的行为。

6. 行政机关为作出行政行为而实施的准备、论证、研究、层报、咨询等过程性行为。

7. 行政机关根据人民法院的生效裁判、协助执行通知书作出的执行行为，但行政机关扩大执行范围或者采取违法方式实施的除外。

8. 上级行政机关基于内部层级监督关系对下级行政机关作出的听取报告、执法检查、督促履责等行为。

9. 行政机关针对信访事项作出的登记、受理、交办、转送、复查、复核意见等行为。

10. 对公民、法人或者其他组织权利义务不产生实际影响的行为。

第二节　行政诉讼管辖

案例导入

张某一直在某市从事人力三轮车货运经营。某日，由市西区工商局、公安分局和市容管理办公室三机关工作人员组成的执法队联合执法过程中，发现张某无证违法运输，立即将张某的人力车扣押。第二天执法队将人力车送往城北废旧物资处理站集中销毁。张某与执法人员发生激烈争执，工作人员以张某妨碍公务且态度恶劣，将其关押在一间办公室。

本案问题

对限制人身自由的行政强制措施可以由哪些法院管辖？

行政诉讼管辖，是指关于不同级别和地方的人民法院之间受理第一审行政案件的权限分工。管辖是解决不同审级和同级不同区域法院之间的权限划分问题。

一、级别管辖

级别管辖是指划分由哪一级人民法院审理第一审行政案件的管辖，即上下级人民法院之间审理第一审行政案件的分工和权限划分。划分级别管辖的标准包括行政案件的性质及其重大、复杂程度。

（一）基层人民法院

《行政诉讼法》第14条规定：“基层人民法院管辖第一审行政案件。”除上级法院管辖的第一审行政案件外，一般来说行政案件都由基层法院管辖。

（二）中级人民法院

根据《行政诉讼法》第15条的规定，中级人民法院管辖的案件包括：

1. 对国务院部门或者县级以上地方人民政府所作的行政行为提起诉讼的案件。国务院部门行政级别较高，而且其行政行为政策性较强，不宜由基层人民法院审理，所以由中级人民法院审理。县级以上地方人民政府为被告的案件主要集中在土地、林地、矿藏等所有权和使用权案件，案情相对复杂，而且容易受到地方政府行政干预，因而适宜由中级人民法院审理。

2. 海关处理的案件。海关处理的案件，专业性、技术性较强，不宜由基层人民法院审理。

3. 本辖区内重大、复杂的案件。此类案件主要包括：社会影响重大的共同诉讼案件；涉外或者涉及香港特别行政区、澳门特别行政区、台湾地区的案件；属于本辖区重大、复杂的案件。

4. 其他法律规定由中级人民法院管辖的案件。这项规定需要根据其他法律的规定来判断和确定。

（三）高级人民法院

《行政诉讼法》第16条规定："高级人民法院管辖本辖区内重大、复杂的第一审行政案件。"高级人民法院的主要任务是对本辖区内基层和中级人民法院的审判工作进行指导、监督，并负责审理不服中级人民法院裁判的上诉案件。只有在遇到本辖区内具有重大影响的案件，以及案件复杂、难度较大的情况下，认为中级人民法院作为第一审不利于案件审理，不利于判决或者执行的，才由高级人民法院行使管辖权。所谓本辖区内重大、复杂的案件，是指就全省、全自治区、直辖市范围内而言，案情重大，涉及面广，具有重大影响的案件。一般考虑涉案标的金额较大和社会影响较大两个因素来判断是否属于本辖区重大复杂的案件。

（四）最高人民法院

《行政诉讼法》第17条规定："最高人民法院管辖全国范围内重大、复杂的第一审行政案件。"最高人民法院是我国最高审判机关，其主要任务是对全国各级人民法院的审判工作进行指导和监督，并对审判中的法律适用问题进行司法解释，以及审理不服高级人民法院裁判提起的上诉案件。只有在全国范围内有重大影响的第一审行政案件，才由最高人民法院管辖。

二、地域管辖

行政诉讼的地域管辖，又称"区域管辖"，是指同级人民法院之间受理第一审行政案件的分工和权限。它是根据人民法院的辖区、当事人所在地、诉讼标的所在地等条件确定第一审行政案件的管辖。

（一）一般地域管辖

一般地域管辖，又称“普通地域管辖”，是指按照最初作出行政行为的行政机关所在地确定的管辖。根据《行政诉讼法》第18条的规定，行政案件由最初作出行政行为的行政机关所在地人民法院管辖。经复议的案件，也可以由复议机关所在地人民法院管辖。经最高人民法院批准，高级人民法院可以根据审判工作的实际情况，确定若干人民法院跨行政区域管辖行政案件。

行政诉讼法之所以确定一般由最初作出行政行为的行政机关所在地的人民法院管辖，主要理由是：（1）便于双方当事人进行诉讼。行政诉讼的原告绝大多数居住在最初作出行政行为的行政机关辖区内，由最初作出行政行为的行政机关所在地的人民法院管辖，便于原告起诉；同时被告是最初作出行政行为的行政机关，因而也便于被告应诉。（2）便于人民法院审理和执行。最初作出行政行为的行政机关所在地，一般都是违法行为发生地或者行政争议发生地，由当地人民法院管辖，便于勘验现场、调查取证、及时审结案件。同时，也便于人民法院对判决和裁定的执行。（3）便于地方性法规和地方政府规章的适用。根据行政诉讼法的规定，地方性法规和地方政府规章适用于制定机关所辖行政区域内的行政案件。如果原告为其他行政区域的公民、法人或者其他组织，由其所在地的人民法院审理这类案件，在适用地方法规和参照地方规章上就会出现一定的困难。

行政诉讼法规定经过复议的案件，不论复议机关作出维持决定，还是改变原行政行为，复议机关均是被告。因此规定经复议的案件，也可以由复议机关所在地人民法院管辖。

地方保护和行政干预，是行政诉讼运行不畅的重要原因。为了解决这一问题，各地法院在管辖方面作了多方面尝试。党的十八届三中全会决定中规定“探索建立与行政区划适当分离的司法管辖制度”，四中全会决定中规定“最高人民法院设立巡回法庭，探索设立跨行政区划的人民法院和人民检察院”。因此，行政诉讼法明确规定经最高人民法院批准，高级人民法院可以根据审判工作的实际情况，确定若干人民法院跨行政区域管辖行政案件。

（二）特殊地域管辖

特殊地域管辖，又称“特别管辖”，是指根据行政行为的特殊性或标的物所在地来确定受诉法院的管辖。特殊地域管辖是相对于一般地域管辖而言的，是对一般地域管辖的例外规定。因为某些行政案件，如果适用一般地域管辖规则，会不利于法院审理行政案件和当事人参加诉讼。

《行政诉讼法》第19条规定：“对限制人身自由的行政强制措施不服提起的

诉讼，由被告所在地或者原告所在地人民法院管辖。”这里的“被告所在地”，是指被诉行政机关的主要办事机关所在地；“原告所在地”，是指原告的户籍所在地、经常居住地或被限制人身自由所在地。如果被告所在地与原告所在地分处数地，则数地人民法院都有管辖权。行政诉讼法之所以作此规定，其主要根据是：行政行为在诉讼期间一般不停止执行，原告的人身自由受到限制，参加诉讼活动已极为不便，如果仍仅由最初作出行政行为的行政机关所在地人民法院管辖，则对原告极为不利，可能使原告实际上失去通过司法途径获得救济的权利。

《行政诉讼法》第20条规定：“因不动产提起的行政诉讼，由不动产所在地人民法院管辖。”所谓不动产，是指不能移动其位置的财产，或者移动其位置以后，会引起性质、状态、价值改变的财产，一般指土地（包括滩涂、草原、山岭、荒地等）及其附着物。所谓附着物，是指自然的或者人工的附在土地之上或土地之中的物体，如建筑物、山林、水流等。因不动产提起的行政诉讼，是指因不动产的所有权或者使用权引起的行政争议，相对方向人民法院提起的诉讼，这类案件适用专属管辖，既便于受诉人民法院调查、勘验、调取证据和对案件进行及时处理，也便于案件判决或裁定的执行。所谓不动产所在地，是指不动产已登记的，以不动产登记簿记载的所在地为不动产所在地；不动产未登记的，以不动产实际所在地为不动产所在地。

三、裁定管辖

依照《行政诉讼法》的规定，遇到某些情况，由法院自行确定的管辖，被称为裁定管辖。裁定管辖分为移送管辖、指定管辖和管辖权转移三种。

（一）移送管辖

移送管辖，是指人民法院受理案件后，发现本法院对该案无管辖权，依照法律规定将案件移送给有管辖权的人民法院审理。《行政诉讼法》第22条规定：“人民法院发现受理的案件不属于本院管辖的，应当移送有管辖权的人民法院，受移送的人民法院应当受理。受移送的人民法院认为受移送的案件按照规定不属于本院管辖的，应当报请上级人民法院指定管辖，不得再自行移送。”可见，人民法院移送案件应具备三个条件：（1）移送案件的人民法院已经受理了该案，但是案件并没有审结；（2）移送案件的人民法院认为自己对本案没有管辖权；（3）接受移送案件的人民法院依法享有管辖权。

移送案件的裁定具有程序上的法律效力，对接受移送的人民法院具有约束力。具体而言，接受移送的人民法院应当受理，不得拒收、退回或者再次自行移送。受移送的人民法院认为受移送的案件按照规定不属于自己管辖的，应当报请上级人民法院指定管辖。

（二）指定管辖

指定管辖，是指上级人民法院以裁定方式，指定下级人民法院对某一案件行使管辖权。指定管辖的实质，是法律赋予上级人民法院在特殊情况下有权变更和确定案件管辖法院，以适应审判实践的需要，保证案件得以及时、正确地裁判。根据《行政诉讼法》第23条的规定，有下列情况之一的，由上级法院指定管辖：

一是由于特殊原因，致使有管辖权的法院不能行使管辖权的。特殊原因包括不可抗力或者其他障碍致使难以行使管辖权的，或者由于法定事实造成本院不能审理的。前者如地震、战争等，后者如当事人申请回避致使无法组成合议庭等原因。

二是两个以上法院对管辖权发生争议且协商不成时，报请共同的上级法院指定管辖。管辖权发生争议，主要是指管辖区域不明的案件、有共同管辖的案件、多种地域管辖并存的案件、对管辖规定存在不同理解的案件。

（三）管辖权转移

管辖权转移，是指经上级人民法院决定或者同意，将某个案件的管辖权由上级人民法院转交给下级人民法院，或者由下级人民法院转交给上级人民法院。就管辖权转移的实质而言，是对级别管辖的一种变通和补充。

1. 管辖权转移的条件。根据《行政诉讼法》第24条的规定，管辖权的转移必须同时具备以下三个条件：第一，必须是法院已受理的案件；第二，移交的法院对此案具有管辖权；第三，移交的法院与接受移交的法院之间具有审判监督关系。即管辖权的转移只能发生在有隶属关系的上下级人民法院之间。

2. 理论上管辖权转移有两种情形，即上移下和下移上。但是现行行政诉讼法只规定了下移上，而取消了上移下，即取消了管辖权下放。这样规定主要目的在于防止地方干预，更加公正地审理案件。

实训案例

案例一

2010年8月31日，安徽省来安县国土资源和房产管理局向来安县人民政府报送《关于收回国有土地使用权的请示》，请求收回该县永阳东路与塔山中路部分地块土地使用权。9月6日，来安县人民政府作出《关于同意收回永阳东路与塔山中路部分地块国有土地使用权的批复》。来安县国土资源和房产管理局收到该批复后，没有依法制作并向原土地使用权人送达收回土地使用权决定，而直接交由来安县土地储备中心付诸实施。魏某某、陈某某的房屋位于被收回使用权的土地范围内，其对来安县人民政府收回国有土地使用权批复不服，提起行政复议。2011 年 9 月 20 日，滁州市人民政府作出《行政复议决定书》，维持来安县人民政府的批复。魏某某、陈某某仍不服，提起行政诉讼，请求人民法院撤销来安县人民政府上述批复。

滁州市中级人民法院于 2011 年 12 月 23 日作出（2011）滁行初字第 6 号行政裁定：驳回魏某某、陈某某的起诉。魏某某、陈某某提出上诉，安徽省高级人民法院于 2012 年 9 月 10 日作出（2012）皖行终字第 14 号行政裁定：（1）撤销滁州市中级人民法院（2011）滁行初字第 6 号行政裁定；（2）指令滁州市中级人民法院继续审理本案。

【问题】行政批复是否属于受案范围?

【分析】法院生效裁判认为：根据《土地储备管理办法》和《安徽省国有土地储备办法》以收回方式储备国有土地的程序规定，来安县国土资源行政主管部门在来安县人民政府作出批准收回国有土地使用权方案批复后，应当向原土地使用权人送达对外发生法律效力的收回国有土地使用权通知。来安县人民政府的批复属于内部行政行为，不向相对人送达，对相对人的权利义务尚未产生实际影响，一般不属于行政诉讼的受案范围。但本案中，来安县人民政府作出批复后，来安县国土资源行政主管部门没有制作并送达对外发生效力的法律文书，即直接交来安县土地储备中心根据该批复实施拆迁补偿安置行为，对原土地使用权人的权利义务产生了实际影响；原土地使用权人也通过申请政府信息公开知道了该批复的内容，并对批复提起了行政复议，复议机关作出复议决定时也告知了诉权，该批复已实际执行并外化为对外发生法律效力的具体行政行为。因此，对该批复不服提起行政诉讼的，人民法院应当依法受理。

案例二

宁波市刘某驾驶货轮在我国内海航运，被厦门市海关缉私队查获。货轮上载有我国禁止进口的货物。厦门海关对该货轮作出处罚决定：该货轮载有国家禁止进口的产品，无合法证明，该货物为走私货物。依《海关法》给予该货轮罚款 2 万元，刘某拘留 10 日，并没收上述走私货物。刘某以处罚决定认定事实不清，证据不足为由，向海关总署申请复议，请求海关总署撤销该处罚决定。海关总署经复议，决定除没收走私物品予以维持外，罚款改为 5 万元，并决定对刘某处以 15 日的拘留。

【问题】

1. 刘某对复议结果仍然不服，如果提起行政诉讼，应向哪个法院起诉？为什么？

2. 如果刘某提起行政诉讼，应以谁为被告?

3. 如果刘某不经复议，直接向法院提起行政诉讼，哪个法院有管辖权？以谁为被告？为什么？

思考与练习题

1. 简述人民法院应当受理的各类行政案件。
2. 简述人民法院不予受理的事项。
3. 简述中级人民法院管辖的第一审行政案件的范围。
4. 简述行政诉讼的裁定管辖。

第十章

行政诉讼参加人

本章导读

本章主要讲解了行政诉讼参加人、行政诉讼原告、被告以及第三人等内容。要求了解行政诉讼参与人的知识，重点掌握行政诉讼中原告、被告资格的判定。

第一节　行政诉讼参加人概述

案例导入

2018年5月22日，浙江省检察机关提起的该省首例行政公益诉讼案在浙江省丽水市景宁畲族自治县人民法院一审宣判，景宁县国土资源局因未依法履行对国有建设用地使用权出让合同监管职责的行政行为被判违法。

2017年7月，景宁县人民检察院在履职过程中发现，当地一家置业公司欠缴土地出让金1616万元及违约金，该县国土资源局未采取有效措施依法进行催缴。该地块也一直处于闲置未开发状态。

因此，景宁县人民检察院于2017年8月向该县国土局发出行政公益诉讼诉前检察建议，建议县国土局履行法定职责，采取有效措施向置业公司催缴土地出让金、相应违约金或者按照法律规定收回国有建设用地使用权，以免造成国有财产流失。

该县国土局在收到检察建议后，多次向置业公司进行书面催缴，并于2017年9月回函县检察院：若置业公司未在2017年11月30日之前缴清1616万元土地出让金，便启动解除合同程序。但该县国土局和置业公司并未按期履行建议要求。

2018年4月12日，景宁县人民检察院就本案提起行政公益诉讼，经丽水市中级人民法院指定管辖，由景宁县法院立案审理。由于庭审前，涉案置业公司已缴纳全部土地出让金及违约金。根据检察机关依法变更的诉讼请求，庭审现场的举证质证和庭审辩论，景宁县人民法院当庭宣判：景宁县国土资源局相关行政行为违法。

浙江省人民检察院相关负责人表示，行政公益诉讼的制度目的是保护公共利益。行政公益诉讼是通过监督或介入司法的方式督促行政机关依法行政，更加积极主动地履行对公共利益的保护职责。

本案知识点

检察院的原告资格、公益诉讼。

一、行政诉讼参加人

行政诉讼参加人，是指依法参加行政诉讼活动，享有诉讼权利，承担诉讼义务，并且与诉讼争议或诉讼结果有利害关系的人。依据《行政诉讼法》的规定，行政诉讼参加人具体包括当事人、共同诉讼人、诉讼中的第三人和诉讼代理人。

行政诉讼参加人不同于行政诉讼参与人，行政诉讼参与人是指除审判人员、书记员、执行人员以外的参与行政诉讼的人。也就是说，行政诉讼参与人的范围比行政诉讼参加人的范围更广，诉讼参与人除参加人以外，还包括证人、鉴定人、翻译人和勘验人员等。

二、行政诉讼当事人

行政诉讼的当事人有广义和狭义之分。广义的当事人包括原告、被告、共同诉讼人、诉讼代表人和诉讼中的第三人。狭义的当事人，仅指原告和被告。在行政诉讼的不同阶段中，当事人有不同的称谓：在第一审程序中，称为原告和被告；在第二审程序中，称为上诉人和被上诉人；在执行程序中，称为申请执行人和被申请执行人。在行政诉讼中，当事人的称谓，不仅仅是一个名称问题，它直接表明了当事人在行政诉讼中的诉讼地位及其所享有的诉讼权利和所承担的诉讼义务。

行政诉讼当事人既是行政诉讼参加人中的核心诉讼主体，也是整个诉讼活动的核心主体。在行政诉讼中，当事人具有以下几个特征：

（一）以自己的名义进行诉讼

在行政诉讼中，只有以自己的名义参加行政诉讼活动的，才属于行政诉讼的当事人，凡是不能以自己的名义参加行政诉讼活动的，则不属于行政诉讼的当事人，如诉讼代理人。

（二）与行政案件有直接或间接的利害关系

在行政诉讼中，当事人是为了维护自己的合法权益而参与到行政诉讼活动之中的，案件的处理结果与当事人有直接或间接的利害关系。而当事人以外的其他诉讼参与人并不是基于自身的利益参加到诉讼之中，而是为了协助他人进行诉讼，使行政诉讼活动能够顺利进行，他们与案件的结果没有直接或间接的利害关系，如证人、鉴定人、翻译人员等。

（三）受人民法院裁判的拘束

由于人民法院的裁判是针对当事人之间的行政权利和义务的争执作出的，因而其裁判的效力只是针对当事人。对当事人以外的其他诉讼参与人，人民法院的裁判则不发生拘束力。

（四）具有一定的稳定性

行政诉讼的原告是公民、法人或者其他组织，而被告是行政机关或者法律、法规授权的组织。这是由行政诉讼“民”告“官”的特征决定的。

第二节 行政诉讼原告

案例导入

2007年4月，胡某以40万元购买了李某的一处房产，李某将房产交付胡某使用，并将房产证交给胡某，但未办理房产过户手续。2007年5月，胡某因公出国，遂将该房产交其叔父居住，房产证放在房内。2008年1月，胡某的叔父伪造李某的身份证，并办理公证委托手续，将该房产私自卖给丁某，丁某认为购买此房屋手续齐全，于是交付房款40万元，并办理了房产过户手续。2008年12月，胡某的叔父去世，胡某回国，发现自己所购房产已被丁某占用，且房屋产权也已过户给丁某所有。胡某得知房产买卖的真相，向人民法院提起行政诉讼，请求撤销市房管局为丁某颁发的房产证。

对胡某是否具有原告资格，存在两种不同意见：

第一种意见认为，胡某不具有原告资格。理由：胡某不是诉争房产法律意义上的所有权人，而丁某取得诉争房产符合民法上的善意取得制度，市房管局在合理信赖基础上作出的过户登记行为并无过错，因此，胡某的损失与市房管局作出的行政行为没有行政诉讼法上的利害关系，故胡某不具有原告资格。

第二种意见认为，胡某具有原告资格。理由：胡某与李某之间虽未办理房产过户手续，但双方之间的物权转让合同已成立并生效，胡某已成为诉争房产的实际所有权人，其对诉争房产享有法律上的财产权利。而市房管局的变更登记行为也在事实上侵犯了胡某的财产权利，因此，胡某具有原告资格。

本案问题

胡某是否具有原告资格？

一、行政诉讼原告的概念和特征

（一）行政诉讼原告的概念

行政诉讼原告，是指认为行政机关的行政行为侵犯其合法权益，依法以自己的名义向人民法院提起诉讼，要求法院予以裁决的公民、法人和其他组织。行政诉讼实行不告不理原则，没有原告的发动，具体的诉讼就无法形成。

（二）行政诉讼原告的特征

《行政诉讼法》第25条规定，行政行为的相对人以及其他与行政行为有利害关系的公民、法人或者其他组织，有权提起诉讼。根据本条规定，原告有如下特征：

1. 原告是行政管理相对一方的行政相对人或者是其他与行政行为有利害关系的人

原告必须是处于行政管理活动中与行使行政管理职权的行政主体相对一方，即被管理的行政相对人，或者是其他与行政行为有利害关系的公民、法人或者其他组织。在行政诉讼中，作为被告的行政机关作为行使行政管理权的一方，没有原告资格。这种规定是基于行政管理中双方处于不平等的地位而作出的，旨在保护处于被动地位的行政相对人，监督行政机关依法行政。

2. 认为行政行为侵犯其合法权益

这种认为只是主观上的认识，并不一定是客观事实，被告行政机关的行政行为是否侵犯了原告的合法权益，有待人民法院判决认定。

3. 以自己的名义向人民法院起诉

以自己的名义向法院提起诉讼，不同于诉讼代理人的活动，需要有原告的主体资格，同时承担人民法院的裁定和判决的法律后果。以自己的名义起诉，也不同于作为第三者身份向有关部门反映情况为他人鸣不平申冤。

4. 受人民法院裁定、判决的拘束

原告向人民法院起诉被受理后，开始享有诉讼权利，承担诉讼义务，并且受人民法院判决和裁定的拘束。

二、原告的范围

根据《行政诉讼法》的规定，我国行政诉讼原告包括下列几类：公民、法人、其他组织（非法人组织）。

（一）公民

公民，是指具有一国国籍并享有该国法律所规定的权利，履行该国所规定的义务的自然人。中国公民就是指具有中国国籍的自然人。原告必须具有诉讼权利能力，但并不一定需要同时具备诉讼行为能力，他可能没有亲自参加诉讼活动的资格，如精神病患者和未成年人，但其作为原告的资格不能被剥夺。反之，没有诉讼权利能力的人不能作为原告。

（二）法人

法人，是指具有民事权利能力和民事行为能力，依法独立享有民事权利和承担民事义务的组织。根据《民法总则》第 58 条的规定，法人必须具备的条件是：依法成立；有必要的财产和经费；有自己的名称、组织机构和场所；能够独立承担民事责任。一般来说，法人包括营利性法人、非营利性法人和特别法人三类。

（三）其他组织

其他组织，是指不具备法人资格但又从事一定活动的组织。这类组织虽然不具备法人条件，但是他们往往也会因为国家机关违法行使职权的行为造成合法权益被侵犯。因此法律同样赋予它们提起行政诉讼的权利。

三、原告资格的确认

在行政诉讼中，原告资格的确认是一个十分复杂的问题。根据《行政诉讼法》和相关司法解释对行政诉讼原告作出的规定，可以根据以下几种情形确定原告。

1. 与行政行为有利害关系的公民、法人或者其他组织。有下列情形之一的，属于行政诉讼法规定的与行政行为有利害关系：（1）被诉的行政行为涉及其相邻权或者公平竞争权的；（2）在行政复议等行政程序中被追加为第三人的；(3）要求行政机关依法追究加害人法律责任的；（4）撤销或者变更行政行为涉及其合法权益的；（5）为维护自身合法权益向行政机关投诉，具有处理投诉职责的行政机关作出或者未作出处理的；（6）其他与行政行为有利害关系的情形。

2. 合伙企业向人民法院提起诉讼的，应当以核准登记的字号为原告。未依法登记领取营业执照的个人合伙的全体合伙人为共同原告；全体合伙人可以推选代表人，被推选的代表人，应当由全体合伙人出具推选书。

个体工商户向人民法院提起诉讼的，以营业执照上登记的经营者为原告。有字号的，以营业执照上登记的字号为原告，并应当注明该字号经营者的基本信息。

3. 股份制企业的股东大会、股东会、董事会等认为行政机关作出的行政行为侵犯企业经营自主权的，可以企业名义提起诉讼。联营企业、中外合资或者合作企业的联营、合资、合作各方，认为联营、合资、合作企业权益或者自己一方合法权益受行政行为侵害的，可以自己的名义提起诉讼。

非国有企业被行政机关注销、撤销、合并、强令兼并、出售、分立或者改变企业隶属关系的，该企业或者其法定代表人可以提起诉讼。

4. 事业单位、社会团体、基金会、社会服务机构等非营利法人的出资人、设立人认为行政行为损害法人合法权益的，可以自己的名义提起诉讼。

5. 业主委员会对于行政机关作出的涉及业主共有利益的行政行为，可以自己的名义提起诉讼。

业主委员会不起诉的，专有部分占建筑物总面积过半数或者占总户数过半数的业主可以提起诉讼。

6. 人民检察院。人民检察院在履行职责中发现生态环境和资源保护、食品药品安全、国有财产保护、国有土地使用权出让等领域负有监督管理职责的行政机关违法行使职权或者不作为，致使国家利益或者社会公共利益受到侵害的，应当向行政机关提出检察建议，督促其依法履行职责。行政机关不依法履行职责的，人民检察院依法向人民法院提起诉讼。

四、原告资格的转移

行政诉讼中的原告资格转移，是指有权起诉的公民、法人或者其他组织死亡或终止，原告资格依法自然转移给有利害关系的特定公民、法人或者其他组织。《行政诉讼法》第25条规定，有权提起诉讼的公民死亡，其近亲属可以提起诉讼。有权提起诉讼的法人或者其他组织终止，承受其权利的法人或者其他组织可以提起诉讼。

（一）原告资格转移的条件

1. 享有原告资格的主体在法律上不复存在，即自然人死亡或被宣告死亡；法人或其他组织依法终止；

2. 享有原告资格的主体在法律上消灭时，法定的起诉期限尚未经过；

3. 原告资格转移发生于与原告有特定利害关系的主体之间，没有这种关系也不发生资格转移。

（二）原告资格的承受主体

享有原告资格的自然人死亡，其近亲属均可以获得起诉权，并没有顺序限制，近亲属的一人或者数人均可以提起行政诉讼。近亲属包括配偶、父母、子女、兄弟姐妹、祖父母、外祖父母、孙子女、外孙子女和其他具有扶养、赡养关系的亲属。在这种情形下，这些亲属享有原告资格，以自己的名义提起诉讼。

享有原告资格的法人或者其他组织终止的，由承受其权利的法人或者其他组织获得起诉权。法人或者其他组织终止有两种情况：（1）消灭，即法人或者其他组织的资格在法律上最终归于消灭和结束，如撤销、破产，其权利由法律规定的组织承受。（2）变更，即原法人或者组织以新的法人或其他组织形式出现并且与原法人或者其他组织之间在法律上具有继承关系。这种变更主要有合并和分离两种形式。

承受原告资格的公民或者组织应当向人民法院提供其属于法定亲属范围的证明或者作为被终止组织的权利承受者的证明文件。

第三节 行政诉讼被告

案例导入

付某某等16人结婚后，户口仍在原籍昌邑市某村，因所在村地处市区，随着城市建设规模不断扩大和发展。该村土地不断被征用，所征用的土地补偿和生活补助费由该村按照分地人口数平均分配给了有土地的村民，付某某等16人因出嫁，虽然户口仍在本村，村委会却没有给她们分配土地，也未将土地补偿费和生活补助费发放给她们，使她们的合法权益受到了侵害。为此，她们16人分别拿起法律的武器，向法院提起诉讼，均要求村委会发放土地补偿费9000元及2001年、2002年两年的生活补助费800元，共计9800元，并与村委会对簿公堂，打起了民告官的行政官司。被告村委会在开庭时答辩，未给原告付某某等16人发放土地补偿费和生活补助费是经过村党支部、村民委员会、全体党员大会通过的，也经过了原告家长的同意，并且村委会是按照该村村规民约分配的土地补偿费和生活补助费，因此并无不妥。

法院经审理认为，被告作为法律法规授权的组织，不仅对辖区内的集体土地行使管理权，而且对被征用耕地所得的土地补偿费、安置补助费享有管理权，对不需要安置的，应将土地补偿费和因减少土地的生活补助费予以发放。原告作为该村村民，农业户口，理应与其他村民享受同等的分配受益权。被告不发放原告土地补偿费和生活补助费没有法律依据，应予纠正。原告要求村委会补发土地补偿费及生活补助费的诉讼请求应予支持。据此，法院根据《土地管理法》第10条、第47条，《土地管理法实施条例》第26条，《妇女权益保障法》第30条之规定，分别判决：由村委会发放土地补偿费和生活补助费。16名出嫁女打赢了官司，也使村委会认识到过去的老传统、老习惯是违法的，嫁出去的闺女不是泼出去的水，作为有户口的出嫁女，也应该享有与其他村民同等的权利。

本案问题

村民委员会是否具有行政诉讼被告主体资格?

一、行政诉讼被告的概念和特征

（一）行政诉讼被告的概念

行政诉讼被告，是指被原告指控其行政行为侵犯原告合法权益，由人民法院通知应诉的行政机关和法律、法规、规章授权的组织。

（二）行政诉讼被告的特征

1. 被告是具有行政职权的行政机关或者法律、法规、规章授权的组织

行政诉讼的被告是组织，而不是个人。行政机关，是指依法独立享有行政职权的国家机关。行政机关能够以自己的名义独立行使行政职权，有独立的机构、经费。法律、法规授权的组织虽然不具有行政机关的身份，但通过依法授权获得了一定的行政职权。另外，最高人民法院《关于适用〈中华人民共和国行政诉讼法〉的解释》承认了“规章”授权的组织，也具有独立的行政诉讼被告资格。

2. 被告应当是作出被诉行政行为，对被诉行政行为承担法律责任的组织

并不是所有具有行政职权的组织都可以成为某个行政争议案件行政诉讼的被告，还必须是实施行政行为给公民、法人或者其他组织合法权益造成侵害，并被公民、法人或者其他组织诉诸法院时，才是行政诉讼的被告。一般来说，作出行政行为的组织，是指具有独立承担行政行为法律责任的组织，即具有行政主体资格。

3. 被告须是被指控并经人民法院通知应诉的人

被告是被原告所控告的人，而且经过法院审查确认正当，并由人民法院通知应诉的人。原告指控与法院通知应诉这两个方面必须结合一致，缺少任何一个方面都不能成立。没有原告的指控，法院不能确定被告，没有法院的审查确定，仅有原告指控也不能构成被告。

二、被告的确定

行政诉讼被告的一般确认规则是作出行政行为的行政机关或者法律、法规、规章授权的组织。但是，在实践中，确定行政诉讼的被告确实是一个十分复杂的问题。根据《行政诉讼法》和相关司法解释对行政诉讼被告的规定，行政诉讼的被告根据以下规则确定：

1. 直接起诉的案件，作出被诉行政行为的行政机关是被告。

《行政诉讼法》第 26 条第 1 款规定，公民、法人或者其他组织直接向人民法院提起诉讼的，作出行政行为的行政机关是被告。这里指的是公民、法人或者其他组织对行政机关所作的行政行为不服，没有经过复议而直接起诉的情况。比如，公民甲对县公安机关的处罚不服而直接起诉的，县公安机关就是被告。

2. 复议情形下的被告。

《行政诉讼法》第 26 条第 2 款、第 3 款规定，经复议的案件，复议机关决定维持原行政行为的，作出原行政行为的行政机关和复议机关是共同被告；复议机关改变原行政行为的，复议机关是被告。复议机关在法定期限内未作出复议决定，公民、法人或者其他组织起诉原行政行为的，作出原行政行为的行政机关是被告；起诉复议机关不作为的，复议机关是被告。

《行政诉讼法》第 26 条第 2 款规定的“复议机关改变原行政行为”，是指复议机关改变原行政行为的处理结果。复议机关改变原行政行为所认定的主要事实和证据、改变原行政行为所适用的规范依据，但未改变原行政行为处理结果的，视为复议机关维持原行政行为。复议机关确认原行政行为无效，属于改变原行政行为。复议机关确认原行政行为违法，属于改变原行政行为，但复议机关以违反法定程序为由确认原行政行为违法的除外。

复议机关决定维持原行政行为的，作出原行政行为的行政机关和复议机关是共同被告。原告只起诉作出原行政行为的行政机关或者复议机关的，人民法院应当告知原告追加被告。原告不同意追加的，人民法院应当将另一机关列为共同被告。

3. 两个以上行政机关作出同一行政行为的，各行政机关是共同被告。

《行政诉讼法》第 26 条第 4 款规定，两个以上行政机关作出同一行政行为的，共同作出行政行为的行政机关是共同被告。在我国行政实践中，经常存在联合执法、共同署名发文、共同组成临时执法机构等情形，几个行政机关共同作出一个行政处理决定，相对人不服时，应当以几个机关作为共同被告来起诉。但是，当相对人只起诉其中一个的时候，法院无权依职权主动追加，而只能列应当追加的被告为第三人参加诉讼。

4. 法律、法规、规章授权的组织所作的行政行为，该组织是被告。

《行政诉讼法》第 2 条第 1 款规定："公民、法人或者其他组织认为行政机关和行政机关工作人员的行政行为侵犯其合法权益，有权依照本法向人民法院提起诉讼。前款所称行政行为，包括法律、法规、规章授权的组织作出的行政行为。"法律、法规、规章授权的组织在授权范围和幅度内，能够以自己的名义独立地对外行使行政职权，享有对特定事件和行为作出处理的权力，并能以自己的名义独立地承担法律责任。换句话说，法律、法规、规章授权的组织取得了行政主体的资格。因而，其作出的行政行为引起的诉讼，由该授权的组织自己承担法律责任，成为行政诉讼的被告。

5. 委托情形下的被告。

行政委托，是指依法拥有某项行政管理职权的行政机关，根据法律的规定，按照法定的程序，将其行政管理事务委托给符合法定条件的行政机关、组织办理，由受托人以委托机关的名义从事活动，并由委托机关承担该活动的法律后果的行为。

《行政诉讼法》第 26 条第 5 款规定，行政机关委托的组织所作的行政行为，委托的行政机关是被告。因此，在行政委托的情形下，相对人不服提起诉讼的，应该以委托机关为被告。

6. 行政机关被撤销或者职权变更的，继续行使其职权的行政机关是被告。

《行政诉讼法》第 26 条第 6 款规定，行政机关被撤销或者职权变更的，继续行使其职权的行政机关是被告。行政机关被撤销的时间可能发生在行政机关作出行政行为之后，原告尚未提起诉讼之前；或者在诉讼过程中，人民法院尚未作出裁决前。由于行政行为对行政相对人权益产生的影响不会因为行政机关被撤销而消灭，因此就产生行政机关被撤销后，行政责任的承担问题。因行政机关被撤销后，职权有可能转移给其他行政机关，或原行政机关与其他行政机关合并或者职权分立，成立新的行政机关。无论何种情形，都以继续行使其职权的行政机关为被告。

7. 当事人不服经上级行政机关批准的行政行为，向人民法院提起诉讼的，以在对外发生法律效力的文书上署名的机关为被告。

8. 行政机关组建并赋予行政管理职能但不具有独立承担法律责任能力的机

构，以自己的名义作出行政行为，当事人不服提起诉讼的，应当以组建该机构的行政机关为被告。

法律、法规或者规章授权行使行政职权的行政机关内设机构、派出机构或者其他组织，超出法定授权范围实施行政行为，当事人不服提起诉讼的，应当以实施该行为的机构或者组织为被告。

没有法律、法规或者规章规定，行政机关授权其内设机构、派出机构或者其他组织行使行政职权的，属于《行政诉讼法》第 26 条规定的委托。当事人不服提起诉讼的，应当以该行政机关为被告。

9. 当事人对由国务院、省级人民政府批准设立的开发区管理机构作出的行政行为不服提起诉讼的，以该开发区管理机构为被告；对由国务院、省级人民政府批准设立的开发区管理机构所属职能部门作出的行政行为不服提起诉讼的，以其职能部门为被告；对其他开发区管理机构所属职能部门作出的行政行为不服提起诉讼的，以开发区管理机构为被告；开发区管理机构没有行政主体资格的，以设立该机构的地方人民政府为被告。

10. 行政机关被撤销或者职权变更，没有继续行使其职权的行政机关的，以其所属的人民政府为被告；实行垂直领导的，以垂直领导的上一级行政机关为被告。

11. 当事人对村民委员会或者居民委员会依据法律、法规、规章的授权履行行政管理职责的行为不服提起诉讼的，以村民委员会或者居民委员会为被告。

当事人对村民委员会、居民委员会受行政机关委托作出的行为不服提起诉讼的，以委托的行政机关为被告。

当事人对高等学校等事业单位以及律师协会、注册会计师协会等行业协会依据法律、法规、规章的授权实施的行政行为不服提起诉讼的，以该事业单位、行业协会为被告。

当事人对高等学校等事业单位以及律师协会、注册会计师协会等行业协会受行政机关委托作出的行为不服提起诉讼的，以委托的行政机关为被告。

12. 市、县级人民政府确定的房屋征收部门组织实施房屋征收与补偿工作过程中作出行政行为，被征收人不服提起诉讼的，以房屋征收部门为被告。

征收实施单位受房屋征收部门委托，在委托范围内从事的行为，被征收人不服提起诉讼的，应当以房屋征收部门为被告。

13. 被告的更换。

原告所起诉的被告不适格，人民法院应当告知原告变更被告；原告不同意变更的，裁定驳回起诉。

应当追加被告而原告不同意追加的，人民法院应当通知其以第三人的身份参加诉讼，但行政复议机关作共同被告的除外。

第四节　行政诉讼第三人

案例导入

2006年4月5日，张某与同村村民李某因邻里琐事争执殴斗，并互将对方打成轻微伤。公安机关对张某和李某分别作出拘留10天和罚款100元的行政处罚决定。李某对处罚没有异议，并按时交纳了罚款。张某以处罚决定程序违法，事实认定不清为由向上一级公安机关申请复议，上级公安机关复议后，维持了原来的处罚决定。张某不服，以原公安机关为被告向法院提起行政诉讼，要求撤销该行政处罚决定。

本案问题

李某在诉讼中处于何种地位?

一、行政诉讼第三人的概念和特征

(一) 行政诉讼第三人的概念

行政诉讼第三人，是指与被诉行政行为或同案件处理结果有利害关系、申请参加或者由人民法院通知其参加到行政诉讼中来的公民、法人或者其他组织。设定第三人制度，主要是为了实现诉的合并，减少不必要的诉讼；同时也是为了查清案件事实，有利于人民法院的公正审判。

(二) 行政诉讼第三人的特征

1. 第三人与争议行政行为具有法律上的利害关系

根据《行政诉讼法》的规定，第三人就是同被诉的行政行为有利害关系或者同案件处理结果有利害关系的人。第三人参加诉讼的目的是维护自身的合法权益，当然也有助于全面查明案件事实和全面正确解决纠纷。基于这种考虑，行政诉讼第三人与被诉行政行为的利害关系，就应当作更宽泛的解释，即这种利益关系包括与被诉行政行为的利害关系，也包括与诉讼结果的利害关系。

2. 第三人具有独立的诉讼地位

第三人与原告、被告均不一样，它参加诉讼是为了维护自己的合法权益，它既不必然依附于原告也不必然依附于被告，它有自己独立的诉讼地位，它可以提出自己的请求，也可以发言、辩论，对一审判决不服时还可以提出上诉。

3. 第三人参加的是他人已经开始、尚未结束的诉讼

这是第三人参加诉讼的时间要求，在诉讼程序尚未开始或者诉讼程序终结以后，是没有第三人的。

4. 第三人参加诉讼的方式有申请和通知

这是第三人参加诉讼的两种方式，既可以主动向法院提出申请，参加已经开始的诉讼，也可以是人民法院为了更好地查明案情，通知其参加，目的是节省司法资源，提高诉讼效率。

二、行政诉讼第三人的种类

从行政诉讼的实践来看，第三人主要有以下几种形式：

（一）行政处罚案件中的受害人或被处罚人

在行政处罚案件中，如果被处罚人对处罚结果不服作为原告起诉，另一方受害人则可以作为第三人参加诉讼；如果是受害人对处罚结果不服而以原告身份向法院起诉，相应地被处罚人也可以第三人名义参加诉讼。

（二）行政处罚案件中的共同被处罚人

在一个行政处罚案件中，行政机关处罚了两个以上的违法行为人，其中一部分人向法院起诉，而另一部分被处罚人没有起诉的，可以作为第三人参加诉讼。

（三）行政裁决、行政确权案件的当事人

公民、法人或者其他组织之间发生民事权益纠纷，由行政机关确权裁决，一部分当事人不服向法院起诉，另一部分当事人可以作为第三人参加诉讼。

（四）两个以上的行政机关作出相互矛盾的行政行为，非被告的行政机关可以作为第三人参加诉讼

例如，甲机关批准公民可为一定的行为，而乙机关则作出撤销该公民的这一资格的决定或因此而处罚该公民，公民提起诉讼，乙机关是被告，甲机关即为诉讼中的第三人。

（五）与行政机关共同署名作出处理决定的非行政机关组织

这种组织既不是行政机关，也不是授权组织，不具有行政主体资格，不能作为行政诉讼中的被告，但是可以作为第三人，必要时人民法院可以判决其承担一定的赔偿责任。

（六）因利害关系人提起诉讼的行政行为的其他利害关系人

受行政机关的行政行为影响的公民、法人或者其他组织提起了诉讼，而其他没有提起诉讼的有法律上利害关系的人可以作为诉讼第三人参与诉讼。行政机关的同一行政行为涉及两个以上利害关系人，其中一部分利害关系人对行政行为不

服提起诉讼，人民法院应当通知没有起诉的其他利害关系人作为第三人参加诉讼。

（七）应当追加被告而原告不同意追加的，法院应通知其作为第三人参加诉讼

如果只有一个被告而原告又指控不正确的，法院应要求原告变更正确的被告。原告不同意变更的，则裁定驳回起诉。但是，如果应当有两个或两个以上的被告，而原告只诉其中部分被告，不同意诉其他具有被告资格的行政机关的，这些机关应作为第三人参加诉讼。

三、第三人参加诉讼的程序

第三人参加诉讼的方式有两种：

（一）申请参加诉讼

当与本诉讼有利害关系的第三人知悉本诉讼正在法院进行时，第三人可以以申请的形式，要求参与本案诉讼。对于当事人的申请，法院应当进行审查，确认其与本案有利害关系并符合其他参诉条件，并通知其参加本案诉讼。

（二）由法院通知参加诉讼

应当追加被告而原告不同意追加的，人民法院应当通知其以第三人的身份参加诉讼。行政机关的同一行政行为涉及两个以上利害关系人的，其中一部分利害关系人对行政行为不服提起诉讼，人民法院应当通知没有起诉的其他利害关系人作为第三人参加诉讼。

第三人具有当事人的诉讼地位，享有独立的上诉权。

四、第三人参加诉讼的法律意义

在行政诉讼中设定第三人制度的意义在于：有利于保护作为第三人的公民、法人或者其他组织的合法权益，督促行政主体依法行政，这是根本所在；避免没有参加诉讼的第三人可能提起新的诉讼，以及人民法院可能对此作出与原判决相互矛盾的判决；有利于人民法院认真听取争议各方的意见，查明事实，全面正确地处理行政案件。总之，第三人制度的确定，既符合诉讼公正的要求，也与行政诉讼法的目的一致。

第三人提出与本案有关的诉讼主张，对人民法院的一审判决不服，有权提起上诉。第三人经过法院合法传唤无正当理由拒不到庭的，或者未经法庭许可中途退庭的，不影响案件的审理。

第五节　诉讼代理人和诉讼代表人

案例导入

李某，19岁，系精神病患者。2012年8月某天，李某在路边小便被城管人员发现，并且被打伤。李某的父亲李某力欲起诉城管机关，并委托律师贾某代为诉讼。

本案知识点

诉讼代理人制度。

一、诉讼代理人

（一）诉讼代理人的概念和特征

诉讼代理人，是指依照法律的规定或者基于当事人的委托，以当事人的名义，在一定权限范围内，为当事人的利益进行诉讼活动的人。诉讼代理人有以下特征：

1. 以被代理人的名义进行诉讼活动。诉讼代理的目的在于维护被代理人的合法权益，因此只能以被代理人的名义进行诉讼，而不能以自己的名义进行诉讼。

2. 诉讼代理人是有诉讼行为能力的人。没有诉讼行为能力的人，不能作为诉讼代理人。在诉讼中，如果诉讼代理人丧失了诉讼行为能力，也就丧失了诉讼代理人的资格。

3. 在代理权限内实施诉讼行为。诉讼代理人的代理权限，来源于法律规定或当事人的授权。凡是超越代理权所实施的诉讼行为，都是无效的诉讼行为，不能产生诉讼法上的效果。

4. 诉讼代理的法律后果由被代理人承担。

5. 在同一诉讼中，不能代理双方当事人。在诉讼中，双方当事人的利益是对立的。同时为双方当事人的代理人，可能会损害一方当事人的利益。

（二）诉讼代理人的分类

在行政诉讼中，诉讼代理人可以分为法定代理人和委托代理人两类。

1. 法定代理人

法定诉讼代理人的含义和适用范围是根据法律的直接规定而发生的诉讼代理，称为法定诉讼代理。依照法律规定取得并行使诉讼代理权的人，称为法定诉讼代理人。法定诉讼代理是为无诉讼行为能力的人在法律上设立的一种代理制度。

诉讼行为能力，是指当事人可以亲自实施诉讼行为，并通过自己的行为，行使诉讼权利和承担诉讼义务的能力。无诉讼行为能力人，是指意思表示能力欠缺，无法独立行使诉讼权利的人，通常是指未成年人、精神病患者、智障或痴呆病人。无诉讼行为能力人的监护人是其法定代理人。

根据《民法典》的规定，未成年人的父母已经死亡或者没有监护能力的，由下列人员中有监护能力的人担任监护人：（1）祖父母、外祖父母；（2）兄、姐；（3）其他愿意担任监护人的个人或者组织，但是须经未成年人住所地的居民委员会、村民委员会或者民政部门同意。

精神病人由下列人员担任监护人：（1）配偶；（2）父母、子女；（3）其他近亲属；（4）其他愿意担任监护人的个人或者组织，但是须经被监护人住所地的居民委员会、村民委员会或者民政部门同意。

法定代理人代理当事人参加诉讼，是其对被代理人和社会应尽的义务，不应推诿。但是如果发生互相推诿的情形，由人民法院指定其中一人代为诉讼。

2. 委托代理人

委托代理人，是指根据当事人、法定代理人的委托，代为进行诉讼活动的人。由于委托代理人要依赖被代理人的授权进行诉讼代理活动，因此委托代理人也被称为授权代理人或意定代理人。

委托代理不同于法定代理。一是代理权不是根据法律的规定，而是基于当事人、法定代理人的委托；二是代理权限由当事人、法定代理人决定；三是必须向法院提交授权委托书。当事人委托诉讼代理人，应当向人民法院提交由委托人签名或者盖章的授权委托书。委托书应当载明委托事项和具体权限。公民在特殊情况下无法书面委托的，也可以由他人代书，并由自己捺印等方式确认，人民法院应当核实并记录在卷；被诉行政机关或者其他有义务协助的机关拒绝人民法院向被限制人身自由的公民核实的，视为委托成立。当事人解除或者变更委托的，应当书面报告人民法院。

根据《行政诉讼法》第 31 条的规定，当事人、法定代理人最多只能委托 2 人作为诉讼代理人。委托代理人的范围是：（1）律师、基层法律服务工作者；（2）当事人的近亲属或者工作人员；（3）当事人所在社区、单位以及有关社会团体推荐的公民。

（三）诉讼代理人的权利

《行政诉讼法》第32条规定，代理诉讼的律师，有权按照规定查阅、复制本案有关材料，有权向有关组织和公民调查、收集与本案有关的证据。对涉及国家秘密、商业秘密和个人隐私的材料，应当依照法律规定保密。当事人和其他诉讼代理人有权按照规定查阅、复制本案庭审材料，但涉及国家秘密、商业秘密和个人隐私的内容除外。根据本条规定，代理律师和其他代理人享有的权利是有差异的。

1. 代理律师的权利

律师的权利有两项：一是查阅、复制与本案有关材料。包括证据材料、庭审记录、起诉状、答辩状、代理意见书等。二是调查收集证据。无论是调查收集证据，还是查阅、复制本案材料，对于涉及国家秘密、商业秘密和个人隐私的材料，律师应当依照法律规定承担保密义务。

2. 其他诉讼代理人的权利

当事人和其他诉讼代理人有权查阅、复制本案庭审材料，但不能查阅、复制涉及国家秘密、商业秘密和个人隐私的内容。

二、诉讼代表人

（一）诉讼代表人的概念和条件

诉讼代表人，是指为了便于诉讼，由人数众多的一方当事人推选出来，代表其利益实施诉讼行为的人。诉讼代表人具有双重身份，一方面他是诉讼当事人，另一方面他是代表人。诉讼代表人应具备以下基本条件：

1. 行政案件属于当事人一方人数众多的共同诉讼。“人数众多”，一般指10人以上。

2. 诉讼代表人是本案的当事人。当事人一方人数众多的，由当事人推选代表人。当事人推选不出的，可以由人民法院在起诉的当事人中指定代表人。

3. 诉讼代表人具有诉讼行为能力。

4. 诉讼代表人具备进行诉讼相适应的能力。

5. 须能善意地履行诉讼代表人的职责。

（二）诉讼代表人制度需要注意的问题

在行政诉讼中，要正确理解诉讼代表人制度必须把握以下几个问题：一是诉讼代表人制度只发生在共同诉讼中。二是推选的代表人必须是当事人之一，不能是案外人。三是诉讼代表人的诉讼行为仅限于提出管辖权异议、提供证据、进行法庭辩论等不涉及实体权利的行为。四是代表人变更、放弃诉讼请求或者承认对方当事人的诉讼请求，应当经被代表的当事人同意。五是推选代表人是一项权利而非义务，言外之意，当事人可以推选，也可以不推选代表人。六是当事人一般是指原告一方，因为一般情形下，被告一方不存在人数众多的情况。七是代表人为2~5人，代表人可以委托1~2人作为诉讼代理人。

实训案例

某甲一年前下岗后，在家门口经营一个烟酒副食门市部。一天早上，某甲刚开门，工商所的一名工作人员王某走了进来，说要买一条高级香烟，这人拿烟后，某甲让他付款，王某却执意不肯。为此，二人厮打了起来，最后双方都受了伤，某甲伤得比较重。事后，工商所负责人主持调解，让王某付某甲烟款，医药费各自承担。他们让某甲在调解协议上签字，某甲认为工商所偏袒王某就未签字。谁知这事一拖就是两个月，某甲去工商所，他们不是避而不见，就是说还没有协商好，某甲也不知道该如何办。

【问题】结合所学知识分析本案中某甲是否可以工商所为被告提起行政诉讼？

思考与练习题

1. 简述行政诉讼原告的类型。
2. 简述行政诉讼被告的确定。
3. 简述行政诉讼第三人的类型。

第十一章

行政诉讼证据

本章导读

本章主要讲解了行政诉讼证据的概念、特征和种类，行政诉讼举证责任以及人民法院对行政诉讼证据的处理。通过本章学习，要求了解行政诉讼证据的特有形式，掌握当事人举证规则以及法院对证据的收集、认证制度，理解举证责任的分配及其原因。

第一节　行政诉讼证据概述

案例导入

吴某对某公安局以其实施盗窃为由处15日拘留的处罚不服，向法院提起行政诉讼。该局向法院提供的证据有：报案人的报案电话记录、公安人员的询问笔录、失窃现场勘验笔录、现场提取指纹一枚，以及指纹系吴某右手拇指所留的鉴定书。

本案知识点

行政诉讼证据的分类。

一、行政诉讼证据的概念和特征

证据是当事人诉讼成败的关键，证据制度是行政诉讼的核心制度之一。证据制度主要包括证据的内涵与外延、举证责任、证明标准、证据的审查与判断等内容。

证据的概念在理论上一直存在争议，有事实说、材料说、载体说等。我国1996年刑事诉讼法采取的是事实说，将证据定义为：证明案件真实情况的一切事实。学界对此非议颇大，认为证据已经是事实了，为什么还要规定证据经查证属实才能作为定案的根据，这是自相矛盾的。2012年新刑事诉讼法抛弃了事实说，采用了材料说，规定可以用于证明案件事实的材料，都是证据。即证据只是某种材料，而这些材料可以证明案件事实。我国《民事诉讼法》《行政诉讼法》虽然没有规定证据的概念，但是也采用了这一概念。也就是说，行政诉讼证据就是指可以用于证明行政案件事实的一切材料。

行政诉讼证据具有以下三个基本特征：

（一）客观性

行政诉讼证据必须是客观存在的事实材料。任何主观想象、猜测、估计、分析、判断和道听途说都不能成为行政诉讼的证据。客观性是行政诉讼证据首要的和最基本的特征。行政诉讼证据的客观性包括两层意思：一是所有行政诉讼证据都是伴随着行政争议的产生、发展、变化而出现的事物“痕迹”，它是案件形成与发展本身的记录。在行政机关的行政行为作用于外界的过程中离不开特定主体，也不能脱离时空而存在。二是无论任何证据都是不以人们的主观意志为转移的客观事实。办案人员绝不能用主观臆断来代替这些证据材料，更不允许任意改变或替换收集到的证据材料。如果否认证据的客观性，在司法实践中就必然导致主观臆断，造成错案。

（二）关联性

行政诉讼证据必须是同案件有关联，并能够起到证明作用的客观事实材料。相关性表现为行政诉讼证据事实与行政争议事实之间的内在联系性。只有同案件事实有某种内在联系的事实材料，才能对案情起到证明作用。任何与案件情况偶然巧合而不具有内在必然性的事实，都不能作为解决行政争议的证据。

（三）合法性

行政诉讼证据只能依照某种法定程序收集，并经过人民法院的审查、判断，才能作为定案的根据。在司法实践中，对收集、提供的各种证据材料没有经过审查，没有经过庭审质证核实，或者采取非法手段取得的客观事实材料，均不具有法律效力。

行政诉讼证据的上述三个特征是相互联系、不可分割的。客观性、相关性是合法性的前提；合法性是客观性、相关性的保证。在收集、审查、运用证据时必须全面掌握。

二、行政诉讼证据的种类

根据不同的标准，行政诉讼的证据在理论上可以划分为不同的种类。如原始证据、传来证据；直接证据、间接证据；主要证据、次要证据；等等。根据《行政诉讼法》第 33 条的规定，行政诉讼的证据可以划分为以下八类：

（一）书证

书证，即以文字、符号、图案等所记载的内容表达的与案件事实有关的人的思维或者行为的书面材料，如行政机关的文件、文书、函件、处理决定等。

（二）物证

物证，即作为证据的物品，是指以其存在的外形、规格、质量、特征等形式来证明案件事实的物品，其基本特征是以物品的自然状态来证明案件事实，不带有任何主观内容。作为证据的物品都是有形物，既可以为人们所观察，又可以在一定条件下进行比较。在某种情况下，同一物品同时能起到物证和书证的双重作用，如行政处罚决定书。

（三）视听资料

视听资料，是指利用录音、录像等手段所反映出的音响、影像或其他信息证明案件事实的资料。视听资料是随着现代科技的进步而发展起来的一种独立的证据种类。其特征是以其音响、影像或其他信息等内容来证明案件的事实，其内容的显示需要借助于科学仪器，并且它一般是以动态的内容来起证明作用的，因而它既有别于书证又有别于物证。

（四）电子数据

电子数据，是指以数字化形式存储、处理、传输的数据。作为证据的电子数据一般称为电子证据。电子证据可以定义为：基于电子技术生成、以数字化形式存在于磁盘、光盘、存储卡、手机等各种电子设备载体，其内容可与载体分离，并可多次复制到其他载体的文件。电子证据可以分为：文字处理文件，通过文字处理系统形成的文件，由文字、标点、表格、各种符号或其他编码文本组成；图形处理文件，由计算机专门的软件系统辅助设计或辅助制造的图形数据，通过图形人们可以直观地了解非连续性数据间的关系，使复杂的信息变得生动明晰；数据库文件，由若干原始数据记录所组成的文件；程序文件，计算机进行人机交流的工具，软件就是由若干个程序文件组成的；影、音、像文件，即通常所说的“多媒体”文件，通常经过扫描识别、视频捕捉、音频录入等综合编辑而成。

（五）证人证言

证人证言，是指了解案件情况的人以口头或书面的方式，向人民法院所作的关于案件事实的陈述。证人必须是自然人，凡是了解案件情况的人，都可以作为证人。但是，不能正确表达意思的人不能作为证人。证人在诉讼法上享有一定的权利并承担一定的义务。证人有权要求宣读、查阅或修改询问笔录，有权使用本民族的语言文字进行陈述，另外，还有权请求支付作证所需的一切费用。同时，证人负有出庭作证和如实作证的义务。

（六）当事人的陈述

当事人的陈述，是指当事人在行政诉讼中关于案件事实，向人民法院所作的陈述或对其他当事人的陈述的承认。作为证据的当事人陈述只限于当事人对案件事实的陈述。当事人的陈述是一种应用广泛并且有较强证明力的证据形式。但是，由于当事人与案件的结果有直接利害关系，因此，当事人的陈述可能存在一定的片面性和虚假性。

（七）鉴定意见

鉴定意见，是指鉴定人运用自己的专门知识，根据所提供的案件事实材料，对需要鉴别的专门性问题进行分析、鉴别和判断后得出的意见。诉讼中常见的有医学鉴定、文书鉴定、会计鉴定、科学技术鉴定等。凡是需要具有专业知识的人才能解决的专门性问题，均可鉴定。

（八）勘验笔录、现场笔录

勘验笔录，是指行政机关工作人员或人民法院的审判人员对物品、现场等进行察看、检验后所作的能够证明案件情况的记录。如对有争议的建筑物进行拍照，确定方位并以文字、表格、图画等形式将所得结果作出的记录。行政机关或人民法院在勘验物品或现场时，勘验人员必须出示有关证明，勘验时应当邀请当地基层组织或者当事人所在单位派人参加。当事人或其成年家属应当到场，拒不到场的，不影响勘验工作的进行。现场笔录是专指行政机关及其工作人员在执行职务的过程中，在实施行政行为时，对某些事项当场作出的能够证明案件事实的记录，又称为当场记录。如公安机关对违反治安管理的人进行处罚前询问时所作的笔录。行政案件涉及的现场包括行政违法行为发生的场所、作出具体行政行为的场所以及案件事实发生的其他场所。行政机关在执行职务过程中所作的现场笔录，应由执行职务人、当事人、见证人等有关人员签名或盖章。

第二节　行政诉讼的举证责任

案例导入

原告张某不服被告上海市公安局松江分局九亭派出所作出的终止案件调查决定，向法院提起诉讼。

2017年9月15日，九亭派出所作出沪公（松）（九）行终止决（2017）0001号终止案件调查决定书，主要内容为：因殴打他人一案具有没有违法事实的情形，根据《公安机关办理行政案件程序规定》第233条第1款的规定，现决定终止调查。

张某诉称：本案中的违法事实，即多人对原告及家人进行围殴并抢夺手机的行为客观存在，且发生在被告门口，有监控录像予以佐证。请求判令：(1) 撤销被告作出的被诉决定；(2) 被告履行法定职责对原告的报警事项继续进行调查；(3) 本案的诉讼费用由被告承担。

被告九亭派出所辩称：被诉决定认定的主要事实清楚，证据确凿。请求依法驳回原告的诉讼请求。

被告九亭派出所向法院提交了以下依据、证据：

1.《治安管理处罚法》第99条第1款、《公安机关办理行政案件程序规定》第9条第1款、第47条第1款第1项、第233条第1款第1项，证明被告有权作出被诉决定，以及该决定适用法律正确，执法程序合法；

2. 2017年7月18日张某的询问笔录、2017年7月18日钱某的询问笔录、2017年9月4日钱某的询问笔录、2017年8月29日李某某的询问笔录、2017年7月18日民警秦某某的询问笔录、2017年9月6日毛某某、钱某某、钱某喜的询问笔录各一份、2017年9月7日秦某某的辨认笔录、男性辨认照片1、2及女性辨认照片1、2，2017年9月9日李某某和张某的《辨认笔录》各一份、女性辨认照片1及男性辨认照片2、3、4、5，辨认照片总名单、2017年7月18日上海市公安局验伤通知书、2017年9月13日被告民警与卫某勇的电话询问录音视频及文字材料、2017年9月14日工作情况、2017年7月18日李某某的手机视频1和视频2，证明被告经调查，发现原告的报案不存在违法事实，故被诉决定的事实认定清楚；

3. 2017年7月18日上海市公安局案（事）件接报回执单、2017年7月18日受案登记表、2017 年 8 月 16 日呈请延长办案期限报告书、2017 年 9 月 15 日呈请终止调查报告书、沪公松（九）行终止决字（2017）0001 号终止案件调查决定书，证明被告按照法定程序作出被诉决定，执法程序合法。

法院对上述依据、证据认证如下：被告提供的法律法规及规章在作出被诉决定时均合法有效；被告提供的有关认定事实方面、程序方面的证据及原告提供的证据，均符合证据的真实性、合法性、关联性的要求，本院予以确认。

法院认为：《公安机关办理行政案件程序规定》第 233 条第 1 款第 1 项规定："经过调查，发现行政案件具有下列情形之一的，经公安派出所、县级公安机关办案部门或者出入境边防检查机关以上负责人批准，终止调查：（一）没有违法事实的……"本案的争议焦点在于：被告对原告 2017 年 7 月 18 日的报案作出无违法事实的认定，所依据的主要证据是否充分。法院在听取原告、被告的诉辩意见及审查被告提供的证据后认为，在原告丈夫李某某、案外人钱某的询问笔录以及卫某勇的电话录音中，虽对是否殴打原告各执一词，但均提到双方在被告接待大厅门外发生争执，且有民警在现场目睹并劝阻，而值班民警秦某某的询问笔录虽称其看到案外人未殴打原告，但提到其当时位于接待大厅的治安窗口内，而被告对于上述不一致之处未作合理解释，未对是否有其他民警在现场进行相关调查。对于原告报案称被殴打的情况，被告亦未对所有的涉事人员进行充分地询问、调查。据此，基于被告向法院提供的证据尚无法证明被诉决定所认定的事实，故被诉终止案件调查决定主要证据不足，依法应予撤销并重新进行调查处理。

法院判决如下：

撤销被告上海市公安局松江分局九亭派出所于 2017 年 9 月 15 日作出沪公（松）（九）行终止决字（2017）0001 号终止案件调查决定书的行政行为，并在法定期限内对原告张某于 2017 年 7 月 18 日所报案件重新进行调查处理。

一、举证责任概述

举证责任，又称"证明责任"，是指当事人双方必须就应当由自己举证的事实加以证明，否则，便承担败诉风险及不利诉讼后果的诉讼法律责任。举证责任包括两个方面的内容：一是由谁负责提供证据证明特定的案件事实，即举证责任的分担；二是不能履行举证责任时可能引起何种法律后果。

明确举证责任的意义在于：

1. 使当事人以及其他诉讼参加人以慎重的态度参加诉讼，积极、主动地收集证据证明自己的主张，因而有利于防止滥诉。

2. 确定当事人的举证责任，有利于法院集中精力运用当事人提供的证据，认定案件事实，准确适用法律。

3. 确定举证责任的前提在于对双方当事人争议标的的合法与否的假定，作出何种假定取决于根据案件的性质确定保护的对象。举证责任的确定，说明已作出某种假定，因而有利于法院在难以确认事实、辨明是非的情况下，及时结案。

二、被告的举证责任

行政诉讼证据的来源有三个方面：一是被告举证；二是原告举证；三是法院依职权收集和保全证据。在行政诉讼中，举证责任主要由被告承担。

（一）被告负主要举证责任的理由

1. 由被告负担举证责任，是被告行政机关在行政程序中应当遵守“先取证，后裁决”这一规则的必然要求

在行政程序中，行政机关在作出行政行为前，应当认真调查、充分收集证据，在证据充分，事实清楚的基础上正确适用法律，作出正确的行政行为。因此，一旦行政行为被诉，由作出该行为的被告负担证明其行为合法性的责任，是合情合理的。

2. 由被告负担举证责任，有利于发挥行政机关的举证优势

在行政诉讼中，进行司法审查的核心问题是被诉行政行为的合法性，而该行政行为是由被告作出的，所以被告对该行政行为的证据最为了解。并且在行政程序中，被告行政机关处于主导地位，其行使职权无须征得公民、法人和其他组织同意，所以被告的举证能力较原告强，由被告负主要举证责任是公平原则在行政诉讼中的体现。

3. 由被告负担举证责任，可以有效促进行政机关依法行政

要求被告行政机关对被诉行政行为合法性承担举证责任，实质上是要求行政机关在行政诉讼程序之前的行政程序中应当在具有事实根据和法律根据的前提下，作出行政行为。否则，其作出的行政行为就是违法的，面临被撤销或者其他否定性法律评价的后果。行政诉讼除承载解决法律纠纷的使命外，还承载监督行政机关依法行政、保护处于弱者地位的行政相对人、通过行政诉讼程序来平衡行政程序中双方的权利义务关系的责任，以实现权利义务一致性的要求。

（二）被告举证规则

1. 被告的举证范围

（1）被告对作出的行政行为负有举证责任，应当提供作出该行政行为的证据和所依据的规范性文件。（2）被告认为原告起诉超过法定期限的，由被告承担举证责任。

2. 被告举证的时间要求

被告应当在收到起诉状副本之日起 15 日内向人民法院提交作出行政行为的证据和所依据的规范性文件。被告不提供或者无正当理由逾期提供证据，视为没有相应证据。被告在作出行政行为时已经收集了证据，但因不可抗力等正当事由不能提供的，经人民法院准许，可以延期提供。被告申请延期提供证据的，应当在收到起诉状副本之日起 15 日内以书面方式向人民法院提出。人民法院准许延期提供的，被告应当在正当事由消除后 15 日内提供证据。逾期提供的，视为被诉行政行为没有相应的证据。

3. 被告举证的限制和补充证据

在诉讼过程中，被告及其诉讼代理人不得自行向原告、第三人和证人收集证据。依法行政原则要求行政机关应当坚持“先取证，后裁决”，即行政机关在作出行政行为时，应当掌握了确实充分的证据，否则就是违法行政。因而，在行政诉讼中行政机关应当具有其行为合法有效的证据，不得再自行向原告、第三人和证人收集证据。

原告或者第三人提出了其在行政处理程序中没有提出的理由或者证据的，经人民法院准许，被告可以补充证据。被告补充证据是指在法定举证期限提交证据以后进一步提供证据的行为。补充证据的条件限制是：一是必须经人民法院准许；二是原告或者第三人提出了其在行政处理程序中没有提出的理由或者证据的。

三、原告的举证责任

（一）原告举证的范围

1. 在起诉被告不作为的案件中，证明其提出申请的事实

在学理上行政不作为也是一种行政行为，但在实际上行政不作为行为在法律上的构成要件不同，它的产生除了被告应当依职主动履行法定职责及原告因被告受理申请的登记制度不完备等正当事由不能提供相关证据材料并能够作出合理说明的情况外，构成行政不作为依赖行政相对人在程序上的申请义务，否则行政不作为即不能成为一种责任，也无所谓违法。相应地，原告应对其提出过申请这一事实承担举证责任。我国《行政诉讼法》第 38 条第 1 款对此作出了规定，即“在起诉被告不履行法定职责的案件中，原告应当提供其向被告提出申请的证据。但有下列情形之一的除外：（1）被告应当依职权主动履行法定职责的；（2）原告因正当理由不能提供证据的”。

2. 证明被诉行政行为造成损害的事实

在行政赔偿、补偿的案件中，原告应当对行政行为造成的损害提供证据。因

被告的原因导致原告无法举证的，由被告承担举证责任。行政赔偿是指行政机关及其工作人员在行使职权的过程中，违法侵犯公民、法人或其他组织的合法权益造成损害，国家对此承担赔偿责任的法律制度。行政补偿，是指行政机关及其工作人员在管理国家和社会事务过程中，因合法的行政行为给公民、法人和其他组织和合法权益造成损害的，由国家予以补偿的制度。在这两类案件中，原告应当对行政行为造成的损害提供证据。

3. 诉讼过程中，人民法院要求原告举证的事项

根据《行政诉讼法》第39条、最高人民法院《关于行政诉讼证据若干问题的规定》第9条的规定，人民法院有权要求诉讼当事人提供或补充证据。法律赋予人民法院此项权利，不仅是诉讼上的需要，以便保证诉讼顺利展开；也是当前法治社会的需要，毕竟当事人并不都熟知法律、并非都有较高的文化素质和思想觉悟，难免有的当事人会隐藏对自己不利的证据材料；更是追求司法公正的需要，证据材料越充分就会促成法律真实逼近客观真实。

（二）原告的举证期限

原告或者第三人应当在开庭审理前或者人民法院指定的交换证据清单之日提供证据。因正当事由申请延期提供证据的，经人民法院准许，可以在法庭调查中提供。逾期提供证据的，人民法院应当责令其说明理由；拒不说明理由或者理由不成立的，视为放弃举证权利。原告或者第三人在第一审程序中无正当事由未提供而在第二审程序中提供的证据，人民法院不予接纳。

人民法院向当事人送达受理案件通知书或者应诉通知书时，应当告知其举证范围、举证期限和逾期提供证据的法律后果，并告知因正当事由不能按期提供证据时应当提出延期提供证据的申请。

第三节　人民法院对行政诉讼证据的处理

案例导入

黄某对某市房管局向赵某核发房屋所有权证的行为不服，以自己是房屋所有权人为由请求法院判决撤销某市房管局的发证行为。黄某向法院提交了房屋所有权证，赵某向法院提交了该房屋买卖合同，某市房管局向法院提交了赵某的房屋产权登记申请、契税完税证等证据。

本案知识点

行政诉讼中人民法院对证据的处理。

一、要求当事人提供或者补充证据

在审理案件过程中，人民法院不只被动地接受当事人提供的证据，在当事人提供的证据不足以证明案件真实情况时，为了进一步查明案情，及时解决行政争议，维护当事人的合法权益和国家利益、社会公共利益，人民法院有权要求当事人提供或者补充证据。对当事人无争议，但涉及国家利益、公共利益或者他人合法权益的事实，人民法院可以责令当事人提供或者补充有关证据。

二、调取证据

调取证据，是指人民法院在诉讼中按照法定程序依职权调查和提取与案件事实有关的证据的活动。人民法院调取证据是为了核实当事人提供证据的客观性、关联性和合法性，用以查明案件事实。在行政诉讼过程中，当事人举证是行政诉讼证据的主要来源，人民法院调取证据仅属于次要来源。法院调取证据可分为依职权主动调取和依申请调取证据两种情形。不论哪种情形，人民法院皆不得为证明被诉行政行为的合法性，调取被告在作出行政行为时未收集的证据。

（一）人民法院依职权调取证据

人民法院有权向有关行政机关以及其他组织、公民调取证据。根据最高人民法院《关于行政诉讼证据若干问题的规定》，人民法院依职权主动向有关行政机关以及其他组织、公民调取证据限于两种情形：（1）涉及国家利益、公共利益或者他人合法权益的事实认定的；（2）涉及依职权追加当事人、中止诉讼、终结诉讼、回避等程序性事项。

（二）人民法院依申请调取证据

原告或者第三人能自行收集证据的，原则上应当自行收集；只有在原告或者第三人不能自行收集时，才能申请人民法院调取证据。申请的主体是原告和第三人，行政机关不能申请人民法院调取证据。对于原告而言，申请调取证据的范围包括：一是证明行政行为违法的证据；二是在行政不作为、行政赔偿、行政补偿等特殊案件中，原告负有举证责任而应当提供的证据。

原告申请人民法院调取的证据应当与本案有关，并且还应符合下列条件之一：

第一，由国家机关保存而须由人民法院调取的证据。这类证据主要包括档案材料等。

第二，涉及国家秘密、商业秘密和个人隐私的证据。所谓国家秘密，是指关系国家的安全和利益，依照法定程序确定，在一定时间内只限一定范围的人员知情的事项，主要有政治秘密、军事秘密、经济秘密、科技秘密等。商业秘密，是指不为公众所知悉、能为权利人带来经济利益，具有实用性并经权利人采取保密措施的技术信息和经营信息。个人隐私，是指公民个人生活中不愿为他人公开或知悉的秘密。隐私权是自然人享有的对其个人的、与公共利益无关的个人信息、私人活动和私有领域进行支配的一种人格权。

第三，确因客观原因不能自行收集的其他证据。这是一项比较宽泛的兜底性规定，可以由司法解释规定或者由人民法院自由裁量。

当事人申请人民法院调取证据的，应当在举证期限内提交调取证据申请书。

（三）调取证据规则

人民法院不得为证明行政行为的合法性调取被告作出行政行为时未收集的证据。根据依法行政原则，行政机关在作出行政行为时就应当有足够的证据，如果事后再自行收集，其行为是违法的。同样道理，人民法院为了证明被诉行政行为的合法性再收集此类证据，就违背了行政诉讼的目的和原则。

人民法院在调取证据时，有关行政机关、其他组织和公民应当积极协助。虽然行政诉讼法对此没有规定，但是《民事诉讼法》第67条规定，人民法院有权调查证据，有关单位和个人不得拒绝。

三、证据保全

行政诉讼中的证据保全，是指在证据可能灭失或以后难以取得的情况下，法院依诉讼参加人的申请或者依职权主动采取措施，对证据加以确定和保护的制度。

（一）证据保全的原因

1. 证据有可能灭失

所谓可能灭失，是指证据以后有可能不存在或者提供证据的人有可能不存在。例如，作为证据的物品将要腐烂、变形、变质，或者作为证人的自然人可能死亡等。在行政诉讼中，如果人民法院发现有关的证据可能灭失或以后难以取得，可以依职权主动采取证据保全措施。

2. 证据以后难以取得

所谓以后难以取得，是指失去某种机会或超过一定的时间，以后就难以取得的情况，如证人即将出国留学或定居等。当事人根据法律规定，向法院申请保全证据的，应当在举证期限届满以前以书面形式提出，并说明证据的名称和地点、保全的内容和范围、申请保全的理由等事项。

(二) 证据保全的要求

1. 申请证据保全应当在举证期限届满前以书面形式提出;

2. 采取证据保全措施的只能是人民法院;

3. 证据保全的目的是防止证据灭失或者以后难以取得;

4. 人民法院保全证据应当以裁定形式作出。

人民法院保全证据可以根据具体情况,采取查封、扣押、拍照、录音、录像、复制、鉴定、勘验、制作询问笔录等保全措施。

四、证据适用规则

(一) 证据的出示和质证

对于当事人提供的证据和人民法院调取的证据,若要作为认定案件事实的证据,都应在法庭上出示,经当事人互相质证,以保证证据的真实性、客观性和合法性,避免出现偏差,真正做到以事实为根据。质证是指在法官的主持下,当事人就有关证据进行辨认和对质,围绕证据的真实性、关联性和合法性及证据的证明力和证明力大小进行询问、说明、辩论、质疑的活动。

(二) 证据的审查核实

人民法院应当按照法定程序,全面、客观地审查核实证据。对证据的审查核实是人民法院的职责。人民法院应当根据案件的具体情况,从证据的形式、证据的取得等方面审核证据的合法性。从证据形成的原因,发现证据时的客观环境,证据是否是原件、原物,复印件、复制品与原件、原物是否相符,提供证据的人或证人与当事人是否有利害关系等方面审查证据的真实性。

(三) 非法证据排除

以非法手段取得的证据,不得作为认定案件事实的根据。以非法手段取得的证据主要包括:(1) 严重违反法定程序收集的证据材料;(2) 以违反法律强制性规定的手段获取且侵害他人合法权益的证据材料;(3) 以利诱、欺诈、胁迫、暴力等手段获取的证据材料。

实训案例

案例一

2011 年 12 月 5 日,安徽省人民政府作出皖政地 769 号《关于马鞍山市 2011 年第 35 批次城市建设用地的批复》,批准征收马鞍山市花山区霍里街道范围内农民集体建设用地 10.04 公顷,用于城市建设。2011 年 12 月 23 日,马鞍山市人民政府作出 2011 年 37 号《马鞍山市人民政府征收土地方案公告》,将安徽省人民政府的批复内容予以公告，并载明征地方案由花山区人民政府实施。苏某某名下的花山区霍里镇丰收村丰收村民组 B11－3 房屋在本次征收范围内。苏某某于 2011 年 9 月 13 日去世，其生前将该房屋处置给四原告所有。原告古某某系苏某某的女儿，原告沙某保、沙某虎、沙某莉系苏某某的外孙。在实施征迁过程中，征地单位分别制作了马鞍山市国家建设用地征迁费用补偿表、马鞍山市征迁住房货币化安置（产权调换）备案表，对苏某某户房屋及地上附着物予以登记补偿，原告古某某的丈夫领取了安置补偿款。2012 年年初，被告组织相关部门将苏某某户房屋及地上附着物拆除。原告沙某保等四人认为马鞍山市花山区人民政府非法将上述房屋拆除，侵犯了其合法财产权，故提起诉讼，请求人民法院判令马鞍山市花山区人民政府赔偿房屋损失、装潢损失、房租损失共计 282.7680 万元；房屋内物品损失共计 10 万元，主要包括衣物、家具、家电、手机等 5 万元；实木雕花床 5 万元。

马鞍山市中级人民法院判决驳回原告沙某保等四人的赔偿请求。沙某保等四人不服，上诉称：1. 2012 年年初，马鞍山市花山区人民政府对案涉农民集体土地进行征收，未征求公众意见，上诉人亦不知以何种标准予以补偿；2. 2012 年 8 月 1 日，马鞍山市花山区人民政府对上诉人的房屋进行拆除的行为违法，事前未达成协议，未告知何时拆迁，屋内财产未搬离、未清点，所造成的财产损失应由马鞍山市花山区人民政府承担举证责任；3. 2012 年 8 月 27 日，上诉人沙某保、沙某虎、沙其莉的父亲沙某金受胁迫在补偿表上签字，但其父沙某金对房屋并不享有权益且该补偿表系房屋被拆后所签。综上，请求二审法院撤销一审判决，支持其赔偿请求。马鞍山市花山区人民政府未作书面答辩。

马鞍山市中级人民法院于 2015 年 7 月 20 日作出（2015）马行赔初字第 00004 号行政赔偿判决：驳回沙某保等四人的赔偿请求。

宣判后，沙某保等四人提出上诉，安徽省高级人民法院于 2015 年 11 月 24 日作出（2015）皖行赔终字第 00011 号行政赔偿判决：撤销马鞍山市中级人民法院（2015）马行赔初字第 00004 号行政赔偿判决；判令马鞍山市花山区人民政府赔偿上诉人沙某保等四人房屋内物品损失 8 万元。

【问题】 二审法院为何如此裁判？

【分析】 法院生效裁判认为：根据《土地管理法实施条例》第 45 条的规定，土地行政主管部门责令限期交出土地，被征收人拒不交出的，申请人民法院强制执行。马鞍山市花山区人民政府提供的证据不能证明原告自愿交出了被征土地上的房屋，其在土地行政主管部门未作出责令交出土地决定亦未申请人民法院强制执行的情况下，对沙某保等四人的房屋组织实施拆除，行为违法。关于被拆房屋内物品损失问题，根据《行政诉讼法》第 38 条第 2 款之规定，在行政赔偿、补偿的案件中，原告应当对行政行为造成的损害提供证据。因被告的原因导致原告无法举证的，由被告承担举证责任。马鞍山市花山区人民政府组织拆除上诉人的房屋时，未依法对屋内物品登记保全，未制作物品清单并交上诉人签字确认，致使上诉人无法对物品受损情况举证，故该损失是否存在、具体损失情况等，依法应由马鞍山市花山区人民政府承担举证责任。上诉人主张的屋内物品5万元包括衣物、家具、家电、手机等，均系日常生活必需品，符合一般家庭实际情况，且被上诉人亦未提供证据证明这些物品不存在，故对上诉人主张的屋内物品种类、数量及价值应予认定。上诉人主张实木雕花床价值为5万元，已超出市场正常价格范围，其又不能确定该床的材质、形成时间、与普通实木雕花床有何不同等，法院不予支持。但出于最大限度保护被侵权人的合法权益考虑，结合目前普通实木雕花床的市场价格，按“就高不就低”的原则，综合酌定该实木雕花床价值为3万元。综上，法院作出如上判决。

案例二

乔某从外地购进一批黄豆存放于一仓库销售，该县技术监督局接到举报称这批黄豆已发生霉变，县技术监督局随即派人前往现场检查核实，该局工作人员对现场情况制作了检查笔录，并从这批黄豆中抽出四袋样品送检，对这批黄豆全部进行封存，乔某不服向法院提起行政诉讼，县技术监督局向法院提交了检查笔录。

【问题】 法院在本案中应当如何处理相关证据？

思考与练习题

1. 行政诉讼确立被告对被诉行政行为的合法性负担举证责任主要是基于什么原因？

2. 如何理解法院对证据的调取？

3. 行政诉讼中哪些证据不能作为定案的根据？

4. 行政诉讼中对证据的效力如何认定？

第十二章

行政诉讼程序

本章导读

行政诉讼程序是行政诉讼的重点内容之一。本章主要介绍了行政诉讼的起诉、受理、第一审程序、第二审程序和审判监督程序等有关内容。通过本章的学习，应当重点掌握行政诉讼审理程序的各项规定。

第一节　起诉与受理

案例导入

伍某某诉桐城市人民政府行政复议案

基本案情：2016 年 6 月 24 日，桐城市城市管理行政执法局（以下简称桐城市城管局）向伍某某下达桐城管停字（2016）第 004 号责令停止违法行为通知，认定其在桐城市光明巷 11 号无规划许可擅自搭建钢构，违反了《城乡规划法》第 64 条的规定，责令其限期改正违法行为并停止建设，补办规划许可手续，同时告知其逾期不停止违法行为或不补办手续的，该局将依法给予行政处罚。伍某某不服，于 2016 年 6 月 29 日向桐城市人民政府申请行政复议。桐城市人民政府认为，责令停止违法行为通知不是最终行政决定，只是具体行政行为作出前的一项程序，不属于行政复议范围。遂于 2017 年 3 月 3 日作出行政复议决定，驳回伍某某的行政复议申请。伍某某不服该复议决定，遂于 3 月15 日提起行政诉讼，请求撤销桐城市人民政府该行政复议决定，判令桐城市人民政府对其复议申请事项作出实体处理决定。

裁判结果：安庆市中级人民法院审理认为，责令停止违法行为本质上属于行政命令中的禁令，一经作出便为行政相对人设定了义务，是行政执法过程中的一种独立的行政行为。如果行政相对人实施的合法行为被行政主体错误实施了责令停止的命令，将会导致相对人的合法权益受到侵害。因此，为保障行政命令功能的正确行使，应赋予行政相对人法律救济的途径。本案中，桐城市城管局作出的责令停止违法行为通知，为伍某某这一特定相对人设定了停止建设并限期改正的义务，对伍某某的权利义务产生了实际影响。因此，该通知属于行政复议范围，复议机关应对其合法性进行审查。故判决撤销桐城市人民政府该行政复议决定，责令其于判决生效后的法定期限内对伍某某提出的行政复议申请重新作出复议决定。一审宣判后，双方当事人均未提起上诉。

本案问题

原告的起诉是否符合起诉的条件？

一、起诉

（一）起诉的概念

行政诉讼中的起诉，是指公民、法人或者其他组织认为行政主体的行政行为侵犯了自己的合法权益，依法请求人民法院对该行政行为予以审查以保护自己合法权益的法律行为。它是原告单方面行使法律赋予的起诉权的行为。

起诉是诉讼程序发生的前提，公民、法人或者其他组织通过起诉行为来实现诉权，人民法院通过审查起诉能否受理来逐步展开案件的审理与行政行为的审查工作。没有起诉，也就没有行政诉讼程序的发生。行政诉讼中的起诉具有以下特点：

1. 起诉是启动诉讼程序发生的唯一途径。在行政诉讼中，公民、法人或者其他组织是启动诉讼程序的唯一一方当事人，如果没有原告的起诉，人民法院无法受理和审理行政案件。

2. 起诉是公民、法人或者其他组织请求人民法院审查行政行为，解决行政争议的行为。起诉的根本目的就是要启动司法程序，解决行政争议。

3. 起诉是起诉人单方面行使诉权的具有法律意义的行为。公民、法人或者其他组织起诉无须经过其他任何机关、团体或者个人的同意，一旦起诉，人民法院必须作出回应。

4. 起诉必须按法律规定的条件、程序和方式。

（二）起诉的条件

起诉条件，是指按照行政诉讼法的规定，公民、法人或者其他组织起诉时必须满足的形式要件。从客观上来说，任何公民、法人或者其他组织认为行政机关的行政行为侵犯其合法权益，都可以向人民法院提起诉讼，请求人民法院的司法保护。具体而言，某一行政行为引起的行政争议能否进入诉讼进程并由人民法院予以裁决，则要看起诉人的起诉是否符合行政诉讼法规定的起诉条件。只有符合起诉条件的起诉，才有可能会被人民法院受理和审理。我国《行政诉讼法》第49条对起诉的条件作了明确的规定，主要有：

1. 原告适格

起诉人应当是行政相对人或者是与行政行为有利害关系的其他公民、法人、组织；有权提起诉讼的公民死亡，起诉人可以是其近亲属；有权提起诉讼的法人或者其他组织终止，起诉人可以是承受其权利的法人或者其他组织。

2. 有明确的被告

有明确的被告，是指原告指控的被告一方应当清楚、具体。原告应当在起诉时明确自己告谁，在起诉状上写明被告的名称、法定代表人的具体情况。如果原告起诉的被告不明确，案件没有明确的被告人，诉讼就不能成立，人民法院也无法审理这类案件。

要求原告的起诉有明确的被告，并不是要求原告起诉的被告必须是正确、合格的被告。由于我国行政机关的设置比较复杂，行政诉讼法对被告制度的设计也比较烦琐，原告起诉时所确定的被告并不一定符合行政诉讼法关于被告确定的要求。为保障原告的诉权，人民法院有义务帮助原告找出正确的被告。

3. 有具体的诉讼请求和事实根据

诉讼请求，是指原告向人民法院就其行政争议所提出的诉讼主张。原告向人民法院提出诉讼请求的目的，是请求人民法院肯定其主张，对被告的行政行为进行处理。诉讼请求具有主观性，反映了原告的利益要求。

原告提出的诉讼请求内容应当清楚明确、内容特定。在行政诉讼中，原告的诉讼请求通常包括以下几种：（1）请求判决撤销或者变更行政行为；（2）请求判决行政机关履行法定职责或者给付义务；（3）请求判决确认行政行为违法；（4）请求判决确认行政行为无效；（5）请求判决行政机关予以赔偿或者补偿；（6）请求解决行政协议争议；（7）请求一并审查规章以下规范性文件；（8）请求一并解决相关民事争议；（9）其他诉讼请求。

事实根据，是指原告向人民法院起诉所应依据的事实和根据，包括案件事实和证据事实。例如，行政行为存在的事实，行政行为侵犯原告合法权益的事实等。原告提供事实根据主要是针对起诉是否成立而言的，是为了证明行政争议的存在，原告对被诉行政行为违法并不负举证责任。在行政诉讼中，被诉行政行为是否合法由被告负举证责任，原告只对程序性的事实和受侵害的事实负举证责任。原告所起诉的案件事实包括两类：当事人争议的行政法律关系发生、变更、消灭的法律事实；当事人的合法权益是否受到行政行为的侵害或当事人之间是否发生行政争议的事实。

4. 属于人民法院受案范围和受诉人民法院管辖

在我国，行政诉讼的受案范围有法律的明确规定。原告只能就受案范围内的行政争议向人民法院提起诉讼，对超出了受案范围的行政争议，公民、法人或者其他组织无权起诉，人民法院也无权受理。对属于人民法院受案范围的行政案件，原告应当向有管辖权的人民法院起诉。人民法院发现原告起诉的法院有错误时，应该告知其向有管辖权的人民法院起诉。

（三）起诉的期限

公民、法人或者其他组织提起行政诉讼，必须在法律规定的期限内提出诉讼，对超过法律规定期限的起诉，人民法院有权拒绝受理。行政诉讼法规定起诉期限的目的不是要限制公民、法人或者其他组织依法享有的诉讼权利，而在于促使其及时行使权利，使法律关系尽早地稳定下来。

1. 一般规定

（1）公民、法人或者其他组织直接向人民法院提起诉讼的，应当自知道或者应当知道作出行政行为之日起 6 个月内提出。法律另有规定的除外。

（2）公民、法人或者其他组织不服复议决定的，可以在收到复议决定书之日起 15 日内向人民法院提起诉讼。复议机关逾期不作决定的，申请人可以在复议期满之日起 15 日内向人民法院提起诉讼。法律另有规定的除外。

（3）关于最长诉讼保护期限。最长保护期限就是指自行政机关作出行政行为之日起，经过一定的时间，不论当事人知道该行为与否，都不得再起诉。因不动产提起诉讼的案件自行政行为作出之日起超过 20 年，其他案件自行政行为作出之日起超过 5 年提起诉讼的，人民法院不予受理。

（4）行政机关不履行法定职责的起诉期限。公民、法人或者其他组织申请行政机关履行保护其人身权、财产权等合法权益的法定职责，行政机关在接到申请之日起 2 个月内不履行的，公民、法人或者其他组织可以向人民法院提起诉讼。法律、法规对行政机关履行职责的期限另有规定的，从其规定。公民、法人或者其他组织对行政机关不履行法定职责提起诉讼的，应当在行政机关履行法定职责期限届满之日起 6 个月内提出。

公民、法人或者其他组织在紧急情况下请求行政机关履行保护其人身权、财产权等合法权益的法定职责，行政机关不履行的，提起诉讼不受以上规定期限的限制。比如，公安机关在收到公民紧急救助的申请后，而不立即出警造成损害的，就属于这种情形。

（5）行政机关作出行政行为时，未告知公民、法人或者其他组织起诉期限的，起诉期限从公民、法人或者其他组织知道或者应当知道起诉期限之日起计算，但从知道或者应当知道行政行为内容之日起最长不得超过1年。

2. 起诉期限的扣除和延长

（1）起诉期限的扣除。公民、法人或者其他组织因不可抗力或者其他不属于其自身的原因耽误起诉期限的，被耽误的时间不计算在起诉期限内。不可抗力是指相对人无法预见、无法预防、无法避免和无法控制的事由，属于法律事件范畴，如地震、洪灾、台风、低温、雨雪、冰冻等自然灾害。“不属于自身的原因”是指不可抗力之外的客观原因，如病重、重伤等致使当事人在一定时间内不能正确表达意志的。需要注意的是，起诉期限的扣除不需要人民法院的准许而直接扣除。

（2）起诉期限的延长。公民、法人或者其他组织因其他特殊情况耽误起诉期限的，在障碍消除后10日内，可以申请延长期限，是否准许由人民法院决定。起诉期限延长需要具备三个条件：一是发生了其他特殊情况；二是需要当事人向人民法院提出申请；三是需要人民法院准许。实践中相对人不能及时起诉的原因多种多样，为了进一步保护相对人的诉权而作出了此项规定。

（四）起诉方式

起诉应当向人民法院递交起诉状，并按照被告人数提出副本。书写起诉状确有困难的，可以口头起诉，由人民法院记入笔录，出具注明日期的书面凭证，并告知对方当事人。可见，起诉方式有两种：

1. 起诉状

一般情形下，要求原告要以书面形式起诉，即起诉状形式。起诉状一般包括以下内容：原告的基本情况；被告的基本情况；诉讼请求和事实根据及其理由；证据及其来源，证人姓名和住所。

2. 口头起诉

为了更好地保护相对人的诉权，当事人可以口头起诉。当然这是一项特别规定，条件是当事人书写困难。

二、受理

（一）受理的概念

行政诉讼中的受理，是指人民法院对公民、法人或者其他组织的起诉经过审查，认为符合法律规定的起诉条件而决定立案并予以审理的诉讼行为。原告起诉是法院受理的前提，没有原告的起诉就没有人民法院的受理，但受理并不是起诉的必然结果，受理是人民法院行使国家审判权对起诉行为进行审查而单方面得出的结论，是人民法院行使审判权的重要标志，只有经过起诉与受理这两个诉讼行为的结合，诉讼程序才能开始。

（二）对起诉的处理

1. 登记立案

人民法院在接到起诉状时对符合行政诉讼法规定的起诉条件的，应当登记立案。对当场不能判定是否符合本法规定的起诉条件的，应当接收起诉状，出具注明收到日期的书面凭证，并在7日内决定是否立案。不符合起诉条件的，作出不予立案的裁定。裁定书应当载明不予立案的理由。原告对裁定不服的，可以提起上诉。起诉状内容欠缺或者有其他错误的，应当给予指导和释明，并一次性告知当事人需要补正的内容。不得未经指导和释明即以起诉不符合条件为由不接收起诉状。对于不接收起诉状、接收起诉状后不出具书面凭证，以及不一次性告知当事人需要补正的起诉状内容的，当事人可以向上级人民法院投诉，上级人民法院应当责令改正，并对直接负责的主管人员和其他直接责任人员依法给予处分。

2. 法院不立案的救济

人民法院既不立案，又不作出不予立案裁定的，当事人可以向上一级人民法院起诉。上一级人民法院认为符合起诉条件的，应当立案、审理，也可以指定其他下级人民法院立案、审理。

3. 驳回起诉

有下列情形之一，已经立案的，应当裁定驳回起诉：

（1）不符合《行政诉讼法》第49条规定的；

（2）超过法定起诉期限且无《行政诉讼法》第48条规定情形的；

（3）错列被告且拒绝变更的；

（4）未按照法律规定由法定代理人、指定代理人、代表人为诉讼行为的；

（5）未按照法律、法规规定先向行政机关申请复议的；

（6）重复起诉的；

（7）撤回起诉后无正当理由再行起诉的；

（8）行政行为对其合法权益明显不产生实际影响的；

（9）诉讼标的已为生效裁判或者调解书所羁束的；

（10）其他不符合法定起诉条件的情形。

以上所列情形可以补正或者更正的，人民法院应当指定期间责令补正或者更正；在指定期间已经补正或者更正的，应当依法审理。

人民法院经过阅卷、调查或者询问当事人，认为不需要开庭审理的，可以径行裁定驳回起诉。

（三）受理的法律后果

符合法定条件的起诉一旦被人民法院受理后，即产生以下法律后果：

1. 人民法院依法取得了对该案的审判权，排除了其他国家机关或者其他法院对该案件的受理和管辖。

2. 受理意味着诉讼审理程序的正式开始。人民法院从立案之日起，开始计算一审时限，人民法院负有在审限内审结案件的义务。

3. 受理后意味着当事人取得了各自的诉讼地位，并相应地享有诉讼权利和承担诉讼义务。

第二节　第一审程序

案例导入

个体工商户徐某持某市某区工商局颁发的营业执照，租赁该区三江东街第10号商亭，经营蔬菜、水果类商品。某日，徐某与顾客朱某发生争执，徐某推了朱某几下并打了朱某一拳，但并未造成伤害。当时，派出所警察肖某正好路过，看到了上述情景，便作出对徐某拘留5日的处罚决定，并吊销了徐某的营业执照。徐某不服，向法院提起行政诉讼，要求撤销被告公安机关的处罚决定。法院受理后开始进行调查。肖某对此深感不安，便找到徐某要求撤回起诉，声明撤诉后一切都好说，否则以后走着瞧。面对肖某的威胁利诱，徐某觉得不能再得罪肖某和公安机关，便向法院申请撤诉。但是，法院作出裁定不准撤诉，继续审理此案。

本案知识点

行政诉讼中审理程序中的各项制度。

行政诉讼第一审程序是人民法院首次审理行政案件所适用的程序。在行政诉讼中，第一审程序是最重要、最基础的程序，它是所有行政案件基本的、必经的程序阶段，是二审程序的前提条件，只有经过一审程序才能有二审程序。

一、简易程序

（一）简易程序的含义

简易程序是一种相对于普通程序来说的审判程序，它是普通程序的简化，但不是普通程序的分支程序，而是与普通程序并存的一种独立的简便易行的诉讼程序。行政诉讼简易程序是指专门由人民法院用来审理简单的行政诉讼案件所适用的审判程序。

（二）简易程序的适用范围

1. 适用简易程序案件的标准

适用简易程序的行政案件应当符合3个标准：事实清楚、权利义务关系明确、争议不大。“事实清楚”，是指当事人对争议的事实陈述基本一致，并能提供相应的证据，无须人民法院调查收集证据即可查明事实；“权利义务关系明确”，是指行政法律关系中权利和义务能够明确区分；“争议不大”，是指当事人对行政行为的合法性、责任承担等没有实质分歧。

2. 适用简易程序的案件类型

共有四类案件可以适用简易程序：第一类是被诉行政行为是依法当场作出的案件。比如交警对于违章停车的车主当场作出处罚决定的案件。第二类是涉及款额2000元以下的案件。这类案件由于涉案金额较低，可以适用简易程序。第三类是政府信息公开的案件。这类案件属于争议不大，权利义务关系明确，可以适用简易程序。第四类当事人同意适用简易程序的案件。要注意的是只有原告、被告、第三人都同意的，才能适用简易程序。

3. 简易程序的排除项。首先，简易程序只适用于第一审行政案件，上诉案件、按照审判监督程序再审的案件不能适用。其次，发回重审的案件也不能适用简易程序。《行政诉讼法》第89条第1款第3项、第4项规定，人民法院审理上诉案件“（三）原判决认定基本事实不清、证据不足的，发回原审人民法院重审，或者查清事实后改判；（四）原判决遗漏当事人或者违法缺席判决等严重违反法定程序的，裁定撤销原判决，发回原审人民法院重审”。这两类案件都是事实不清、争议比较大的行政案件，当然不能适用简易程序。

（三）简易程序的审理方式和审理期限

简易程序实行审判员独任审判制。设立简易程序就是为了节约司法资源，而实行独任审判制，能够更好地体现这一点。需要注意的是，独任审判必须是审判员独任审判，而不能是陪审员独任审判。《行政诉讼法》第101条规定：“人民法院审理行政案件，关于期间、送达、财产保全、开庭审理、调解、中止诉讼、终结诉讼、简易程序、执行等，以及人民检察院对行政案件受理、审理、裁判、执行的监督，本法没有规定的，适用《中华人民共和国民事诉讼法》的相关规定。”根据这一规定，人民法院在适用简易程序审理行政案件时，可以用简便方式传唤当事人和证人、送达诉讼文书、审理案件，但应当保障当事人陈述意见的权利。

适用简易程序审理的行政案件，应当在立案之日起45日内审结。注意这里的45日是固定的期间，不能延长。在审理过程中，如果发现确有特殊情况45日内不能审结的，应当裁定转为普通程序。

（四）简易程序和普通程序的转换

人民法院在审理过程中，发现案件不宜适用简易程序的，裁定转为普通程序。不宜适用简易程序需要转为普通程序的情形主要包括：当事人对适用简易程序提出异议，人民法院认为异议成立的；当事人改变或者增加诉讼请求，使案情复杂化的；因当事人依法申请人民法院调取证据、申请证人出庭等原因导致案件不能在45日内审结的；案件具有一定的代表性，可能影响相同案件或者同类案件审理的；案件关系到原告、第三人基本生活、生产，可能引发群体性事件的。

二、第一审普通程序

（一）审理前的准备

审理前的准备，是指人民法院受理案件后至开庭审理前，为保证审判工作的顺利进行和案件正确、及时审理，审判人员所做的一系列准备工作。它是一个必经的步骤，其中心任务是为开庭审理创造必要的条件。审理前的准备工作主要包括以下内容：

1. 组成合议庭

人民法院审理行政案件，由审判员组成合议庭，或者审判员、陪审员组成合议庭。合议庭的成员，应当是3人以上的单数。合议庭在审判长的领导下进行活动，合议庭全体人员集体审理、共同评议，按少数服从多数的原则表决案件审理工作中的重大事宜。

2. 通知被告应诉和发送诉讼文书

人民法院应当在立案之日起5日内，将起诉状副本发送被告。被告应当在收到起诉状副本之日起15内向人民法院提交作出行政行为的证据和所依据的规范性文件，并提出答辩状。人民法院应当在收到答辩状之日起5日内，将答辩状副本发送原告。被告不提出答辩状的，不影响人民法院审理。

3. 初步审阅诉讼材料或更换、追加当事人

通过对原告、被告提供的起诉状、答辩状和各种证据材料进行审查，合议庭可以全面地了解案情，熟悉原告的诉讼请求和理由及被告答辩理由，为开庭审理

做好准备，同时在比较全面了解案情的基础上，根据实际情况对诉讼主体进行全面审查，及时更换和追加当事人，决定或通知第三人参加诉讼。

4. 确定其他事项

确定开庭审理的时间、地点，并应当在开庭3日前通知当事人和其他诉讼参加人。公开审理的案件，应当公告当事人的姓名、案由和开庭的时间、地点。人民法院适用普通程序审理案件，应当在开庭3日前用传票传唤当事人。对证人、鉴定人、勘验人、翻译人员，应当用通知书通知其到庭。当事人或者其他诉讼参与人在外地的，应当留有必要的在途时间。

(二) 开庭审理

开庭审理，是指在审判人员的主持下，在当事人和其他诉讼参与人的参加下，依法定程序对行政案件进行审理并作出裁判的活动。庭审阶段是全部审理活动的中心环节，主要任务是审查、核实证据，查明案情，正确适用法律，确认当事人之间的权利义务关系，作出正确的裁判。一般来说，完整的庭审程序主要包括：

1. 宣布开庭审理

首先，由书记员查明当事人和其他诉讼参与人是否到庭，并宣布法庭纪律。其次，由审判长宣布开庭，宣布审判人员、书记员名单，宣布案由，告知当事人的诉讼权利和义务，并询问当事人是否申请回避。

2. 法庭调查

法庭调查是指审判人员以及当事人和诉讼参与人在法庭审判人员的主持下，调查案件事实，审查判断证据的诉讼活动。法庭调查的一般顺序是：(1) 原告宣读起诉状，提出诉讼请求及事实根据。然后由被告宣读答辩状，说明作出行政行为的事实根据和所依据的规范性文件。(2) 当事人陈述和询问当事人。(3) 询问证人，审查证人证言材料。(4) 出示书证、物证和视听资料等。(5) 询问鉴定人、勘验人，审查鉴定结论、勘验笔录。

当事人在法庭上有权提出新的证据，还可以要求重新鉴定、调查或者勘验，是否准许由人民法院决定。如果合议庭认为案件事实已经查清，审判长即可宣布法庭调查结束，进入法庭辩论阶段。

3. 法庭辩论

法庭辩论是在审判人员的主持下，当事人及其诉讼代理人就案件的事实问题和法律适用问题相互进行辩驳质证、申明理由的活动。法庭辩论的一般顺序是：原告及其诉讼代理人发言；被告及其诉讼代理人发言；第三人及其诉讼代理人发言；当事人相互辩论。

当审判长认为案件的事实已经辩论清楚，即可宣布法庭辩论结束。由审判长按顺序咨询原告、被告、第三人的最后意见，宣布休庭，合议庭评议。

4. 合议庭评议

法庭辩论结束后，进入合议庭评议阶段。合议庭组成人员在评议案件时，实行少数服从多数的原则，按照多数的意见作出裁决。评议过程应当制作笔录，评议中的不同意见应当如实记入笔录，并由合议庭全体成员及书记员签名。

5. 公开宣判

行政案件无论是否公开审理，都要公开宣判。宣告判决的方式有两种：一种是当庭宣判，即在合议庭评议结束后立即宣告判决，并应当在10日内发送判决书。另一种是定期宣判，在开庭审理结束后的某个日期公开宣告判决。定期宣判的，宣告后立即发给判决书。宣告判决时，应当告知当事人上诉权利、上诉期限和上诉法院。

（三）审理期限

人民法院应当在立案之日起6个月内作出第一审判决。有特殊情况需要延长的，由高级人民法院批准，高级人民法院审理第一审案件需要延长的，由最高人民法院批准。

三、审理中的各项制度

（一）对妨害行政诉讼行为的处置

1. 妨害行政诉讼行为的种类

妨害行政诉讼的行为，是指在行政诉讼过程中，诉讼参与人以及其他公民、法人故意实施的扰乱诉讼秩序、妨碍诉讼正常进行的各类违法行为。

根据《行政诉讼法》第59条的规定，妨害行政诉讼的行为有以下几种：（1）有义务协助调查、执行的人，对人民法院的协助调查决定、协助执行通知书，无故推脱、拒绝或者妨碍调查、执行的；（2）伪造、隐藏、毁灭证据或者提供虚假证明材料，妨碍人民法院审理案件的；（3）指使、贿买、胁迫他人作伪证或者威胁、阻止证人作证的；（4）隐藏、转移、变卖、毁损已被查封、扣押、冻结的财产的；（5）以欺骗、胁迫等非法手段使原告撤诉的；（6）以暴力、威胁或者其他方法阻碍人民法院工作人员执行职务，或者以哄闹、冲击法庭等方法扰乱人民法院工作秩序的；（7）对人民法院审判人员或者其他工作人员、诉讼参与人、协助调查和执行的人员恐吓、侮辱、诽谤、诬陷、殴打、围攻或者打击报复的。

2. 处置措施

根据行政诉讼法的规定，排除妨害行政诉讼行为的措施主要有：

（1）训诫

训诫是指人民法院对有轻微违反行政诉讼秩序要求的人，以批评警告的方式指出行为人的错误及其危害，并责令不许再犯。

（2）责令具结悔过

责令具结悔过是指人民法院对犯有轻微妨害行政诉讼行为的人，令其写出书面悔过，认识所犯错误的性质、危害，并保证不再重犯的制度。

（3）罚款

罚款是指人民法院对犯有较重妨害行政诉讼行为的人实施经济制裁，责令其缴纳一定数量的金钱的强制措施。罚款的数额应在1万元以下。

（4）司法拘留

司法拘留是指人民法院对严重妨害行政诉讼行为的人限制人身自由的一种强制措施。拘留的天数在15日以下。

（5）追究刑事责任

诉讼参与人或者其他人有以上行为之一，构成犯罪的，依法追究刑事责任。

人民法院对有妨害行政诉讼行为的单位，可以对其主要负责人或者直接责任人员予以罚款、拘留；构成犯罪的，依法追究刑事责任。

人民法院在采取排除妨害行政诉讼的强制措施时应遵循排除措施的形式与妨害行为的性质相适应的原则。训诫、责令具结悔过由合议庭当场作出，罚款、司法拘留须经人民法院院长批准后才能实施。当事人对罚款、司法拘留决定不服的，可以向人民法院申请复议。

（二）撤诉

行政诉讼中的撤诉，是指人民法院受理行政案件后至宣告判决或者裁定前，原告主动要求撤回诉讼或者放弃诉讼请求，经人民法院准许而终结诉讼的法律制度。它是原告行使处分权的一种体现，也是人民法院终结行政案件审理的一种方式。根据《行政诉讼法》的规定，行政诉讼中的撤诉分为两种：申请撤诉和按照撤诉处理。

1. 申请撤诉

申请撤诉即原告自愿放弃起诉权的行为。申请撤诉需满足一系列条件方能达到撤诉的后果，主要有：撤诉是原告自愿明确提出的或者被告改变其所作的行政行为，原告同意并申请撤诉的；申请撤诉符合法律规定，撤诉申请的提出必须在判决、裁定宣判前提出；撤诉必须经人民法院准许。

2. 按照撤诉处理

按照撤诉处理的情形有三个：一是经人民法院传票传唤，原告无正当理由拒不到庭的；二是原告未经法庭许可中途退庭的；三是原告或者上诉人未按规定的期限预交案件受理费，又不提出缓交、减交、免交申请，或者提出申请未获批准的，按自动撤诉处理。

3. 撤诉的法律后果

在行政诉讼中，经人民法院裁定准许撤诉后，原告以同一事实和理由重新起诉的，人民法院不予受理。

如果被告在行政诉讼中改变了被诉的行政行为，原告申请撤诉，并经法院准许后，行政机关又以同一事实和理由作出相同的行政行为的，原告重新起诉的，人民法院应当受理。如果准许撤诉的裁定确有错误，原告申请再审的，人民法院应当通过审判监督程序撤销原准予撤诉的裁定，重新对案件进行审理。

（三）缺席判决

缺席判决，是指人民法院开庭审理时，在一方当事人或双方当事人未到庭陈述、辩论的情况下而作出判决的一种法律制度。根据《行政诉讼法》的规定，缺席判决有两种情况：一是被告无正当理由拒不到庭；二是被告未经法庭许可中途退庭的可以缺席判决。

根据司法解释的相关规定，原告或者上诉人申请撤诉，人民法院裁定不予准许的，原告或者上诉人经传票传唤无正当理由拒不到庭，或者未经法庭许可中途退庭的，人民法院可以缺席判决。

第三人经传票传唤无正当理由拒不到庭，或者未经法庭许可中途退庭的，不发生阻止案件审理的效果。

适用简易程序审理的行政案件，人民法院可以用口头通知、电话、短信、传真、电子邮件等简便方式传唤当事人、通知证人、送达裁判文书以外的诉讼文书。以简便方式送达的开庭通知，未经当事人确认或者没有其他证据证明当事人已经收到的，人民法院不得缺席判决。

（四）财产保全

1. 当事人申请财产保全

人民法院对于因一方当事人的行为或者其他原因，可能使行政行为或者人民法院生效裁判不能或者难以执行的案件，根据对方当事人的申请，可以裁定对其财产进行保全、责令其作出一定行为或者禁止其作出一定行为；当事人没有提出申请的，人民法院在必要时也可以裁定采取上述保全措施。

人民法院采取保全措施，可以责令申请人提供担保；申请人不提供担保的，裁定驳回申请。人民法院接受申请后，对情况紧急的，必须在48小时内作出裁定；裁定采取保全措施的，应当立即开始执行。当事人对保全的裁定不服的，可以申请复议；复议期间不停止裁定的执行。

2. 利害关系人申请财产保全

利害关系人因情况紧急，不立即申请保全将会使其合法权益受到难以弥补的损害的，可以在提起诉讼前向被保全财产所在地、被申请人住所地或者对案件有管辖权的人民法院申请采取保全措施。申请人应当提供担保，不提供担保的，裁定驳回申请。

人民法院接受申请后，必须在48小时内作出裁定；裁定采取保全措施的，应当立即开始执行。

申请人在人民法院采取保全措施后30日内不依法提起诉讼的，人民法院应当解除保全。

当事人对保全的裁定不服的，可以申请复议；复议期间不停止裁定的执行。

3. 财产保全的范围和措施

保全限于请求的范围，或者与本案有关的财物。

财产保全采取查封、扣押、冻结或者法律规定的其他方法。人民法院保全财产后，应当立即通知被保全人。

财产已被查封、冻结的，不得重复查封、冻结。

涉及财产的案件，被申请人提供担保的，人民法院应当裁定解除保全。

申请有错误的，申请人应当赔偿被申请人因保全所遭受的损失。

（五）先予执行

先予执行，是指人民法院在终局判决之前，为解决权利人生活或生产经营的急需，依法裁定义务人预先履行一定数额的金钱或者财物等措施的制度。先予执行的着眼点是满足权利人的迫切需要。行政诉讼中的先予执行，是指人民法院在审理行政案件过程中，根据原告的申请，裁定被告先行给付一定数额的金钱或特定物，并立即执行的制度。

人民法院对起诉行政机关没有依法支付抚恤金、最低生活保障金和工伤、医疗社会保险金的案件，权利义务关系明确、不先予执行将严重影响原告生活的，可以根据原告的申请，裁定先予执行。当事人对先予执行裁定不服的，可以申请复议一次。复议期间不停止裁定的执行。

（六）审理程序的延阻

审理程序的延阻，是指因特殊原因使诉讼程序不能按正常程序进行，而出现的程序终结、中止和延期审理的情形。

1. 延期审理

延期审理，是指在法定情形出现时，人民法院决定把已经确定的审理日期或正在进行的审理推延至另一日期再审理的制度。行政诉讼法未规定延期审理的情况，根据司法解释的有关规定，延期审理适用于以下情形：

（1）应当到庭的当事人和其他诉讼参与人有正当理由没有到庭的；

（2）当事人临时提出回避申请且无法及时作出决定的；

（3）需要通知新的证人到庭，调取新的证据，重新鉴定、勘验，或者需要补充调查的；

（4）其他应当延期的情形。

2. 诉讼中止

诉讼中止，是指正在进行的诉讼程序，因出现某种原因而使诉讼暂时停止，待原因消除后诉讼继续进行的一种法律制度。应当中止诉讼的情形包括：

（1）原告死亡，需要等待其近亲属表明是否参加诉讼的；

（2）原告丧失诉讼行为能力，尚未确定法定代理人的；

（3）作为一方当事人的行政机关、法人或者其他组织终止，尚未确定权利义务承受人的；

（4）一方当事人因不可抗力的事由不能参加诉讼的；

（5）案件涉及法律适用问题，需要送请有权机关作出解释或者确认的；

（6）案件的审判须以相关民事、刑事或者其他行政案件的审理结果为依据，而相关案件尚未审结的；

（7）其他应当中止诉讼的情形。

3. 诉讼终结

诉讼终结，是指正在进行的诉讼程序，由于出现某种特殊情况不得已结束诉讼的一种法律制度。诉讼终结包括以下情形：

（1）原告死亡，没有近亲属或者近亲属放弃诉讼权利的；

（2）作为原告的法人或者其他组织终止后，其权利义务的承受人放弃诉讼权利的；

（3）因原告死亡须等待其近亲属表明是否参加诉讼，或者原告丧失诉讼行为能力尚未确定法定代理人，或者作为一方当事人的行政机关、法人或者其他组织终止，尚未确定权利义务承受人的，使诉讼中止满 90 日仍无人继续诉讼，但有特殊情况例外。

（七）有限调解制度

建立行政诉讼调解制度不仅能够及时化解行政纠纷，而且对于节约司法成本，构建和谐社会都有着重大意义。《行政诉讼法》第 60 条规定，人民法院审理行政案件，不适用调解。但是，行政赔偿、补偿以及行政机关行使法律、法规规定的自由裁量权的案件可以调解。调解应当遵循自愿、合法原则，不得损害国家利益、社会公共利益和他人合法权益。可见，原则上行政案件还是不适用调解的，但是法律放宽了可以调解案件的范围，因此称为有限调解制度。

1. 调解范围

可以调解的案件有三类：

（1）行政赔偿案件。行政赔偿是国家赔偿的一种，是指行政机关及其工作人员在行使职权的过程中，违法侵犯公民、法人或其他组织的合法权益造成损害，国家对此承担赔偿责任的法律制度。因为行政赔偿主要涉及金钱赔偿，因而可以调解。

（2）行政补偿案件。行政补偿是指行政机关在管理公共事务过程中，因合法的行政行为给公民、法人或者其他组织的合法权益造成损害时，由国家给予补偿的法律制度。因为行政补偿案件主要涉及金钱或者实物补偿，因而也是可以调解的。

（3）涉及自由裁量权的案件。根据法律的规定，行政机关在行使某些行政职权时具有一定的自由裁量权，这是行政事务的复杂性所造成的不可避免的现象。比如，行政机关在罚款时，就可以在法定幅度内自由裁量。对于此类案件也是可以调解的。

2. 调解原则

在进行调解时必须遵循三项原则：一是双方当事人自愿原则，不得强迫调解，尤其是行政机关不得强迫公民、法人或者其他组织接受调解；二是合法原则，不得违反法律的禁止性规定，或者规避法律进行调解；三是不得损害第三方利益原则。第三方利益包括国家利益、社会公共利益和他人合法权益。

3. 调解程序

行政诉讼法没有规范调解程序，但是根据《行政诉讼法》第 101 条的规定，调解程序准用民事诉讼法的规定。调解达成协议，人民法院应当制作调解书。调解书应当写明诉讼请求、案件的事实和调解结果。调解书由审判人员、书记员署名，加盖人民法院印章，送达双方当事人。调解书经双方当事人签收后，即具有法律效力。调解书生效日期根据最后收到调解书的当事人签收的日期确定。

人民法院审理行政案件，调解过程不公开，但当事人同意公开的除外。经人民法院准许，第三人可以参加调解。人民法院认为有必要的，可以通知第三人参加调解。调解协议内容不公开，但为保护国家利益、社会公共利益、他人合法权益，人民法院认为确有必要公开的除外。当事人一方或者双方不愿调解、调解未达成协议的，人民法院应当及时判决。当事人自行和解或者调解达成协议后，请求人民法院按照和解协议或者调解协议的内容制作判决书的，人民法院不予准许。

（八）行政行为的不停止执行制度

行政诉讼期间，不停止执行被诉的行政行为是原则，停止执行是例外。行政行为具有公定力，行政行为一经依法作出，在未经法定程序予以撤销前被推定为有效，即使起诉也不产生停止被诉行政行为继续执行的效力，即在行政诉讼期间也不停止执行该行政行为。这是提高行政效率的需要，如果一遇争议就将行政行为搁置一边不予执行，等待漫长的复议决定乃至一审、二审判决的作出，将不利于行政管理秩序。

诉讼期间，不停止行政行为的执行。但有下列情形之一的，裁定停止执行：

1. 被告认为需要停止执行的；

2. 原告或者利害关系人申请停止执行，人民法院认为该行政行为的执行会造成难以弥补的损失，并且停止执行不损害国家利益、社会公共利益的；

3. 人民法院认为该行政行为的执行会给国家利益、社会公共利益造成重大损害的；

4. 法律、法规规定停止执行的。

当事人对停止执行或者不停止执行的裁定不服的，可以申请复议一次。

（九）民事争议和行政争议交叉处理制度

《行政诉讼法》第61条规定，在涉及行政许可、登记、征收、征用和行政机关对民事争议所作的裁决的行政诉讼中，当事人申请一并解决相关民事争议的，人民法院可以一并审理。在行政诉讼中，人民法院认为行政案件的审理需以民事诉讼的裁判为依据的，可以裁定中止行政诉讼。

在行政诉讼中一并审理民事案件，有利于减少当事人的诉累，使当事人的权益得到及时的保护，也有利于节约司法资源，提高审判效率，同时也可以防止行政诉讼和民事诉讼的裁判结果相矛盾。

在行政诉讼中一并审理民事案件，需要具备四个条件：一是行政诉讼成立，符合起诉和受理条件；二是该行政诉讼涉及行政许可、登记、征收、征用或者行政裁决事项；三是当事人提出申请；四是行政诉讼和民事诉讼之间具有关联性。

（十）行政机关负责人出庭应诉制度

《行政诉讼法》第3条第3款规定："被诉行政机关负责人应当出庭应诉。不能出庭的，应当委托行政机关相应的工作人员出庭。"

行政机关负责人，包括行政机关的正职、副职负责人以及其他参与分管的负责人。行政机关负责人出庭应诉的，可以另行委托1名至2名诉讼代理人。行政机关负责人不能出庭的，应当委托行政机关相应的工作人员出庭，不得仅委托律师出庭。

涉及重大公共利益、社会高度关注或者可能引发群体性事件等案件以及人民法院书面建议行政机关负责人出庭的案件，被诉行政机关负责人应当出庭。被诉行政机关负责人出庭应诉的，应当在当事人及其诉讼代理人基本情况、案件由来部分予以列明。行政机关负责人有正当理由不能出庭应诉的，应当向人民法院提交情况说明，并加盖行政机关印章或者由该机关主要负责人签字认可。行政机关拒绝说明理由的，不发生阻止案件审理的效果，人民法院可以向监察机关、上一级行政机关提出司法建议。

《行政诉讼法》第3条第3款规定的“行政机关相应的工作人员”，包括该行政机关具有国家行政编制身份的工作人员以及其他依法履行公职的人员。被诉行政行为是地方人民政府作出的，地方人民政府法制工作机构的工作人员，以及被诉行政行为具体承办机关工作人员，可以视为被诉人民政府相应的工作人员。

行政机关负责人出庭应诉的，应当向人民法院提交能够证明该行政机关负责人职务的材料。行政机关委托相应的工作人员出庭应诉的，应当向人民法院提交加盖行政机关印章的授权委托书，并载明工作人员的姓名、职务和代理权限。

行政机关负责人和行政机关相应的工作人员均不出庭，仅委托律师出庭的或者人民法院书面建议行政机关负责人出庭应诉，行政机关负责人不出庭应诉的，人民法院应当记录在案和在裁判文书中载明，并可以建议有关机关依法作出处理。

第三节　第二审程序

案例导入

2008年4月，薛某称他被汪某以请他代理案件为由，邀到石林县城一酒店，和两名女子一起吃饭，后其被灌醉，并被扶到酒店客房休息。睡梦中他被敲门声惊醒，发现自己和一方姓女子赤裸裸地躺在一起。随后，石林县公安局认定其嫖娼，对其作出行政拘留15日的处罚，后又决定对其收容教养6个月。

薛某认为，抓嫖是圈套，警察是在钓鱼执法，并表示石林公安局先拘留其15日，后收容教养半年，违反了行政处罚“一事不再罚”的原则。重获自由后，他将石林县公安局告上法庭，请求法院撤销被告的处罚决定，并由被告为其消除影响、恢复名誉并进行国家赔偿。

法院审理后，认定方姓女子和汪某并非公安局工作人员，不能确认为公安机关诱饵，也不能确认为是公安机关设下的圈套，因此驳回原告的诉讼请求。宣判后，薛某不服，上诉至昆明中院。中院认为，按照法律规定，此案属涉及个人隐私，依法应不公开审理案件。一审法院公开审理此案，属程序错误，违反了《行政诉讼法》的相关规定。被告对作出的行政行为没有在收到起诉状副本之日起10日内提供证据，按照法律规定应当视为行政行为作出时没有依据。一审中在证据的认定上违反了相关规定。昆明中院认为，一审法院存在违反法定程序、可能影响案件正确判决的情形，遂作出判决：撤销原判，发回重审。

本案知识点

二审法院审查的范围及处理方式。

行政诉讼中的第二审程序，又称为上诉审程序，是指上级人民法院对下级人民法院就第一审行政案件所作的裁判，在其发生法律效力以前，由于当事人的上诉而对案件进行重新审理的程序。设立二审程序，对于实现当事人的上诉权，维护当事人的合法权益和实现上级法院对下级法院的审判监督，保证人民法院裁判的正确性具有重要作用。

一、上诉的提起

（一）上诉的条件

上诉是当事人不服一审法院所作出的未生效的行政裁判，在法定期限内声明不服，提出上诉状请求上一级人民法院对行政案件进行第二次审理并撤销或改变第一审裁判的行为。上诉是法律赋予当事人的一项重要的诉讼权利，既不能被剥夺，也不能被限制。当事人依法提起上诉，就必然引起第二审程序。当事人提起上诉，须具备以下条件：

1. 上诉必须有上诉的法定对象。即未生效的第一审行政裁判。

2. 上诉人和被上诉人必须是适格的。第一审程序的当事人，包括：原告、被告、第三人及其法定代理人和其他组织的法定代表人，都有资格提起上诉；委托代理人必须经被代理人的特别授权，才能以被代理人的名义提起上诉。

3. 上诉必须遵守上诉的法定期限。当事人不服第一审人民法院判决的，有权在判决书送达之日起15日内向上一级人民法院提起上诉；当事人不服第一审人民法院裁定的，有权在裁定书送达之日起10日内向上一级人民法院提起上诉。当事人逾期不上诉的，即丧失上诉权。

4. 上诉必须递交上诉状。上诉状是表明当事人上诉意愿和请求的书面诉讼文书。

5. 上诉必须依法交纳诉讼费用。

（二）上诉的提起

当事人上诉，既可以向原审人民法院提出，也可以直接向第二审法院提出。当事人提出上诉，应当按照其他当事人或者诉讼代表人的人数提出上诉状副本。

原审人民法院收到上诉状，应当在5日内将上诉状副本发送其他当事人，对方当事人应当在收到上诉状副本之日起15日内提出答辩状。

原审人民法院应当在收到答辩状之日起5日内将副本发送上诉人。对方当事人不提出答辩状的，不影响人民法院审理。原审人民法院收到上诉状、答辩状，应当在5日内连同全部案卷和证据，报送第二审人民法院；已经预收的诉讼费用，一并报送。

二、上诉的撤回

在二审法院受理上诉至作出二审裁判之前，上诉人认为自己的上诉理由不充分，或者接受一审裁判等，可以向二审法院申请撤回上诉。撤回上诉应当递交撤诉状。撤回上诉是否准许，应由二审法院裁定。

有下列情形之一的，人民法院有权裁定不准撤诉：（1）原审法院的裁判确有错误，应当依法纠正或发回重审的案件。（2）在第二审程序中，行政机关不得改变被诉的行政行为，而上诉人因行政机关改变其原行政行为才申请撤回上诉的。（3）撤回上诉将影响或损害被上诉人权益的，或者损害国家、集体、他人利益的。（4）双方当事人都提出上诉，而只有一方当事人提出撤回上诉的。

撤回上诉的法律后果：上诉人丧失对本案的上诉权，不得再行上诉；一审裁判发生法律效力；诉讼费用由上诉人负担。

三、上诉案件的审理

（一）审判组织

人民法院审理第二审行政案件，必须采用合议制，不能采用独任制。在第二审程序中，合议庭成员只能由审判员组成，合议庭成员不得有陪审员。

（二）审理的方式

人民法院对上诉案件，应当组成合议庭，开庭审理。经过阅卷、调查和询问当事人，对没有提出新的事实、证据或者理由，合议庭认为不需要开庭审理的，也可以不开庭审理。可见，审理二审案件，以开庭审理为原则，以书面审理为例外。

对于经过审查阅卷，调查、询问当事人，没有提出新的事实、证据或者理由的上诉案件，合议庭认为案件事实清楚，上诉人的请求和理由明确，上诉人和被上诉人双方提出的事实和证据基本一致，纠纷比较清楚，可以不开庭审理，即书面审理。其他上诉案件应当一律开庭审理。

（三）审理的对象

行政诉讼中上诉案件实行全面审查，不仅要审查一审裁判的合法性，还要审查被诉行政行为的合法性；不仅要审查证据是否充分，还要审查法律、法规适用是否正确；不仅要审查实体问题，还要审查程序问题；不仅要进行事实审，还要进行法律审。这样规定，主要是为了能够及时、全面、有效地解决行政争议，真正做到诉息事了。

（四）二审裁判

第二审人民法院对上诉案件经过审理后，根据不同情况，分别作出裁判：

1. 原判决、裁定认定事实清楚，适用法律、法规正确的，判决或者裁定驳回上诉，维持原判决、裁定；

2. 原判决、裁定认定事实错误或者适用法律、法规错误的，依法改判、撤销或者变更；

3. 原判决认定基本事实不清、证据不足的，发回原审人民法院重审，或者查清事实后改判；

4. 原判决遗漏当事人或者违法缺席判决等严重违反法定程序的，裁定撤销原判决，发回原审人民法院重审；

5. 原审人民法院对发回重审的案件作出判决后，当事人提起上诉的，第二审人民法院不得再次发回重审；

6. 人民法院审理上诉案件，需要改变原审判决的，应当同时对被诉行政行为作出判决。

（五）二审审限

人民法院审理上诉案件，应当在收到上诉状之日起 3 个月内作出终审判决。有特殊情况需要延长的，由高级人民法院批准，高级人民法院审理上诉案件需要延长的，由最高人民法院批准。需要延长期限的特殊情况，主要是指案情复杂，或者当事人提出了新的证据、事实需要调查核实，工作量较大，有可能在 3 个月内无法审结的。具体情况要根据实际情况来决定。

第四节　审判监督程序

案例导入

王某（男）与李某（女）系邻居，两家关系相处得较为融洽。李某家开了书店，为找销路常找王某之妻所在的学校推销书籍，两家来往更为频繁。一天晚上，李某到王某家里聊天，后两人发生了关系。此后，王某和李某又多次发生关系，但双方均未给付对方任何财物。后来，王某提出结束不正当关系。区公安分局在打击嫖宿和暗娼活动中，将李某收容审查。李某供出她与王某两人长期发生关系的情况。据此，区公安分局认定王某嫖宿暗娼，给予三某行政拘留 15 日和罚款 2000 元的治安处罚。王某不服，向市公安局申请复议，市公安局以区公安分局处罚偏重为由，决定撤销拘留的处罚，将罚款改为1000元。王某仍不服，向法院起诉。区法院审理后认为，王某的行为不构成嫖娼，遂判决撤销市公安局的复议裁决，市公安局不服一审判决依法提起上诉。市中院审理后认定王某的行为已构成嫖娼，判决撤销一审判决，维持市公安局的复议裁决。王某认为二审判决错误，向市中院提出申诉。市中院审判委员会经过讨论认为：王某与李某虽多次发生两性关系，但属通奸而非嫖娼。二审裁判认定王某的行为是嫖娼属定性错误，应当予以纠正。故裁定中止该判决的执行，按照审判监督程序对本案进行再审。

本案知识点

审判监督程序发生的条件。

一、审判监督程序概述

（一）审判监督程序的概念

行政诉讼中的审判监督程序，又称为再审程序，是指人民法院发现已经发生法律效力的裁判违反法律、法规的规定，或者根据当事人的申请以及人民检察院的抗诉，而依法对案件再次进行审理的程序。审判监督程序并不是每个行政案件的必经程序，而只是对已经发生法律效力的违反法律、法规的裁判确实需要再审时所适用的一种特殊程序，其设置的目的是保证人民法院公正、正确地审理行政案件，体现审判工作实事求是、有错必纠的精神。

（二）审判监督程序和二审程序的区别

审判监督程序与二审程序有着密切关系。两者审理的对象都是人民法院已经作出的裁判，审理的目的都是纠正人民法院已经作出的裁判可能存在的错误。但两者存在显著的区别：

1. 提起的主体不同

提起审判监督程序的主体必须是法律明确规定的原审人民法院院长、上级人民法院、最高人民法院、人民检察院或者当事人。第二审程序的提起主体是第一审程序的当事人。

2. 审理的对象不同

审判监督程序审理的对象是已经发生法律效力的裁判；第二审程序审理的是尚未生效的裁判。

3. 提起的条件不同

提起审判监督程序，必须是生效的判决、裁定违反法律、法规的规定；提起第二审程序，只要当事人提出并符合上诉的条件就可以。

4. 提起的时间不同

法律没有明确规定提起审判监督程序的时间，只是对当事人申请再审有相应时间的规定，即应当在判决、裁定或者调解书发生法律效力后6个月提出；第二审程序的提起只能在法定的上诉期限内提出。

5. 审理的法院不同

审判监督程序既可以由原审人民法院审理，也可以由原审人民法院的上一级法院审理，还可以是更高级别的法院审理。第二审程序只能由第一审法院的上一级法院审理。

二、审判监督程序的提起

（一）提起审判监督程序的原因

第一，当事人的再审申请符合下列情形之一的，人民法院应当再审：

1. 不予立案或者驳回起诉确有错误的；
2. 有新的证据，足以推翻原判决、裁定的；
3. 原判决、裁定认定事实的主要证据不足、未经质证或者系伪造的；
4. 原判决、裁定适用法律、法规确有错误的；
5. 违反法律规定的诉讼程序，可能影响公正审判的；
6. 原判决、裁定遗漏诉讼请求的；
7. 据以作出原判决、裁定的法律文书被撤销或者变更的；
8. 审判人员在审理该案件时有贪污受贿、徇私舞弊、枉法裁判行为的。

第二，人民法院提起再审的事由除以上八种情形外，还包括调解违反自愿原则或者调解书内容违法的情形。

第三，人民检察院提起再审的事由除以上八种情形外，还包括调解书损害国家利益、社会公共利益的情形。

（二）提起审判监督程序的主体

1. 当事人对已经发生法律效力的判决、裁定，认为确有错误的，可以向上一级人民法院申请再审，但判决、裁定不停止执行。

第一，当事人向上一级人民法院申请再审，应当在判决、裁定或者调解书发生法律效力后6个月内提出。有下列情形之一的，自知道或者应当知道之日起6个月内提出：

（1）有新的证据，足以推翻原判决、裁定的；

（2）原判决、裁定认定事实的主要证据是伪造的；

（3）据以作出原判决、裁定的法律文书被撤销或者变更的；

（4）审判人员审理该案件时有贪污受贿、徇私舞弊、枉法裁判行为的。

人民法院应当自再审申请案件立案之日起6个月内审查，有特殊情况需要延长的，由本院院长批准。当事人主张的再审事由成立，且符合行政诉讼法和司法解释规定的申请再审条件的，人民法院应当裁定再审。

当事人主张的再审事由不成立，或者当事人申请再审超过法定申请再审期限、超出法定再审事由范围等不符合行政诉讼法和司法解释规定的申请再审条件的，人民法院应当裁定驳回再审申请。

第二，有下列情形之一的，当事人可以向人民检察院申请抗诉或者检察建议：

（1）人民法院驳回再审申请的；

（2）人民法院逾期未对再审申请作出裁定的；

（3）再审判决、裁定有明显错误的。

第三，人民法院基于抗诉或者检察建议作出再审判决、裁定后，当事人申请再审的，人民法院不予立案。

2. 最高人民法院、上级人民法院可以提起再审；各级人民法院院长对本院的生效裁判有提起再审的建议权，需要提交审委会讨论决定。

3. 最高人民检察院、上级人民检察院有权通过抗诉的方式提起再审；地方各级人民检察院对同级人民法院已经发生法律效力的判决、裁定，可以通过检察建议的方式或通过上级检察院抗诉的方式提起再审。

三、再审案件的审理

（一）裁定中止原裁判的执行

按照审判监督程序决定再审的案件，裁定中止原判决、裁定、调解书的执行，但支付抚恤金、最低生活保障费或者社会保险待遇的案件，可以不中止执行。

上级人民法院决定提审或者指令下级人民法院再审的，应当作出裁定，裁定应当写明中止原判决的执行；情况紧急的，可以将中止执行的裁定口头通知负责执行的人民法院或者作出生效判决、裁定的人民法院，但应当在口头通知后10日内发出裁定书。

（二）再审案件适用的程序

人民法院按照审判监督程序再审的案件，发生法律效力的判决、裁定是由第一审人民法院作出的，按照第一审程序审理，所作的判决、裁定，当事人可以上诉；发生法律效力的判决、裁定是由第二审人民法院作出的，按照第二审程序审理，所作的判决、裁定是发生法律效力的判决、裁定；上级人民法院按照审判监督程序提审的案件，按照第二审程序审理，所作的判决、裁定是发生法律效力的判决、裁定。

人民法院审理再审案件，应当另行组成合议庭。原来参加案件审理的审判人员不能参加对案件的再审，以防原审判人员的主观偏见。

（三）再审案件的裁判

人民法院审理再审案件应当围绕再审请求和被诉行政行为合法性进行。当事人的再审请求超出原审诉讼请求，符合另案诉讼条件的，告知当事人可以另行起诉。被申请人及原审其他当事人在庭审辩论结束前提出的再审请求，符合司法解释规定的申请期限的，人民法院应当一并审理。人民法院经再审，发现已经发生法律效力的判决、裁定损害国家利益、社会公共利益、他人合法权益的，应当一并审理。人民法院对行政案件进行再审后，应分别对不同情况作出处理。

1. 维持原裁判

人民法院经过审理后，认为原生效判决、裁定认定事实清楚，证据确凿，符合法定程序，适用法律正确的，应当判决维持并继续执行原判决。原中止执行的裁定自行失效。

2. 撤销原生效裁判并作出相应的裁判，或发回重新裁判

人民法院经过对再审案件的审理，认为原生效判决、裁定确有错误，在撤销原生效裁判的同时，可以对生效判决、裁定的内容作出相应的裁判，也可以裁定撤销生效的裁判，发回作出生效裁判的人民法院重新审理。

3. 对生效的不予受理或驳回起诉裁定错误的处理

人民法院审理二审案件和再审案件，对原审法院立案、不予立案或者驳回起诉错误的，应当分别情况作如下处理：

（1）第一审人民法院作出实体判决后，第二审人民法院认为不应当立案的，在撤销第一审人民法院判决的同时，可以迳行驳回起诉；

（2）第二审人民法院维持第一审人民法院不予立案裁定错误的，再审法院应当撤销第一审、第二审人民法院裁定，指令第一审人民法院受理；

（3）第二审人民法院维持第一审人民法院驳回起诉裁定错误的，再审法院应当撤销第一审、第二审人民法院裁定，指令第一审人民法院审理。

（四）终结再审

再审审理期间，有下列情形之一的，裁定终结再审程序：

1. 再审申请人在再审期间撤回再审请求，人民法院准许的；

2. 再审申请人经传票传唤，无正当理由拒不到庭的，或者未经法庭许可中途退庭，按撤回再审请求处理的；

3. 人民检察院撤回抗诉的；

4. 其他应当终结再审程序的情形。

因人民检察院提出抗诉裁定再审的案件，申请抗诉的当事人有前款规定的情形，且不损害国家利益、社会公共利益或者他人合法权益的，人民法院裁定终结再审程序。

再审程序终结后，人民法院裁定中止执行的原生效判决自动恢复执行。

(五) 再审期限

再审案件根据适用的程序不同而有不同的审限，如果是按照第一审程序审理的，人民法院应当在再审立案之日起6个月内作出一审判决；如果是按照第二审程序审理的，人民法院应当在再审立案之日起3个月内作出终审判决。一审、二审有特殊情况需要延长审限的，由高级人民法院批准，高级人民法院需要延长审限的，由最高人民法院批准。

实训案例

案例一

2002年4月，某市居民石某某未经城市建设规划部门批准，在其住宅院内建造附属用房两间，建筑面积21.7平方米。2003年5月石某某的邻居王某某向该市建设局举报石某某未经批准建造附属用房。市建设局经调查取证，认定该附属用房系违法建筑，于7月8日作出限期拆除的行政处罚决定，次日将处罚决定书送达被处罚人石某某。

石某某不服行政处罚决定，于7月30日向某市人民法院提起行政诉讼，以其对主房及宅院用地在1998年已依法取得了土地使用权证书，所建造的附属用房并不影响城市建设规划为由，请求人民法院依法撤销市建设局对其所作的行政处罚决定。市建设局则以石某某起诉时已超过《城市规划法》规定的诉讼期限为由，请求人民法院依法驳回石某某的起诉。某市人民法院经公开开庭审理查明，石某某起诉超过法定期限且无正当理由，于8月30日裁定驳回石某某的起诉。驳回起诉裁定送达后，石某某未上诉，但于9月6日向某市人民政府申请复议。某市人民政府于11月4日作出复议决定，维持市建设局对石某某所作的行政处罚决定。石某某对复议决定不服，因复议决定维持原行政行为，故以作出原行政行为的市建设局为被告，于11月13日再次向某市人民法院起诉。

【问题】市法院在8月30日驳回石某某的起诉后，是否应当受理石某某于11月13日提起的诉讼？

【分析】原告石某某此次起诉的事实和理由与上次起诉而被人民法院裁定驳回的事实和理由同一，显属重复起诉。因此，就原告石某某此次起诉，人民法院应否受理，有两种不同意见：

第一种意见认为，根据“一事不再理”原则，行政相对人对同一行政行为重复起诉的，人民法院应当裁定不予受理。已经受理的，亦无须进行实体审理，而直接裁定驳回起诉。

第二种意见认为，原告石某某对复议决定不服，在法定起诉期限内提起诉讼，人民法院应当受理。

法律规定复议和诉讼为选择程序时，行政相对人可以先向上一级行政机关或者法律、法规规定的行政机关申请复议，对复议决定不服的，再向人民法院起诉，也可以直接向人民法院起诉。但就提起诉讼作为行政相对人寻求救济的终极手段而言，只有提起诉讼的期限大于或者等于申请复议的期限时，才能使复议和诉讼顺利衔接，形成良性互动；才能避免产生因超过起诉期限被裁定不予受理或裁定驳回起诉后再申请复议，进而再次提起诉讼的情形。

之所以出现申请复议的期限大于提起诉讼的期限是因为法律之间的规定不协调。《行政诉讼法》第39条规定：“公民、法人或者其他组织直接向人民法院提起诉讼的，应当在知道作出具体行政行为之日起三个月内提出。法律另有规定的除外。”即其他法律所规定的提起诉讼的期限无论是超过3个月还是少于3个月，起诉期限应适用该特别规定。而《行政复议法》第9条规定：“公民、法人或者其他组织认为具体行政行为侵犯其合法权益的，可以自知道该行政行为之日起六十日内提出行政复议申请；但是法律规定的申请期限超过六十日的除外。”也就是说，其他法律所规定的申请复议期限超过60日的，申请复议期限应适用该特别规定；其他法律所规定的申请复议期限少于60日的，申请复议期限仍为60日。所以，一旦其他法律所规定的起诉期限少于60日，即使该法律规定的申请复议期限等于或少于起诉期限，都会出现申请复议的期限大于起诉期限的情形。

案例二

徐女士系某印染有限公司的一名员工。2009年2月8日，徐女士下班后骑一辆二轮摩托车回家途中单方肇事受伤，其伤情经医院诊断为右胫骨平台骨折。4月3日，徐女士向某劳动和社会保障局申请认定工伤。6月12日，某劳动和社会保障局作出了徐女士所受伤害为工伤的认定结论。某印染有限公司不服，向某市政府申请行政复议。2009年8月11日，某市政府以某印染有限公司的复议申请不符合法律规定为由，作出行政复议不予受理决定书，并于当日将决定书送达某印染有限公司。某印染有限公司不服，于同年8月26日以某劳动和社会保障局为被告，向法院提起行政诉讼，请求撤销某劳动和社会保障局对徐女士作出的工伤认定决定。

【问题】某印染有限公司的起诉是否超出了法定起诉期限？

思考与练习题

1. 行政诉讼起诉的条件是什么?
2. 行政诉讼受理的法律后果是什么?
3. 当事人上诉的条件是什么?
4. 简述审判监督程序与第二审程序的关系。

第十三章

行政案件的裁判与执行

本章导读

本章主要讲解了行政案件的裁判与执行。通过本章的学习，掌握行政诉讼裁判的种类、各种裁判的适用范围，了解诉讼与非诉案件的执行程序。

第一节 行政诉讼判决

案例导入

2010年4月17日，林某自愿将其房屋产权赠给梁某，赠与行为经市公证处办理了公证，后梁某多次向房地产管理局申请办理该房产过户手续，但该局一拖再拖，拒绝办理。2011年10月，市房地产管理局在换发新的房屋所有权证时，梁某再一次向其申请，办理该房过户手续，该局虽然派员重新量了该房屋面积，但仍将房屋所有权证发给赠与人林某。梁某向人民法院提起诉讼。

本案问题

本案人民法院将如何判决？

一、行政诉讼判决概述

（一）判决的概念

行政诉讼判决，是指人民法院审理行政案件终结时，根据审理所查清的事实，依据法律规定对行政案件实体问题作出的结论性处理决定。判决按照作出程序的不同，可以分为一审判决、二审判决和再审判决。

一审判决，是指受理第一审案件的人民法院按照第一审程序审理案件所作的判决。第一审判决非终审判决，当事人不服可以上诉，又称初审判决。

二审判决，是指第二审人民法院按照第二审程序审理案件时所作的判决。第二审判决是终审判决，一经作出，立即生效，因而又称终审判决。最高人民法院受理第一审行政案件所作出的判决，是终审判决，不得上诉。

再审判决，是指人民法院对已经生效的判决、裁定，发现违反法律、法规规定，确有错误，运用审判监督程序所作的判决。再审判决的效力视人民法院所适用的程序不同而有所不同。如果再审适用第一审程序则其判决的效力相当于一审判决的效力；如果再审适用第二审程序则其判决的效力相当于第二审判决的效力。

（二）行政诉讼判决的特征

1. 行政诉讼判决是具有法律约束力的司法判断和处理

行政案件要经过一系列复杂的程序，这些程序的目的是使人民法院最终能够查明争议事实，就争议问题作出公正的决断。而一旦人民法院通过各种程序查明了案情，就应当运用国家审判权对争议问题作出处理决定，这个决定就是判决。因此，判决是人民法院在经过各种程序、查明案件事实后所作的终结处理决定。尽管一审判决并不立即发生执行力，但毕竟是第一审人民法院对案件的评判。作为一审程序而言，已经终结。因而也可以这样说，人民法院对行政案件宣告判决后，就标志着案件审理的终结，也只有在案件审理经过所有的程序、查明所有事实后，才能作出判决。在行政案件的起诉和受理阶段，以及在行政案件的审理阶段，均不得进行判决。

2. 行政判决是人民法院行使国家审判权的意思表示，是国家司法意志的体现

行政诉讼的判决具有严格的法律意义：其一，它是人民法院依照法定程序作出的，是国家审判权的体现，表明了国家审判机关对于行政争议的态度，具有权威性和法定性，任何人均不得无视它的存在；其二，人民法院的判决一旦生效，就具有确定力、约束力和执行力，受其拘束的当事人就必须执行，不得违抗，否则应承担法律责任。判决的履行是受国家强制力保障的；其三，判决是人民法院

对行政机关进行司法监督的最有效的方式，对于监督和维护行政机关依法行政、保护公民、法人和其他组织的合法权益具有重要的意义。

3. 行政诉讼判决是对行政争议的处理结论

行政诉讼判决是人民法院就案件的实体问题，即就被诉的行政行为是否合法或行政处罚是否显失公正，以及如何处理这种行为所作的决定。在行政诉讼过程中，人民法院要解决的问题很多，这些问题有些是程序上的，有些是实体上的。前者如是否受理起诉与上诉，是否允许撤诉，是否中止诉讼，是否批准当事人提出的回避申请等。对于这类问题，均不得以判决的方式处理。后者如行政行为是否合法，行政处罚是否显失公正。行政判决是对行政争议的处理结论，如处罚是否显失公正，行政机关是否履行了法定职责等。对于这类问题才能以判决的方式作出处理。

二、行政诉讼第一审判决

一审人民法院经过审理根据不同情况可以作出八种类型的判决：

（一）驳回诉讼请求判决

适用驳回诉讼请求判决的情形有三类：一是行政行为合法，即行政行为证据确凿，适用法律、法规正确，符合法定程序；二是原告要求被告履行法定职责，但理由不成立的；三是原告要求被告履行给付义务，但理由不成立的。

（二）撤销判决

撤销判决是指被诉行政行为经人民法院审查后被确认部分或全部违法，从而部分或全部撤销并责令行政机关重新作出行政行为的判决形式。撤销判决分为三种，即全部撤销判决、部分撤销判决和撤销并重作判决。

行政行为有下列情形之一的，人民法院判决撤销或者部分撤销，并可以判决被告重新作出行政行为：（1）主要证据不足的；（2）适用法律、法规错误的；（3）违反法定程序的；（4）超越职权的；（5）滥用职权的；（6）明显不当的。

人民法院判决被告重新作出行政行为的，被告不得以同一的事实和理由作出与原行政行为基本相同的行政行为。

（三）履行判决

人民法院经过审理，查明被告不履行法定职责的，判决被告在一定期限内履行。要注意的问题是：一是被告依法负有职责，应当履行一定的作为义务。如果行政机关不履行自己的法定职责，便是一种违法行为。当然行政机关在实施行政管理时，是有一定职责分工的，如果公民、法人或者其他组织要求行政机关履行的并非其法定职责，行政机关是有权拒绝的。此时并不构成行政机关的违法失职。总之，行政机关依法负有必须履行的法定职责，是人民法院作出责令履行判决的前提。二是行政机关不履行包括拒绝履行和拖延履行法定职责。所谓拒绝履行，是指行政机关明确拒绝公民、法人或者其他组织的申请。所谓拖延履行，是指行政机关不及时履行自己的职责，或者是否履行态度不明确。

(四) 给付判决

人民法院经过审理，查明被告依法负有给付义务的，判决被告履行给付义务。行政给付是指行政主体在特定情况下，依法向符合条件的申请人提供物质利益或赋予其与物质利益有关的权益的行为，是一种授益行政行为。根据我国行政实体法律规范和行政诉讼法的规定，给付判决主要是指判决被告依法支付抚恤金、最低生活保障待遇或者社会保险待遇等。

(五) 确认违法判决

行政行为有下列情形之一的，人民法院判决确认违法，但不撤销行政行为：

1. 行政行为依法应当撤销，但撤销会给国家利益、社会公共利益造成重大损害的。这种情况下，法院主要是在撤销行政行为和维护国家利益、社会公共利益两项法益之间进行权衡。如果撤销行政行为虽然维护了原告的权益，但是会给国家利益、社会公共利益造成重大损害的，那么就不宜适用撤销判决，而适用确认判决，但是应当同时责令被告采取补救措施，承担败诉责任，如进行赔偿。

2. 行政行为程序轻微违法，但对原告权利不产生实际影响的。这一项规定，必须具备行政程序轻微违法和对原告权利不产生实际影响两个条件，缺一不可。

3. 行政行为违法，但不具有可撤销内容的。这是针对行政事实行为。比如，殴打行为，无法撤销，只能确认其违法，并责令被告采取补救措施。

4. 被告改变原违法行政行为，原告仍要求确认原行政行为违法的。行政机关改变原违法行政行为，已经不存在可撤销的行政行为，因而只能适应确认判决。

5. 被告不履行或者拖延履行法定职责，判决履行没有意义的。这一项针对时效性比较强的行政行为。如公民遭遇歹徒入室抢劫，向“110”提出救助，但是公安干警没有及时出警，造成了实际损害。这样再判决公安机关履行法定义务已经毫无实际意义，只能适用确认判决。

(六) 确认无效判决

行政行为有实施主体不具有行政主体资格或者没有依据等重大且明显违法情形，原告申请确认行政行为无效的，人民法院判决确认无效。

行政行为无效在我国行政实体法律规范中还没有规定。理论上主要是指行政行为有特别重大的违法情形；行政行为具有明显的违法情形；行政主体不明确或明显超越职权的行为；行政主体受胁迫所为的行政行为；行政行为没有任何依据；行政行为的实施将导致犯罪。

行政行为无效的后果有：行政行为被确认无效后即自始至终不发生法律效力；行政相对人可不受该行为约束，而不承担法律责任；被确认无效的行政行为没有时效的限制，有权的国家机关可在任何时候宣布其无效；行政行为被宣布无效后，行政主体因此所得到的一切利益应返还给对方，而对相对人因此所受到的损失应予以赔偿。

行政诉讼法规范了行政行为无效的原则和具体情形。行政行为无效的原则是该行政行为重大且明显的违法。具体情形有：(1) 行政行为实施主体不具有行政主体资格；(2) 减损权利或者增加义务的行政行为没有法律规范依据；(3) 行政行为的内容客观上不可能实施；(4) 其他重大且明显违法的情形。

人民法院判决确认违法或者无效的，可以同时判决责令被告采取补救措施；给原告造成损失的，依法判决被告承担赔偿责任。

（七）变更判决

行政处罚明显不当，或者其他行政行为涉及对款额的确定、认定确有错误的，人民法院可以判决变更。人民法院判决变更，不得加重原告的义务或者减损原告的权益。但利害关系人同为原告，且诉讼请求相反的除外。

变更判决的适用范围有两种情况：一是行政处罚明显不当。明显不当是指行政处罚畸轻畸重。二是对款额的确定、认定确有错误的其他行政行为。

变更判决要遵循诉讼禁止不利变更原则。诉讼禁止不利变更原则是指法院依法判决变更行政行为，不得增加原告的义务或者减损原告的权益，使原告处于更加不利的境地。行政诉讼是公民权利的救济机制，而不是公民违法行为的追究机制。如果允许不利变更，那么就不利于当事人行使诉权，也不利于行政诉讼作用的有效发挥。

（八）责任判决

责任判决是一种全新的判决形式，是指行政机关在不履行或不按约定履行政府特许协议、征收补偿协议时，由人民法院依法判决被告承担继续履行、采取补救措施、赔偿损失或给予补偿等责任。

责任判决适用范围特定，仅适用于因政府与相对人签订特许协议、土地房屋征收补偿协议发生争议的案件中。前提条件是行政机关不依法履行、未按照约定履行或者违法变更、解除该协议；或者被告变更、解除该协议合法，但未依法给予补偿。

行政机关承担责任的方式包括继续履行、采取补救措施、赔偿损失、依法补偿等。人民法院经审查查明被告不依法履行、未按照约定履行或者违法变更、解除行政协议的，可以要求被告承当相应的违约责任。根据原告诉讼请求和实际情况，判决被告继续履行行政协议、采取补救措施或者赔偿损失。被告解除行政协议合法，但未依法给予补偿的，人民法院判决给予补偿。

三、行政诉讼第二审判决

二审判决是第二审人民法院运用第二审程序对案件所作的判决。第二审以第一审判决、裁定为审理对象。二审人民法院审理上诉行政案件后，根据不同情况，可以作出维持判决和依法改判两种类型的判决。

（一）维持判决

维持判决即二审人民法院通过对上诉案件的审理，确认一审判决认定事实清楚、适用法律法规正确，作出的否定和驳回上诉人的上诉、维持一审判决的判决。原判决、裁定认定事实清楚，适用法律、法规正确的，判决或者裁定驳回上诉，维持原判决、裁定。

（二）依法改判

依法改判即二审人民法院通过对上诉案件的审理，确认原判决、裁定认定事实错误或者适用法律、法规错误的，依法改判、撤销或者变更；原判决认定基本事实不清、证据不足的，发回原审人民法院重审，或者查清事实后改判；人民法院审理上诉案件，需要改变原审判决的，应当同时对被诉行政行为作出判决。

第二节　行政诉讼裁定

案例导入

夏某不服县卫生局的行政处罚决定向法院提起诉讼。诉讼过程中，卫生局撤销了原处罚决定，夏某遂向法院申请撤诉，法院作出准予撤诉的裁定。10日后，卫生局又以同一事实和理由作出了与原处罚决定相同的决定。夏某又向法院提起诉讼，法院裁定不予受理，夏某不服。法院的处理是否正确？

本案知识点

行政诉讼裁定的适用。

一、裁定的概念与特点

（一）裁定的概念

行政案件的裁定，是指人民法院在审理行政案件过程中，为解决本案的程序问题所作出的对诉讼参与人发生法律效果的司法意思表示。

（二）裁定的特点

1. 裁定是人民法院解决程序问题的审判行为，是对程序问题作出的判定。

2. 裁定在诉讼的任何阶段都可以作出。

3. 由于裁定所解决的是程序问题，因而其法律依据是程序性规范。

4. 裁定可以是书面形式，也可以是口头形式。

5. 适用范围广，并且不以必须开庭审理为要件。

6. 当事人只对部分裁定享有上诉权。如不予受理、驳回起诉、管辖异议。

二、裁定的适用范围

根据《行政诉讼法》和相关司法解释的规定，裁定的适用范围包括以下几项：（1）不予立案；（2）驳回起诉；（3）管辖异议；（4）终结诉讼；（5）中止诉讼；（6）移送或者指定管辖；（7）诉讼期间停止行政行为的执行或者驳回停止执行的申请；（8）财产保全；（9）先予执行；（10）准许或者不准许撤诉；（11）补正裁判文书中的笔误；（12）中止或者终结执行；（13）提审、指令再审或者发回重审；（14）准许或者不准许执行行政机关的行政行为；（15）其他需要裁定的事项。

对第（1）、（2）、（3）项裁定，当事人可以上诉。

裁定书应当写明裁定结果和作出该裁定的理由。裁定书由审判人员、书记员署名，加盖人民法院印章。口头裁定的，记入笔录。

三、裁定与判决的区别

（一）适用的对象不同

裁定是对程序问题作出的判定，判决是就实体问题作出的判定。

（二）适用的依据不同

裁定只能依据行政诉讼法作出，判决则依据行政实体法和行政程序法作出。

（三）表现的形式不同

裁定既可以书面形式作出，也可以口头形式作出，但判决只能以书面形式作出。

(四) 作出阶段不同

判决只能在人民法院审理案件终结时作出，裁定既可能在案件审理过程中作出，也可能在执行过程中作出。

(五) 作出数量不同

一个案件只能有一个判决，但一个案件可以有多个裁定。

(六) 效力不同

绝大多数判决都可以上诉，除最高人民法院的一审判决以及过了上诉期的判决。但绝大多数裁定都不可以上诉，除不予受理、驳回起诉、管辖异议的裁定。

第三节 行政诉讼决定

案例导入

区工商局以涉嫌虚假宣传为由扣押了王某的财产，王某不服诉至法院。此案审理中，王某发现主审法官侯某是区工商局局长的小舅子，遂向法院提出申请，要求更换主审法官。法院将如何处理?

本案知识点

行政诉讼决定的适用。

一、行政诉讼决定的概念与特点

(一) 决定的概念

行政诉讼决定，是指人民法院为了保证行政诉讼的顺利进行，对诉讼中发生的某些特殊事项所作的司法意思表示。决定在行政诉讼中主要调整人民法院自身与诉讼参与人或者其他人之间的关系，或者处理与案件程序有关而与当事人无直接关系的事项。决定与裁定一样，可以采用书面形式，也可以采用口头形式。口头决定应记入笔录。

决定一经送达即发生法律效力。当事人对人民法院的决定一律不准上诉。法律规定被决定人可以申请复议的，复议期间不停止案件的审理和决定的执行。

（二）决定的特点

1. 就决定所解决的问题而言，它解决诉讼过程中可能出现的特殊问题。

2. 就决定的功能而言，它旨在保证案件的正常审理和诉讼程序的正常进行，或者为案件审理和正常的诉讼活动创造必要的条件。

3. 就决定的效力而言，决定不是对案件的审判行为，不能依上诉程序提起上诉，当事人对决定不服，只能申请复议。

二、行政诉讼决定的适用范围

决定适用于一些特殊问题的处理。根据法律的有关规定和司法实践中的有关做法，下列情况可以适用决定：（1）指定管辖；（2）管辖权的转移；（3）是否回避；（4）确定第三人；（5）指定法定代理人；（6）许可律师以外的当事人和其他诉讼代理人查阅庭审材料；（7）指定鉴定；（8）确定不公开审理；（9）处理妨碍诉讼行为；（10）案件的移送；（11）强制执行生效的判决和裁定；（12）确定诉讼费用的承担；（13）其他行政审判过程中发生的问题。

三、决定与裁定的区别

（一）适用的对象不同

裁定是在案件的审理过程中，就程序问题所作的判定，裁定只适用于程序问题。决定只适用于一些特殊问题。

（二）解决的问题不同

决定不是对案件本身事项的裁判，而裁定是对案件本身事项的裁判。

（三）效力不同

对部分裁定不服可以上诉，但对决定不服，只能申请复议，不能上诉。

第四节　审理依据和裁判执行

案例导入

甲市建筑材料厂超标准排放污水违反了《水污染防治法》，该市环境保护局对其处以 2 万元的罚款。在规定期限内该厂既不交纳罚款也未向法院提起诉讼，该市环境保护局向法院申请强制执行。

本案问题

法院能否对该市环境保护局的处罚决定书进行强制执行?

一、审理依据

人民法院审理行政案件的依据有如下几项:

1. 法律

法律应作狭义理解,专指全国人大及其常委会制定的规范性文件。如《行政许可法》《行政处罚法》《行政强制法等》。

2. 行政法规

行政法规是指国务院制定的规范性文件,经常以条例、规定、细则等形式出现。如《政府信息公开条例》。

3. 地方性法规

地方性法规是指级别较高的地方人大及其常委会制定的在本行政区有效的规范性文件。能够制定地方性法规的地方人大包括省级、设区的市的人大及其常委会。地方性法规适用于本行政区域内发生的行政案件。

4. 自治条例和单行条例

人民法院审理民族自治地方的行政案件,除以法律、法规为依据外,并以该民族自治地方的自治条例和单行条例为依据。自治条例和单行条例是指自治区、自治州、自治县的人大依照当地民族的政治、经济和文化特点制定的在本行政区有效的规范性文件。

5. 规章

规章包括部门规章和地方政府规章。部门规章是指国务院部门制定的在本行政管理领域有效的规范性文件。地方政府规章是指省、自治区、直辖市政府和设区的市政府制定的在本行政区有效的规范性文件。需要注意的是,人民法院审理行政案件,参照规章。参照意味着人民法院审理行政案件,对于规章是否适用,具有一定的裁量权,对于合法有效的规章才能适用。

二、裁判执行

(一)概念与特点

执行是指人民法院按照法定程序,对已经生效的法律文书,在负有义务的一方当事人拒不履行义务时,强制其履行义务,保证生效法律文书的内容得到实现的活动。

行政案件的执行具有以下特点:

1. 执行对象必须是已经生效的判决、裁定和调解书，尚未生效的裁判、调解书谈不上执行问题。

2. 生效的法律文书必须具有可供执行的内容。裁定主要是针对行政诉讼中程序性问题作出的处理决定，一般没有可供执行的内容。但是有的裁定书也有一定的执行内容，如先予执行的裁定书就具有执行内容，属于本条规定的范围。

3. 一方当事人不仅负有履行义务，而且具有履行能力而拒不履行义务。

4. 执行具有强制性。

（二）执行管辖

公民、法人或者其他组织拒绝履行判决、裁定、调解书的，行政机关或者第三人可以向第一审人民法院申请强制执行，或者由行政机关依法强制执行。发生法律效力的行政判决书、行政裁定书、行政赔偿判决书和行政调解书，由第一审人民法院执行。第一审人民法院认为情况特殊，需要由第二审人民法院执行的，可以报请第二审人民法院执行；第二审人民法院可以决定由其执行，也可以决定由第一审人民法院执行。

一是根据行政强制法的规定，行政机关如果享有强制执行权，则不必申请人民法院强制执行，自行执行；如果没有强制执行权，则只能申请人民法院执行。

二是无论是行政机关还是第三人，申请强制执行只能向第一审人民法院提出。这样规定的理由是：行政诉讼的地域管辖奉行原告就被告原则，一般来讲，一审法院与被诉行政机关处于同一行政区域内，便于行政机关就近申请执行。

（三）申请期限

申请执行的期限为2年。申请执行时效的中止、中断，适用法律有关规定。

申请执行的期限从法律文书规定的履行期间最后一日起计算；法律文书规定分期履行的，从规定的每次履行期间的最后一日起计算；法律文书中没有规定履行期限的，从该法律文书送达当事人之日起计算。

逾期申请的，除有正当理由外，人民法院不予受理。

（四）对行政机关拒绝执行的执行措施

行政机关拒绝履行判决、裁定、调解书的，第一审人民法院可以采取下列措施：

1. 对应当归还的罚款或者应当给付的款额，通知银行从该行政机关的账户内划拨；

2. 在规定期限内不履行的，从期满之日起，对该行政机关负责人按日处50元至100元的罚款；

3. 将行政机关拒绝履行的情况予以公告；

4. 向监察机关或者该行政机关的上一级行政机关提出司法建议。接受司法建议的机关，根据有关规定进行处理，并将处理情况告知人民法院；

5. 拒不履行判决、裁定、调解书，社会影响恶劣的，可以对该行政机关直接负责的主管人员和其他直接责任人员予以拘留；情节严重，构成犯罪的，依法追究刑事责任。

实训案例

案例一

王某是个体出租车司机，其车辆因故被某公安局扣押。该局的公安人员李某，私自驾驶该车外出营运，因向乘客乱要价而被举报。交通部门在查明该车确有乱要价的事实和车主是王某后，未作其他调查，便对王某作出了罚款500元的处罚决定。王某不服，向法院起诉。

【问题】 法院应当如何判决？

【分析】 交通部门在事实不清、证据不足的情况下作出的处罚为违法的处罚，法院应当作出撤销判决，并责令重新作出处罚。

案例二

甲酒后将乙打伤，乙花费医疗费100元。公安机关对甲作出行政拘留15日的处罚，并裁决甲赔偿乙500元。甲不服，提起行政诉讼，要求撤销或变更行政处罚与裁决。法院审理后，将行政拘留15日改变为5日，将赔偿金500元改为100元。

【问题】 该判决是否正确？

思考与练习题

1. 行政诉讼判决与裁定、决定的不同之处有哪些？
2. 行政诉讼裁定与决定的适用范围有哪些？
3. 非诉行政案件执行的条件有哪些？
4. 诉讼案件执行中对被告的强制措施有哪些？

第十四章

行 政 赔 偿

本章导读

本章主要讲解了行政赔偿的概念、特征、赔偿范围、赔偿程序等，要求掌握行政赔偿的赔偿范围、赔偿程序和计算标准。

第一节　行政赔偿概述

案例导入

2001 年 1 月 8 日晚，陕西省泾阳县蒋路乡派出所民警与聘用司机来到该乡一家美容美发店，将正在看电视的 19 岁少女麻旦旦带回派出所讯问，要求麻承认有卖淫行为。麻旦旦拒绝指控后，受到威胁、恫吓、猥亵、殴打并被背铐在篮球架杆上。非法讯问 23 小时后，1 月 9 日，泾阳县公安局出具了一份治安管理处罚裁决书，该裁决书以“嫖娼”为由决定对麻旦旦拘留 15 日。少女麻旦旦在裁决书中被写成了“男”，时间竟写成一个月后的 2 月 9 日。为证明清白，麻旦旦自己去医院做了检查，证明自己还是处女。2 月 9 日，咸阳市公安局有关人员将麻旦旦带到医院，医院再次证明麻旦旦是处女。此后，麻旦旦将泾阳县、咸阳市两级公安局告上法院，要求赔偿精神损失费 500 万元。

5 月 19 日，咸阳市秦都区法院一审判决赔偿 74 元。2001 年 12 月 11 日，二审法院——陕西省咸阳市中级人民法院审判庭经过审理判令，泾阳县公安局支付麻旦旦违法限制人身自由两天的赔偿金 74.66 元，加上医疗费、交通费、住宿费以及180天的误工费共9135元整。同时法院驳回麻旦旦要求的500万元精神伤害赔偿和公安局在媒体上公开道歉等诉讼请求。法院审理认为，麻旦旦请求精神损害赔偿不符合国家赔偿法规定，请求公安机关在媒体上公开赔礼道歉也没有事实依据。

本案问题

什么样的案件可以提起国家赔偿?

一、行政赔偿的概念和特征

行政赔偿，是指行政主体及其工作人员在行使职权过程中，侵犯公民、法人或其他组织的合法权益造成损害，依法由国家对此承担赔偿责任的法律制度。这一概念应从以下四个方面理解：

（一）行政赔偿本质上属于国家赔偿

国家赔偿，是指国家机关及其工作人员因行使职权侵犯公民、法人及其他组织的合法权益造成损害的，而依法由国家承担赔偿责任的法律制度。国家赔偿包括行政赔偿、司法赔偿和监察赔偿。

（二）行政赔偿赔偿范围法定

《国家赔偿法》第2条规定，国家机关和国家机关工作人员行使职权，有本法规定的侵犯公民、法人和其他组织合法权益的情形，造成损害的，受害人有依照本法取得国家赔偿的权利。该法第3条、第4条规定了侵犯人身权和财产权的具体范围。可见，行政赔偿的赔偿范围是有限的，仅限于国家赔偿法的规定范围。

（三）行政赔偿赔偿义务机关特定

根据《国家赔偿法》第7条、第8条的规定，行政赔偿的赔偿义务机关包括行政机关、法律法规授权的组织、委托机关、复议机关。

（四）行政赔偿赔偿途径多样

赔偿请求人可以直接向行政赔偿义务机关提出，也可以通过行政复议、行政诉讼等渠道实现赔偿权利。

二、行政赔偿的构成要件

行政赔偿责任由侵权主体要件、侵权行为要件、损害结果要件和因果关系要件四个必要条件构成。只有同时具备上述四个要件，国家才承担赔偿责任，缺少任何一个条件，国家都不承担赔偿责任。

（一）主体要件

这里的主体不是责任主体，行政赔偿的责任主体是国家。这里的主体是侵权主体，指的是实施了侵权行为的组织和个人。在行政赔偿活动中，侵权主体是特殊主体，只有这些主体实施了侵权行为才有可能引起侵权责任。构成行政赔偿的侵权行为主体原则上包括：（1）行政机关；（2）行政机关工作人员；（3）法律、法规授权的组织；（4）行政机关委托的组织和个人。

（二）行为要件

行政赔偿的行为要件是指国家承担行政赔偿责任必须具备的行为条件，即行政侵权行为主体的哪些行为可以引起行政赔偿责任。这里的“行为”必须是执行职务的行为，国家只对执行职务的行为承担赔偿责任，而对于国家机关工作人员职务之外与行使职权无关的个人行为纵然违法，也只对行为人产生相应的民事责任、行政责任或刑事责任，不能引起行政赔偿责任。

（三）损害结果要件

损害结果是指国家机关及其工作人员行使职权，侵犯了公民、法人或者其他组织的合法权益所造成的既定的客观损害。即有损害，才会有赔偿。也就是说，一些职权侵害行为有过错或者本身行为违法，但是没有造成当事人的合法权益的损害，国家将不承担赔偿责任。并且违法损害结果只有具备以下特征，才可以获得行政赔偿：（1）合法权益的损害具有现实性，即已经发生的、现实的，而不是未来的、主观臆想的；（2）损害必须针对合法权益而言，违法的利益不受法律保护，不引起行政赔偿；（3）损害必须是直接损害，而不包括间接损害。

（四）因果关系要件

行政赔偿的因果关系要件是指行政机关及其工作人员行使职权的行为和给公民、法人或者其他组织的合法权益造成的损害结果之间必须有因果关系。这种关系是一种必然的、内在的、本质的联系。只有两者之间具有这种联系，国家才负责赔偿。

第二节 赔偿范围和赔偿义务机关

案例导入

黄某与刘某的房屋相邻。2000年8月4日，市规划局对刘某作出了责令停止建设通知书并下达了行政处罚告知书；同年8月28日，该规划局下达了行政处罚决定书，认定刘某所起的建筑物违反了相关规定，系违章建筑并限期拆除，逾期不拆除则规划局将依法向法院申请强拆。期限届满后，刘某并未拆除，规划局也未向法院申请强拆。2003 年 4 月，黄某以刘某违章搭建房屋导致其墙体渗水，规划局作出处罚后不履行向法院申请执行的行政职责导致其权益受损，诉请法院判决确认规划局的不作为违法并赔偿原告因此所受的损失。

本案知识点

行政赔偿的赔偿范围、行政赔偿程序。

一、行政赔偿的范围

行政赔偿的范围，是指国家对行政机关及其工作人员在行使行政职权时侵犯公民、法人和其他组织合法权益造成损害的哪些行为承担赔偿责任。这些行为的分类一般是以侵犯公民、法人和其他组织的合法权利的类别进行区分的。

行政赔偿的范围具体包括：

（一）侵犯人身权的行为

在行政赔偿的范围中关于侵犯人身权的行为，一般分为侵犯人身自由权的行为和侵犯生命健康权的行为。

1. 侵犯人身自由权的行为

（1）违法拘留。在行政拘留这种处罚行为中，如果处罚机关不合法，被处罚人不具备拘留条件而拘留的，拘留超出了法定期限，以及违反了法定程序等，都可能造成被处罚人人身自由被侵犯。

（2）违法限制人身自由的强制措施。强制措施不是行政处罚，而是限制公民权利或强制其履行义务的措施。具体包括强制治疗、强制戒毒、强制传唤、行政拘留及其他强制措施。

（3）非法拘禁或者以其他方法非法强迫剥夺公民人身自由。包括两种情况：第一，行政机关无限制公民人身自由的权力；第二，超过法定期限或者条件关押。

2. 侵犯生命健康权的行为

（1）暴力行为。主要是指以殴打、虐待等行为或者唆使、放纵他人以殴打、虐待等行为造成公民身体伤害或者死亡的。

（2）违法使用武器、警械造成公民身体伤害或者死亡的行为。

（3）其他造成公民身体伤害或者死亡的违法行为。

（二）侵犯财产权的行为

1. 违法实施罚款、吊销许可证和执照、责令停产停业、没收财物等行政处罚的；

2. 违法对财产采取查封、扣押、冻结等行政强制措施的；

3. 违法征收、征用财产的；

4. 造成财产损害的其他违法行为。

（三）国家不承担赔偿责任的情形

1. 行政机关工作人员作出的与行使职权无关的个人行为；

2. 因公民、法人和其他组织自己的行为致使损害发生的；

3. 法律规定的其他情形。这里包括不可抗力、第三人过错、受害人从保险、公费医疗中得到补偿等。

二、行政赔偿请求人

行政赔偿请求人，是指依法享有行政赔偿权利，请求义务机关履行行政赔偿责任的公民、法人或者其他组织。

《国家赔偿法》第6条规定："受害的公民、法人和其他组织有权要求赔偿。受害的公民死亡，其继承人和其他有扶养关系的亲属有权要求赔偿。受害的法人或者其他组织终止的，其权利承受人有权要求赔偿。"本条规定必须是"受害"者，才有资格成为赔偿请求人。当"受害"者死亡或者消失后，才由其继承方或者替代方成为赔偿请求人。根据法条，赔偿请求人的范围包括公民、法人和其他组织：

（一）公民

赔偿请求人一般是受害公民本人。受害的公民死亡，其继承人和其他有扶养关系的亲属有权要求赔偿。

（二）法人

赔偿请求人一般是受害法人。受害的法人终止的，承受其权利的法人是赔偿请求人。终止的原因一般为依法被撤销、解散、依法宣告破产等。

（三）其他组织

其他组织是指没有法人资格的社会组织。和法人相同，赔偿请求人一般是受害组织。受害的组织终止的，承受其权利的其他组织是赔偿请求人。

三、行政赔偿义务机关

行政赔偿义务机关，是指代表国家处理赔偿请求、支付赔偿费用、参加赔偿诉讼的行政机关。行政赔偿义务机关的确认是一个值得注意的问题。正确地确认

赔偿义务机关是行政赔偿活动正常进行的前提之一。具体情形有:

1. 行政机关及其工作人员行使行政职权侵犯公民、法人和其他组织的合法权益造成损害的,该行政机关为赔偿义务机关。

2. 两个以上行政机关共同行使行政职权时侵犯公民、法人和其他组织的合法权益造成损害的,共同行使行政职权的行政机关为共同赔偿义务机关。

3. 法律、法规授权的组织在行使行政职权时侵犯公民、法人和其他组织的合法权益造成损害的,被授权的组织为赔偿义务机关。

4. 受行政机关委托的组织或者个人在行使受委托的行政权力时侵犯公民、法人和其他组织的合法权益造成损害的,委托的行政机关为赔偿义务机关。

5. 赔偿义务机关被撤销的,继续行使其职权的行政机关为赔偿义务机关;没有继续行使其职权的行政机关的,撤销该赔偿义务机关的行政机关为赔偿义务机关。

6. 经复议机关复议的,最初造成侵权行为的行政机关为赔偿义务机关,但复议机关的复议决定加重损害的,复议机关对加重的部分履行赔偿义务。

第三节　行政赔偿程序

行政赔偿程序,是指受害人依法取得行政赔偿的权利、行政机关或者人民法院依法办理行政赔偿事务应当遵守的方式、步骤、顺序、时限的总称。行政赔偿程序包括先行处理程序和一并提出请求的程序。

一、先行处理程序

先行处理程序,是指赔偿请求人在请求损害赔偿时,先向有关的赔偿义务机关提出赔偿请求,双方就有关赔偿范围、方式、金额等事项进行自愿协商或由赔偿义务机关决定,从而解决争议的程序。《国家赔偿法》第9条第2款规定,"赔偿请求人要求赔偿,应当先向赔偿义务机关提出,也可以在申请行政复议或者提起行政诉讼时一并提出"。也就是说,在申请行政赔偿时,申请人应当先向赔偿义务机关提出赔偿请求来解决争议。这样做既给了赔偿义务机关自我纠正错误的机会,加强了行政机关的内部监督;又有利于迅速解决赔偿争议,减少受害人诉累。先行处理程序有如下几个步骤:

（一）提出赔偿申请

赔偿请求人应当递交申请书。申请书应包括以下事项：（1）受害人的姓名、性别、年龄、工作单位和住所，法人或者其他组织的名称、住所和法定代表人或者主要负责人的姓名、职务；（2）具体的要求、事实根据和理由；（3）申请的年、月、日；（4）有关附件。

赔偿请求人书写申请书确有困难的，可以委托他人代书；也可以口头申请，由赔偿义务机关记入笔录。赔偿请求人不是受害人本人的，应当说明与受害人的关系，并提供相应证明。

赔偿请求人不是受害人本人的，应当说明与受害人的关系，并提供相应证明。

赔偿请求人可以向共同赔偿义务机关中的任何一个赔偿义务机关要求赔偿，该赔偿义务机关应当先予赔偿。赔偿请求人根据受到的不同损害，可以同时提出数项赔偿要求。

（二）赔偿义务机关受理和处理赔偿申请

赔偿请求人当面递交申请书的，赔偿义务机关应当当场出具加盖本行政机关专用印章并注明收讫日期的书面凭证。申请材料不齐全的，赔偿义务机关应当当场或者在5日内一次性告知赔偿请求人需要补正的全部内容。

赔偿义务机关应当自收到申请之日起2个月内，作出是否赔偿的决定。赔偿义务机关作出赔偿决定，应当充分听取赔偿请求人的意见，并可以与赔偿请求人就赔偿方式、赔偿项目和赔偿数额进行协商。赔偿义务机关决定赔偿的，应当制作赔偿决定书，并自作出决定之日起10日内送达赔偿请求人。赔偿义务机关决定不予赔偿的，应当自作出决定之日起10日内书面通知赔偿请求人，并说明不予赔偿的理由。

（三）救济

赔偿义务机关在规定期限内未作出是否赔偿的决定，赔偿请求人可以自期限届满之日起3个月内，向人民法院提起诉讼。赔偿请求人对赔偿的方式、项目、数额有异议的，或者赔偿义务机关作出不予赔偿决定的，赔偿请求人可以自赔偿义务机关作出赔偿或者不予赔偿决定之日起3个月内，向人民法院提起诉讼。

二、行政复议程序

一并提出赔偿请求的程序分为行政复议程序和行政诉讼程序。行政复议申请人往往是受害人。申请人申请复议应递交复议申请书，在申请复议的理由中一并提出赔偿请求。复议申请的被申请人是赔偿义务机关。

在行政复议中一并提出赔偿请求的受理和审理适用行政复议程序。行政复议机关对具体的行政行为审查并作出裁决。在处理赔偿问题时复议机关可以适用调解，以调解书形式解决争议，也可以作出赔偿裁决。

复议机关应当在复议申请书收到60日起作出复议决定，申请人对复议决定不服的，可以在收到复议决定之日起15日内向人民法院提起行政诉讼。如果复议机关不予受理申请或逾期不复议的，可以直接向人民法院提起诉讼。

三、行政赔偿诉讼

行政赔偿诉讼是一种特殊的行政诉讼，是人民法院受理和审理行政赔偿请求的程序。受害人可以在行政诉讼时一并提起行政赔偿要求，也可以在行政复议作出决定或赔偿义务机关作出决定之后，向法院提起行政赔偿诉讼。

赔偿请求人请求国家赔偿的时效为2年，自其知道或者应当知道国家机关及其工作人员行使职权时的行为侵犯其人身权、财产权之日起计算，但被羁押等限制人身自由期间不计算在内。在申请行政复议或者提起行政诉讼时一并提出赔偿请求的，适用行政复议法、行政诉讼法有关时效的规定。

赔偿请求人在赔偿请求时效的最后6个月内，因不可抗力或者其他障碍不能行使请求权的，时效中止。从中止时效的原因消除之日起，赔偿请求时效期间继续计算。

人民法院审理行政赔偿案件，赔偿请求人和赔偿义务机关对自己提出的主张，应当提供证据。

赔偿义务机关采取行政拘留或者限制人身自由的强制措施期间，被限制人身自由的人死亡或者丧失行为能力的，赔偿义务机关的行为与被限制人身自由的人的死亡或者丧失行为能力是否存在因果关系，赔偿义务机关应当提供证据。

四、行政追偿

赔偿义务机关赔偿损失后，应当责令有故意或者重大过失的工作人员或者受委托的组织或者个人承担部分或者全部赔偿费用。对有故意或者重大过失的责任人员，有关机关应当依法给予处分；构成犯罪的，应当依法追究刑事责任。

五、涉外赔偿

外国人、外国企业和组织在中华人民共和国领域内要求中华人民共和国国家赔偿的，适用国家赔偿法的规定。

外国人、外国企业和组织的所属国对中华人民共和国公民、法人和其他组织要求该国国家赔偿的权利不予保护或者限制的，中华人民共和国与该外国人、外国企业和组织的所属国实行对等原则。

第四节　赔偿方式和计算标准

案例导入

2010年4月，某区公安分局因为追回赃物将某铝合金厂的机器设备连同货物及其他工具一并扣押，总价值经过评估为15万元。该厂雇人看管设备共花费1200元。后市公安局通过行政复议撤销了区公安分局的扣押决定，区公安分局将所有扣押物品退还该厂。该厂又附加花费了运输费、装卸费700元，物品损坏价值8000元。该厂提出行政赔偿请求。

本案知识点

行政赔偿的计算标准。

一、赔偿方式

（一）赔偿方式的含义

赔偿方式，是指国家对国家机关及其工作人员的侵权行为承担赔偿责任的各种形式。行政赔偿是对行政侵权行为造成损害的补救。赔偿的方式根据损害的性质、情节、程度的不同也会有所不同。同时采用不同的方式也会直接影响到国家和被侵害主体的合法权益，因此有必要以法律的形式进行明确。

（二）行政赔偿的方式

我国《国家赔偿法》第32条规定："国家赔偿以支付赔偿金为三要方式。能够返还财产或者恢复原状的，予以返还财产和恢复原状。"根据该规定，我国行政赔偿是以金钱赔偿为主要方式，以返还财产、恢复原状为补充的，也就是说，除特别情况外，我国的绝大部分赔偿应当以支付货币的形式进行，只有在需要返还财产或恢复原状时，才可以返还财产、恢复原状的方式进行。

我国《国家赔偿法》第35条还规定："有本法第三条或者第十七条规定情形之一，致人精神损害的，应当在侵权行为影响的范围内，为受害人消除影响，恢复名誉，赔礼道歉；造成严重后果的，应当支付相应的精神损害抚慰金。”

1. 支付赔偿金

支付赔偿金，即金钱赔偿，是指将受害人的各项损失计算成相应数额的金钱，并以金钱折抵受害人的损失。金钱赔偿方式既可以赔偿财产损失，也可以赔偿人身损害和精神损害。支付赔偿金应为本国货币。

金钱赔偿作为物质利益的数据化表现形式，是社会中最常用、最普遍的支付手段。其本身的特点也决定了金钱赔偿是国家赔偿法中的主要赔偿方式，具体表现为：（1）金钱赔偿适用的范围非常广泛，几乎适用于任何损害的赔偿，无论是物质损害还是精神损害，也无论是对人身权或对财产权的损害，都可以进行金钱赔偿。（2）金钱赔偿便于操作。由于货币具有数值性，它可以作为统一的标准衡量不同的利益损失，便于实施，可以避免双方由于标准不统一而使赔偿难以实施。

同时金钱赔偿的适用，是以不能返还财产或恢复原状为前提。不能返还财产和恢复原状主要是指以下几种情况：（1）侵犯公民的人身自由及生命健康权；（2）侵犯公民、组织的财产权，被侵害的财产已经灭失、拍卖等，恢复原状事实上不可能；（3）侵犯公民和组织财产的财产权，被侵害的财产已被损坏且不能恢复原状，或恢复原状有重大困难；（4）返还财产或恢复原状与法律规范相抵触。

2. 返还财产

返还财产是指国家机关将违法占有或控制的受害人的财产返还给受害人。返还财产适用于采取剥夺相对人的物品或其他财产的措施，如罚款、没收财产、没收违法工具或违禁物品，违反国家规定征收财物、摊派费用等错误造成当事人损失。返还财产只限于物质损害，返还的财产可以是金钱，也可以是具体的物。如果返还物有孳息，通常情况下，返还原物时应当一并返还孳息。

返还财产的前提是原物存在或返还原物比金钱赔偿更为便捷。因此，返还财产主要适用于以下情形：

（1）行政机关违法采用罚款、没收财产等行政处罚。

（2）行政机关违反国家规定征收财务、摊派费用。

（3）司法机关或行政机关违法适用罚金、没收追缴等剥夺财物的措施。

（4）国家机关违法采取查封、扣押、冻结财产的措施。

返还财产时还需要注意三个问题：第一，原财产还存在；第二，返还财产比金钱赔偿更为便捷；第三，返还财产不影响公务的实施。

3. 恢复原状

恢复原状，是指对赔偿请求人已经受到损害的财产进行修复，使之恢复到损害前的状态或性能。

采用恢复原状必须满足两个前提：（1）受损财产没有灭失，还具有可修复性；（2）恢复原状比金钱赔偿更为经济，更简便易行。

一般情况下，应当适用恢复原状有以下几种情况：（1）应当返还的财产被损坏，能够恢复原状，应当恢复原状的；（2）查封、扣押、冻结的应当解除查封、扣押、冻结的；（3）有可能恢复原状且不违反其他法律规定的。

4. 其他方式

除了上述三种方式之外，行政赔偿还包括消除影响、恢复名誉、赔礼道歉等。采用这些赔偿方式主要是因为某些法定的侵权行为侵犯了受害人的名誉权和荣誉权。其包括：

（1）行政机关违法拘留或者违法采取限制公民人身自由的行政强制措施，侵犯受害人的名誉权和荣誉权的。

（2）行政机关非法拘留或者以其他方式非法剥夺公民人身自由，侵犯受害人名誉权和荣誉权的。

（3）行使侦查、检察、审判权的国家机关对没有犯罪事实的人错误逮捕，侵犯受害人名誉权和荣誉权的。

（4）依照审判监督程序再审改判无罪的，原判刑罚已经执行完毕并致受害人名誉权和荣誉权损害的。

二、计算标准

行政赔偿的计算标准是指国家支付赔偿金赔偿受害人的损失时所适用的标准。一个国家的计算标准和国家的经济实力和财政状况相适应。

（一）侵犯人身自由权的计算标准

《国家赔偿法》第33条规定："侵犯公民人身自由的，每日赔偿金按照国家上年度职工日平均工资计算。"

（二）侵犯公民生命健康权的计算标准

根据《国家赔偿法》第34条的规定，侵犯公民生命健康权的，赔偿金按照下列规定计算：

1. 造成身体伤害的，应当支付医疗费、护理费，以及赔偿因误工减少的收入。减少的收入每日的赔偿金按照国家上年度职工日平均工资计算，最高额为国家上年度职工年平均工资的5倍。

2. 造成部分或者全部丧失劳动能力的，应当支付医疗费、护理费、残疾生活辅助具费、康复费等因残疾而增加的必要支出和继续治疗所必需的费用，以及残疾赔偿金。残疾赔偿金根据丧失劳动能力的程度，按照国家规定的伤残等级确定，最高不超过国家上年度职工年平均工资的20倍。造成全部丧失劳动能力的，对其扶养的无劳动能力的人，还应当支付生活费。

3. 造成死亡的，应当支付死亡赔偿金、丧葬费，总额为国家上年度职工年平均工资的20倍。对死者生前扶养的无劳动能力的人，还应当支付生活费。

4. 对被扶养的人生活费发放标准，参照当地最低生活保障标准执行。被扶养的人是未成年人的，生活费给付至18周岁止；其他无劳动能力的人，生活费给付至死亡时止。

（三）侵犯公民财产权的计算标准

侵犯公民、法人和其他组织的财产权造成损害的，按照下列规定处理：

1. 处罚款、罚金、追缴、没收财产或者违法征收、征用财产的，返还财产；

2. 查封、扣押、冻结财产的，解除对财产的查封、扣押、冻结；

3. 应当返还的财产损坏的，能够恢复原状的恢复原状，不能恢复原状的，按照损害程度给付相应的赔偿金；

4. 应当返还的财产灭失的，给付相应的赔偿金；

5. 财产已经拍卖或者变卖的，给付拍卖或者变卖所得的价款；变卖的价款明显低于财产价值的，应当支付相应的赔偿金；

6. 吊销许可证和执照、责令停产停业的，赔偿停产停业期间必要的经常性费用开支；

7. 返还执行的罚款或者罚金、追缴或者没收的金钱，解除冻结的存款或者汇款的，应当支付银行同期存款利息；

8. 对财产权造成其他损害的，按照直接损失给予赔偿。

三、行政赔偿的费用

为了保证受害人能够及时得到赔偿，我国相关法律对行政赔偿费用的来源作出了明确的规定。根据《国家赔偿法》第37条的规定，赔偿费用列入各级财政预算。赔偿请求人凭生效的判决书、复议决定书、赔偿决定书或者调解书，向赔偿义务机关申请支付赔偿金。赔偿义务机关应当自收到支付赔偿金申请之日起7日内，依照预算管理权限向有关的财政部门提出支付申请。财政部门应当自收到支付申请之日起15日内支付赔偿金。

赔偿请求人要求国家赔偿的，赔偿义务机关、复议机关和人民法院不得向赔偿请求人收取任何费用。对赔偿请求人取得的赔偿金不予征税。

实训案例

案例一

1998年11月30日晚上，刘某酒后在饭店闹事，打碎玻璃若干块，后经人劝说，刘某表示错误并愿意赔偿。此时正好某公安局张某值勤到此处，对刘某又推又打，还要将刘某带回派出所处理，刘某不从，在扭打过程中，刘某被推倒，头撞在水泥柱上，造成颅内出血死亡。

【问题】

1. 此案是否属于行政赔偿的范围？有何法律依据？
2. 谁是本案的行政赔偿请求人？
3. 本案可以通过何种法律方式解决？
4. 本案的法律时效有何规定？
5. 其赔偿的范围和数额如何确定？

【分析】

1. 本案属于行政赔偿的范围，因其是行政机关工作人员在执行职务时违法侵犯公民人身权造成公民死亡。

2. 本案的行政赔偿请求人是刘某的继承人和与他有扶养关系的其他亲属。

3. 行政赔偿可以通过两种方式解决：第一种方式是行政诉讼附带行政赔偿，即同步诉讼；第二种方式是通过行政赔偿诉讼方式。

4. 本案时效为2年，从刘某行使职权行为被依法确认违法之日起计算。

5. 公安局应赔偿死亡赔偿金、丧葬费、对死者生前抚养的无生活能力的还应当支付生活费。

案例二

某县青年张某于2005年7月1日在县城南区开办餐饮服务店。2007年9月1日，该县卫生管理局副局长昌某及2名工作人员胡某、陈某到该饭店吃饭，饭后，昌某见店主张某没有给他优惠，遂怀恨在心。第二天，昌某到该店检查卫生，在没有任何根据的情况下对张某作出罚款2000元的处罚决定（处罚决定书系前一天拟好），张某不服，与昌某发生争执，闻讯赶来的县公安局的民警扬某将张某带到公安局。县公安局以扰乱治安为理由，根据《治安管理处罚法》对张某作出拘留10日的决定，并且不同意张某暂缓执行的申请。9月11日，张某被释放。10月8日，张某依法向县人民法院提起诉讼。

【问题】

1. 张某能否首先要求县公安局赔偿损失？
2. 县卫生局是否为赔偿义务机关？

3. 张某是否可以同时提出数项赔偿要求?

思考与练习题

1. 行政赔偿的赔偿义务机关有哪些?
2. 我国法律对行政赔偿的范围是如何规定的?
3. 行政赔偿的程序有哪些?
4. 如何确定我国的行政赔偿的计算标准?

参 考 书 目

1. 崔卓兰主编:《行政法与行政诉讼法》,人民出版社 2010 年版。
2. 胡建淼主编:《行政法与行政诉讼法》,清华大学出版社 2008 年版。
3. 胡锦光、刘飞宇主编:《行政法与行政诉讼法》(第四版),中国人民大学出版社 2008 年版。
4. 应松年主编:《行政法与行政诉讼法》,中国政法大学出版社 2008 年版。
5. 叶群声主编:《行政法律原理与实务》,中国政法大学出版社 2009 年版。
6. 张树义主编:《行政法与行政诉讼法学》(第二版),高等教育出版社 2007 年版。
7. 张尚鷟等:《走出低谷的中国行政法学——中国行政法学综述与评价》,中国政法大学出版社 1991 年版。
8. [法] 狄骥:《宪法论》,钱克新译,商务印书馆 1962 年版。
9. [德] 巴杜拉:《在自由法治国与社会法治国中的行政法》,陈新民译,载《公法学札记》,台北,三民书局 1993 年版。
10. [荷] 克拉勃:《近代国家观念》,王检译,商务印书馆 1957 年版。
11. 叶必丰:《行政行为的效力研究》,中国人民大学出版社 2002 年版。
12. 胡建淼:《行政法学》,法律出版社 1998 年版。
13. 姜明安:《行政法与行政诉讼法》(第六版),北京大学出版社、高等教育出版社 2015 年版。
14. 马怀德:《行政法与行政诉讼法》,中国法制出版社 2007 年版。
15. 周叶中主编:《宪法》(第三版),高等教育出版社 2011 年版。
16. 曹康泰主编:《中华人民共和国政府信息公开条例读本》,人民出版社 2007 年版。
17. 刘飞宇、王丛虎:《多维视角下的行政信息公开研究》,中国人民大学出版社

2005 年版。
18. 李步云:《信息公开制度研究》,湖南大学出版社 2002 年版。
19. 冯国基:《面向 WTO 的中国行政——行政资讯公开法律制度研究》,法律出版社 2002 年版。
20. 姜明安、毕雁英主编:《行政法与行政诉讼法教学案例》,北京大学出版社 2006 年版。
21. 张千帆、赵娟、黄建军:《比较行政法——体系、制度与过程》,法律出版社 2008 年版。
22. 应松年等:《行政法学总论》,工人出版社 1985 年版。
23. 杨解君主编:《行政法学》,中国方正出版社 2002 年版。
24. 袁明圣、罗文燕主编:《行政救济法原理》,中国政法大学出版社 2004 年版。
25.《行政法——实用版法规专辑》(第 3 版),中国法制出版社 2014 年版。
26. 余凌云:《行政法讲义》,清华大学出版社 2014 年版。
27. [葡] 苏乐治:《行政法》,冯文庄译,法律出版社 2014 年版。
28. 章剑生:《现代行政法专题》,清华大学出版社 2014 年版。

后　记

根据我国警官职业教育的需要，我们编写了本教材。教材遵循警察教育的基本规律和教育特点，通过理论与实践的紧密结合，力求做到行政法律理论知识传授和警察的岗位专业技能培养的统一。同时，本教材还总结了行政法律科研和教学的最新成果，尤其是对我国最新出台的法律的解读，使教材更富有时代性。

《行政法律原理与实务（第三版）》由韩德利任主编，路丽娜、陈书成、石志恒任副主编。全书经韩德利、路丽娜、陈书成审查、修改定稿。各章撰稿人为（以撰稿章节先后为序）：

韩德利（河北司法警官职业学院）：第一章、第二章
陈书成（河南司法警官职业学院）：第三章、第四章
舒东保（云南司法警官职业学院）：第五章
路丽娜（河北司法警官职业学院）：第六章
吕学军（宁夏司法警官职业学院）：第七章
石志恒（新疆兵团警官高等专科学校）：第八章
程杨梅（四川司法警官职业学院）：第九章
孙启河（河南司法警官职业学院）：第十章、第十二章
马建军（新疆兵团警官高等专科学校）：第十一章
马　毅（宁夏司法警官职业学院）：第十三章
徐振科（河北司法警官职业学院）：第十四章

后 记

图书在版编目(CIP)数据

行政法律原理与实务 / 韩德利主编. -- 3 版. -- 北京 : 法律出版社, 2020(2021.9 重印)
ISBN 978 -7 -5197 -4507 -3

Ⅰ. ①行… Ⅱ. ①韩… Ⅲ. ①行政法 - 中国 - 高等学校 - 教材 Ⅳ. ①D922.1

中国版本图书馆 CIP 数据核字(2020)第 078159 号

行政法律原理与实务(第三版)
XINGZHENG FA LÜ YUANLI YU SHIWU(DI - SAN BAN)

韩德利 主编

责任编辑 李 群 陈 熙
装帧设计 贾丹丹

出版发行 法律出版社
编辑统筹 法规出版分社
责任校对 张红蕊
责任印制 张建伟
经　　销 新华书店

开本 710 毫米×1000 毫米 1/16
印张 21.25 **字数** 404 千
版本 2020 年 7 月第 3 版
印次 2021 年 9 月第 2 次印刷
印刷 天津嘉恒印务有限公司

地址:北京市丰台区莲花池西里 7 号(100073)
网址:www.lawpress.com.cn
投稿邮箱:info@lawpress.com.cn
举报盗版邮箱:jbwq@lawpress.com.cn
销售电话:010 - 83938349
客服电话:010 - 83938350
咨询电话:010 - 63939796

书号:ISBN 978 -7 -5197 -4507 -3 **定价**:49.00 元